Windows 7

Windows 7

Sehen und Können

Ignatz Schels

Dieses Werk einschließlich aller Inhalte ist urheberrechtlich geschützt. Alle Rechte vorbehalten, auch die der Übersetzung, der fotomechanischen Wiedergabe und der Speicherung in elektronischen Medien.

Bei der Erstellung von Texten und Abbildungen wurde mit größter Sorgfalt vorgegangen. Trotzdem sind Fehler nicht völlig auszuschließen. Verlag, Herausgeber und Autoren können für fehlerhafte Angaben und deren Folgen weder eine juristische Verantwortung noch irgendeine Haftung übernehmen. Für Anregungen und Hinweise auf Fehler sind Verlag und Autoren dankbar.

Die Informationen in diesem Werk werden ohne Rücksicht auf einen eventuellen Patentschutz veröffentlicht. Warennamen werden ohne Gewährleistung der freien Verwendbarkeit benutzt. Nahezu alle Hard- und Softwarebezeichnungen sowie weitere Namen und sonstige Angaben, die in diesem Buch wiedergegeben werden, sind als eingetragene Marken geschützt. Da es nicht möglich ist, in allen Fällen zeitnah zu ermitteln, ob ein Markenschutz besteht, wird das ®-Symbol in diesem Buch nicht verwendet.

ISBN 978-3-945384-05-3

© 2015 by Markt+Technik Verlag GmbH
　　　　Espenpark 1a
　　　　90559 Burgthann

Produktmanagement Christian Braun
Herstellung Jutta Brunemann, j.brunemann@mut.de
Einbandgestaltung David Haberkamp
Coverfoto © Jeanette Dietl – Fotolia.com
Satz Astrid Stähr, Solms
Druck Media-Print, Paderborn
Printed in Germany

Liebe Leserin, lieber Leser,

lernen Sie Windows 7 spielend einfach und **Bild für Bild**. Dieses Buch zeigt Ihnen, wie Sie richtig starten, und führt Sie Schritt für Schritt durch die wichtigsten Funktionen Ihres Betriebssystems. Bald haben Sie Ihren Computer sicher im Griff. Viele nützliche Hinweise und zahlreiche Tipps werden Ihnen dabei helfen, Windows 7 schnell zu erlernen und sicher zu bedienen.

Ich freue mich, Ihnen mit diesem ganz besonderen Buch Windows 7 erklären zu dürfen, und wünsche Ihnen viel Spaß beim Lesen und Ausprobieren.

Ihr Autor
Ignatz Schels

1 Windows 7 – der Start   11

Einschalten, anmelden, loslegen 12
Erste Schritte 14
Der Desktop 16
Das Startmenü 20
Die Taskleiste 22
Mit Symbolen arbeiten 26
Windows heißt Fenster 28
Fenster stapeln und 3D-Flip 32
Desktop-Minianwendungen 34
Der Task-Manager 36
Hilfe und Support 38
Windows 7 beenden 40

2 Mein persönliches Windows   43

Die Systemsteuerung 44
Desktopdesigns und Farben 46
Hintergrundbild oder Diashow einrichten 48
Bildschirmschoner 50
Bildschirmauflösung und Monitor 52
Datum und Uhrzeit einstellen 54
Regionale Einstellungen 56
Benutzerkonten einrichten 60
Das Mobilitätscenter 62

3 Das Computersystem   65

Die Maus 66
Die Tastatur 68
Computer- und Systemeinstellungen 70
Festplattenlaufwerke 72
CD- und DVD-Laufwerke 76
CDs und DVDs abspielen 78
CD und DVD brennen 80
Der Geräte-Manager 82
Energie sparen 84

4 Drucker, Scanner, externe Geräte 87

Drucker installieren 88
Scanner und Fax 92
Digitalkamera installieren. 94
Lautsprecher und Mikrofon 96
Windows-Sounds 98
Bluetooth 100

5 Datenorganisation mit Windows-Explorer 103

Bibliotheken und Benutzer 104
Das Explorer-Fenster 106
Arbeiten mit Ordnern 110
Ordner anpassen. 112
Dateien 114
Dateien verschieben und kopieren 116
Dateien löschen und Papierkorb. 118
Programme für Dateien zuweisen. 120
Suche nach Dateien. 122
ZIP-Dateien und komprimierte Ordner 124

6 Fotos, Bilder, Bildverarbeitung 127

Bilddateien und Grafikformate 128
Fotos von der Digitalkamera 130
Handyfotos importieren. 132
Fotos und Bilder einscannen 134
Bilder aus dem Internet 136
Windows Fotoanzeige und Diashow. 138

7 Multimedia 141

Der Windows Media Player 142
Windows Media Player-Optionen. 148
Musik von CDs kopieren und Wiedergabelisten. 150
MP3-Player synchronisieren 152
CDs und DVDs brennen 154
Das Windows Media Center 156
Online mit dem Windows Media Center 160
DVDs brennen mit dem DVD Maker 162
Sound aufnehmen mit dem Audiorecorder 164

8 Zubehör und Spiele — 167

- Zeichnen und Malen mit Paint 168
- Schreiben mit dem Editor 172
- Textverarbeitung mit WordPad 174
- WordPad-Dokument drucken 178
- Bildschirmfotos mit dem Snipping Tool 180
- Kurznotizen 182
- Rechner 184
- Spiele 186

9 Netzwerk- und Internetverbindung — 191

- Netzwerkhardware 192
- WLAN-Verbindungen einrichten 196
- Wählverbindung über DSL, ADSL, Kabelmodem ... 200
- Die statische IP-Adresse 202
- Windows Easy Transfer 204

10 Netzwerk einrichten — 207

- Computername und Arbeitsgruppe 208
- Eine Heimnetzgruppe erstellen 210
- Arbeitsplatznetzwerk und öffentliches Netzwerk ... 214
- Ordner und Bibliotheken freigeben 218
- Netzwerkdrucker 222
- Netzlaufwerke einrichten 224
- Ein Ad-hoc-Netzwerk 226
- Remoteverbindung mit dem Firmennetzwerk 228
- Nützliche Testwerkzeuge für Networker 230

11 Der Internet Explorer — 233

- Browser starten und Startseite einrichten 234
- Seiten, Register, Adressen 238
- Symbolleisten und Favoriten 240
- Sicherheit und Datenschutz 244
- Cookies, Kennwörter und Datenmüll löschen 248
- Nützliche und wichtige Browser-Werkzeuge 250

12 Sicherheit und Datenschutz — 253

Sicherheitsmeldungen 254
Das Wartungscenter 258
Datensicherung 260
Windows Update 264
Die Windows-Firewall 266
Windows Defender 268
BitLocker 270
Jugendschutz 272
Kennwortsicherheit 274

13 Windows 7 Spezial — 279

Erleichterte Bedienung 280
Spracherkennung 282
Software installieren und warten 284
Autostart 286
Schriftarten und ClearType 288
Computerverwaltung 290

Lexikon — 294

Stichwortverzeichnis 309

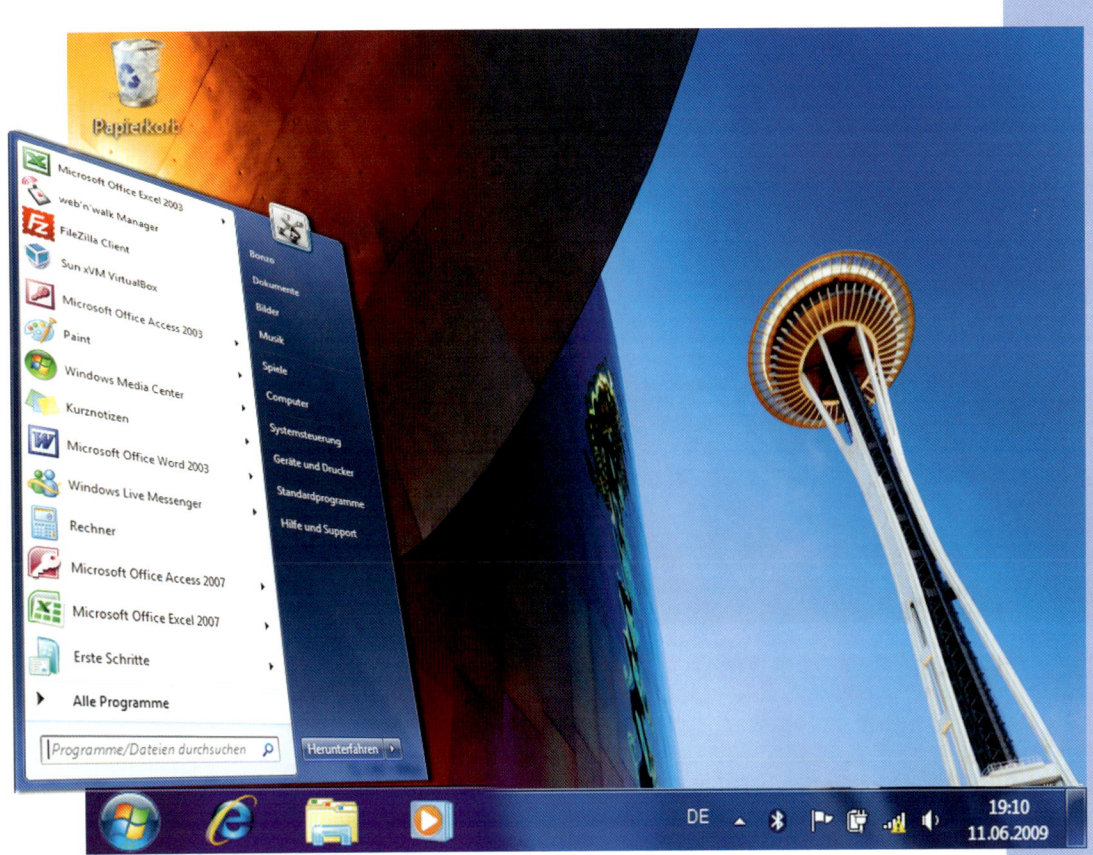

Windows 7 – der Start

12 Einschalten, anmelden, loslegen

Start

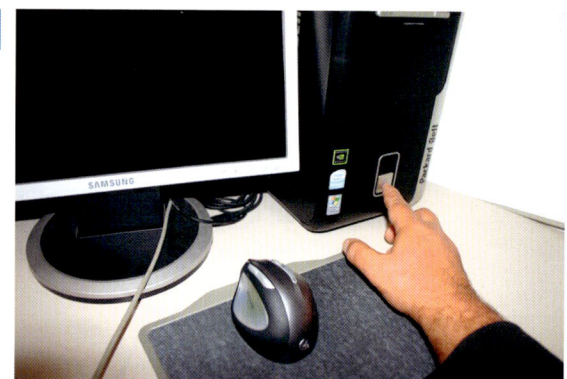

1. Schalten Sie Ihren PC und den Monitor oder Ihren Laptop ein.
2. Windows 7 startet, das bei der Installation angelegte Benutzerkonto wird angezeigt.
3. Geben Sie Ihr Kennwort über die Tastatur ein.

Vor dem Start von Windows 7 müssen Sie sich mit einem Kennwort als Benutzer anmelden. In Kapitel 2 lesen Sie, wie Benutzerkonten angelegt und verwaltet werden.

WISSEN

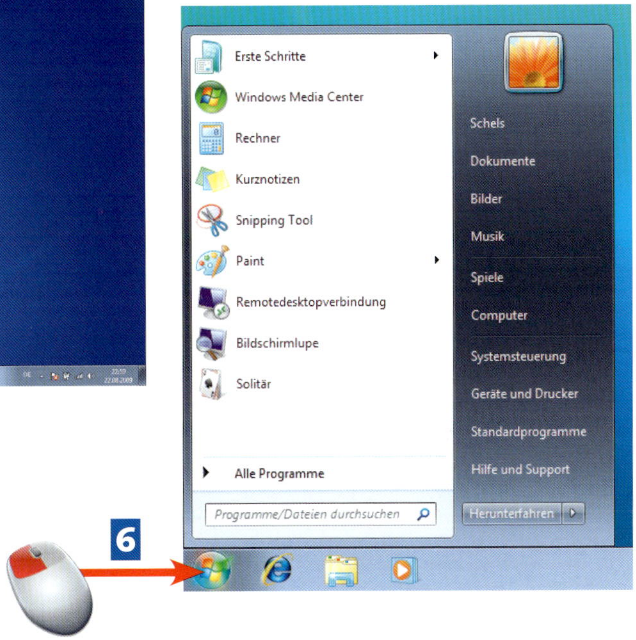

1 Windows 7 – der Start 13

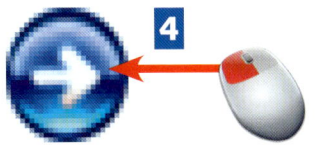

4 Ein Klick auf das Symbol mit dem Pfeil und Windows 7 startet.

5 Das Betriebssystem wird geladen und präsentiert den Desktop, die Oberfläche von Windows 7.

6 Klicken Sie auf das Startsymbol links unten, um das Startmenü zu öffnen.

Bei der Eingabe des Kennworts sollten Sie auf die Schreibweise achten: Windows 7 unterscheidet zwischen Groß- und Kleinschreibung.	Wenn mehrere Benutzerkonten angelegt sind, können Sie sich bei der Anmeldung für eines davon entscheiden.	Das Kennwort wird bei der Eingabe verschlüsselt, Sie sehen nur dicke schwarze Punkte.
TIPP	**HINWEIS**	**HINWEIS**

Erste Schritte

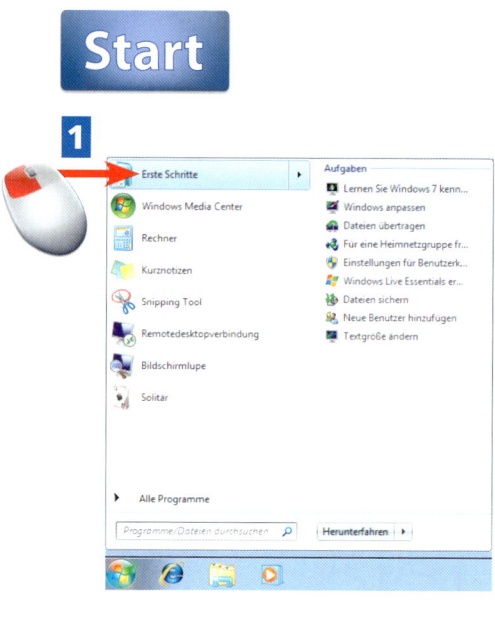

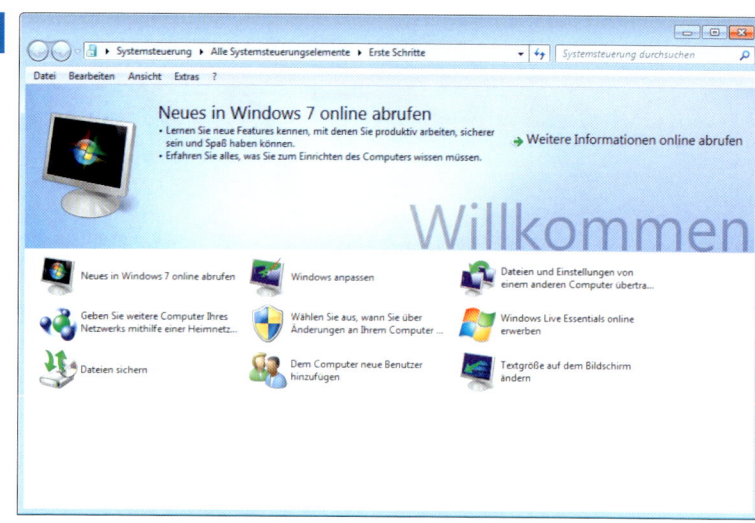

1 Starten Sie mit einem Klick auf den ersten Eintrag im Startmenü: *Erste Schritte*.

2 Das Erste Schritte-Fenster bietet die wichtigsten Aktionen aus der Systemsteuerung und den Aufruf einer Internetseite an.

3 Klicken Sie auf Weitere Informationen online abrufen, um die Internetseite von Windows 7 im Internet Explorer zu öffnen.

Das Erste Schritte-Fenster enthält eine Auswahl von Werkzeugen des Betriebssystems, zum Beispiel die Anpassung des Bildschirms oder die Benutzerkontensteuerung.

WISSEN

1 Windows 7 – der Start 15

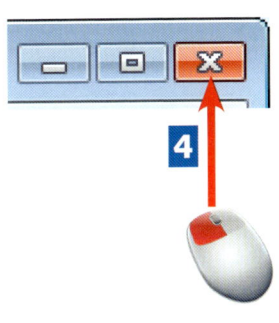

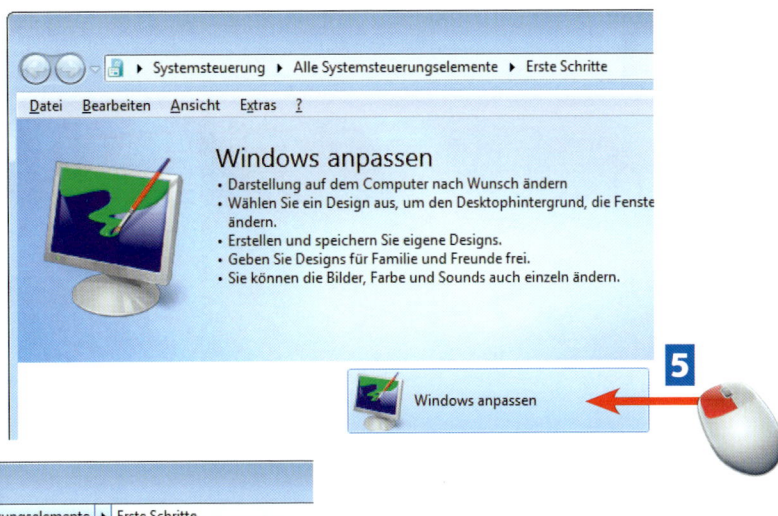

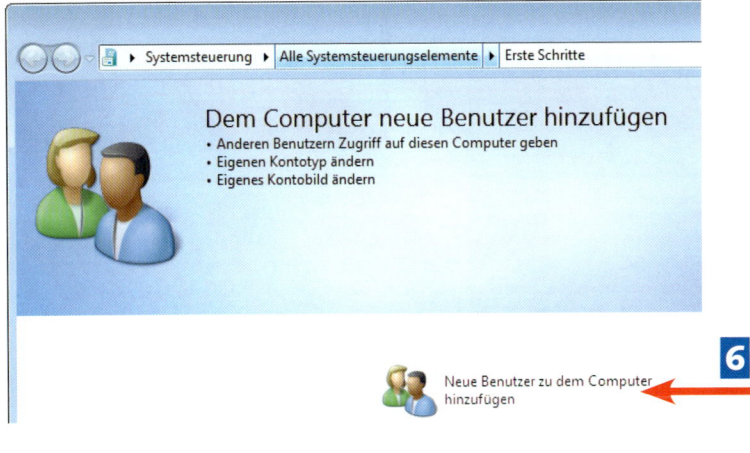

4 Mit einem Klick auf das Schließen-Kästchen schließen Sie das Internet Explorer-Fenster wieder.

5 Starten Sie einen weiteren Menüpunkt des Erste Schritte-Fensters, zum Beispiel *Windows anpassen* …

6 … oder die Benutzerkontensteuerung, mit der Sie Ihr Konto verwalten oder neue Konten anlegen können.

Ende

TIPP	HINWEIS	HINWEIS
Alle Aktionen aus diesem Fenster finden Sie auch in der Systemsteuerung.	Für den Aufruf der Internetseite von Windows 7 brauchen Sie eine funktionierende Internetverbindung (siehe Kapitel 9).	Klicken Sie auf das Schließen-Kästchen rechts oben, um das Fenster *Erste Schritte* zu schließen.

16 Der Desktop

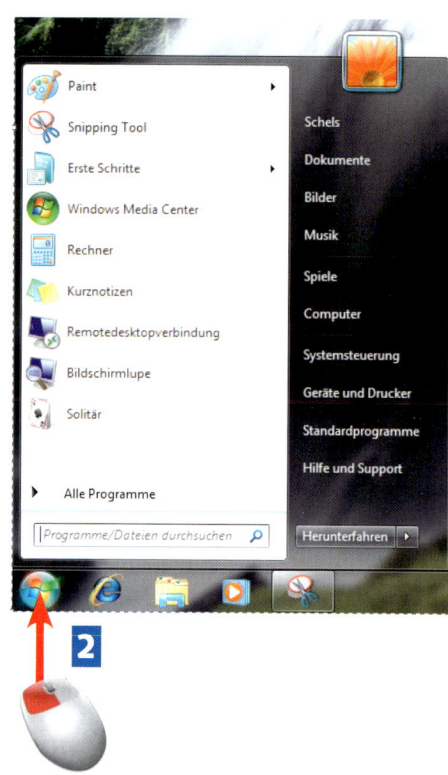

1 Der Desktop ist Ihr elektronischer „Schreibtisch", hier können Sie Bilder, Daten und Programme ablegen.

2 Links unten finden Sie das Startsymbol. Ein Klick darauf öffnet das Startmenü mit den wichtigsten Elementen von Windows 7.

3 Die Taskleiste hält für jedes auf dem Desktop aktive Fenster ein Symbol bereit. Zeigen Sie darauf, erscheint eine Minivorschau.

Der Desktop ist die zentrale Arbeitsfläche von Windows 7.
Sie öffnen auf dem Desktop Ihre Fenster, können aber auch Verknüpfungssymbole ablegen oder Daten (Texte, Bilder, Videos etc.) speichern.

WISSEN

1 Windows 7 – der Start 17

4 Immer in der Taskleiste: die Symbole für die wichtigsten Windows-Programme – Internet Explorer, Windows-Explorer und Media Player.

5 Rechts unten befindet sich der Infobereich mit mehreren Symbolen und der Datums-/Uhrzeitanzeige.

6 Das Papierkorbsymbol steht für den Papierkorb, in dem gelöschte Daten zwischengespeichert werden.

Zum Anzeigen der Minifenster zeigen Sie einfach auf das Symbol in der Taskleiste.

Neben dem Papierkorbsymbol können natürlich bereits weitere Symbole auf Ihrem Desktop stehen. Wenn Sie Symbole für Kalender, Uhr etc. am rechten Rand sehen, das sind Desktop-Minianwendungen.

TIPP **HINWEIS**

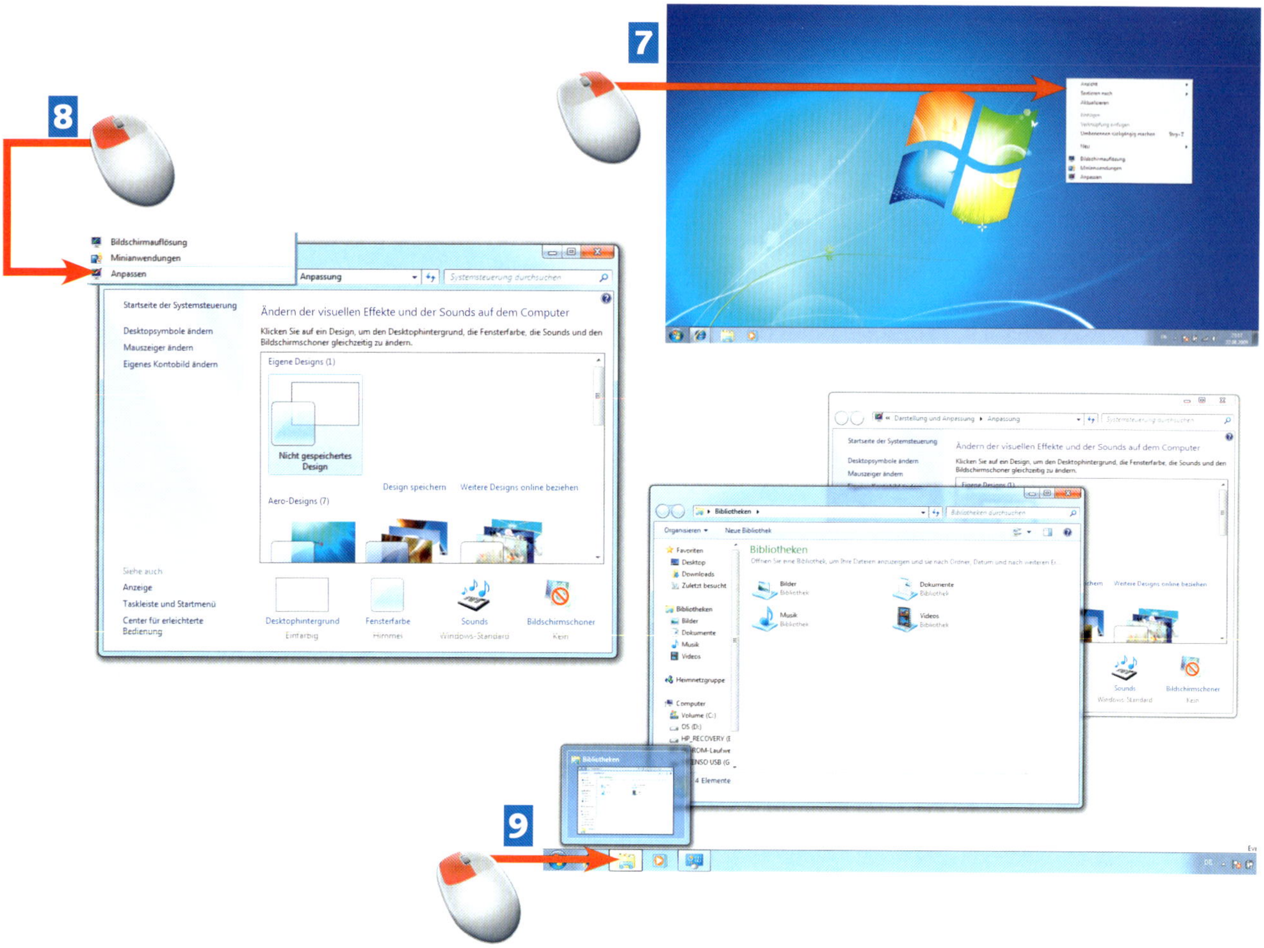

18 Der Desktop

7 Klicken Sie mit der rechten Maustaste in den Desktop.

8 Holen Sie aus dem Kontextmenü den Befehl *Anpassen*. Damit starten Sie das gleichnamige Dienstprogramm der Systemsteuerung.

9 Klicken Sie auf das Explorer-Symbol in der Taskleiste. Jetzt haben Sie schon zwei Fenster auf dem Desktop.

Wie im richtigen Leben wird auch der virtuelle Schreibtisch, der Desktop, mit der Zeit immer voller. Mit einem Klick räumen Sie ihn auf, schließen Sie aber besser alle Fenster, die Sie gerade nicht brauchen.

WISSEN

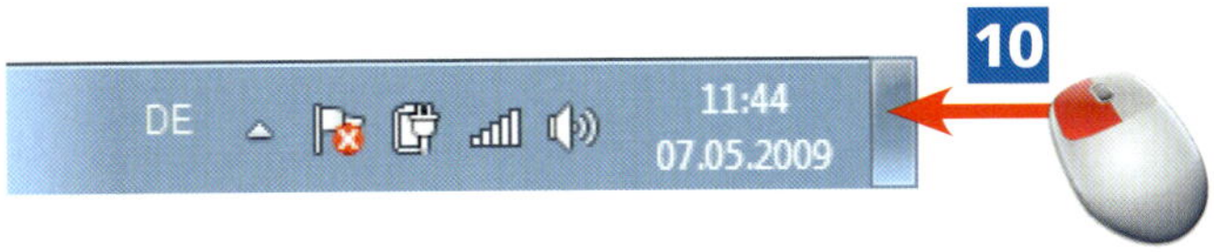

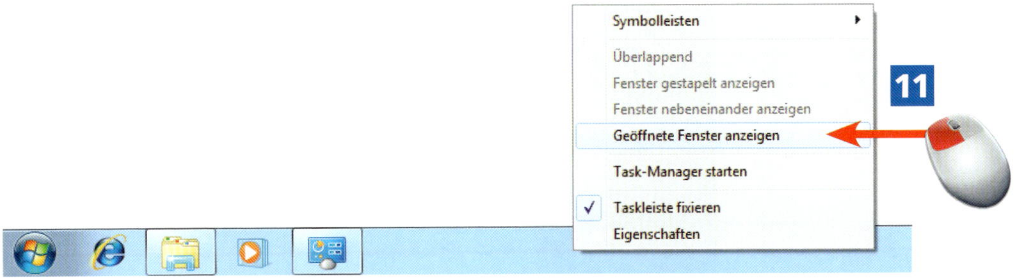

1 Windows 7 – der Start 19

10 Mit einem Klick rechts unten in die Taskleiste räumen Sie den Desktop auf. Alle offenen Fenster werden auf Symbole minimiert.

11 Mit *Geöffnete Fenster anzeigen* im Kontextmenü der Taskleiste aktivieren Sie wieder alle Desktopfenster.

12 Aktive Fenster können Sie über das Minivorschaufenster schließen. Zeigen Sie mit der Maus auf das Symbol und klicken Sie rechts oben.

Ein Klick ganz rechts unten blendet alle Fenster auf dem Desktop wieder ein.	**Kontextmenü:** Menü, das mit der rechten Maustaste geöffnet wird.	Wählen Sie im Desktopkontextmenü *Ansicht*. Damit können Sie die Anzeige der Symbole ändern oder alle Symbole ausblenden.
TIPP	**FACHWORT**	**TIPP**

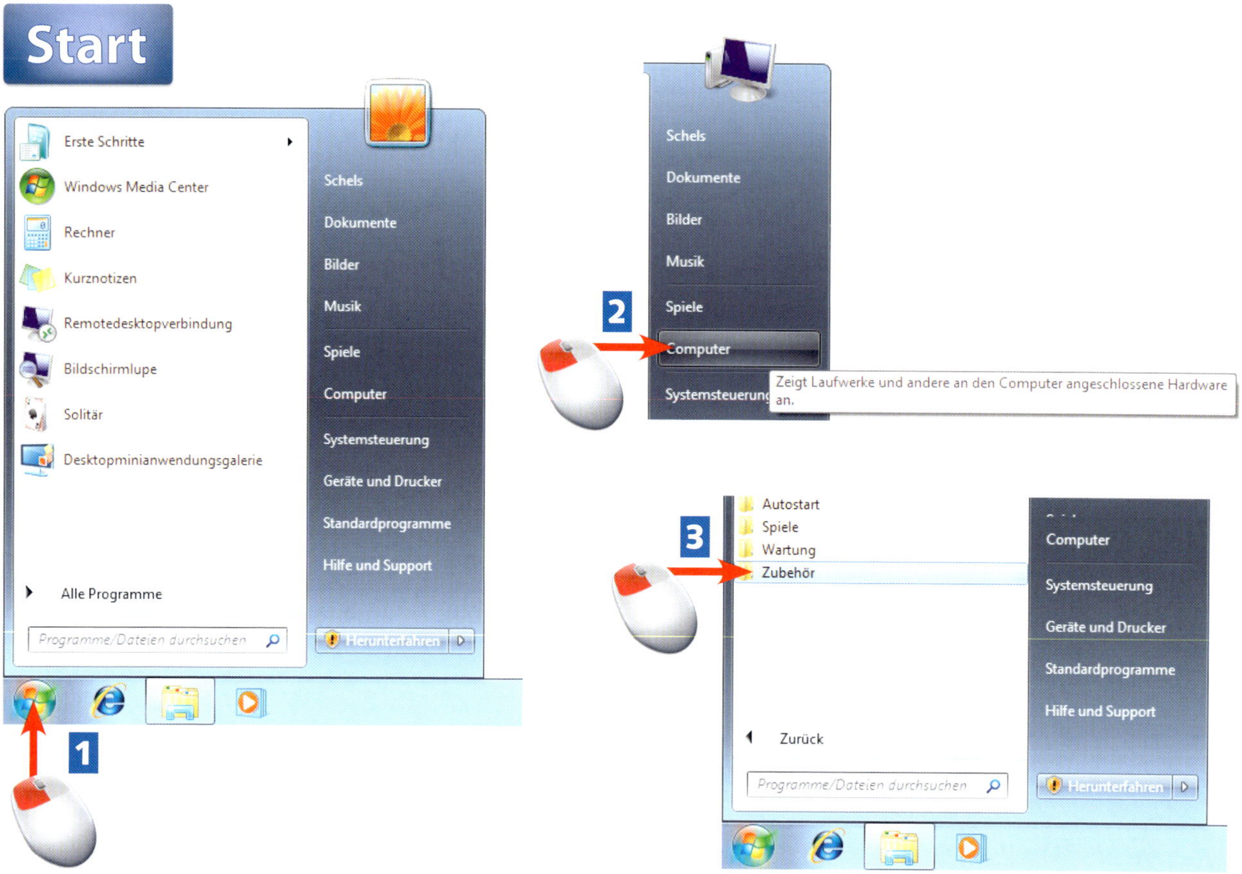

20 Das Startmenü

1 Das Startsymbol öffnet das Startmenü. Klicken Sie auf ein Programmsymbol oder wählen Sie eine Gruppe.

2 Im rechten Teil finden Sie die Bibliotheken Ihres Benutzerkontos und den Aufruf der Systemsteuerung.

3 Klicken Sie auf *Alle Programme* und öffnen Sie einen Ordner mit weiteren Symbolen (hier Zubehör).

Das Startmenü heißt so, weil es Symbole zum Starten von Programmen enthält. Es bietet aber auch die Möglichkeit, Ordner auf der Festplatte zu öffnen oder andere Datenträger zu aktivieren.

WISSEN

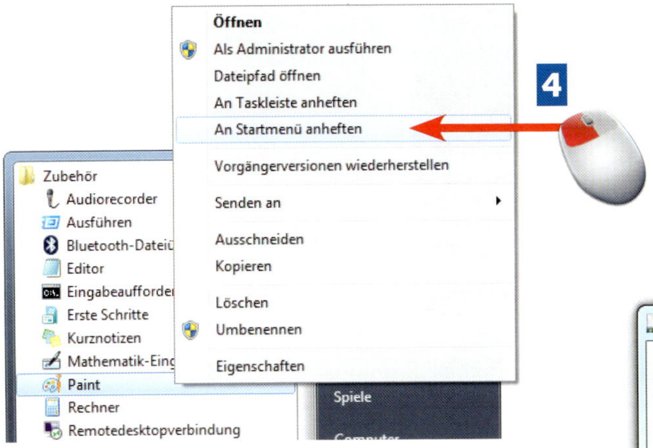

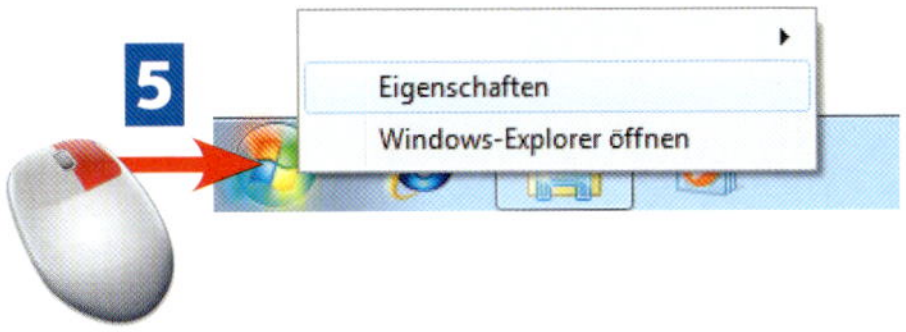

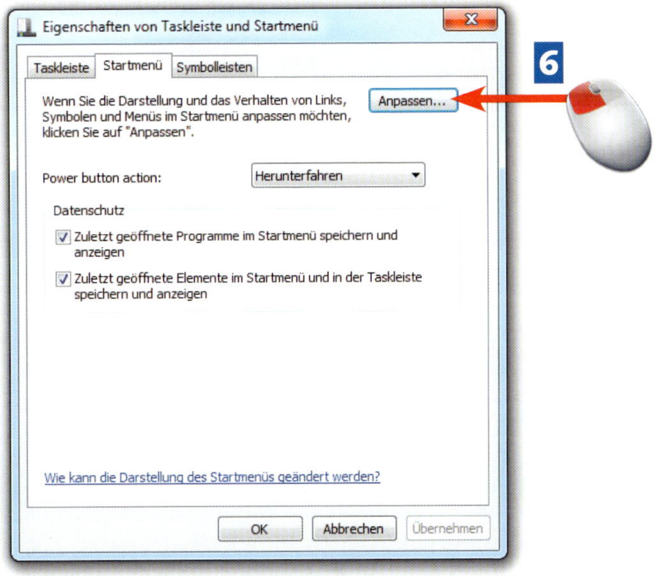

1 Windows 7 – der Start 21

4 Um ein Symbol in das erste Fenster des Startmenüs zu befördern, wählen Sie *An Startmenü anheften* im Kontextmenü.

5 Klicken Sie mit der rechten Maustaste in das Startmenü und wählen Sie *Eigenschaften*.

6 Unter *Anpassen* bestimmen Sie, welche Elemente und Symbole im Startmenü angeboten werden.

HINWEIS
Standardaktion für Beenden definiert, was mit dem Klick auf den Ausschaltknopf passiert.

HINWEIS
Die Symbolauswahl im Startmenü passt sich Ihrer Arbeitsweise an: Rufen Sie ein Programm mehrmals auf, erscheint es automatisch als Symbol im Startmenü.

TIPP
Wenn Sie nicht wissen, wo sich ein Programm oder eine Datei befindet, geben Sie einfach einen Suchbegriff in das Suchfenster ein.

22 Die Taskleiste

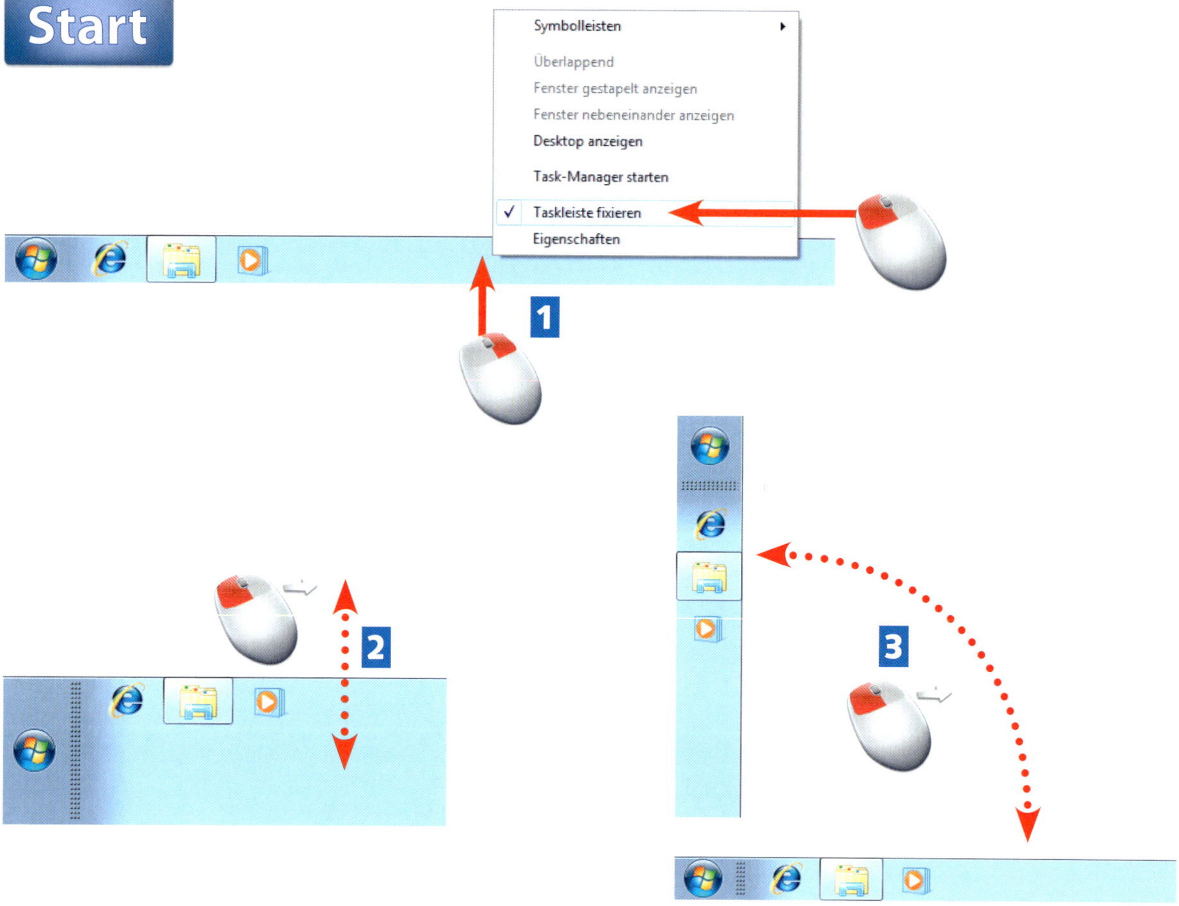

1 Klicken Sie mit der rechten Maustaste in die Taskleiste und entfernen Sie das Häkchen vor *Taskleiste fixieren*.

2 Ziehen Sie den oberen Rand der Taskleiste mit gedrückter Maustaste, um diese zu vergrößern oder zu verkleinern.

3 Mit gedrückter Maustaste lässt sich die Taskleiste auch an einen anderen Bildschirmrand verschieben.

Die Taskleiste ist für die Kontrolle der aktiven Programme zuständig, sie enthält Aufrufsymbole und Symbole aktiver Fenster. Passen Sie die Taskleiste nach Ihren Wünschen an.

WISSEN

1 Windows 7 – der Start 23

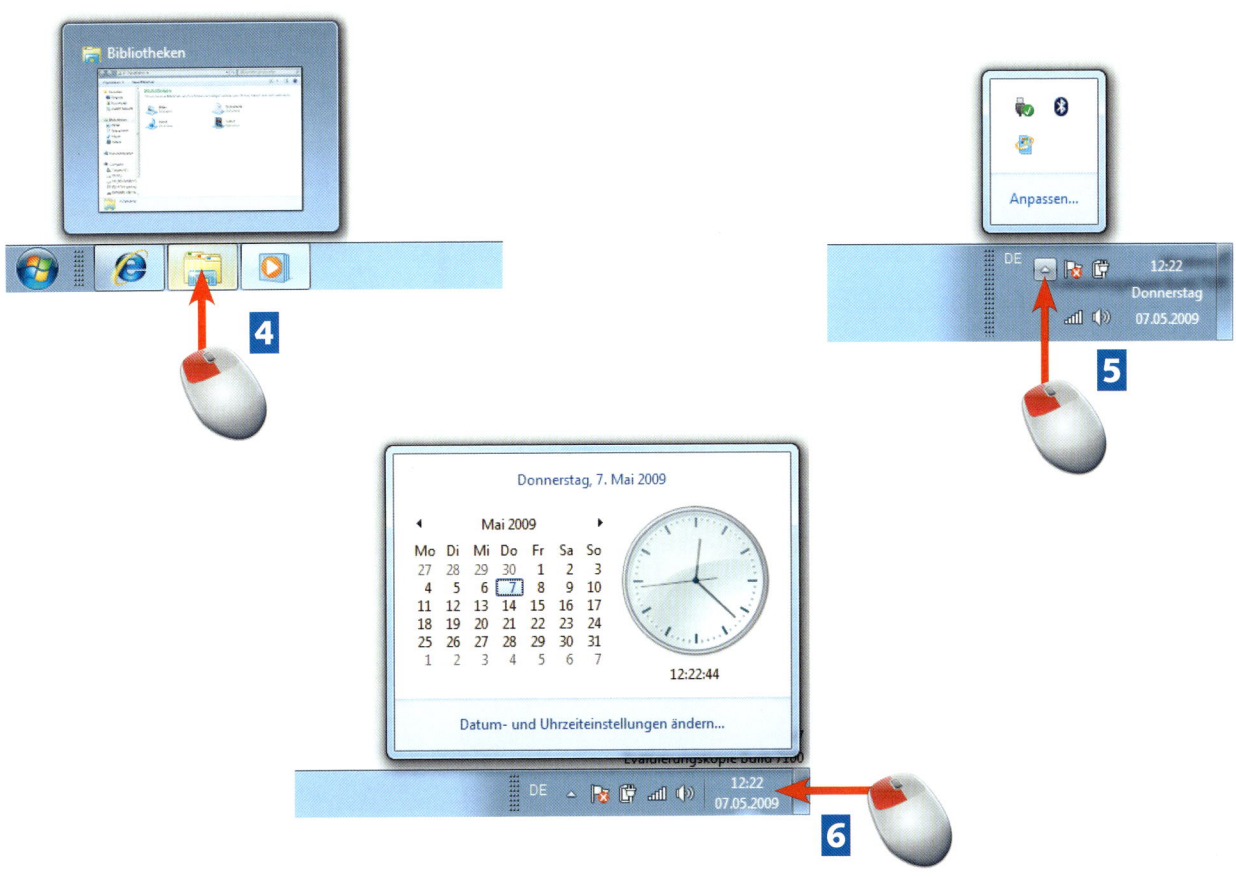

4 Klicken Sie auf ein Schnellstartsymbol, um den Windows-Explorer, Internet Explorer oder Media Player zu starten.

5 Im Infobereich rechts unten zeigen Sie auf ein Symbol oder klicken es an.

6 Ein Klick auf das Datumsfeld öffnet das Datums- und Uhrzeitfenster. Stellen Sie hier Datum und Zeit ein.

Mit *Ansicht/Symbolleisten* im Desktopkontextmenü können Sie Symbolleisten in der Taskleiste aktivieren. Ziehen Sie den Trennbalken zwischen diesen mit gedrückter Maustaste nach links oder rechts.

Infobereich: Rechter Teil der Taskleiste, enthält Symbole für Systemprogramme.

Wollen Sie einzelne Symbole im Taskmenü verankern? Rechte Maustaste auf das Symbol, *An Taskleiste anheften* wählen.

HINWEIS **FACHWORT** **TIPP**

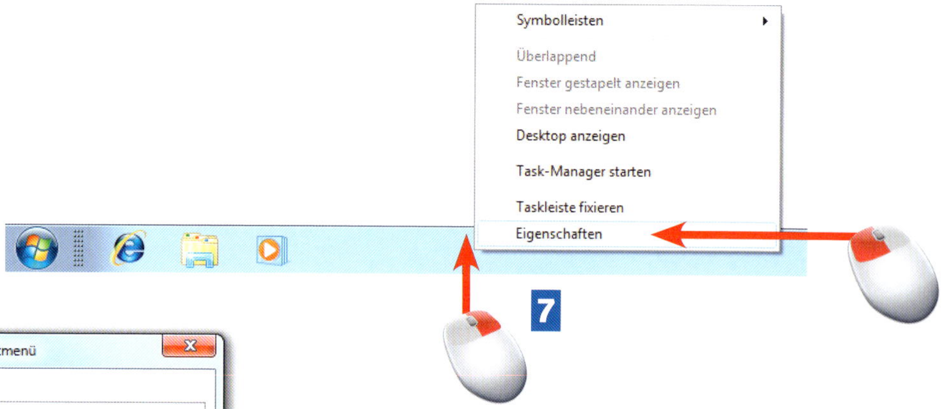

24 Die Taskleiste

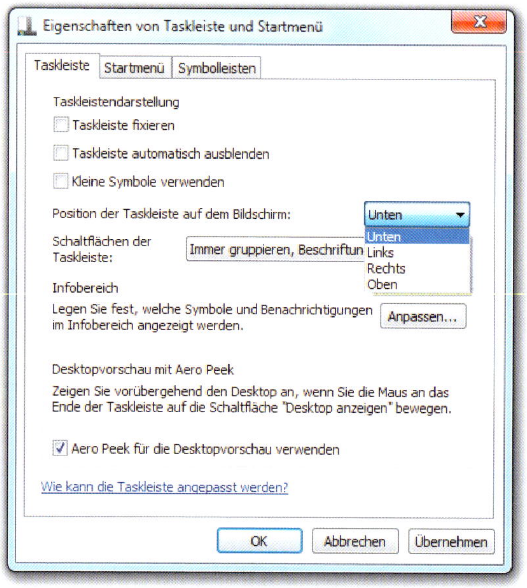

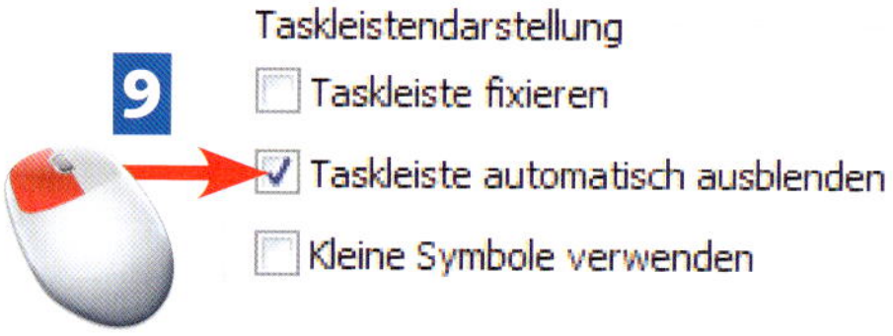

7 Klicken Sie mit der rechten Maustaste in die Taskleiste und wählen Sie *Eigenschaften*.

8 Das Eigenschaftenfenster wird aktiv, hier finden Sie alle Einstellungen, zum Beispiel die Position und die Fixierung.

9 Mit *Taskleiste automatisch ausblenden* erscheint die Leiste erst mit dem Mauszeiger am unteren Bildschirmrand.

Im Eigenschaftenfenster der Taskleiste bestimmen Sie die Position der Leiste, die Größe der Symbole und die Zusammensetzung des Infobereiches.

WISSEN

1 Windows 7 – der Start

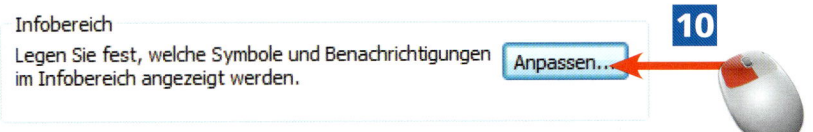

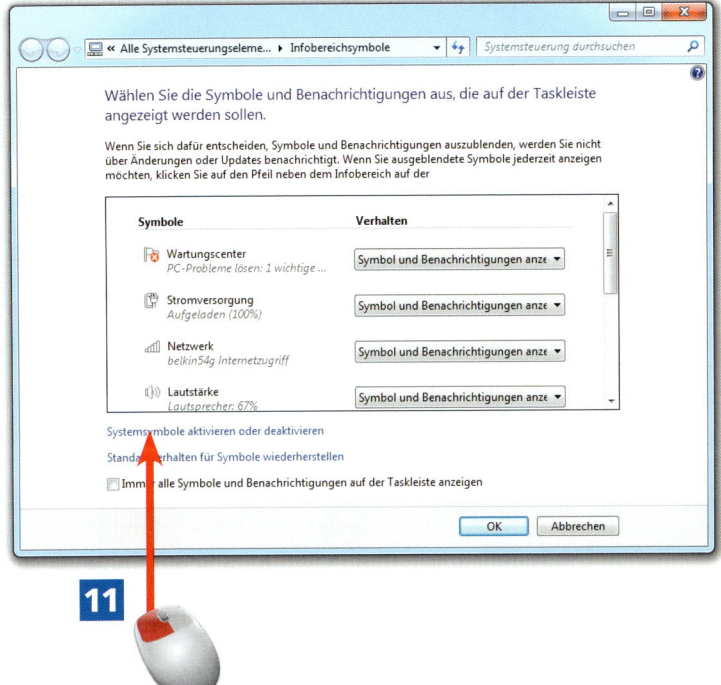

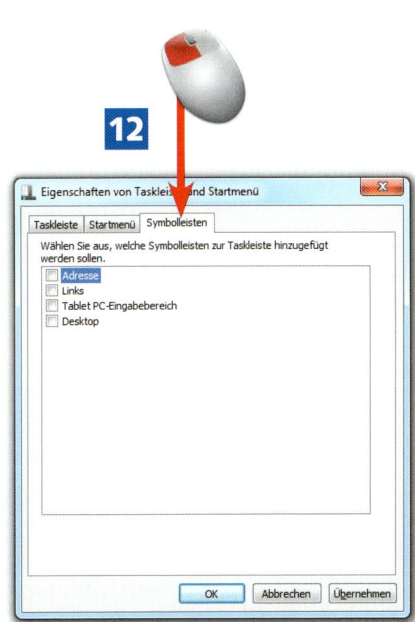

10 Ein Klick auf *Anpassen* zeigt die Übersicht über die Symbole rechts unten im Systembereich.

11 Stellen Sie das Verhalten der einzelnen Symbole ein. Klicken Sie auf *Systemsymbole aktivieren* oder *deaktivieren*.

12 Auf der Registerkarte *Symbolleisten* können Sie einzelne Taskleisten-Symbolleisten aktivieren oder aus der Auswahl entfernen.

Standardmäßig werden für alle offenen Fenster Symbole in die Taskleiste gesetzt. Hat ein Programm mehrere Fenster, werden diese im Symbol gruppiert. In den Taskleiste-Eigenschaften können Sie das änden.

HINWEIS

Wenn Sie die Symbole im Infobereich nicht gruppieren wollen, kreuzen Sie diese Option an: *Immer alle Symbole und Benachrichtigungen auf der Taskleiste anzeigen*.

HINWEIS

26 Mit Symbolen arbeiten

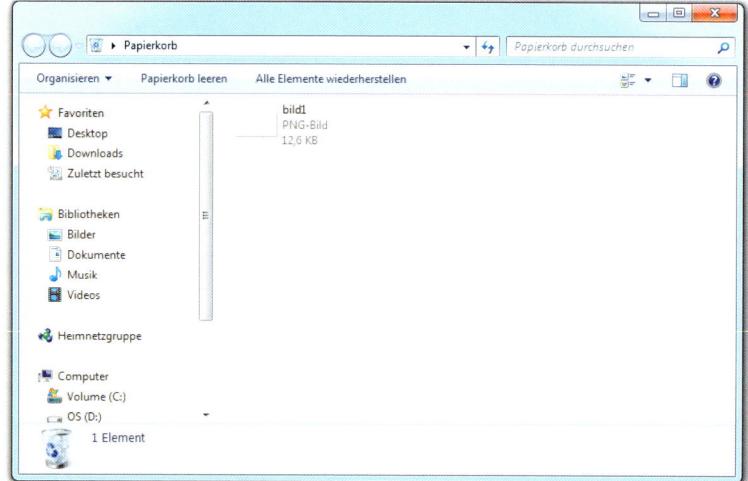

1 Symbole enthalten Verknüpfungen auf Programme, Dateien oder Ordner. Klicken Sie das Papierkorbsymbol auf dem Desktop an, …

2 … blendet Windows 7 das Fenster mit dem Inhalt des Papierkorbs ein.

3 Programmsymbole starten Programme, Dateisymbole aktivieren die Datei im passenden Programm.

Symbole repräsentieren Dateien (Texte, Bilder, Videos) oder Ordner und Bibliotheken. Häufig enthalten sie auch Verknüpfungen oder Internetlinks.

WISSEN

1 Windows 7 – der Start 27

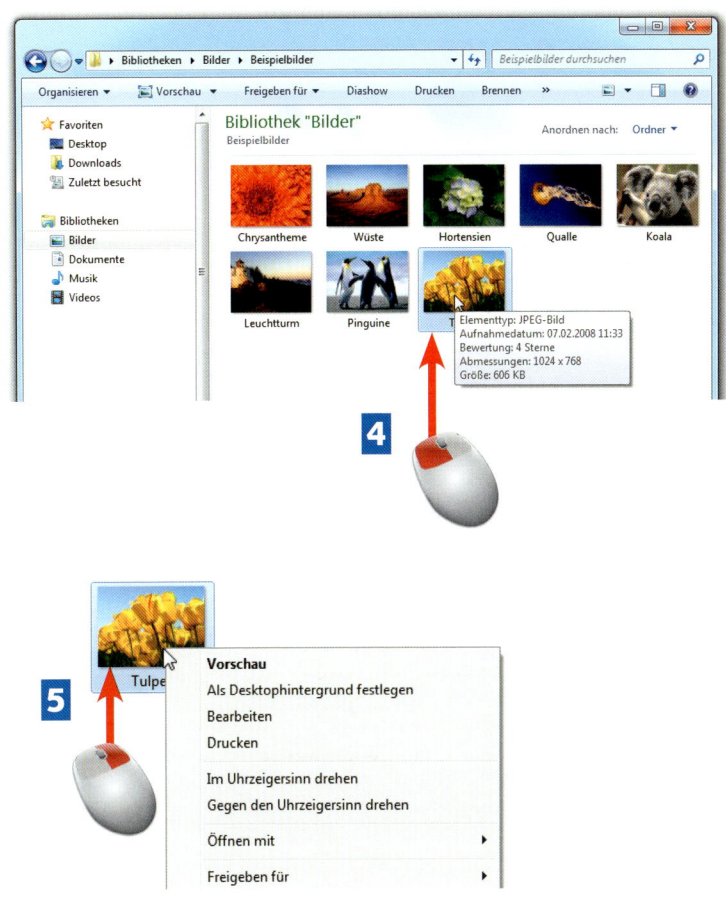

4 Zeigen Sie auf ein Symbol, gibt es die wichtigsten Informationen am Mauszeiger aus.

5 Aktivieren Sie mit der rechten Maustaste das Kontextmenü, erhalten Sie alle Aktionen und Links, die dem Symbol zugeordnet sind.

6 Die Symbole in der Taskleiste liefern im Kontextmenü gleich die zuletzt verwendeten Aufrufe oder die häufigsten Links.

Vorsicht beim Löschen von Symbolen: Verknüpfungssymbole können risikolos gelöscht werden, bei Dateisymbolen löschen Sie natürlich auch die Datei!	**Bibliothek:** Dem Benutzer zugewiesener Ordner mit den Unterordnern Bilder, Dokumente, Musik und Videos.	Wählen Sie im Kontextmenü des Symbols *Eigenschaften*, erhalten Sie alle Detailinformationen.
TIPP	FACHWORT	TIPP

Windows heißt Fenster

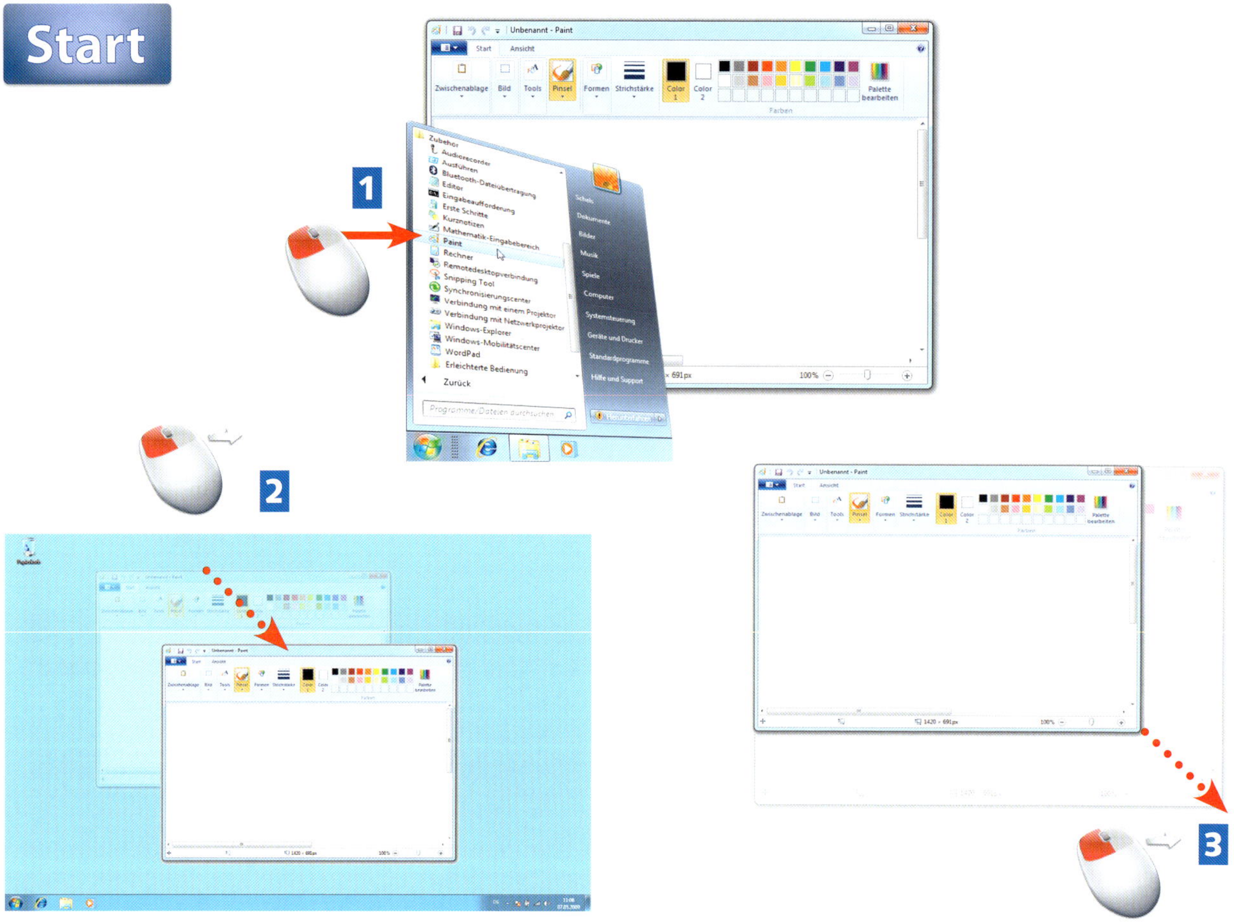

1 Starten Sie ein Windows-Programm, eine Datei oder eine Verknüpfung, hier zum Beispiel *Paint* aus der Gruppe *Zubehör*.

2 Verschieben Sie das Fenster mit dem Mauszeiger in der Titelzeile und gedrückter Maustaste.

3 Ziehen Sie den Fensterrand mit gedrückter Maustaste, um ein Fenster zu vergrößern oder zu verkleinern.

Fenster sind die wichtigsten Elemente des Betriebssystems, von Ihnen hat Windows den Namen. Lernen Sie, wie Fenster positioniert und in verschiedene Ansichten gebracht werden.

WISSEN

1 Windows 7 – der Start 29

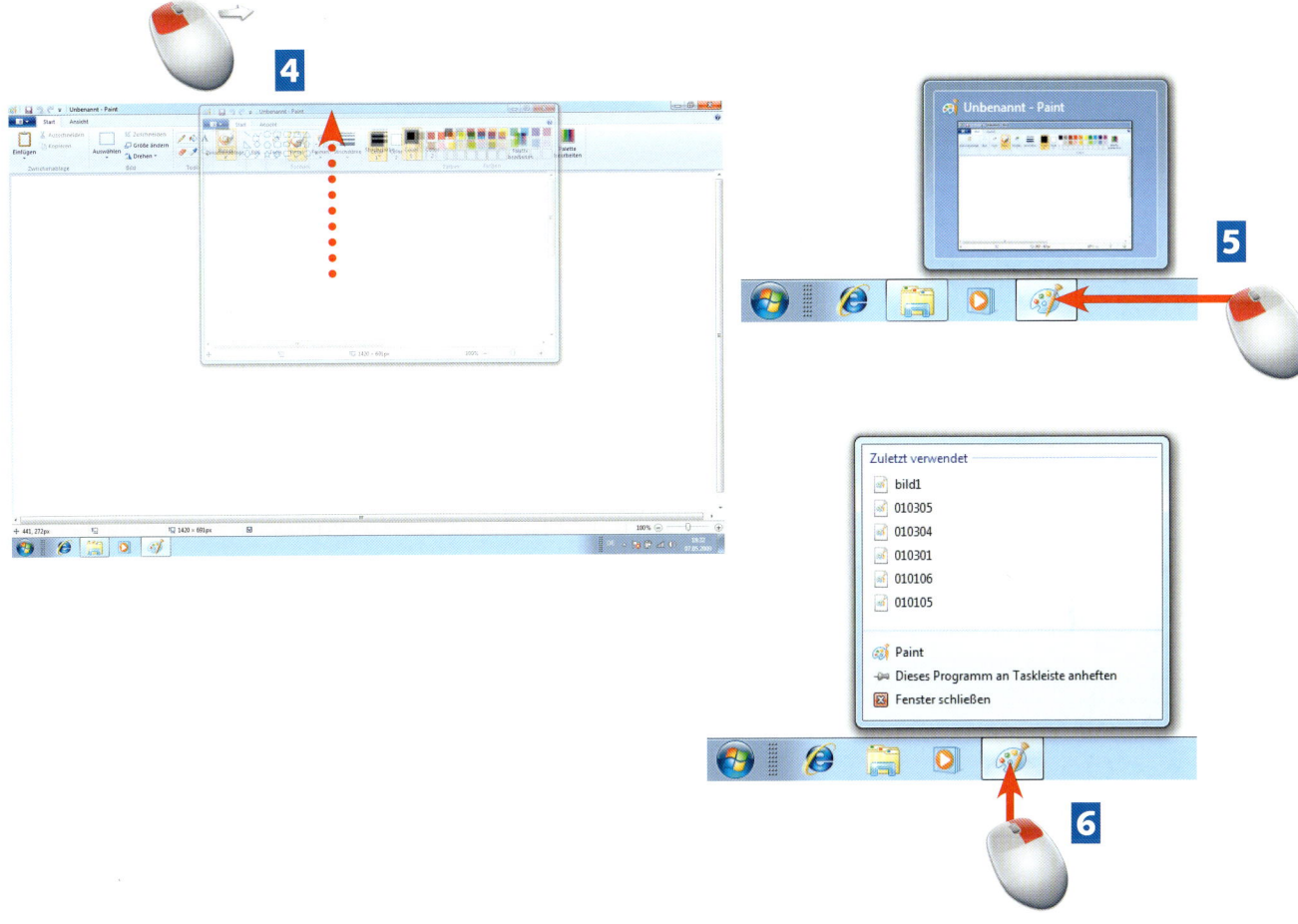

4 Ziehen Sie das Fenster an den oberen Rand des Desktops, wird es zum Vollbild vergrößert. Ziehen Sie es ebenso wieder zurück.

5 Das Minifenster des Desktopsymbols zeigt eine Vorschau des Fensterinhalts. Zeigen Sie einfach auf das Symbol.

6 Klicken Sie mit der rechten Maustaste in das Symbol für die zuletzt bearbeiteten Dateien im Fenster.

Probieren Sie auch diese Fenstertechnik: An den rechten oder linken Rand gezogen, nimmt das Fenster die Hälfte des Desktops ein.

Ein Doppelklick auf die Titelzeile schaltet übrigens auch um zwischen Teilbild- und Vollbildansicht.

TIPP

TIPP

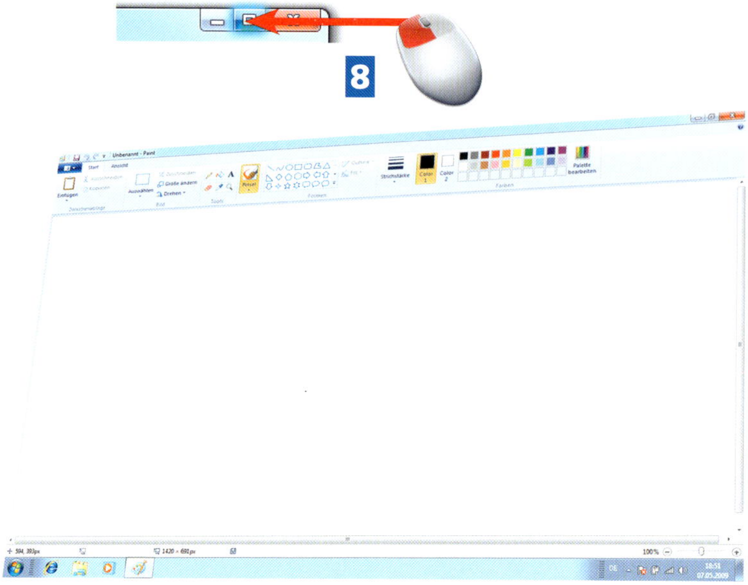

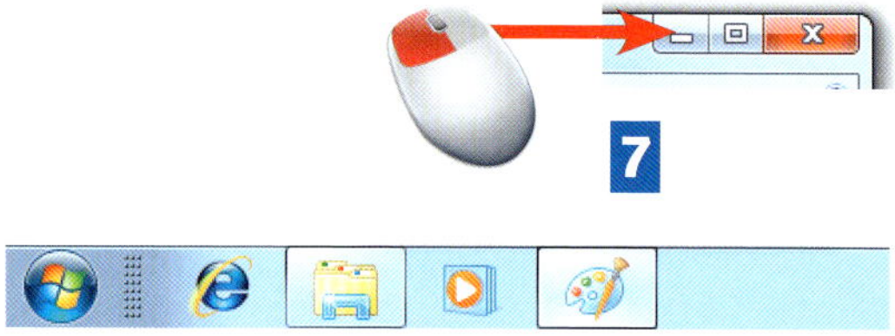

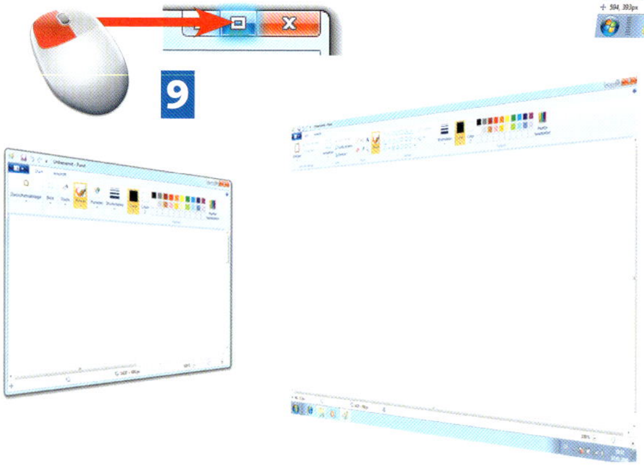

30 Windows heißt Fenster

7 Mit diesen drei Symbolen steuern Sie die Fensteransicht. Klicken Sie auf *Minimieren*, um das Fenster in die Taskleiste zu senden.

8 *Maximieren* zeigt das Fenster im Vollbildmodus an.

9 Das mittlere Symbol schaltet um zwischen Teil- und Vollbild.

Die drei Fenstersymbole rechts oben sind für die Fenstersteuerung zuständig. Fixieren Sie Symbole von häufig benutzten Fenstern gleich in der Taskleiste.

WISSEN

1 Windows 7 – der Start

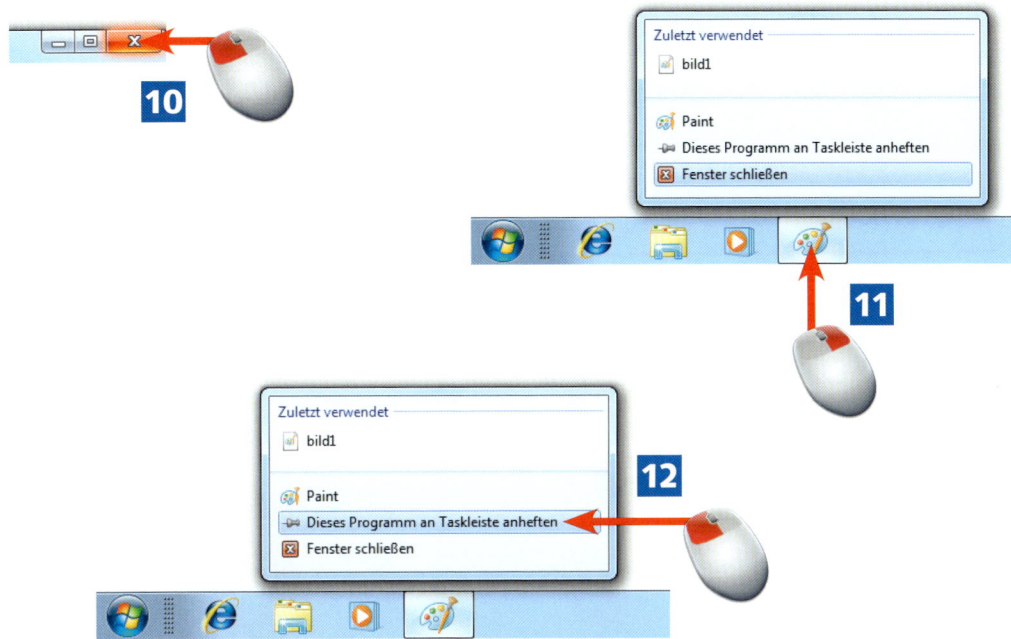

10 Mit dem *Schließen*-Symbol schließen Sie das Fenster.

11 Klicken Sie mit der rechten Maustaste in das Symbol, können Sie auch ein minimiertes Fenster schließen.

12 Heften Sie das Symbol mit diesem Befehl an die Taskleiste an, bleibt es nach dem Schließen des Fensters verfügbar.

TIPP

Probieren Sie diese Tastenkombination:
[Alt]+[Esc] (Fenster wechseln)
[Alt]+[F4] (Fenster schließen)

HINWEIS

Jedes Fenster hat links oben in der Ecke noch ein Systemmenü, in dem sich ebenfalls Befehle für die Fensteransichten befinden.

32 Fenster stapeln und 3D-Flip

1 Klicken Sie mit der rechten Maustaste in die Taskleiste und ordnen Sie alle Fenster überlappend an.

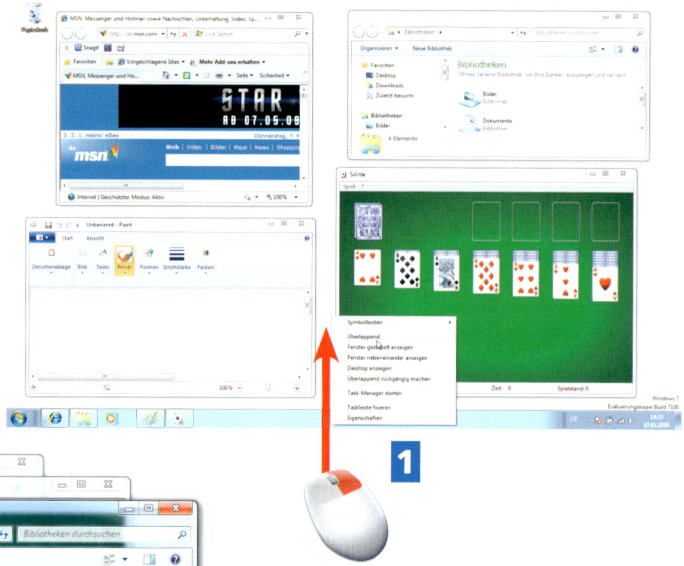

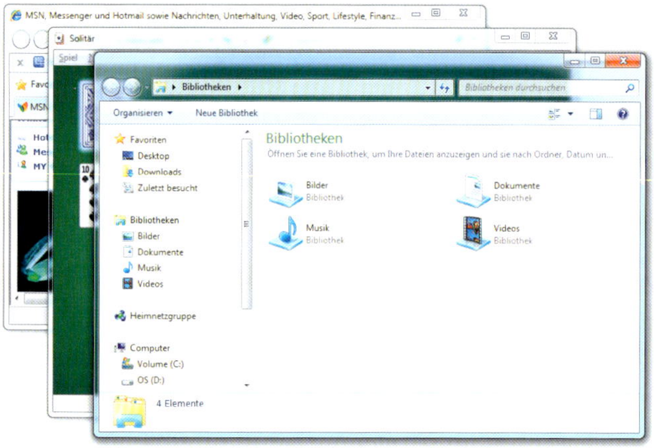

2 Die Fenster werden auf dem Desktop gestapelt, ein Doppelklick in die Titelzeile aktiviert das jeweilige Fenster.

3 Halten Sie die Alt-Taste gedrückt und drücken Sie ⇥.

Multitasking heißt das Zauberwort, gemeint ist die gleichzeitige Bearbeitung mehrerer Fenster. Mit Taskleiste und 3D-Flip haben Sie Ihre Tasks immer unter Kontrolle, auch wenn's mal voll wird auf dem Desktop.

WISSEN

1 Windows 7 – der Start   33

4 Mit dem kleinen Task-Manager können Sie zu einem Fenster Ihrer Wahl wechseln. Drücken Sie weiter die ⇆-Taste.

5 Halten Sie die ⊞-Taste gedrückt und drücken Sie die ⇆-Taste.

6 Jetzt werden alle aktiven Tasks im 3D-Flip dargestellt. Drücken Sie weiter die ⇆-Taste, bis das gewünschte Fenster im Vordergrund steht.

Während der Task-Anzeige mit Alt+⇆ oder im 3D-Flip können Sie auch mit dem Mauszeiger auf ein Vorschaufenster klicken und dieses damit schnell aktivieren.	Der kleine Task-Manager und der 3D-Flip sind nützliche Werkzeuge für den schnellen Fensterwechsel mit Tastenkombinationen (shortcuts).	So wechseln Sie in einem Programmfenster die Innenfenster: Drücken Sie Strg+F6.
TIPP	**HINWEIS**	**TIPP**

34 Desktop-Minianwendungen

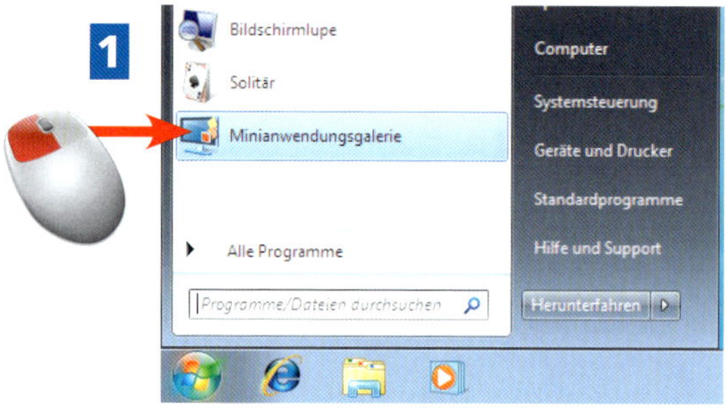

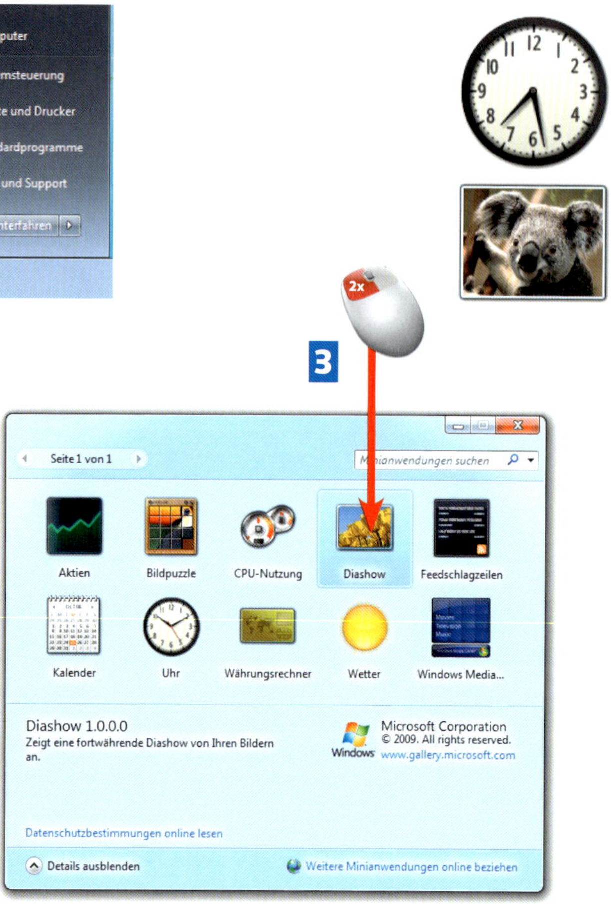

1. Starten Sie die Galerie mit Minianwendungen aus dem Startmenü.
2. Markieren Sie eine Anwendung und klicken Sie auf *Details einblenden*, um nähere Informationen einzuholen.
3. Per Doppelklick auf das Symbol holen Sie die Minianwendung auf den Desktop.

Die Seitenleiste des Desktops lässt sich mit nützlichen Kleinprogrammen von A wie Aktienkurs bis Z wie Zahlenpuzzle bestücken. Fügen Sie weitere Minianwendungen aus dem Internet hinzu, das Angebot ist riesig.

WISSEN

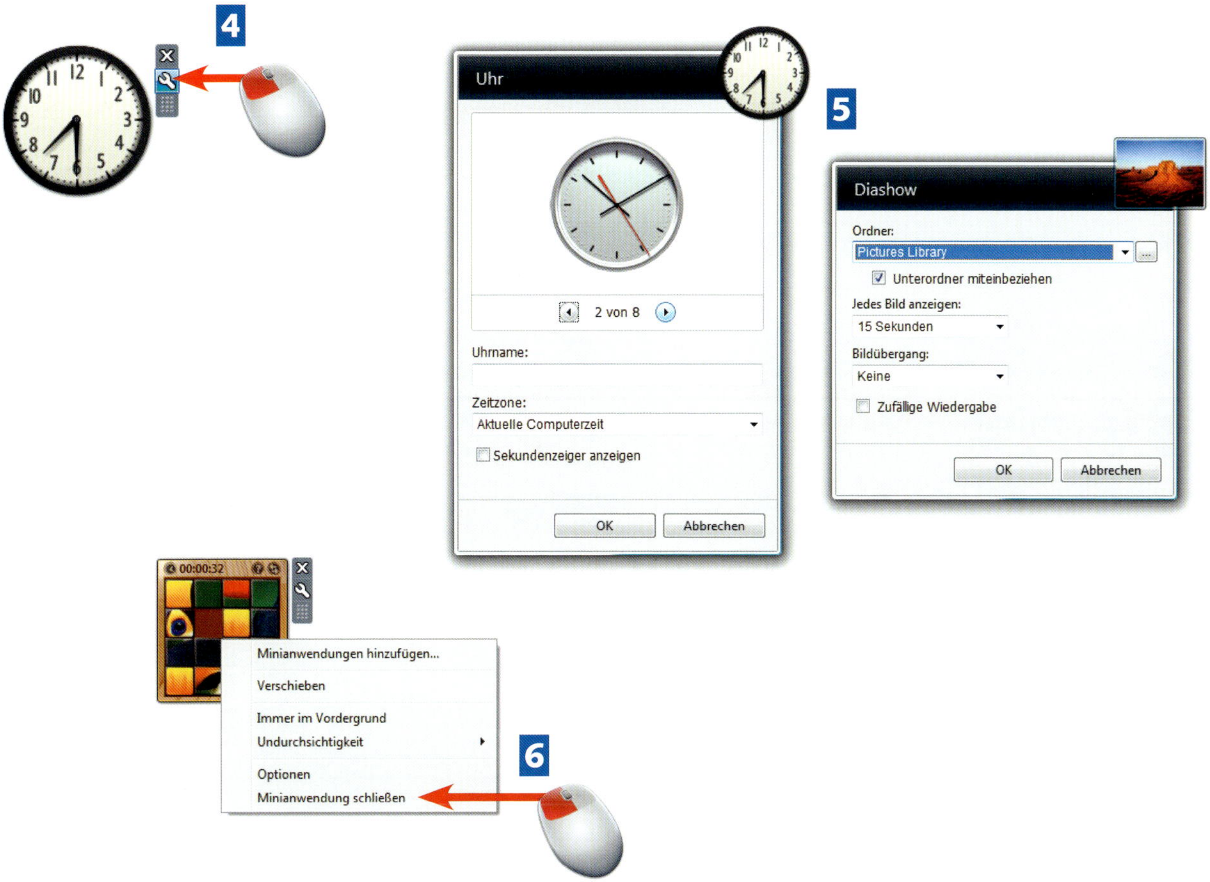

1 Windows 7 – der Start 35

4 Klicken Sie auf das Symbol mit dem Werkzeugschlüssel, um die Minianwendung zu bearbeiten.

5 Stellen Sie die Optionen passend zur Minianwendung ein.

6 Im Kontextmenü der Minianwendung finden Sie weitere Befehle. Klicken Sie auf *Minianwendung schließen*, wird sie vom Desktop entfernt.

Die Galerie mit den Minianwendungen können Sie auch aus dem Kontextmenü des Desktops (rechte Maustaste) aktivieren.	Weitere Minianwendungen finden Sie auf der Intenetseite von Microsoft. Klicken Sie in der Galerie rechts unten auf den Link *Weitere Minianwendungen online beziehen*.	Mit *Undurchsichtigkeit* im Kontextmenü blenden Sie die Minianwendung ab (bis 20%).
TIPP	**HINWEIS**	**TIPP**

36 Der Task-Manager

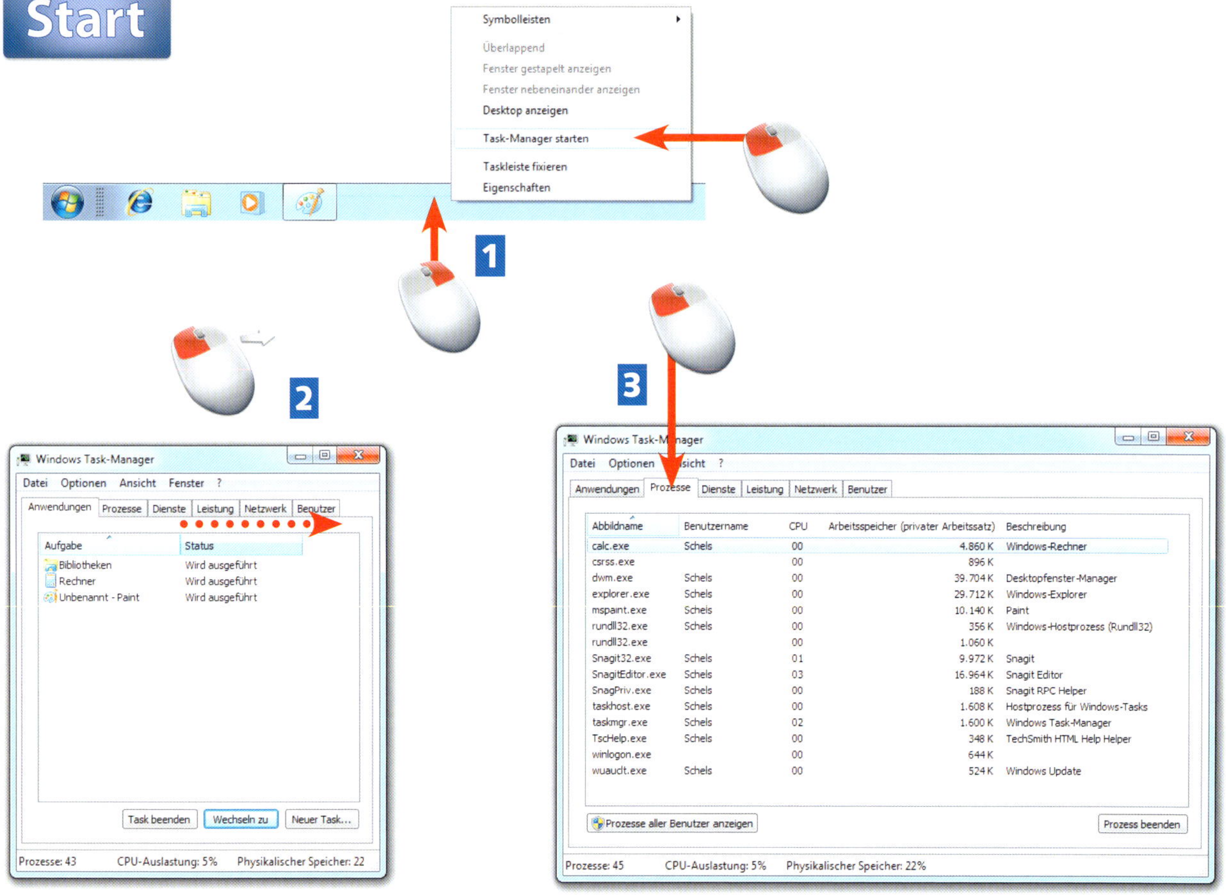

1 Starten Sie den Task-Manager aus dem Kontextmenü der Taskleiste.

2 Im Anwendungsfenster sehen Sie alle aktiven Anwendungen (Tasks). Ziehen Sie die Spaltenlinien, um Spalten zu verbreitern.

3 Die Registerkarte *Prozesse* zeigt die laufenden Prozesse an. In der Statuszeile lesen Sie die CPU- und RAM-Auslastung.

Der Task-Manager bietet die systeminterne Sicht auf die offenen Anwendungen. Kontrollieren Sie mit diesem Werkzeug Ihre aktiven Programme mit Speicher- und Prozessorauslastung und entfernen Sie abgestürzte Tasks.
Tastenkombination für das Menü mit dem Task-Manager:
[Strg]+[Alt]+[Entf]

WISSEN

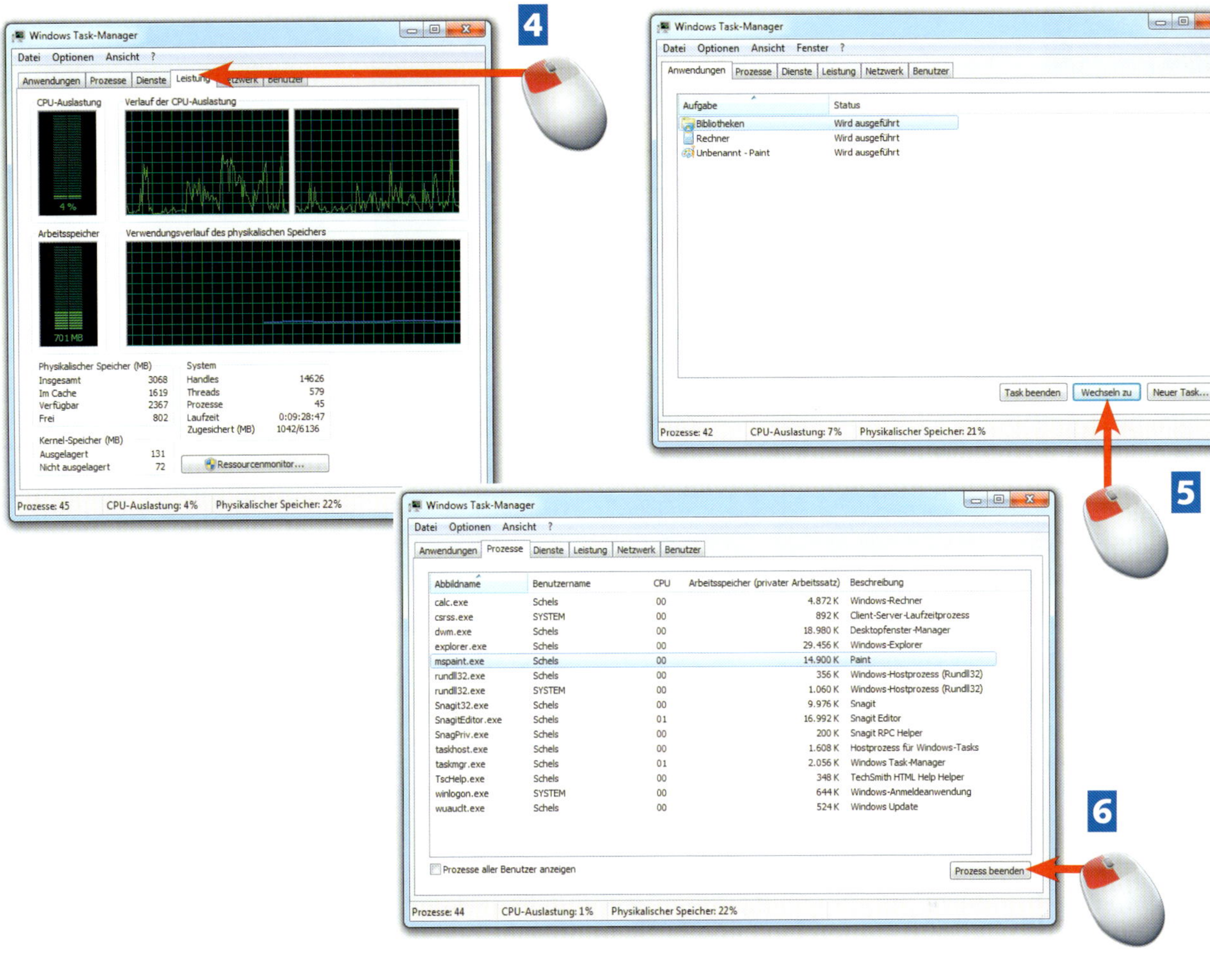

1 Windows 7 – der Start

4 Die Registerkarte *Leistung* registriert die aktuelle System- und Speicherleistung für laufende Prozesse.

5 Wechseln Sie im Task-Manager auf *Anwendungen* oder beenden Sie diese, wenn sie nicht mehr funktionieren.

6 Prozesse können ebenfalls beendet werden, wenn sie das System zu sehr belasten.

ACHTUNG	HINWEIS	FACHWORT
Vorsicht! Das Entfernen von Prozessen sollte nur von fachlich fundierten Anwendern ausgeführt werden.	Mit *Prozess beenden* im Task-Manager beenden Sie „abgestürzte" Anwendungen, die nicht mehr auf Mausklicks reagieren. In der Spalte Status steht dann „Keine Rückmeldung". Vorsicht: Brechen Sie damit keine laufenden Programme ab!	**CPU** (Central Processing Unit): Prozessor **RAM** (Random Access Memory): Arbeitsspeicher

38 Hilfe und Support

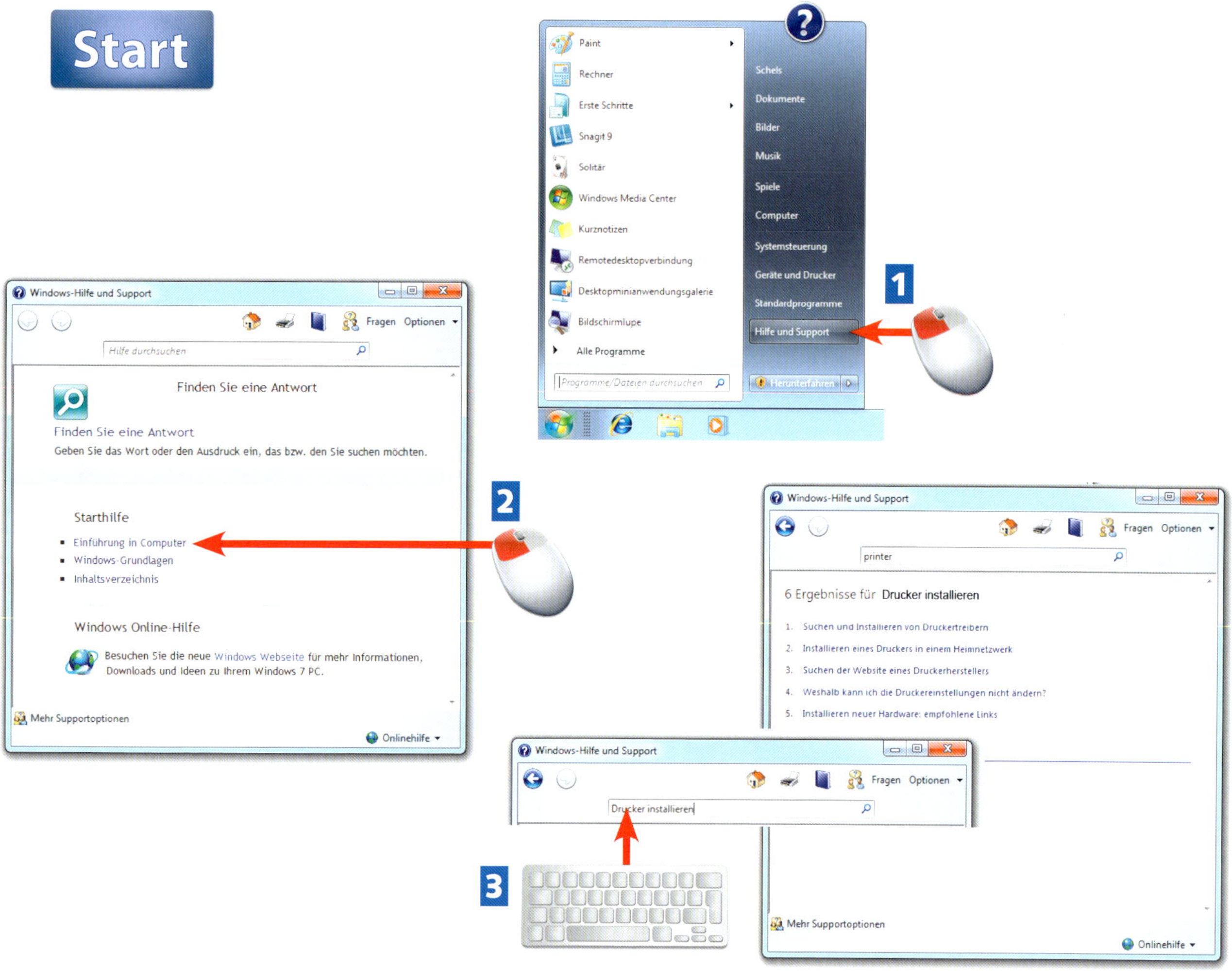

1. Im Startmenü finden Sie den Aufruf der Hilfefunktion. Klicken Sie auf *Hilfe und Support*.

2. Das Hilfefenster bietet Hilfetexte zu allen wichtigen Kategorien an. Klicken Sie auf einen Link, um das Angebot abzurufen.

3. Geben Sie Ihre Frage direkt in das Suchfeld rechts oben ein und drücken Sie die ⏎-Taste, um alle Hilfethemen zu listen.

Brauchen Sie Hilfe? Windows 7 gibt im Hilfe- und Supportfenster Informationen und Antworten auf alle Fragen rund um das Betriebssystem. Nutzen Sie auch die Onlinehilfe aus dem Internet.

WISSEN

1 Windows 7 – der Start 39

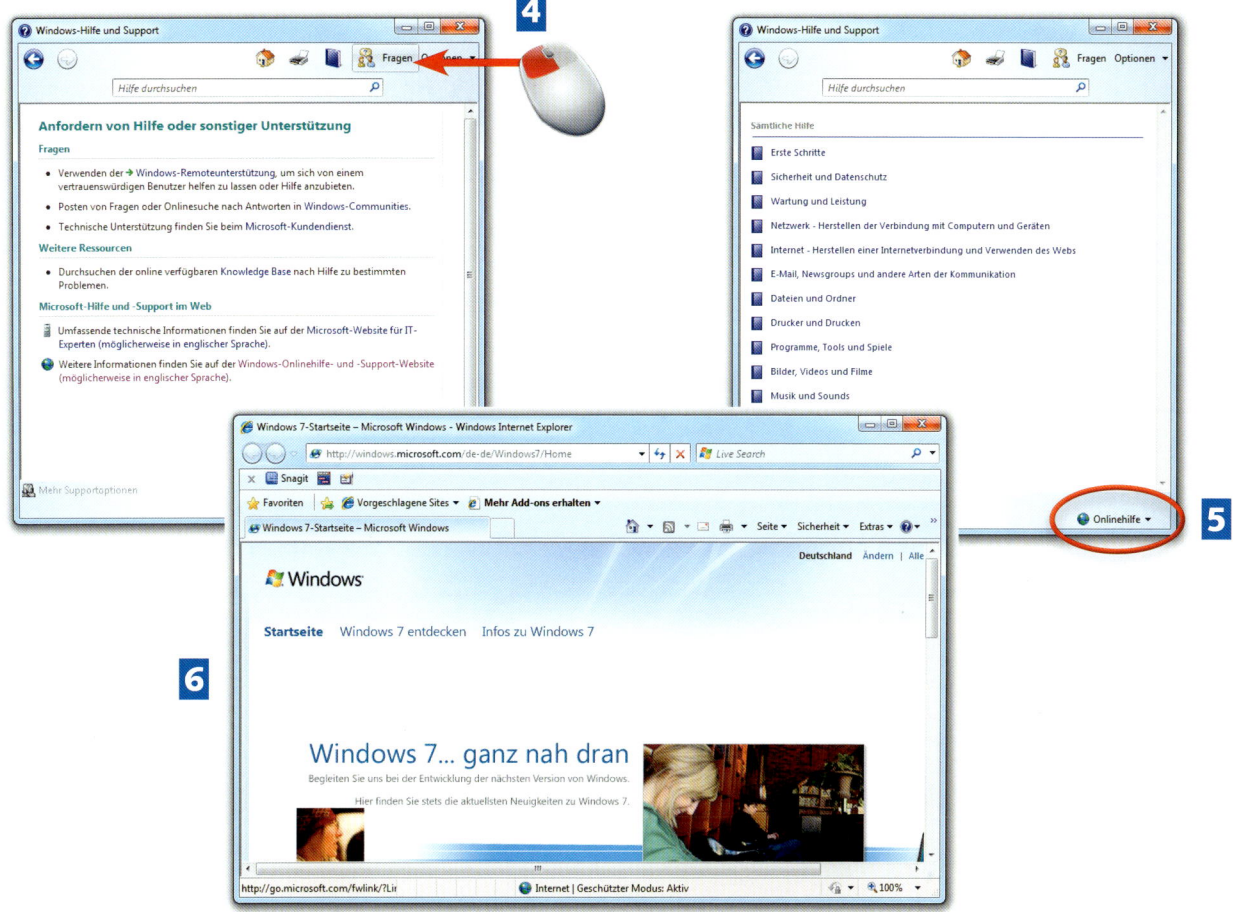

4 Klicken Sie auf *Fragen*, um weitere Angebote aus der Hilfefunktion abzurufen.

5 Das Inhaltsverzeichnis enthält alle wichtigen Themen alphabetisch gelistet.

6 Schalten Sie die Onlinehilfe hinzu, damit das Hilfefenster auch aktuelle Hilfsangebote aus dem Internet mit einbeziehen kann.

Ende

> Drücken Sie die Funktionstaste F1, um das Hilfefenster zu starten, auch bei unbekannten Funktionen oder Systemmeldungen. Der Hilfetext bezieht sich immer auf das aktive Fenster.
>
> **HINWEIS**

40 Windows 7 beenden

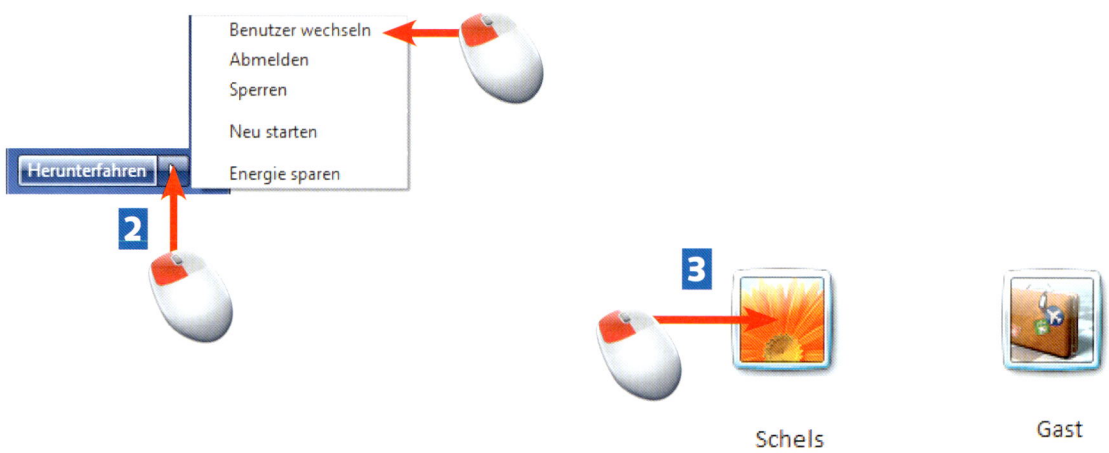

1 Den Ausschalter für das Betriebssystem finden Sie im Startmenü. Klicken Sie auf *Herunterfahren*.

2 Ein Klick auf das Pfeilsymbol öffnet ein Auswahlmenü. Klicken Sie auf *Benutzer wechseln* …

3 … und melden Sie sich unter einem der angebotenen Benutzerkonten an.

Windows 7 kann auf unterschiedlichste Arten beendet werden: Sie können nur den Benutzer abmelden, das System in einen Energiesparmodus versetzen oder das System komplett herunterfahren.

WISSEN

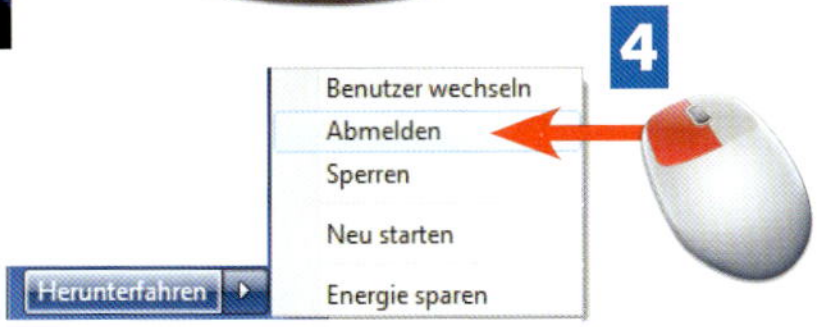

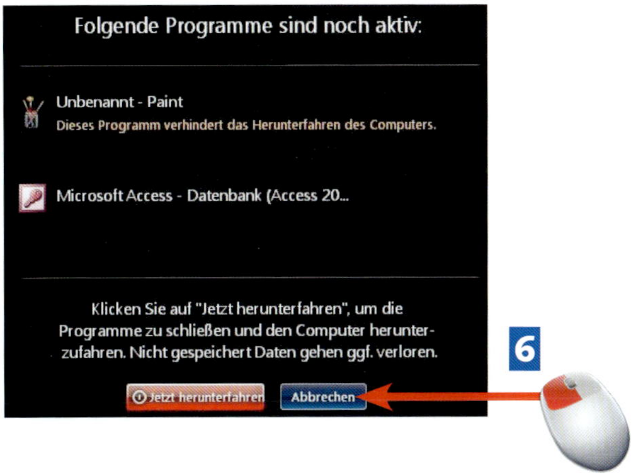

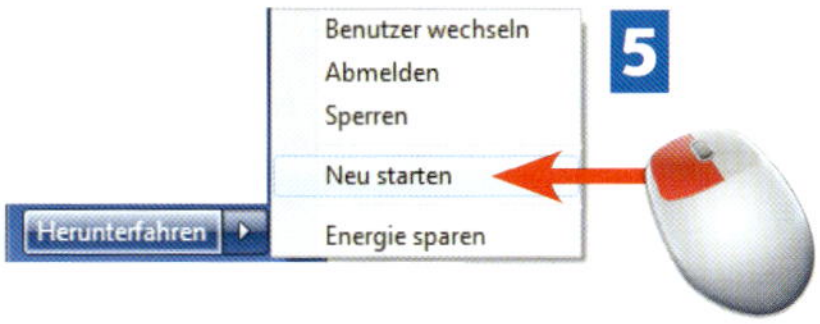

1   Windows 7 – der Start   41

4 Wählen Sie *Abmelden*, um alle Programme zu schließen und den Computer abzumelden.

5 Mit *Neu starten* werden alle aktiven Benutzerkonten geschlossen, Windows 7 wird heruntergefahren und neu gestartet.

6 Wenn Windows 7 aktive Fenster mit ungespeicherten Daten entdeckt, erscheint eine Warnmeldung und Sie können die Aktion abbrechen.

TIPP

Im Energiesparmodus dürfen Sie alle Fenster offen lassen, Windows 7 speichert den Inhalt des Arbeitsspeichers und stellt beim Hochfahren alles wieder her.

HINWEIS

Sperren Sie den Benutzer oder melden Sie ihn ab, wenn Sie Ihren Computer unbeaufsichtigt lassen müssen. Zur Anmeldung fordert Windows 7 wieder das Kennwort an.

2

Mein persönliches Windows

Die Systemsteuerung

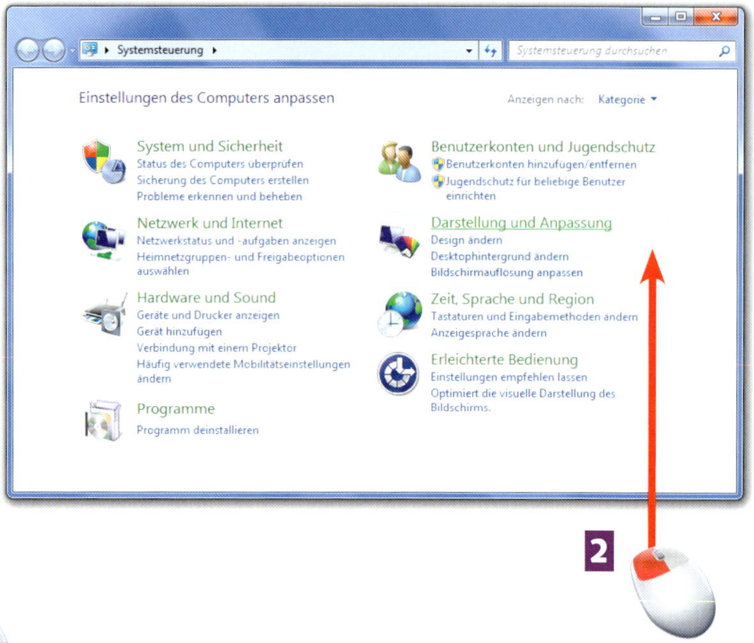

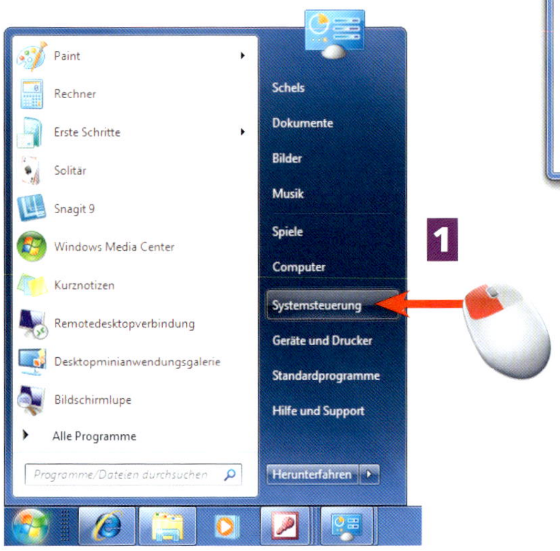

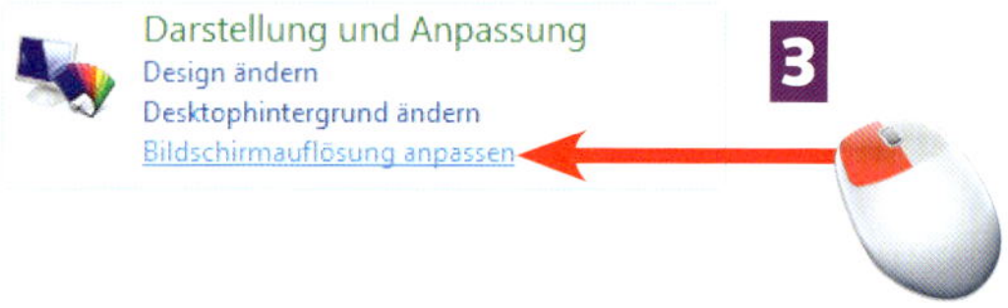

1 Aktivieren Sie das Startmenü und wählen Sie *Systemsteuerung*.

2 Die Dienstprogramme der Systemsteuerung sind in 8 Kategorien unterteilt. Klicken Sie auf die Kategorie …

3 … oder wählen Sie gleich das passende Dienstprogramm.

WISSEN

Die Systemsteuerung ist die Zentrale für Hilfsprogramme zur Anpassung, Steuerung und Einrichtung von Windows 7. Hier finden Sie Werkzeuge zur Gestaltung der Oberfläche, für die Anpassung der Hardware und der Benutzerkonten.

2 Mein persönliches Windows

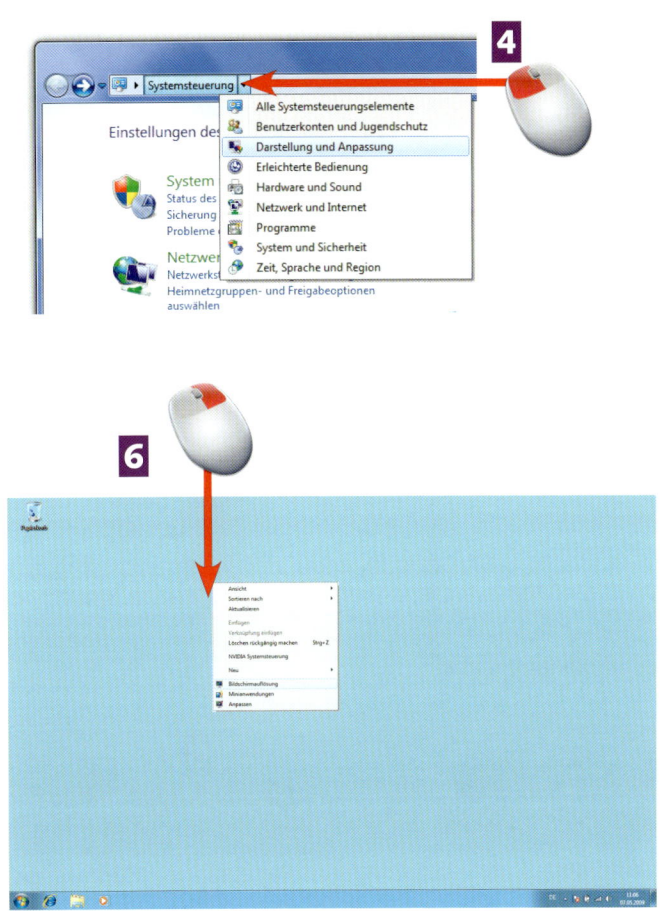
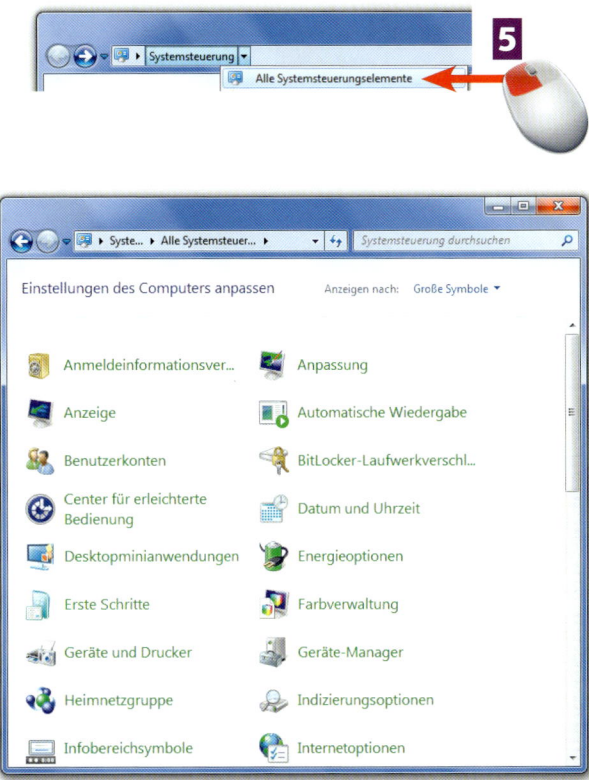

4 In der Linkliste finden Sie ebenfalls die Auswahl der Kategorien und Dienstprogramme.

5 Klicken Sie auf *Alle Systemsteuerungselemente*, um eine alternative Ansicht für alle Programme einzublenden.

6 Einige Dienstprogramme der Systemsteuerung können Sie auch aus dem Kontextmenü des Desktops aufrufen.

TIPP
Wenn Sie das passende Systemsteuerungsprogramm nicht finden, geben Sie einfach einen Suchbegriff in das Suchfeld rechts oben ein.

FACHWORT
Linkliste, Link: Die Linkliste ist das Auswahlfeld am oberen Fensterrand. Links sind Verknüpfungen auf Programme oder Internetseiten.

HINWEIS
Unter *Anzeigen nach:* können Sie die Ansicht wieder auf Kategorien zurückschalten.

46 Desktopdesigns und Farben

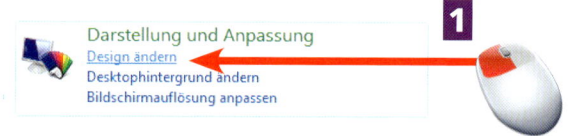

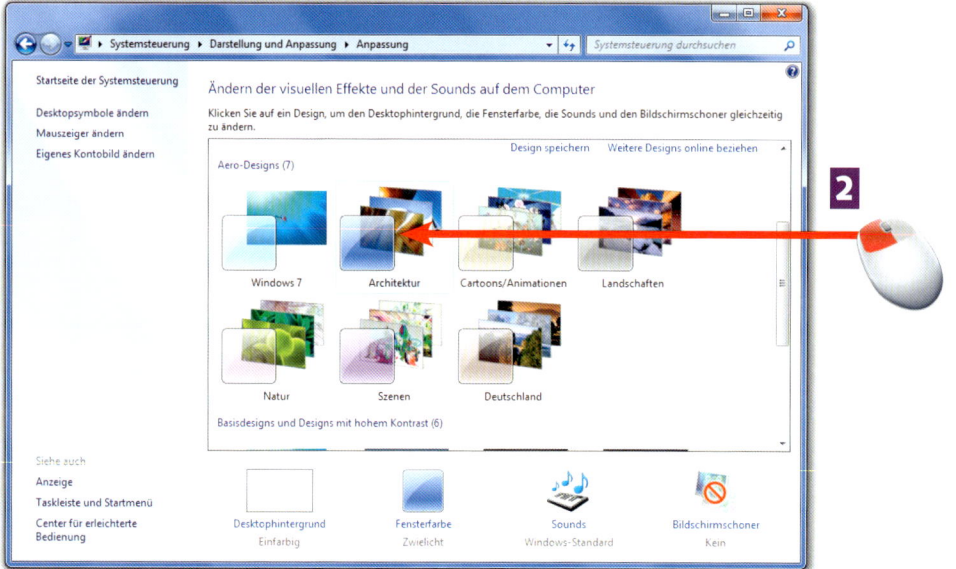

1 Wählen Sie in der Systemsteuerung *Design ändern*.

2 Markieren Sie eines der angebotenen Designs. Die Effekte (Farben, Hintergrund) werden dem Desktop sofort zugewiesen.

3 Mit den Symbolen am unteren Rand können Sie einzelne Teile des Design abändern, zum Beispiel den Desktop-Hintergrund.

Windows 7 bietet eine Reihe schöner Designs an. Ein Design enthält die Farbkomposition für den Desktop, das Hintergrundbild und, wenn Sie wollen, auch einen Bildschirmschoner und Windows-Sounds.

WISSEN

2 Mein persönliches Windows 47

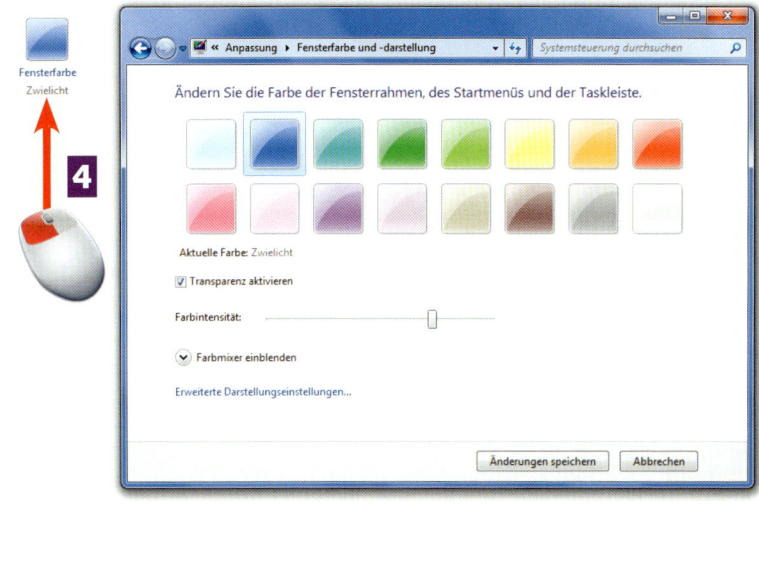

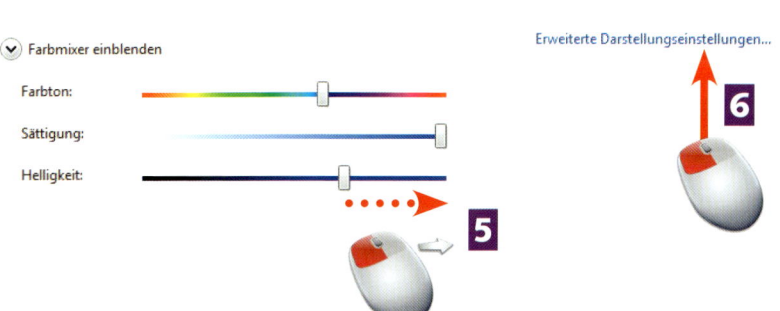

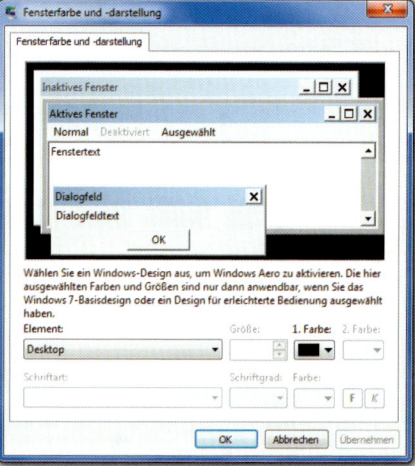

4 Klicken Sie auf *Fensterfarbe* und ändern Sie auf Wunsch die Farbpalette und die Transparenz.

5 Mit dem Farbmischer und dem Helligkeitsregler können Sie die gewählte Farbe anpassen.

6 Klicken Sie auf *Erweiterte Darstellungseinstellungen*, um das Design einzelner Fensterelemente anzupassen.

Vergessen Sie nicht, das geänderte Design zu speichern. Damit wird ein eigenes Design angelegt, die vordefinierten Designs lassen sich nicht ändern.	**Aero:** Der Glas- und Transparenzeffekt für Fenster und Farben. Nur aktiv mit passendem Treiber für die Grafikkarte.	In den erweiterten Einstellungen können Sie einzelne Elemente der Windows-Fenster anpassen, zum Beispiel die Farbe der Titelleiste oder die Schriftgröße in den Fenstern.
TIPP	**FACHWORT**	**HINWEIS**

Hintergrundbild oder Diashow einrichten

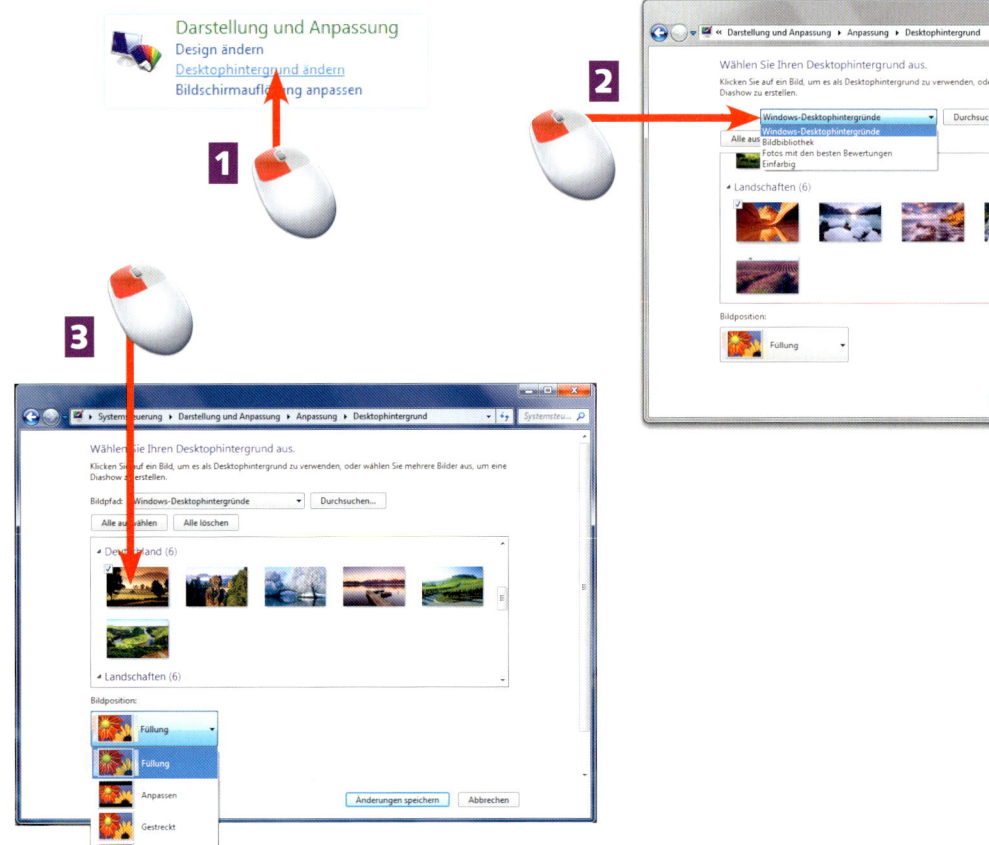

1 Wählen Sie nach Auswahl des Designs einen passenden Hintergrund für den Desktop.

2 Das aktive Bild ist markiert, klicken Sie auf *Bildpfad*, um die Bildquellen einzublenden.

3 Markieren Sie einen passenden Hintergrund und passen Sie die Bildposition an.

Wollen Sie den Desktop mit einem schönen Windows-Bild oder lieber mit Ihrem eigenen Lieblingsbild schmücken? Oder sehen Sie sich gerne Diashows mit einer Auswahl schöner Bilder an? Gestalten Sie Ihren persönlichen Hintergrund.

WISSEN

2 Mein persönliches Windows 49

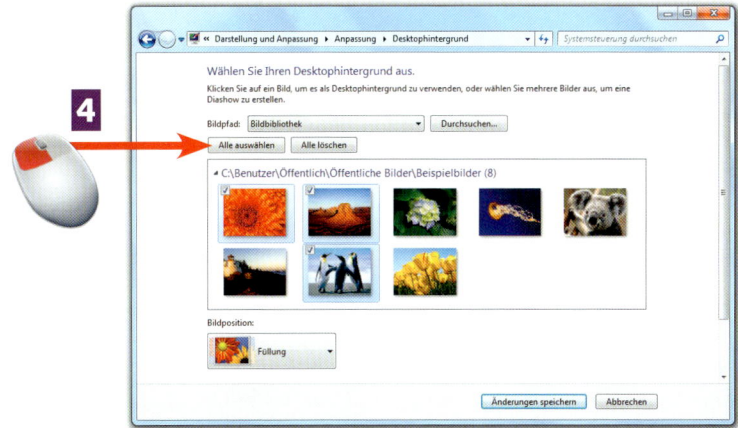

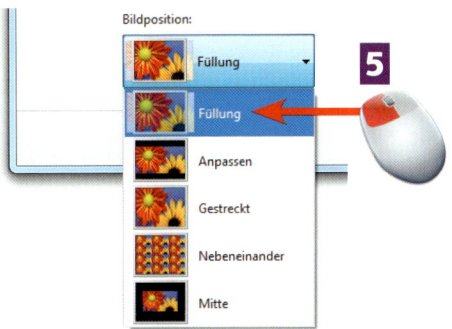

4 Für eine Diashow kreuzen Sie mehrere Bilder in der Auswahl an. Klicken Sie auf *Alle auswählen* für alle Bilder.

5 Bestimmen Sie die Bildposition, strecken Sie kleinere Bilder oder stellen Sie das Bild in die Mitte.

6 Mit Klick auf *Durchsuchen* können Sie einen beliebigen Ordner durchsuchen und Ihr eigenes Hintergrundbild einstellen.

Auf dem Laptop oder Notebook sollten Sie die Diashow abschalten, um den Akku nicht zu stark zu belasten.

Unter *Bild ändern* stellen Sie ein, wann die Diashow zum nächsten Hintergrundbild wechselt.

TIPP   **HINWEIS**

Bildschirmschoner

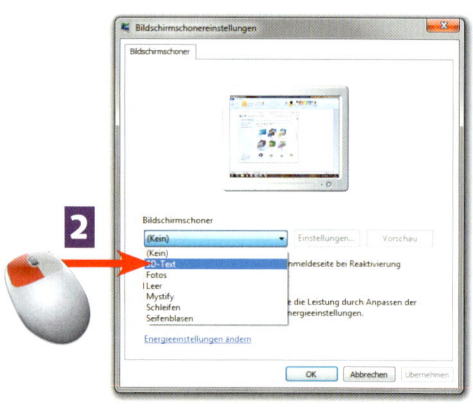
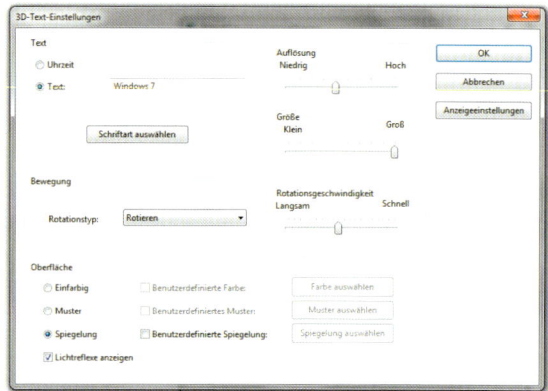

1 Wählen Sie ein Design und klicken Sie auf *Bildschirmschoner*.

2 Suchen Sie einen passenden Bildschirmschoner in der Liste. Klicken Sie auf *Vorschau*, um den Effekt zu sehen.

3 Klicken Sie auf *Einstellungen* und passen Sie Details wie Farbe, Geschwindigkeit, Schriftgröße oder Bildauswahl an.

Der Bildschirmschoner schaltet Ihren Bildschirm nach einer festgelegten Wartezeit ab und schützt das System vor unerlaubtem Zugriff, indem er das Kennwort zur Reaktivierung verlangt. Er spart außerdem Energie, Monitor und Festplatte fahren in den Energiesparmodus.

WISSEN

2 Mein persönliches Windows 51

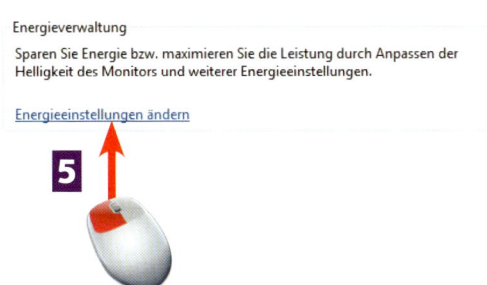

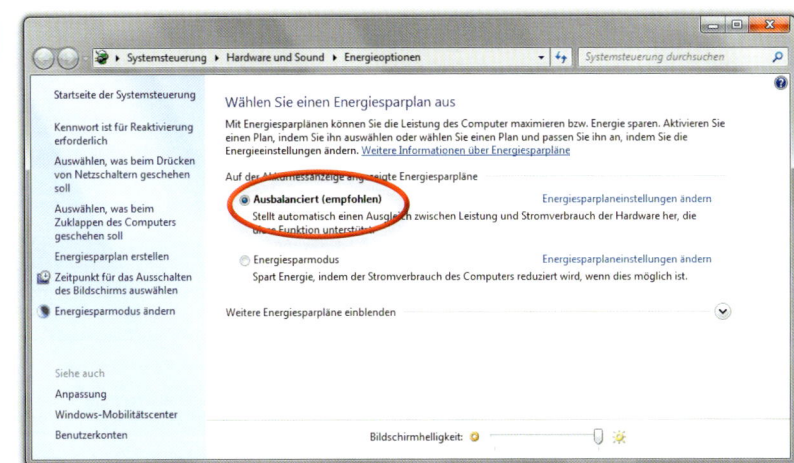

4 Stellen Sie die Wartezeit bis zur Aktivierung ein. Mit der Option *Anmeldeseite bei Reaktivierung* schützen Sie den Computer bei Abwesenheit.

5 Klicken Sie auf *Energieeinstellung ändern* …

6 … und wählen Sie ein Energieschema, das zum Bildschirmschoner passt.

Ende

TIPP	HINWEIS	TIPP
Gefällt Ihnen keiner der angebotenen Bildschirmschoner? Surfen Sie im Internet: www.bildschirmschoner.de.	Als Bildschirmschoner-Kennwort wird immer das Windows-Anmeldekennwort des Benutzers verwendet.	Mehr Informationen zum Energieschema finden Sie in Kapitel 3.

52 Bildschirmauflösung und Monitor

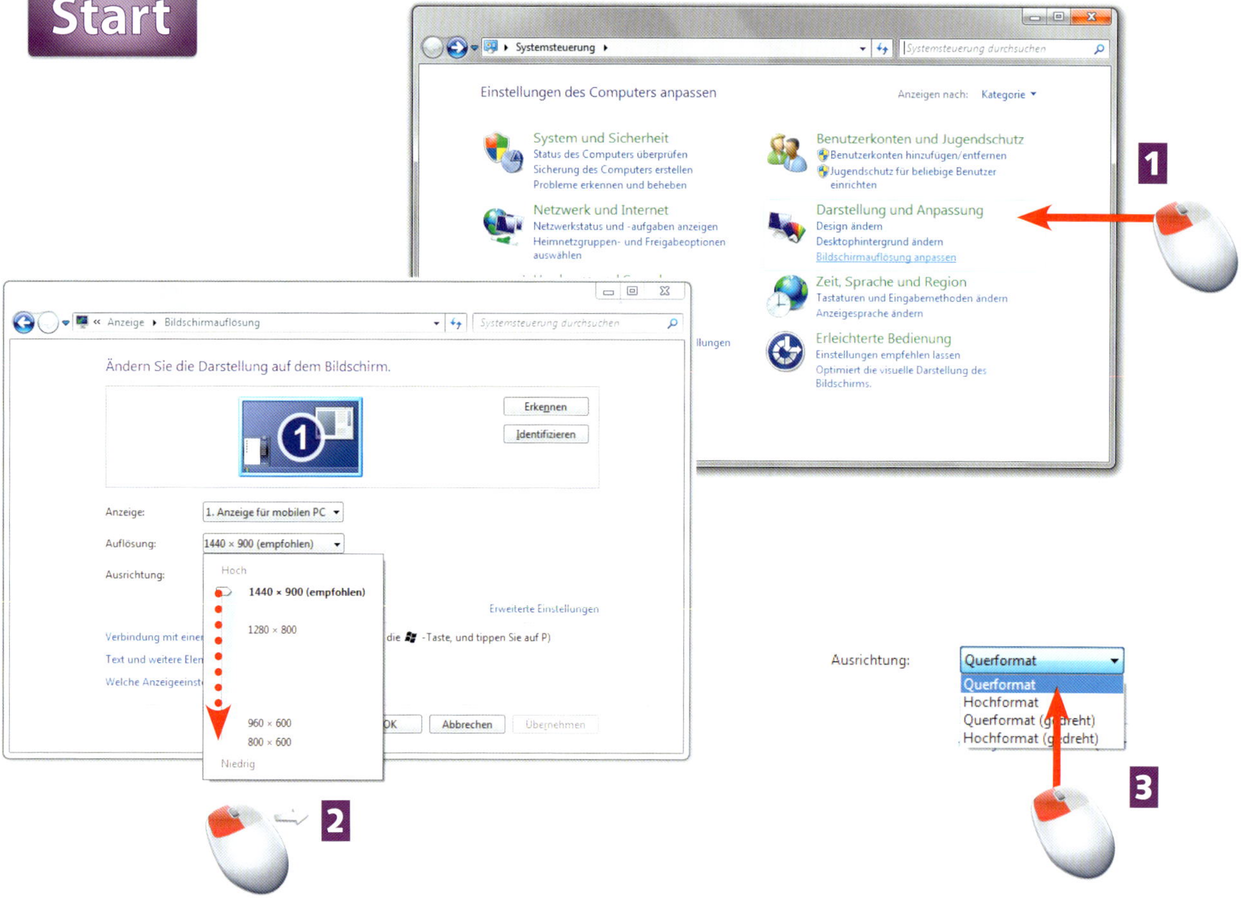

1 Aktivieren Sie in der Systemsteuerung unter *Darstellung und Anpassung* die Bildschirmauflösung.

2 Suchen Sie die für Ihren Computer passende Anzeige und stellen Sie mit dem Schieberegler die Auflösung ein.

3 Die Ausrichtung ändern Sie nur, wenn Sie einen Hochformatmonitor angeschlossen haben.

Laptops haben andere Bildschirme als Desktop-PCs. Passen Sie Ihren Bildschirm an, ändern Sie die Auflösung so, dass Sie entspannt Texte lesen und Bilder ansehen können.

WISSEN

2 Mein persönliches Windows 53

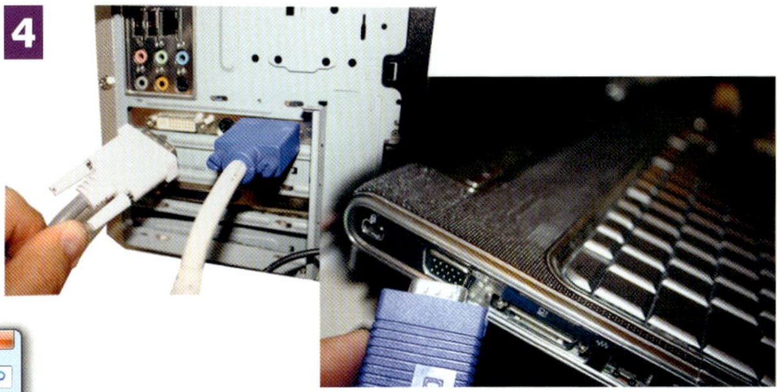

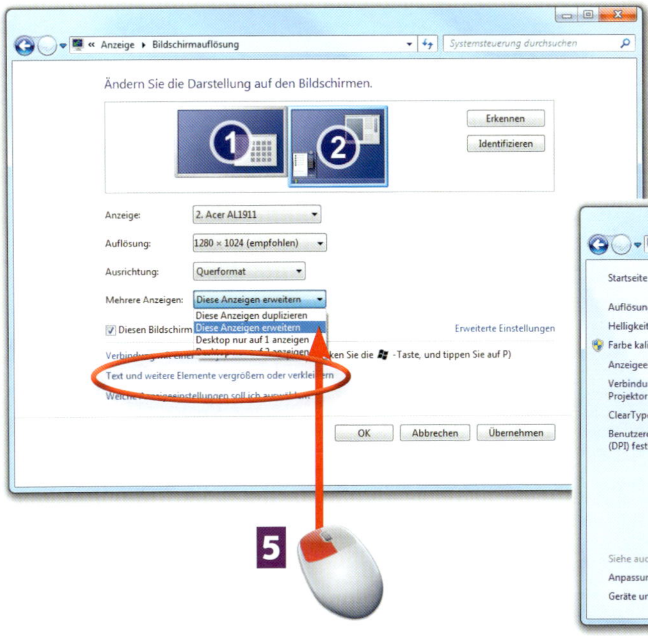

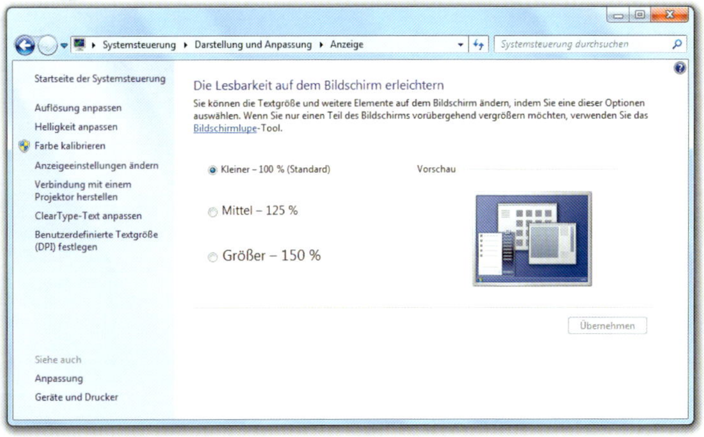

4 Ein zweiter Monitor wird am Monitorausgang des Notebooks oder mit einem Spezialkabel an der PC-Grafikkarte angeschlossen.

5 Wählen Sie *Erkennen und Identifizieren* und verteilen Sie die Anzeige auf die beiden Monitore.

6 Ändern Sie die Textgröße über diese Option. Wählen Sie die für den Bildschirm (und Ihre Augen) passende Textgröße.

TIPP
Vergessen Sie nicht, *Übernehmen* anzuklicken, wenn Sie die Anzeige auf 2 Monitore ändern.

HINWEIS
Die Bildschirmauflösungen sind von der Grafikkarte abhängig – was diese nicht kann, wird nicht angeboten.

TIPP
Drücken Sie nach Aufruf der Bildschirmanpassung [F1] für das Hilfefenster. Hier finden Sie eine ausführliche Anleitung über die richtige Bildschirmeinstellung.

54 Datum und Uhrzeit einstellen

Start

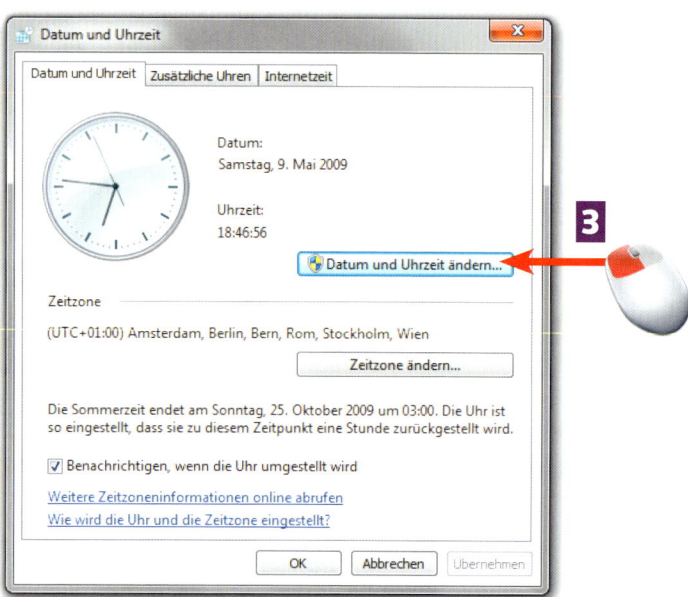

1 Für die Einstellung von Datum und Uhrzeit klicken Sie in die Datums-/Zeitanzeige rechts unten in der Taskleiste.

2 Klicken Sie auf *Datum- und Uhrzeiteinstellungen ändern*.

3 Stellen Sie zuerst die richtige Zeitzone ein und passen Sie dann das Datum und die Uhrzeit an.

Datum und Zeit zeigt Windows 7 in der Taskleiste an, die Information stammt aus dem BIOS des Computers. Stellen Sie Ihre Datumsanzeige richtig ein und nutzen Sie das Internet für ein automatisches Zeitsignal.

WISSEN

2 Mein persönliches Windows

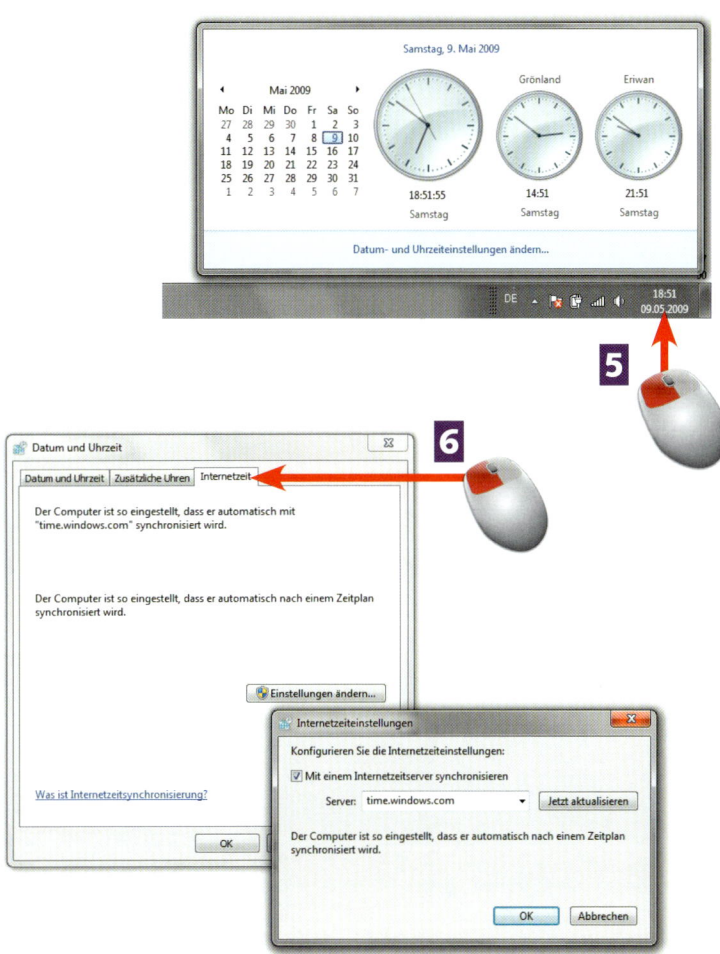

4 Auf der Registerkarte *Zusätzliche Uhren* können Sie zwei weitere Uhren mit anderen Zeitzonen aktivieren. Geben Sie passende Namen ein.

5 Die bis zu drei Uhren werden erst nach dem Klick auf die Systemzeit sichtbar.

6 Klicken Sie auf *Internetzeit*, wenn Sie die Zeit automatisch von einem Zeitgeber im Internet beziehen wollen.

Ende

TIPP	FACHWORT	HINWEIS
In den Desktop-Minianwendungen finden Sie verschiedene Uhren, die ebenfalls die Systemzeit anzeigen.	**BIOS:** Basic Input Output System. Fest auf der Hauptplatine installiert, liefert die Systeminformationen und startet Windows 7.	Für den Internetzeitgeber brauchen Sie eine ständige Onlineverbindung (DSL).

56 Regionale Einstellungen

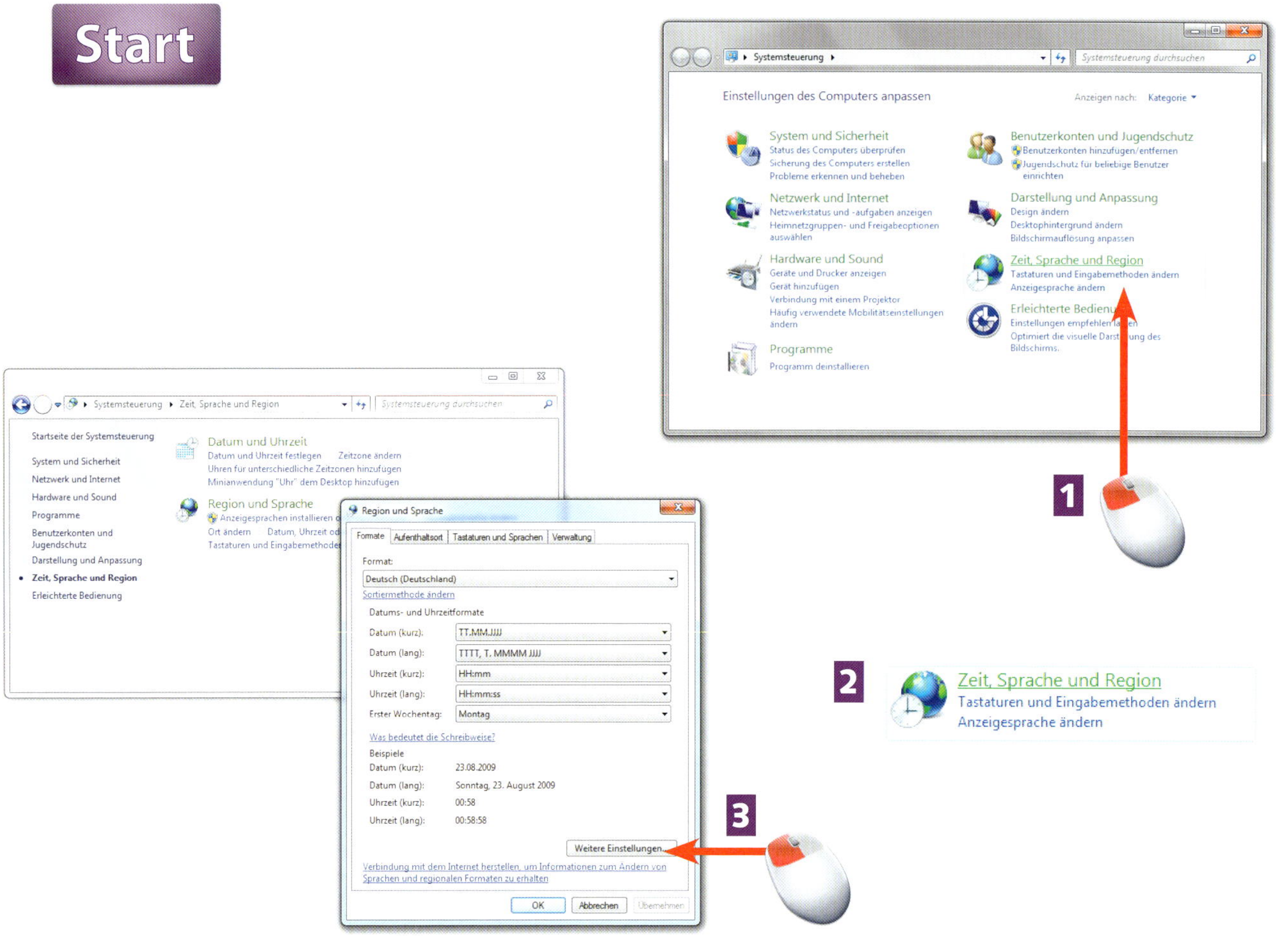

1. Für die regionalen Einstellungen (Datum, Zeit, Sprache, Währung) aktivieren Sie die Systemsteuerung im Startmenü.

2. Klicken Sie auf *Zeit, Sprache und Region*.

3. Wählen Sie das Land, dessen regionale Einstellungen Sie verwenden wollen. Klicken Sie auf *Weitere Einstellungen* ...

Die Regionaleinstellungen werden schon bei der Installation von Windows 7 eingerichtet. Überprüfen Sie sie in der Systemsteuerung und passen Sie Datums-, Zeit- und Währungsformate an.

WISSEN

2 Mein persönliches Windows

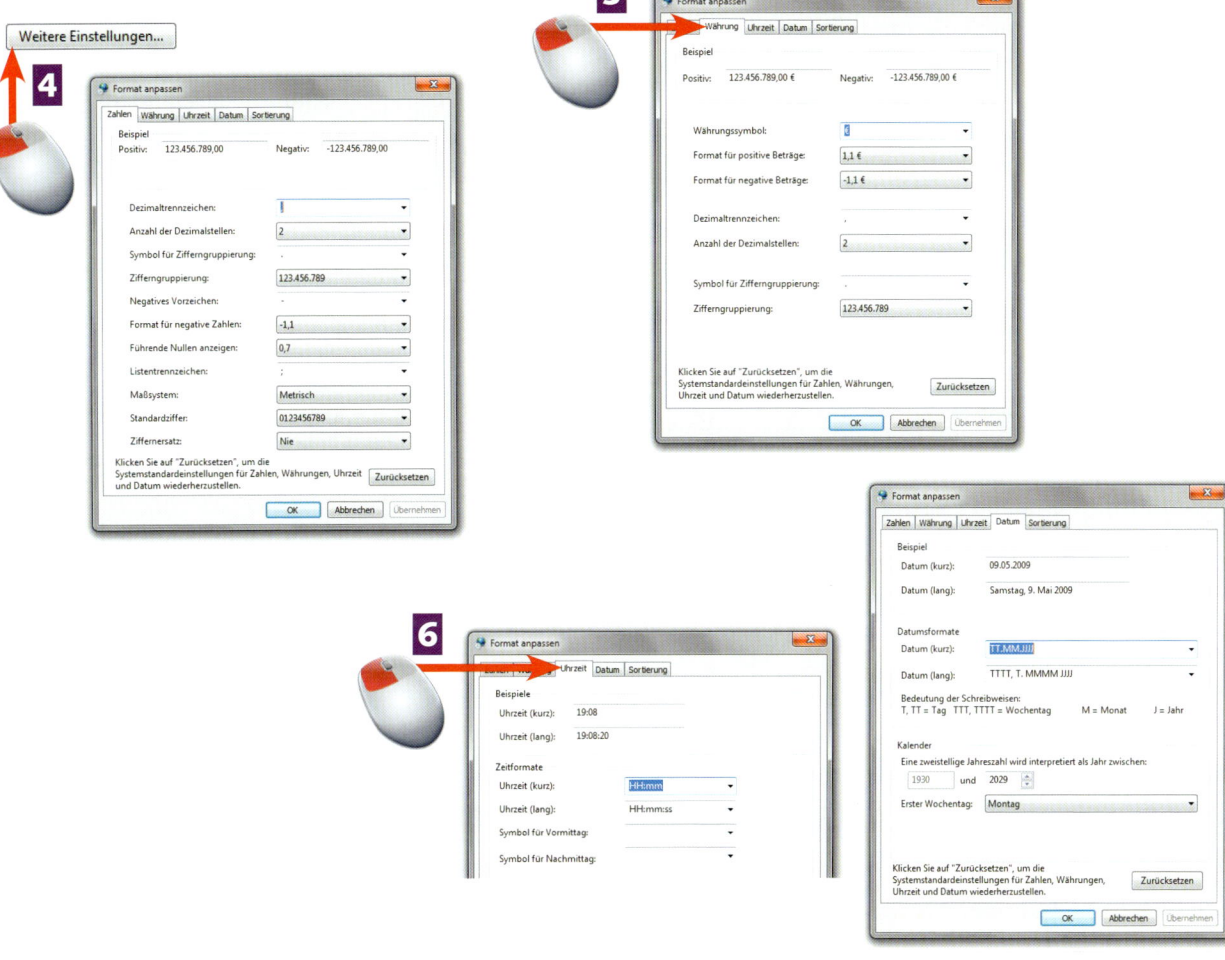

4 ... und stellen Sie die Zahlenformate passend zur Länderauswahl ein.

5 Überprüfen Sie auch, ob Zahlen und Währungen richtig angezeigt werden.

6 Stellen Sie die Anzeige von Datum und Zeit um, wenn Sie in anderen Ländern arbeiten.

Passen Sie die Währungszeichen an das Land an, in dem Sie arbeiten. Die Schweiz verwendet zum Beispiel den Dezimalpunkt und den Apostroph für die Tausendertrennung.

Diese Windows-Einstellungen gelten auch für Windows-Programme wie z. B. Excel.

HINWEIS   **HINWEIS**

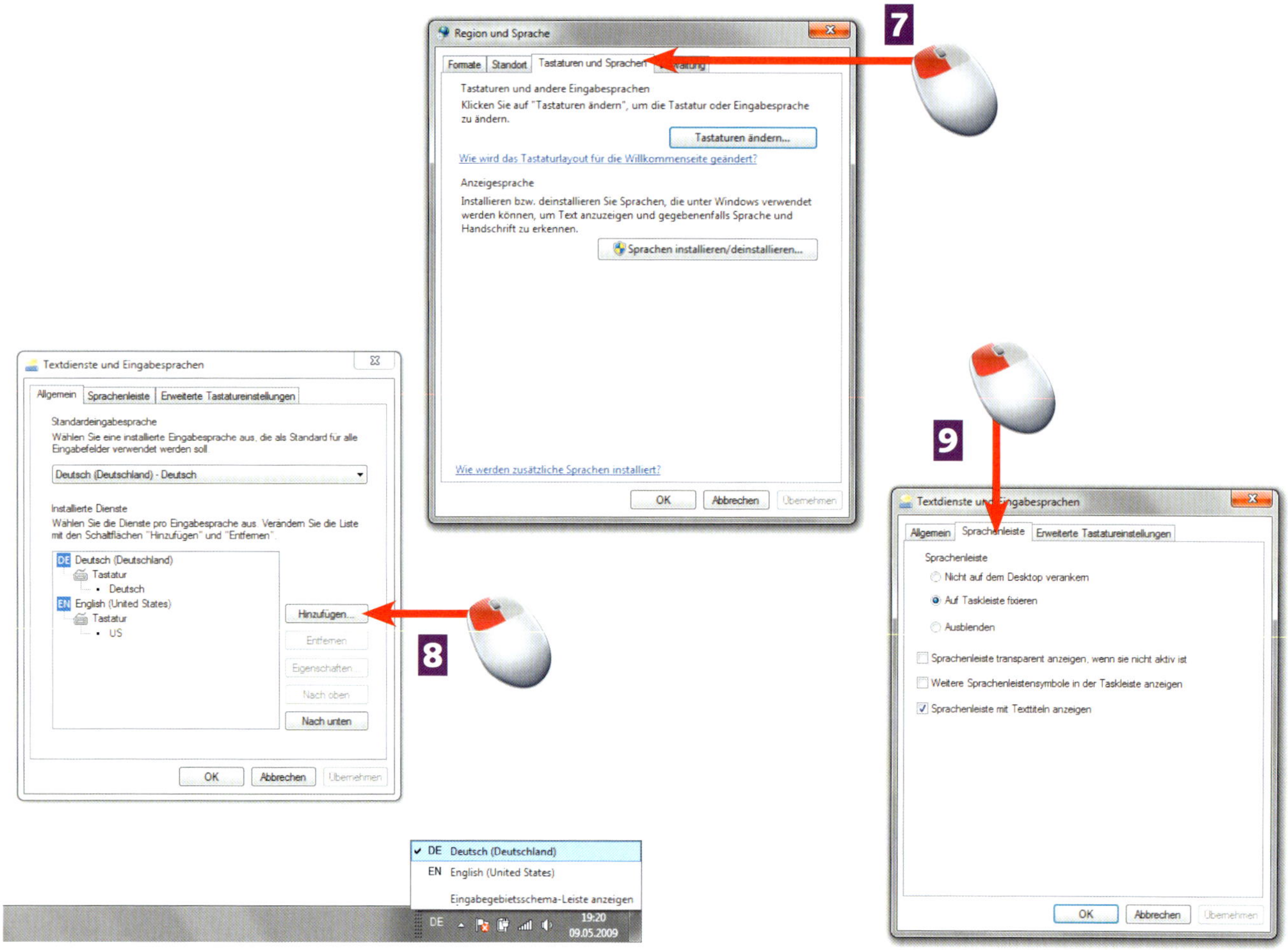

58 Regionale Einstellungen

7 Klicken Sie auf *Tastaturen und Sprachen* und richten Sie das passende Sprachlayout für Ihre Tastatur ein.

8 Bestimmen Sie, welche Tastaturlayouts Windows unterstützen soll. Die Sprachen werden im Infobereich der Taskleiste angeboten.

9 Auf der Registerkarte *Sprachenleiste* können Sie die Layouts in der Taskleiste verankern.

Windows 7 ist ein Sprachgenie. Mit den Regionaleinstellungen können Sie nicht nur jede fremdsprachige Tastatur einrichten, sondern auch die gesamte Dialog- und Sprachführung auf weltweite Regionen (Kyrillisch, Japanisch u. a.) einstellen.

WISSEN

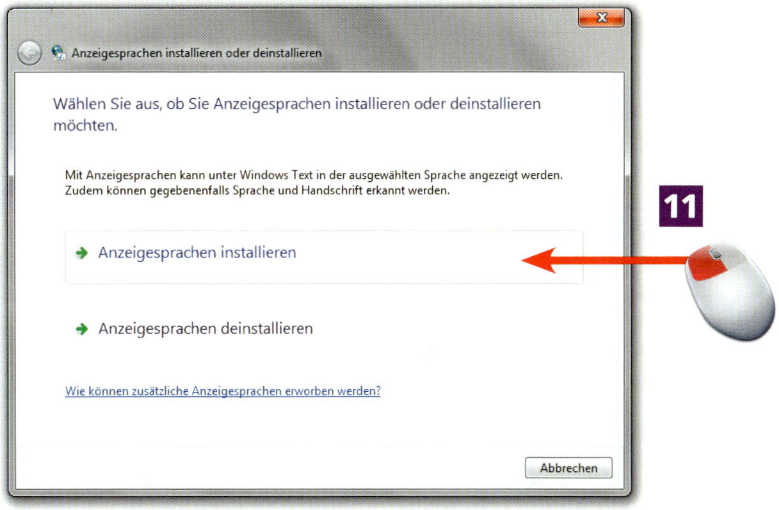

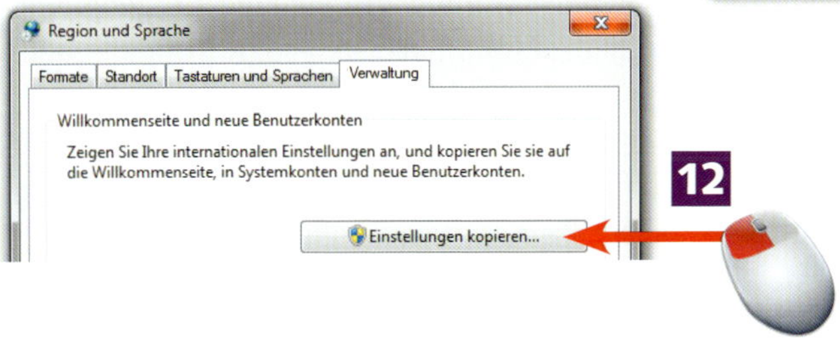

2 Mein persönliches Windows

10 Klicken Sie auf *Sprachen installieren/deinstallieren*, wenn Sie ein Zusatzpaket zur Änderung der Anzeigesprache installieren wollen.

11 Zusätzliche Windows-Sprachen finden Sie in *Windows Update*. Klicken Sie auf *Anzeigesprache installieren*.

12 Klicken Sie hier, wenn Sie die regionalen Einstellungen auf andere Benutzerkonten erweitern wollen.

HINWEIS

Das Windows 7 Multilingual User Interface Pack (MUI) erhalten Sie über *Windows Update* (nur für die Versionen Ultimate und Enterprise).

FACHWORT

Unicode: Der Zeichensatz, der alle Sprachen der Welt von Arabisch bis Zulu umfasst

Benutzerkonten einrichten

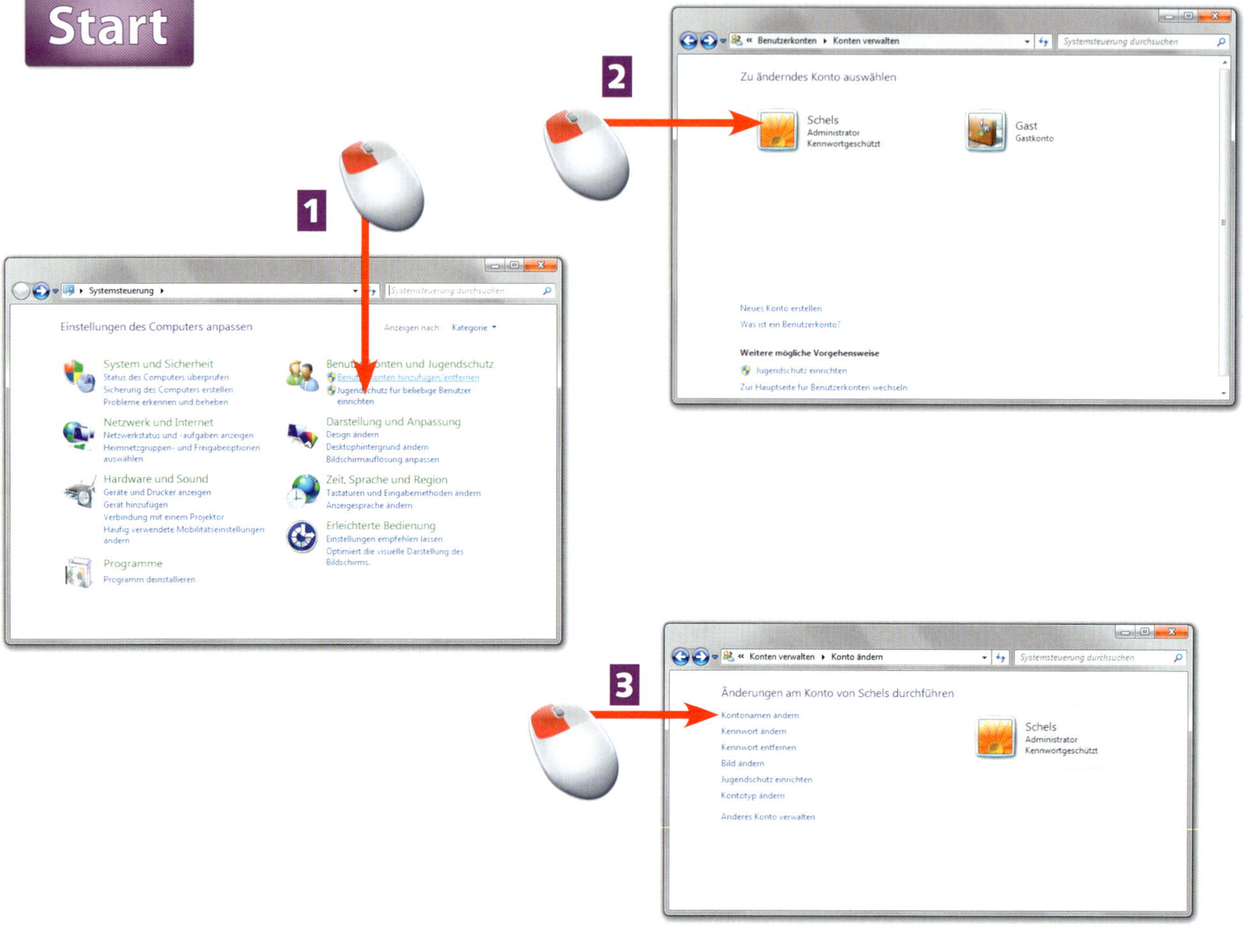

1. Wählen Sie in der Systemsteuerung *Benutzerkonten und Jugendschutz/Benutzerkonten*.

2. Klicken Sie auf das Bild Ihres Benutzerkontos ...

3. ... und ändern Sie den Namen, das Kennwort oder das in der Anmeldung und im Startmenü angezeigte Bild.

WISSEN

Wenn Sie zusammen mit anderen Benutzern aus der Familie oder der Firma an einem PC arbeiten, sollten Sie für jeden Benutzer ein eigenes Konto einrichten. Damit stellen Sie sicher, dass jeder mit seinen eigenen Einstellungen und Daten arbeitet. Als Administrator kontrollieren Sie außerdem Rechte und Benutzerschutz.

2 Mein persönliches Windows   61

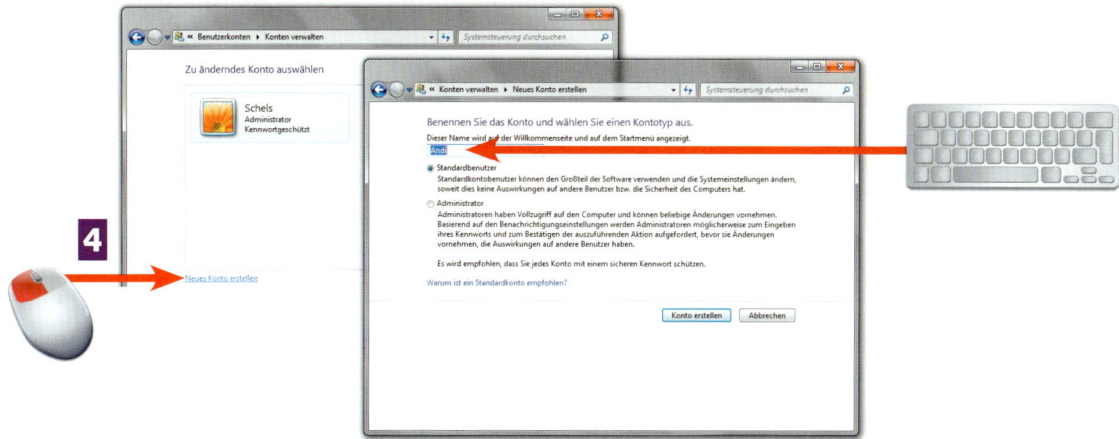

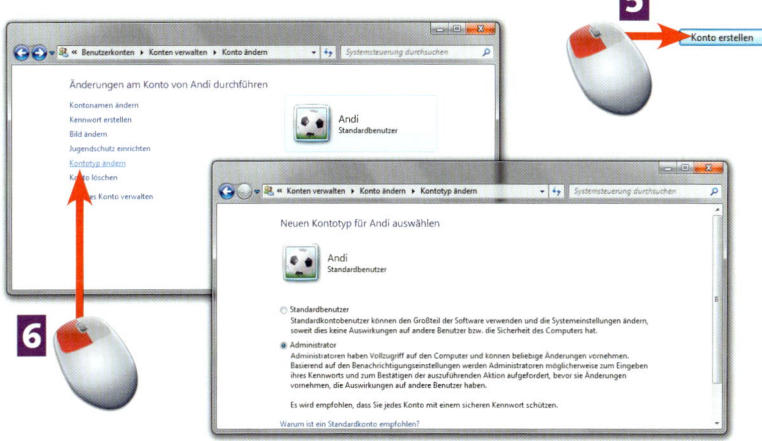

4 Klicken Sie auf *Neues Konto erstellen* und geben Sie einen Namen für das neue Konto ein.

5 Ein Klick auf *Konto erstellen* und das neue Konto wird angelegt. Klicken Sie es an, um Kennwort und Bild zu ändern.

6 Mit *Kontotyp ändern* weisen Sie dem Konto Administratorrechte zu.

Legen Sie auch für den Administrator ein neues Konto (mit Administratorrechten) an und verwenden Sie nur dieses, wenn Sie in einem Netzwerk arbeiten.

Administrator: Der Benutzer, der alle Rechte am Betriebssystem oder im Netzwerk besitzt.

Jeder Benutzer hat seinen eigenen Datenordner unter dem Benutzernamen. Die Bibliotheken (Dokumente, Bilder, Videos, Musik) sind ebenfalls benutzerspezifisch.

TIPP   **FACHWORT**   **HINWEIS**

Das Mobilitätscenter

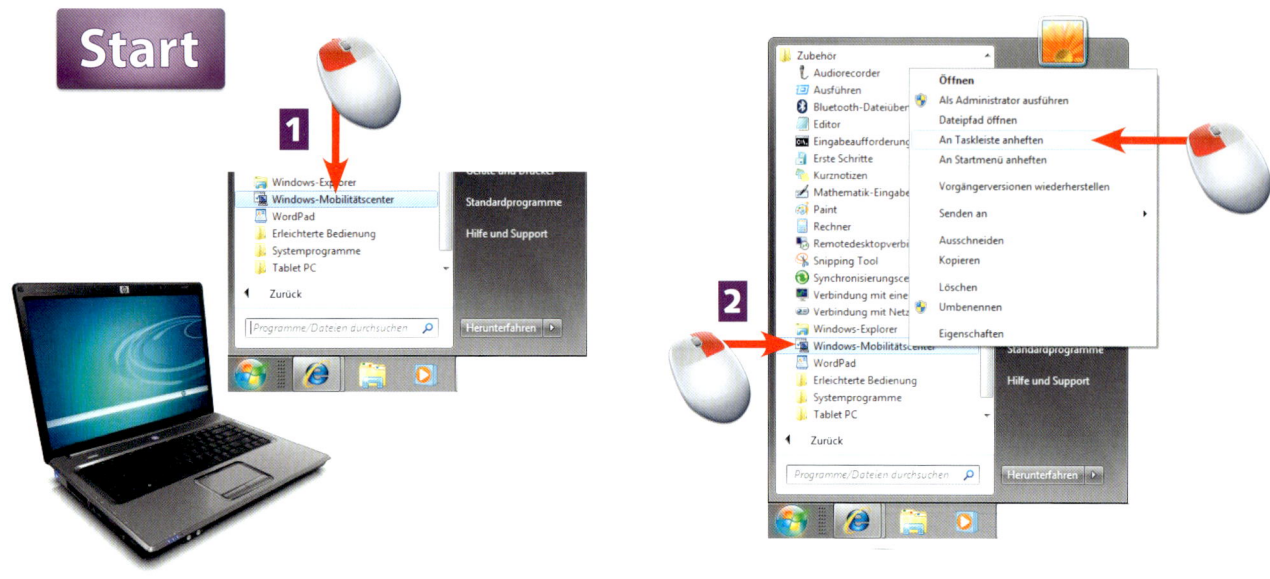

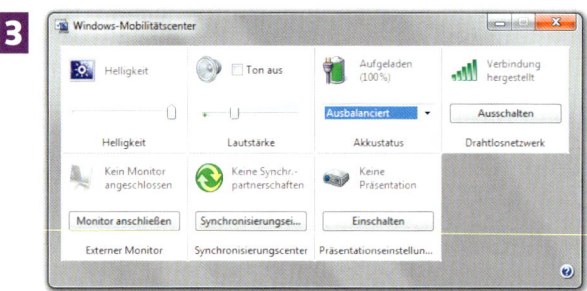

1. Wählen Sie in der Gruppe *Zubehör* des Startmenüs *Windows-Mobilitätscenter*.

2. Heften Sie das Programm gleich an die Taskleiste an, damit Sie die Mobileinstellungen schnell abrufen können.

3. Das Mobilitätscenter enthält alle wichtigen Einstellungen für die Arbeit mit dem Notebook.

Windows 7 ist das ideale Betriebssystem für den Einsatz mit dem Notebook. Im Mobilitätscenter finden Sie alle wichtigen Einstellungen für den mobilen Einsatz. Passen Sie gleich das Energieschema an, wenn Sie viel mit dem Akku arbeiten.

WISSEN

2 Mein persönliches Windows

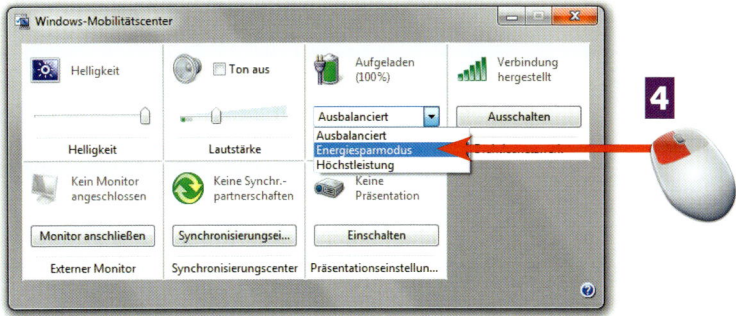

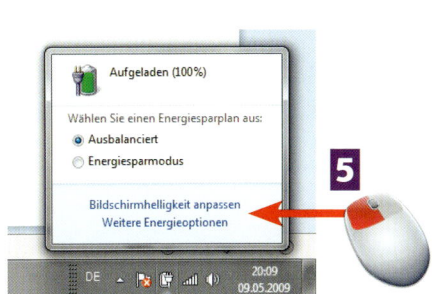

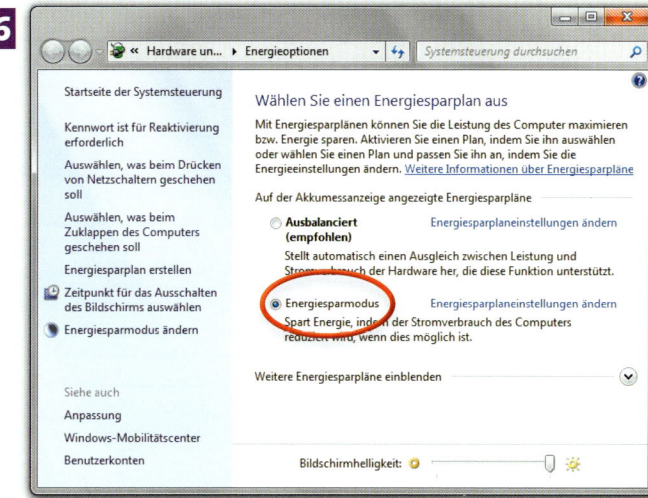

4 Schalten Sie den Energiesparmodus ein, wenn Sie das Notebook häufig im Akkubetrieb benutzen.

5 Im Infobereich der Taskleiste finden Sie das Symbol für den Akkuladestand. Wählen Sie *Weitere Energieoptionen*.

6 Ändern Sie den Energiesparplan und weitere Optionen für den mobilen Windows-Einsatz.

Ende

Zeigen Sie mit der Maus auf das Batteriesymbol im Infobereich der Taskleiste, es zeigt Ihnen sofort den Ladezustand des Akkus an.	Nutzen Sie das Mobilitätscenter auch, um Online-Verbindungen herzustellen oder zu überprüfen.	Wenn der Akku zu schwach wird, schaltet Windows 7 automatisch in den Energiesparmodus, damit Ihre Daten nicht verloren gehen.
TIPP	**TIPP**	**HINWEIS**

Das Computersystem

66 Die Maus

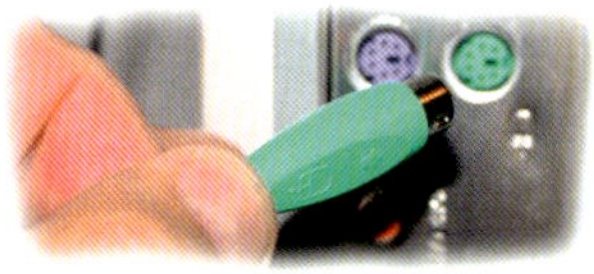

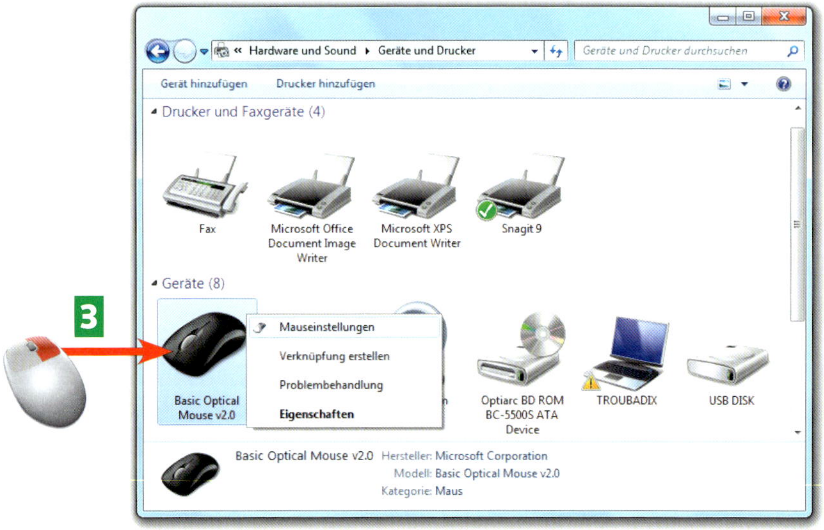

1. Die Maus wird je nach Gerätetyp am USB-Anschluss oder am grünen PS/2-Port (ältere Geräte) angeschlossen.

2. Wählen Sie im Startmenü *Geräte und Drucker*.

3. Mit der rechten Maustaste blenden Sie das Kontextmenü der angezeigten Maus ein, wählen Sie *Mauseinstellungen*.

Die Maus ist neben der Tastatur das wichtigste Eingabegerät unter Windows – die meisten Aufgaben erledigen Sie nämlich mit dem Mauszeiger. Kontrollieren Sie die Einstellungen und passen Sie die Maus optimal an Ihre Arbeitsweise an.

WISSEN

3 Das Computersystem

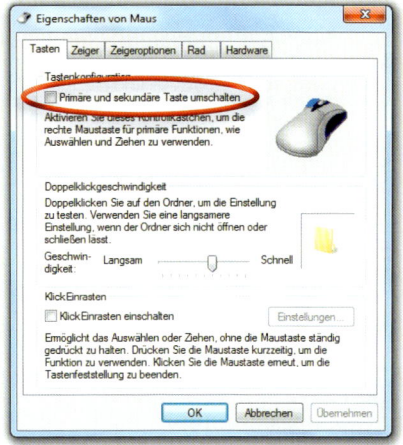

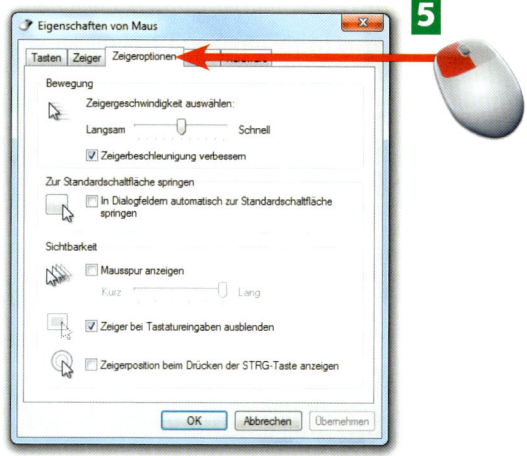

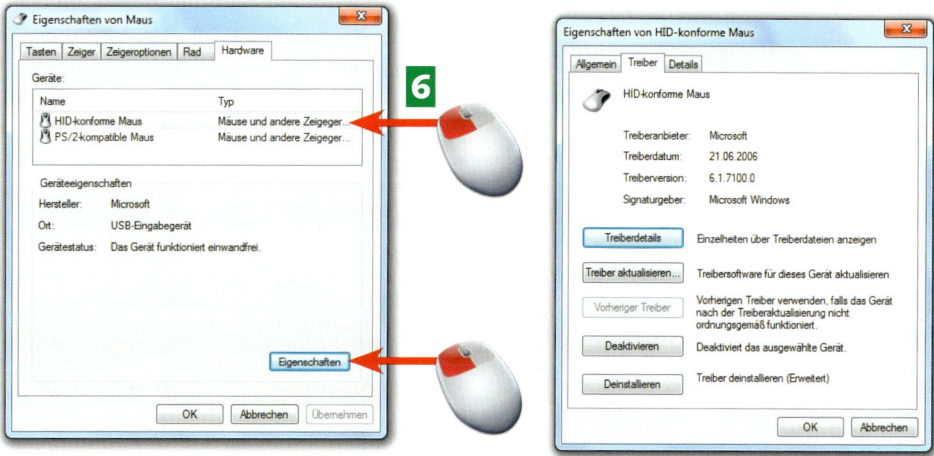

4 Jetzt können Sie die Primärtaste bestimmen und die Klick- und Zeigergeschwindigkeit regeln.

5 In den *Zeigeroptionen* finden Sie weitere Optionen wie Maussspur und Zeigerposition bei gedrückter [Strg]-Taste.

6 Schalten Sie auf *Hardware/Eigenschaften*, wenn Sie den Maustreiber kontrollieren oder aktualisieren wollen.

Wenn Sie eine neue Maus anschließen, installieren Sie immer die Software von der beiliegenden CD, damit der Treiber auf dem neuesten Stand ist.

Eine Maus am USB-Anschluss können Sie problemlos abziehen und wieder anschließen, bei PS/2 sollten Sie das Gerät vorher ausschalten.

HINWEIS **HINWEIS**

68 Die Tastatur

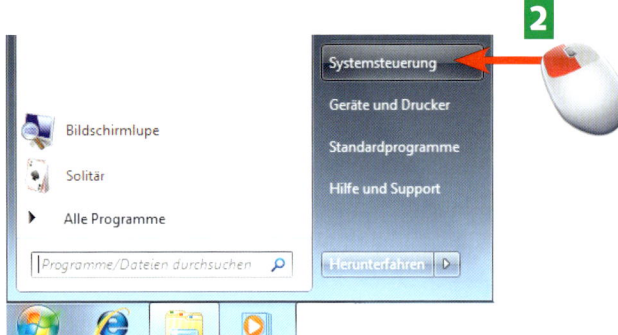

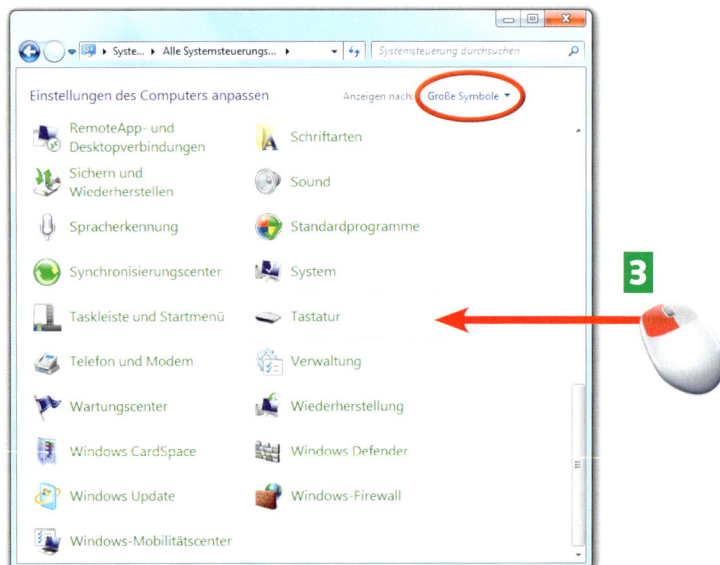

1 Die Tastatur wird an einem USB-Anschluss oder am blauen PS/2-Port (ältere Geräte) angeschlossen.

2 Starten Sie die Systemsteuerung aus dem Startmenü ...

3 ... und schalten Sie um auf die Symbolansicht. Klicken Sie in dieser auf das Symbol *Tastatur*.

Auch für die Tastatur sollten die Einstellungen korrekt und die Treiber auf dem neuesten Stand sein, damit Sie beim Tippen nur Ihre eigenen (Tipp)fehler korrigieren müssen.

WISSEN

3 Das Computersystem

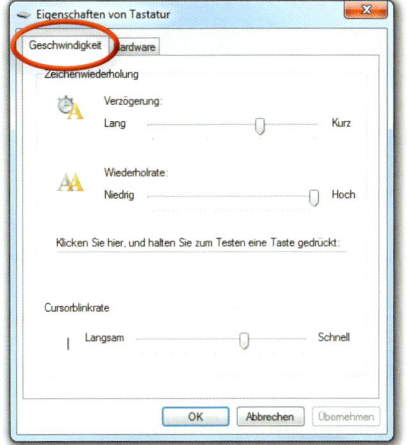

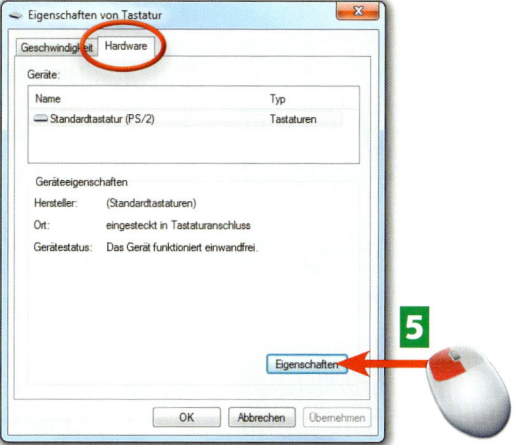

4 Auf der Registerkarte *Geschwindigkeit* stellen Sie die Zeichenwiederholung, die Wiederholrate und das Cursorblinken ein.

5 Schalten Sie auf die Registerkarte *Hardware* und klicken Sie auf *Eigenschaften*.

6 Auf der Registerkarte *Treiber* können Sie den Tastaturtreiber überprüfen und bei Bedarf aktualisieren.

Für Notebooks mit integrierter Tastatur bietet die Systemsteuerung keine Treiberaktualisierung an.

USB (Universal Serial Bus): Standardschnittstelle für Hardware, die am Computer angeschlossen wird.
Treiber: Software für den Betrieb eines Gerätes

Zeichenwiederholung: Regelt das Tastaturverhalten, wenn eine Taste gedrückt wird.

HINWEIS **FACHWORT** **FACHWORT**

Computer- und Systemeinstellungen

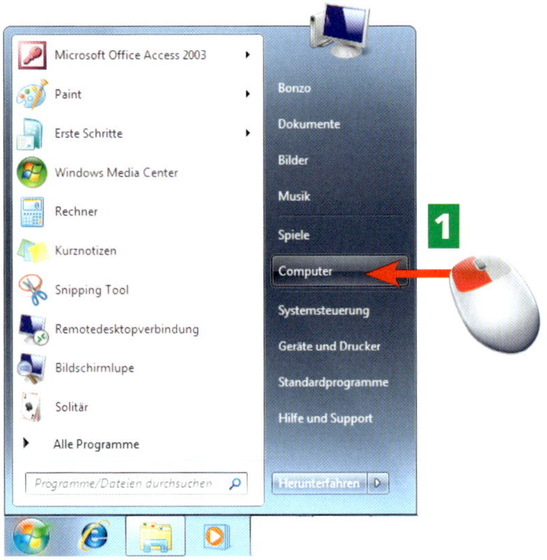

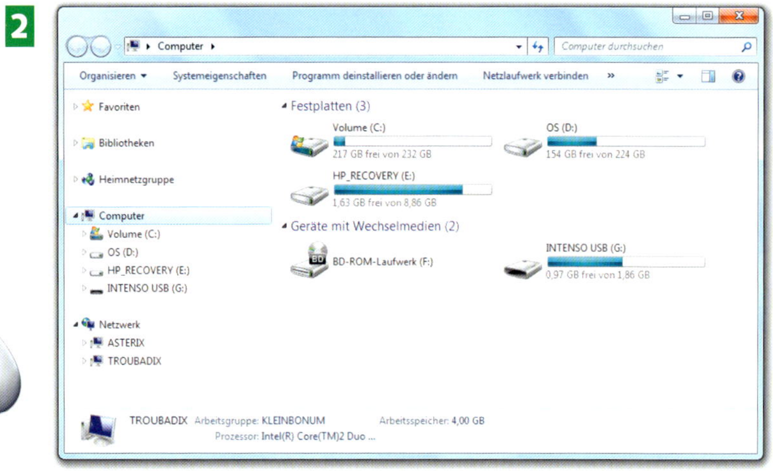

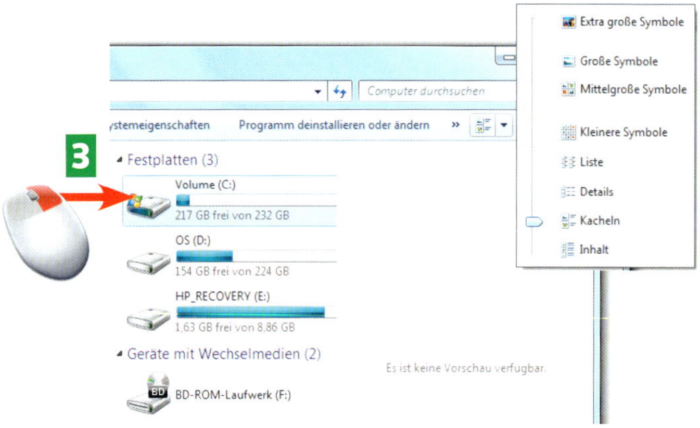

1. Aktivieren Sie im Startmenü das Dienstprogramm *Computer*.
2. Das Fenster bietet eine Übersicht über alle Komponenten Ihres Computersystems an.
3. Klicken Sie mit der rechten Maustaste auf das Hauptlaufwerk mit dem Laufwerksbuchstaben C und wählen Sie *Eigenschaften*.

WISSEN

Das Dienstprogramm *Computer* bietet eine Übersicht über alle Komponenten Ihres Computersystems, die das Betriebssystem Windows 7 kontrolliert: Festplatten, CD- und Diskettenlaufwerke, USB- und Bluetooth-Geräte.

3 Das Computersystem

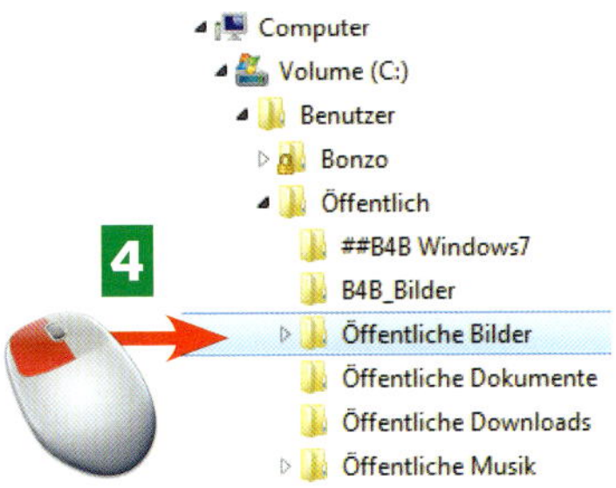

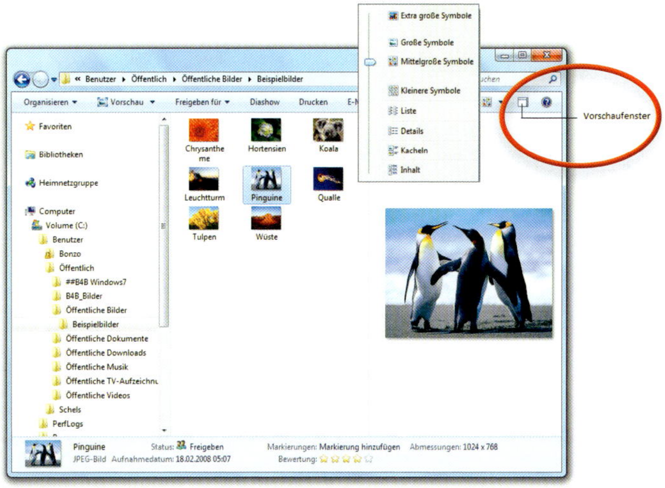

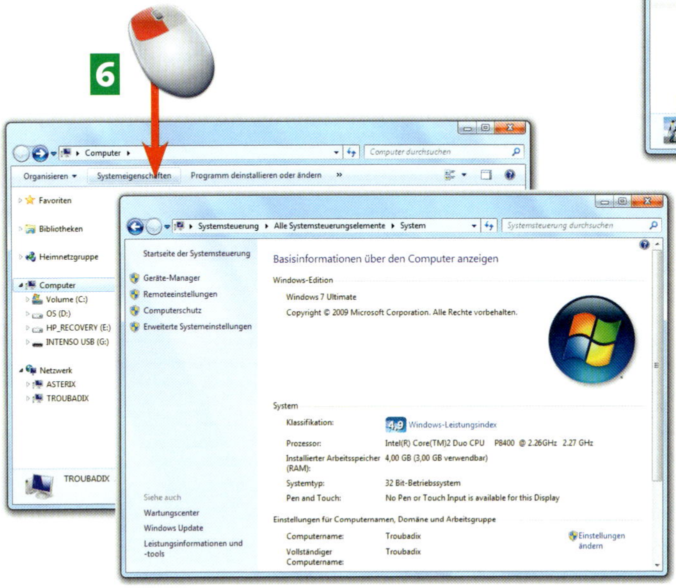

4 Klicken Sie in der linken Randleiste auf die Pfeilsymbole, um die Inhalte der Speichermedien und der Ordner aufzulisten.

5 Markieren Sie eine Datei in einem Ordner. Das Vorschaufenster zeigt den Inhalt an (hier Bilder im Öffentlichen Ordner).

6 Klicken Sie wieder auf Computer und aktivieren Sie per Klick auf *Systemeigenschaften* die Basisinformationen zu OS, RAM und CPU.

HINWEIS

In den Basisinformationen finden Sie auch den Aktivierungsschlüssel für Windows 7.

FACHWORT

OS (Operating System): Betriebssystem (Windows 7)
RAM (Random Access Memory): Arbeitsspeicher
CPU (Central Processing Unit): Prozessor

72 Festplattenlaufwerke

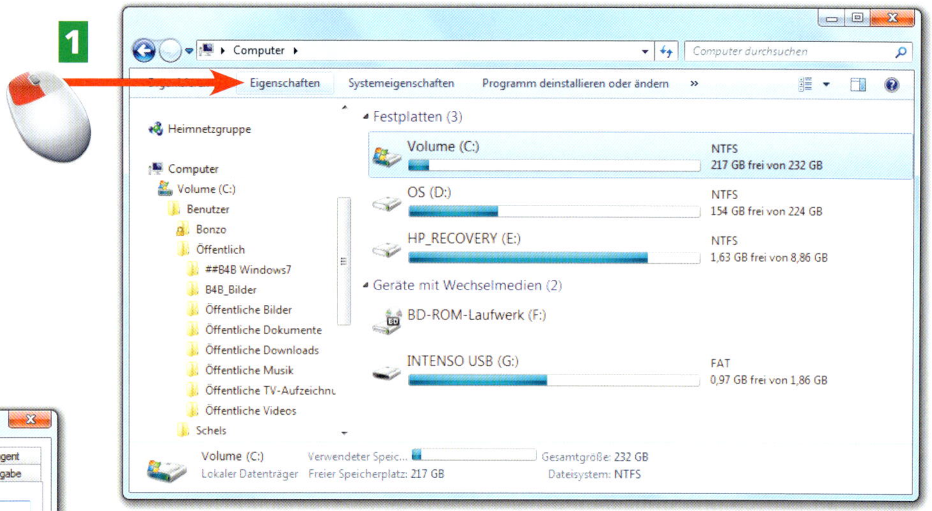

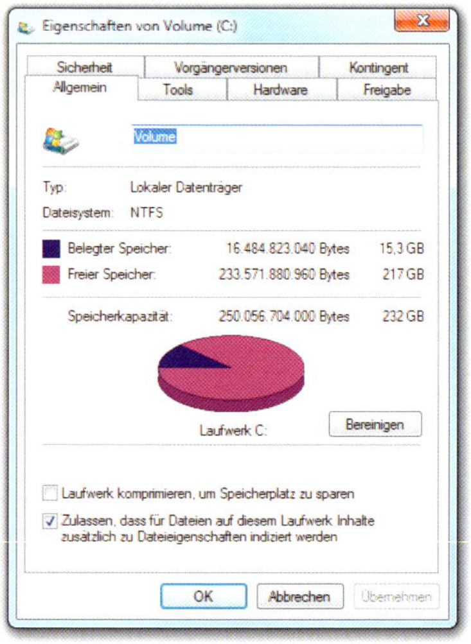

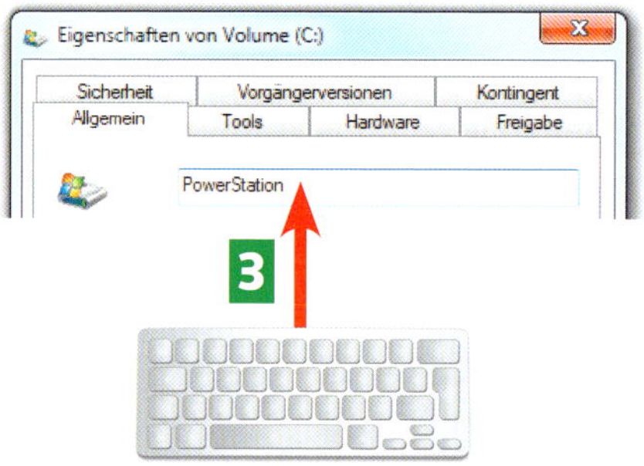

1 Öffnen Sie das Dienstprogramm *Computer* in der Systemsteuerung und aktivieren Sie die Eigenschaften der Festplatte.

2 Auf der Registerkarte *Allgemein* sehen Sie die Speicherkapazität und den bereits belegten Speicherplatz.

3 Wenn Sie die Festplatte umbenennen wollen, geben Sie den Namen (maximal 32 Zeichen) in das Namensfeld ein.

Die Festplatte ist der Hauptdatenträger in Ihrem Computersystem. Windows 7 wird von der Festplatte gebootet, sie enthält alle installierten Programme und die Benutzerordner zum Speichern von Daten.

WISSEN

3 Das Computersystem   73

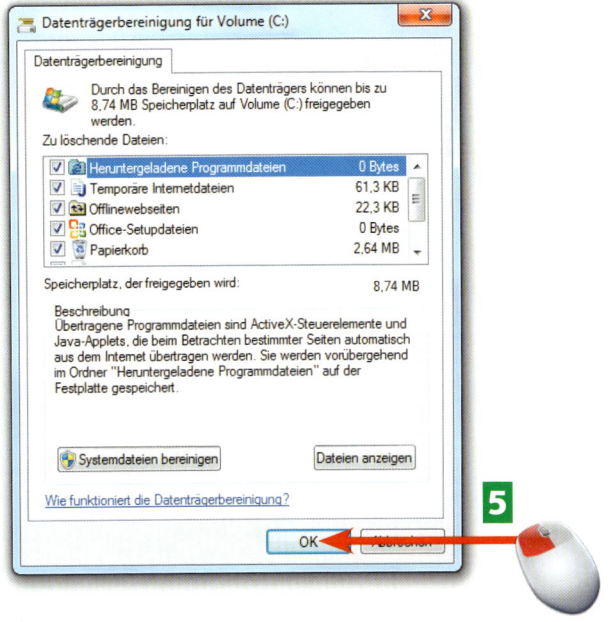

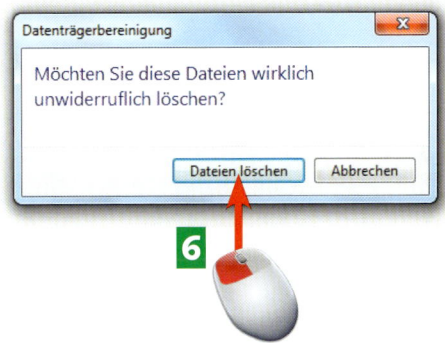

4 Klicken Sie auf *Bereinigen*, um das Laufwerk von überflüssigen Daten zu befreien.

5 Markieren Sie alle zu löschenden Daten und klicken Sie auf OK, um den Vorgang zu starten.

6 Bestätigen Sie die Sicherungsmeldung mit OK und löschen Sie alle überflüssigen Daten, um Speicherplatz auf der Festplatte freizugeben.

Mit der Indizierung des Laufwerks laufen Suchvorgänge nach Daten deutlich schneller ab.

Harddisk: Festplatte
Booten: Start des Computers, bei dem das Betriebssystem in den Arbeitsspeicher geladen wird.
NTFS (New Technology File System): Das Dateisystem der Festplatte

HINWEIS   **FACHWORT**

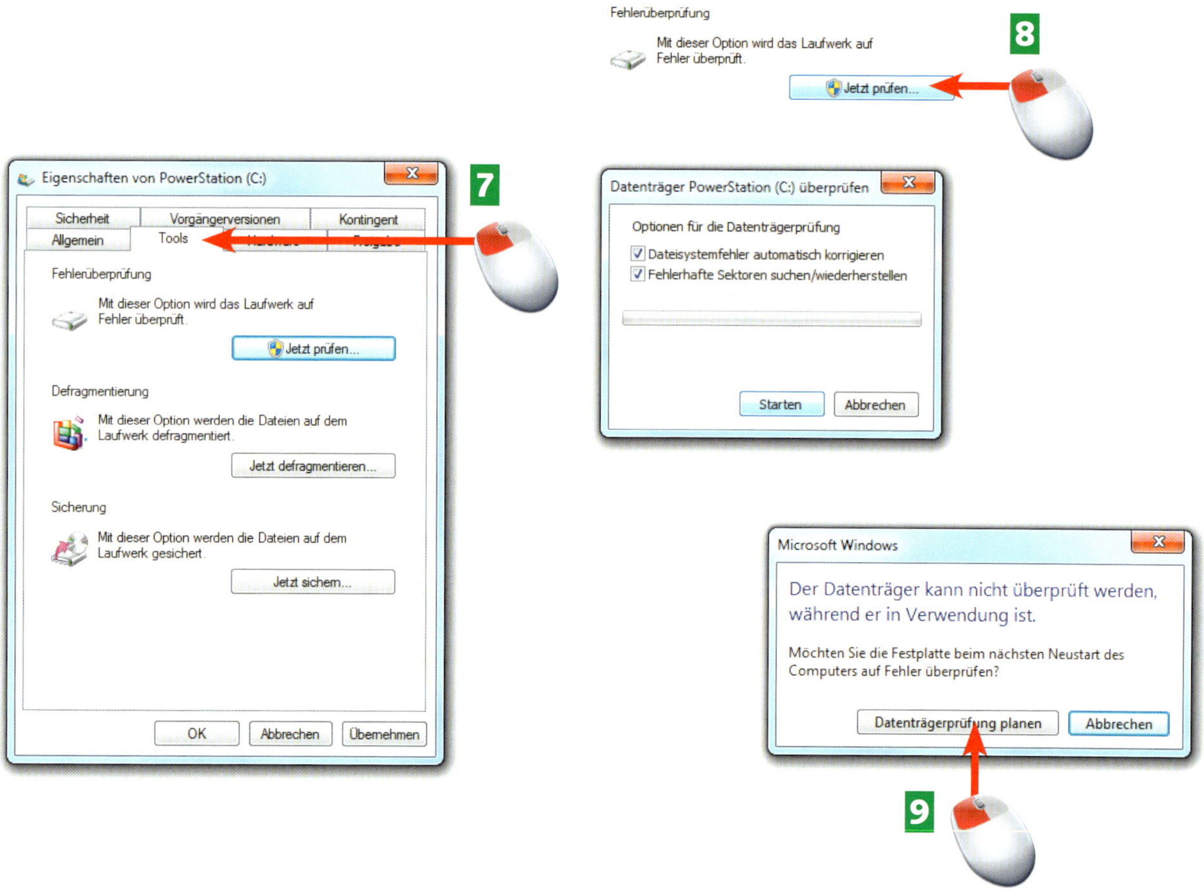

Festplattenlaufwerke

7 Aktivieren Sie die Registerkarte *Tools*, auf der Dienstprogramme für die Festplatte angeboten werden.

8 Klicken Sie auf *Jetzt prüfen*, wenn Sie die Festplatte auf Datenfehler und fehlerhafte Sektoren überprüfen wollen.

9 Wenn Sie die aktive Festplatte prüfen, muss die Prüfung für den nächsten Neustart geplant werden.

Pflegen Sie Ihre Festplatten gut, damit diese zuverlässig arbeiten. Mit den Windows 7-Hilfsprogrammen löschen Sie überflüssige Daten, prüfen und defragmentieren den Datenträger und sichern nach Zeitplan.

WISSEN

3 Das Computersystem 75

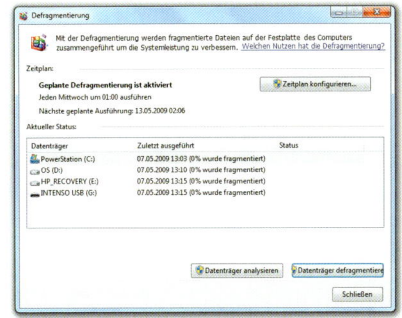
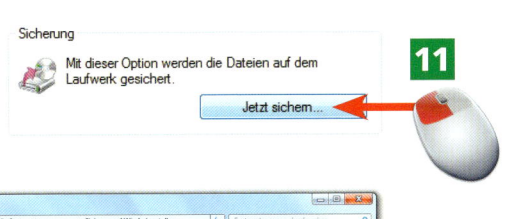
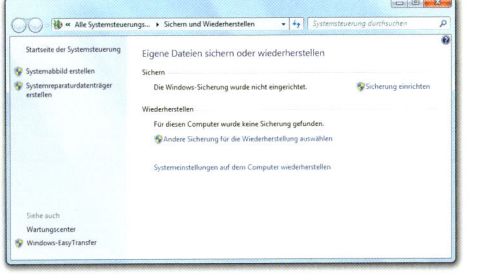
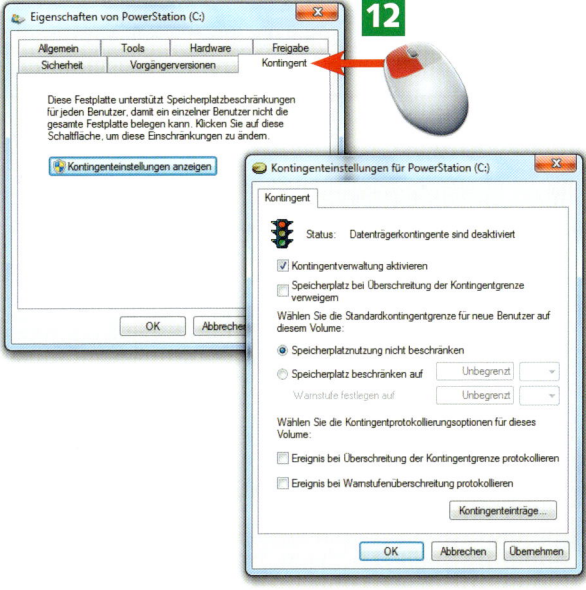

10 Die *Defragmentierung* fasst Datenblöcke auf der Platte zusammen und verbessert damit die Geschwindigkeit.

11 Klicken Sie auf *Jetzt sichern*, wenn Sie eine geplante Datensicherung durchführen wollen (siehe Kapitel 12: Sicherheit und Datenschutz).

12 Auf der Registerkarte *Kontingent* können Sie den Speicherplatz der Festplatte für die Benutzer einschränken.

Eine Defragmentierung wird nötig, wenn die Festplatte länger in Betrieb ist, der Vorgang kann aber ziemlich lange dauern, arbeiten Sie zwischendurch besser nicht mit der Festplatte.

Mit der Datenträgerprüfung werden Daten von der Festplatte entfernt, die keinen Dateien mehr zuzuordnen sind.

HINWEIS   **HINWEIS**

CD- und DVD-Laufwerke

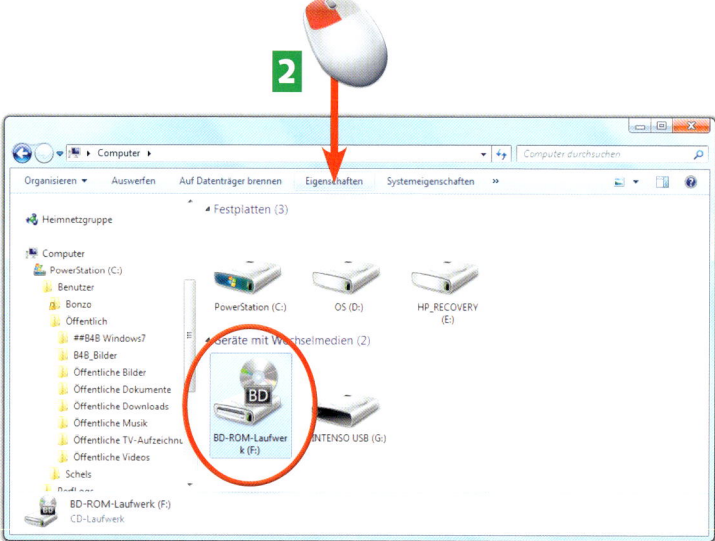

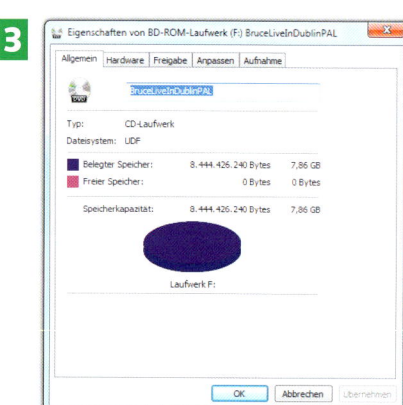

1 Jedes Computersystem enthält mindestens ein CD/DVD- oder Blu-ray Disklaufwerk. Das Symbol zeigt den Typ des Laufwerks.

2 Wählen Sie *Start/Computer*, markieren Sie das Disklaufwerk und klicken Sie auf Eigenschaften.

3 Das Eigenschaftenfenster zeigt Informationen über das Laufwerk oder das eingelegte Disk-Medium.

CDs, DVDs und Blu-ray Discs sind im Windows-Computersystem Wechseldatenträger. Welche Scheiben in das Laufwerk passen und wie diese optimal abgespielt werden, bestimmen Sie im Dienstprogramm *Computer*.

WISSEN

3 Das Computersystem 77

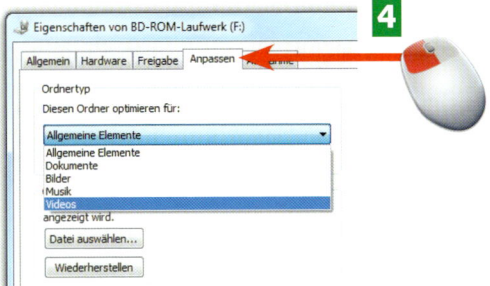

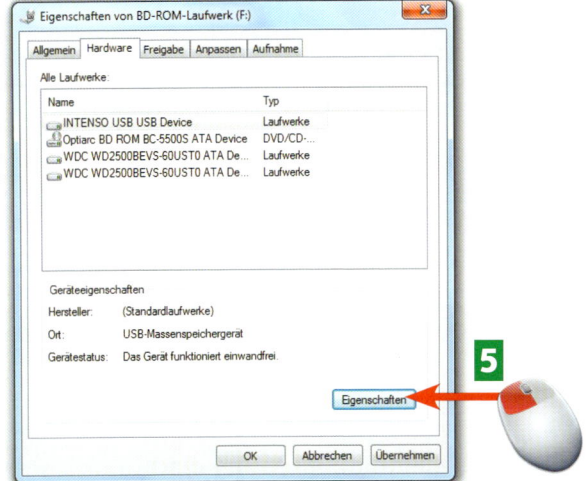

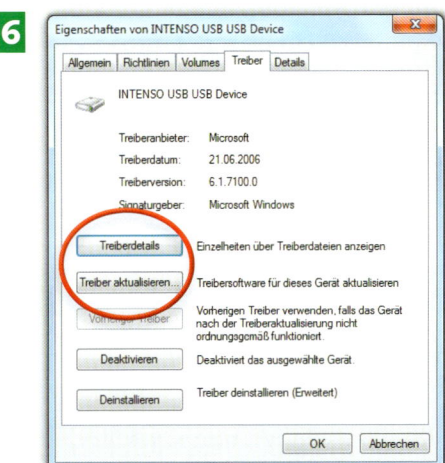

4 Auf der Registerkarte *Anpassen* können Sie festlegen, welcher Ordnertyp für dieses Laufwerk standardmäßig verwendet wird.

5 Wählen Sie *Eigenschaften* auf der Registerkarte *Hardware*, wenn Sie die Treiber für das Laufwerk kontrollieren wollen.

6 Sehen Sie sich die Treiberinformationen an und aktualisieren Sie den Disk-Treiber, falls nötig.

Achten Sie auf den CD- oder DVD-Typ und die Kapazität. Manche Laufwerke können nur DVD-R lesen oder akzeptieren keine Doppellayer.

Einige DVDs sind nur für bestimmte Regionen produziert. Stellen Sie die richtige Region ein, wenn die DVD nicht abgespielt werden kann, achten Sie auf den Hinweis auf der Rückseite des DVD-Covers.

TIPP **HINWEIS**

78 CDs und DVDs abspielen

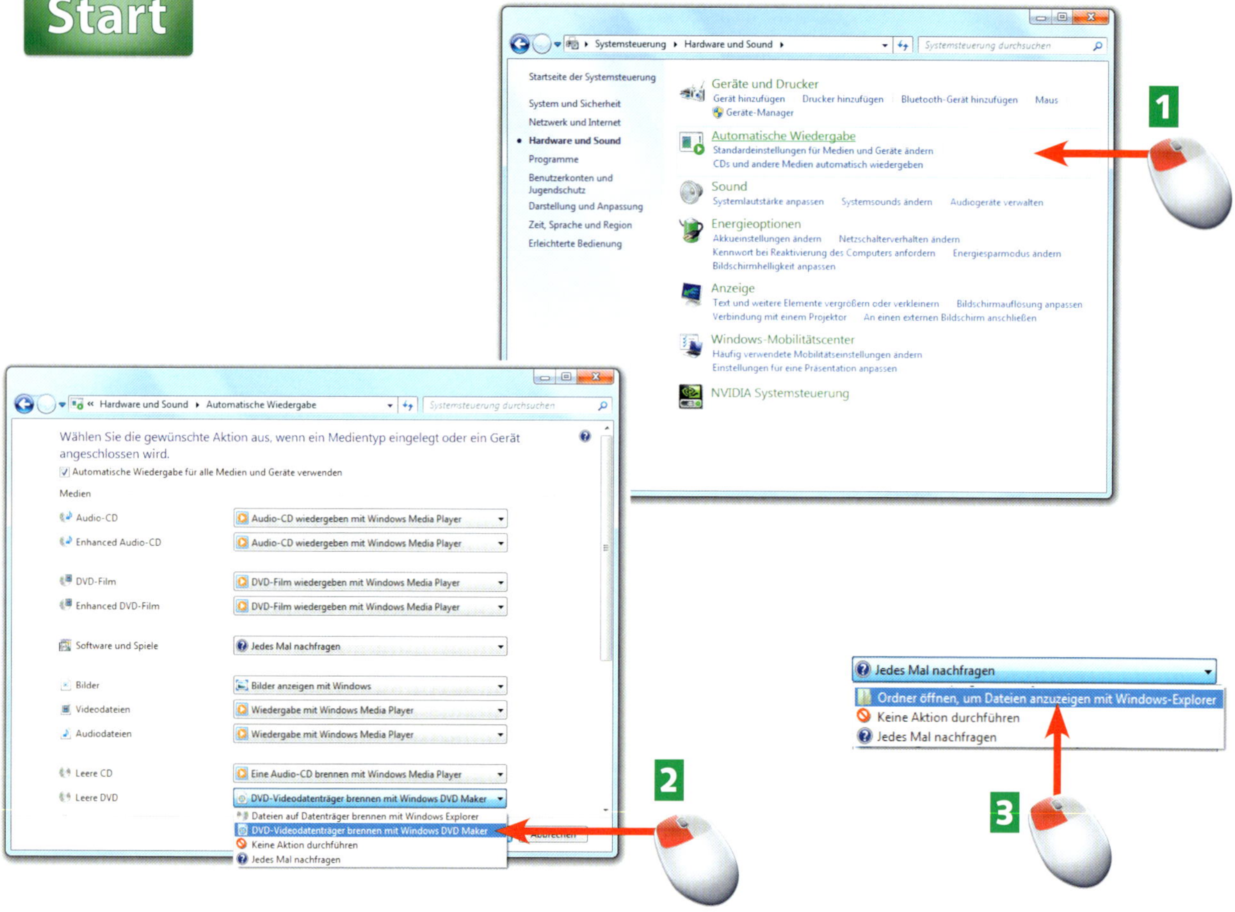

1. Wählen Sie *Start/Systemsteuerung* und aktivieren Sie unter *Hardware und Sound* die *Automatische Wiedergabe*.

2. Wählen Sie für die einzelnen Wechselmedien das passende Abspielprogramm.

3. Wenn für das Medium kein Programm installiert oder vorgesehen ist, lassen Sie einen Ordner im Windows-Explorer öffnen.

WISSEN

Die *Automatische Wiedergabe* stellt sicher, dass das richtige Programm startet, wenn Sie eine CD oder DVD einlegen. Sie können Windows 7-Programme oder Abspielprogramme von anderen Herstellern bestimmen.

3 Das Computersystem

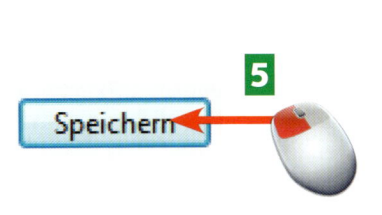

4 Bestimmen Sie auch, was passieren soll, wenn eine leere CD oder DVD eingelegt wird.

5 Mit Klick auf *Speichern* halten Sie alle Einstellungen fest.

6 Legen Sie eine CD oder DVD ein, wird diese sofort mit dem richtigen Programm (hier Windows Media Player) abgespielt.

Installieren Sie Mediensoftware wie iTunes oder Nero vorher, dann wird diese in der Liste der Abspielprogramme angeboten.

Wenn für einen bestimmten Medientyp kein Programm vorgeschlagen wird, dann hat Ihr Windows-System keine passende Software zum Abspielen solcher Medien.

TIPP

HINWEIS

CD und DVD brennen

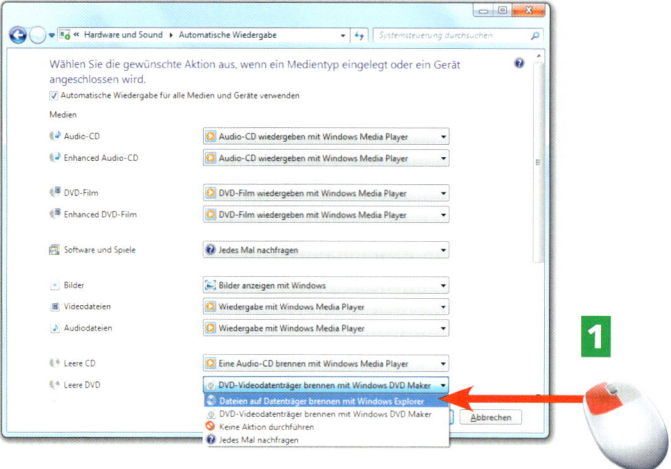

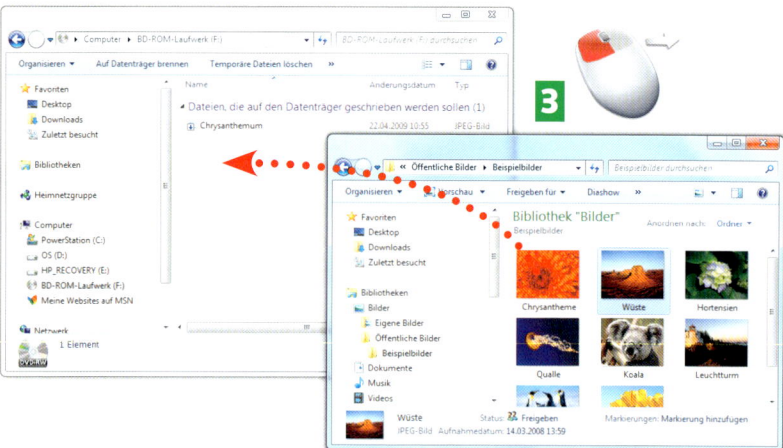

1. Stellen Sie unter *Systemsteuerung/Hardware* und *Sounds/Automatische Wiedergabe* die Quelle ein (hier Windows-Explorer).

2. Legen Sie eine leere CD oder DVD ein.

3. Ziehen Sie einzelne Dateien oder Dateiordner in das Fenster oder auf das Symbol des Laufwerks.

Bevor Sie Ihre erste CD oder DVD brennen, stellen Sie sicher, dass das richtige Programm „anspringt", wenn Sie einen Rohling einlegen. Für Daten-CDs/DVDs ziehen Sie einfach die Daten in den Ordner des Laufwerks oder auf das Symbol.

WISSEN

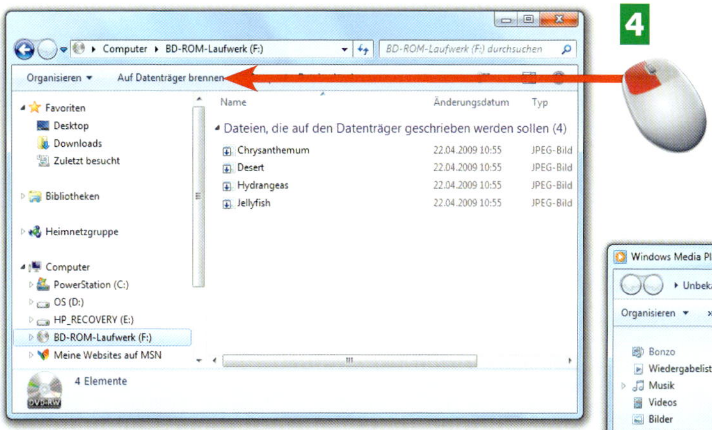

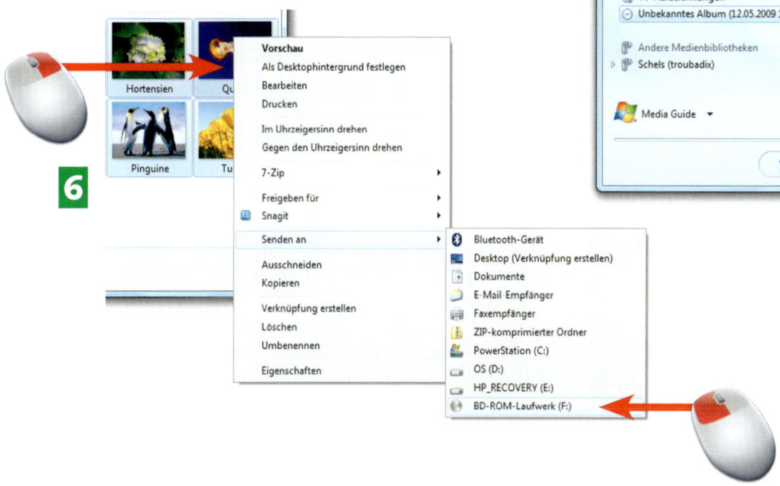

3 Das Computersystem

4 Klicken Sie auf *Auf Datenträger brennen*, wenn alle Dateien im Zielordner stehen. Der Brennvorgang wird gestartet.

5 Mit dem Windows Media Player stellen Sie Brennlisten mit beliebigen Musikstücken zusammen und brennen Audio-CDs/DVDs.

6 So geht's am schnellsten: Klicken Sie mit der rechten Maustaste auf die markierten Daten und wählen Sie *Senden an*.

HINWEIS

Mit dem Windows-Explorer aus der Taskleiste können Sie weitere Ordner öffnen, um die Brenndaten zu sammeln. Drücken Sie die ⇧-Taste und klicken Sie auf das Symbol.

FACHWORT

Blu-ray: Optisches Speichermedium, Nachfolgeformat der DVD (Digital Versatile Disc).

HINWEIS

Für DVDs mit Menüsteuerung verwenden Sie den Windows DVD Maker (*Start/Alle Programme*).

82 Der Geräte-Manager

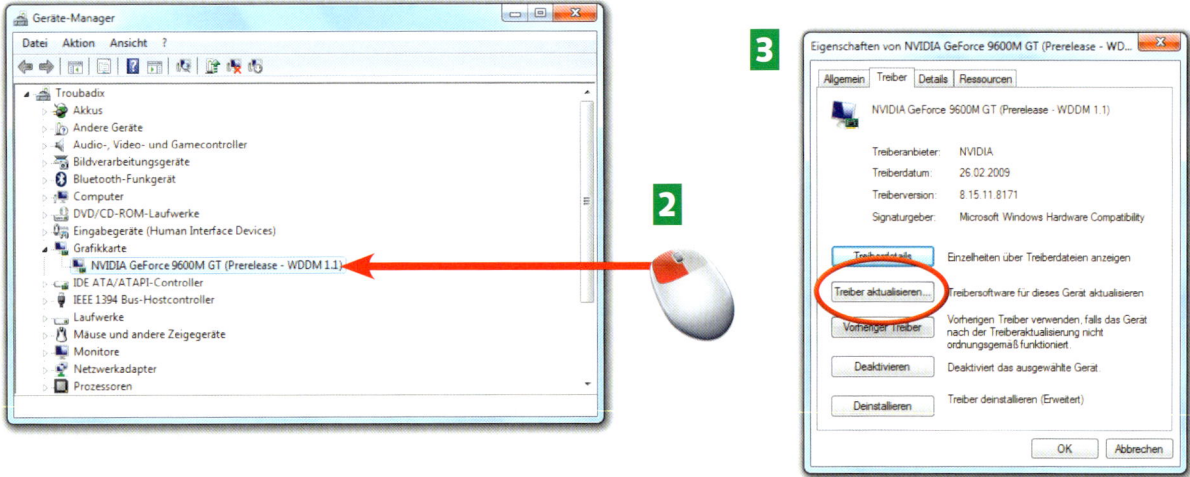

1 Wählen Sie *Start/Systemsteuerung/Hardware und Sound* und klicken Sie unter *Geräte und Drucker* auf *Geräte-Manager*.

2 Klicken Sie auf das Pfeilsymbol einer Gruppe, um diese zu öffnen, und markieren Sie das Gerät (hier die Grafikkarte).

3 Ein Doppelklick auf das Gerät aktiviert die Eigenschaften. Auf der Registerkarte *Treiber* können Sie den *Treiber* aktualisieren.

Die Schaltzentrale von Windows für Geräte aller Art ist der Geräte-Manager. Starten Sie ihn, wenn Sie Probleme mit der Hardware haben, Geräte deaktivieren oder aus dem System entfernen wollen.

WISSEN

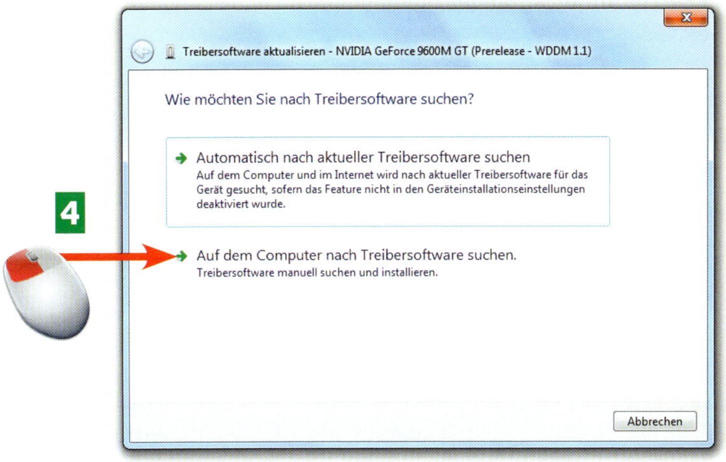

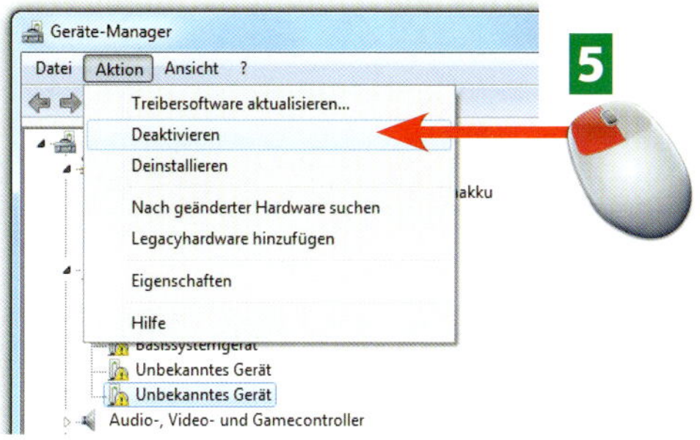

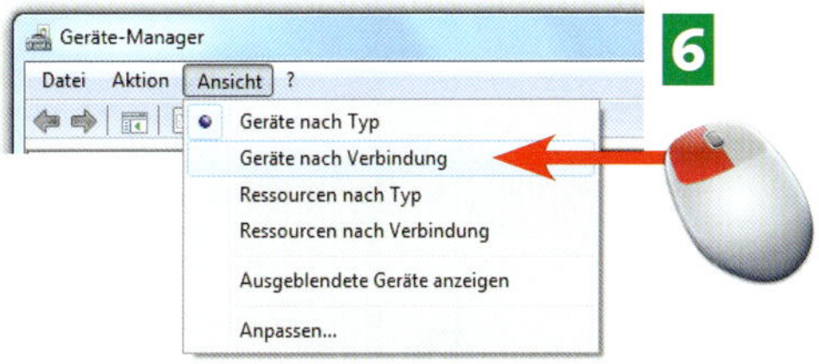

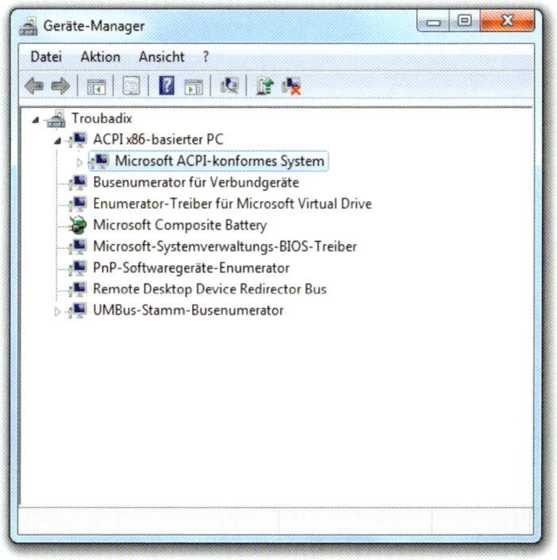

3 Das Computersystem

4 Windows 7 kann selbst nach dem Treiber suchen, klicken Sie auf *Treiber manuell suchen*, wenn Sie eine Treiber-CD/DVD haben.

5 Um ein Gerät zu deaktivieren, klicken Sie auf *Aktion* und wählen *Deaktivieren*.

6 Wählen Sie *Ansicht* und lassen Sie die Geräteübersicht in anderen Ansichten oder Ressourcenübersichten anzeigen.

Treiber: Software, die den Betrieb eines Geräts unter Windows steuert. Treiber werden oft vom Hersteller erneuert, Windows 7 bietet neue Treiber unter Windows Update an.

Ressourcen: Bei der Einrichtung eines Geräts zugewiesene Eigenschaften (Interrupts, DMA, I/O-Adresse, Speicheradresse).

Achten Sie auf das Warnzeichen am Gerätesymbol:
Gelb: Gerät funktioniert nicht richtig; Rot: Gerät ist defekt.

FACHWORT   **FACHWORT**   **TIPP**

84 Energie sparen

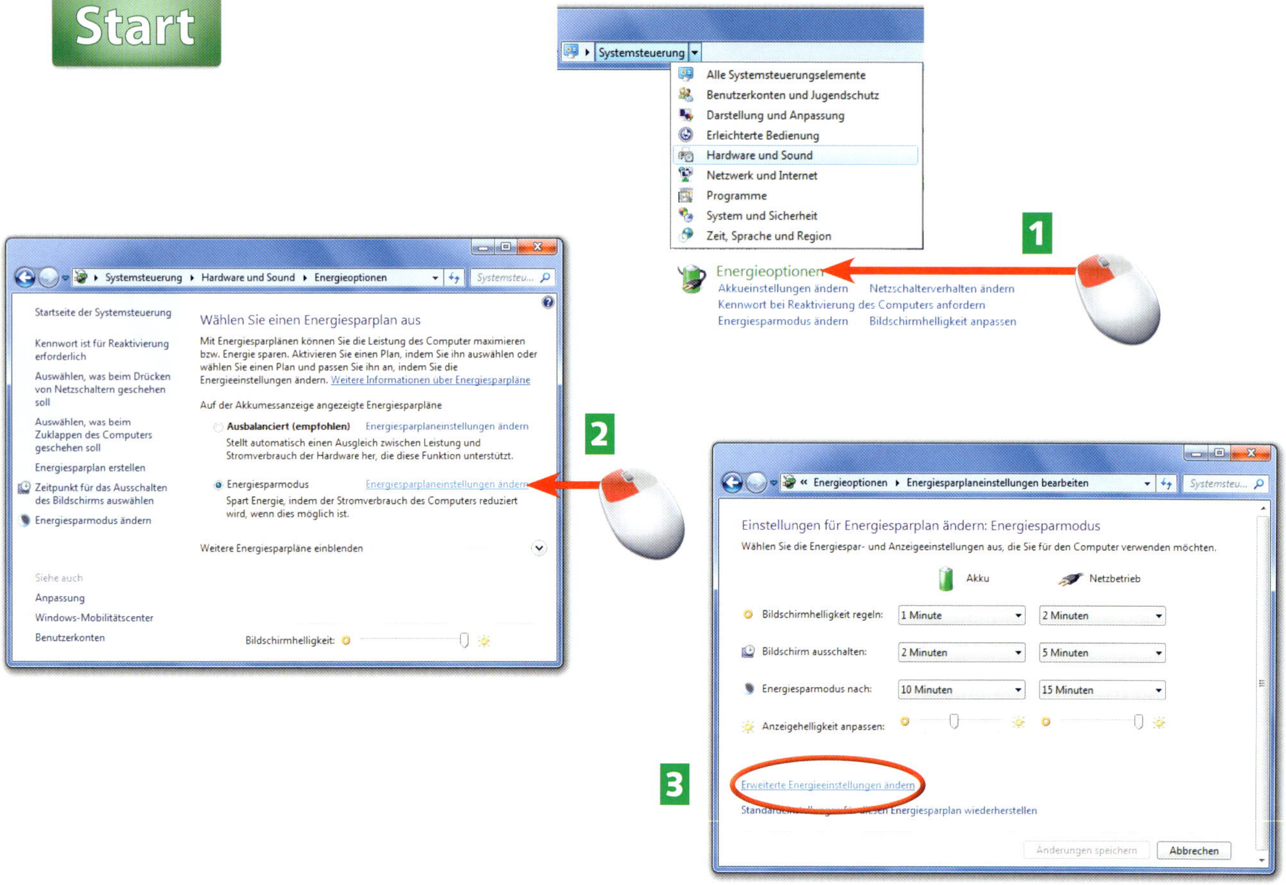

1 Wählen Sie *Start/Systemsteuerung* und aktivieren Sie die Kategorie *Hardware und Sound*. Klicken Sie auf *Energieoptionen*.

2 Hier stehen zwei Energiesparpläne zur Auswahl, klicken Sie im Energiesparmodus auf *Energiesparplaneinstellungen ändern*.

3 Regeln Sie die Ausschaltzeiten für Akku- und Netzbetrieb und passen Sie die Bildschirmhelligkeit an.

Windows 7 hilft Ihnen mit einem Energiesparplan, umweltbewusst und energiesparend mit dem Computer zu arbeiten. Passen Sie ihn auf Ihr Gerät und Ihre Arbeitsweise an oder erstellen Sie Ihren eigenen Energiesparplan.

WISSEN

3 Das Computersystem   85

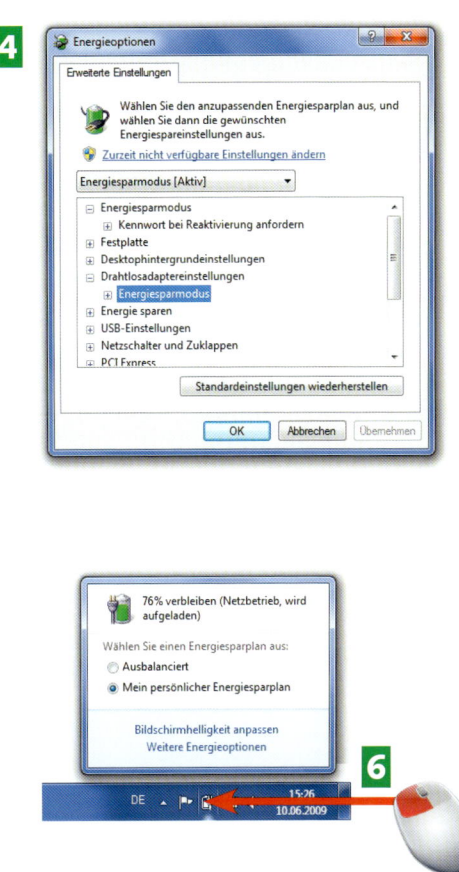

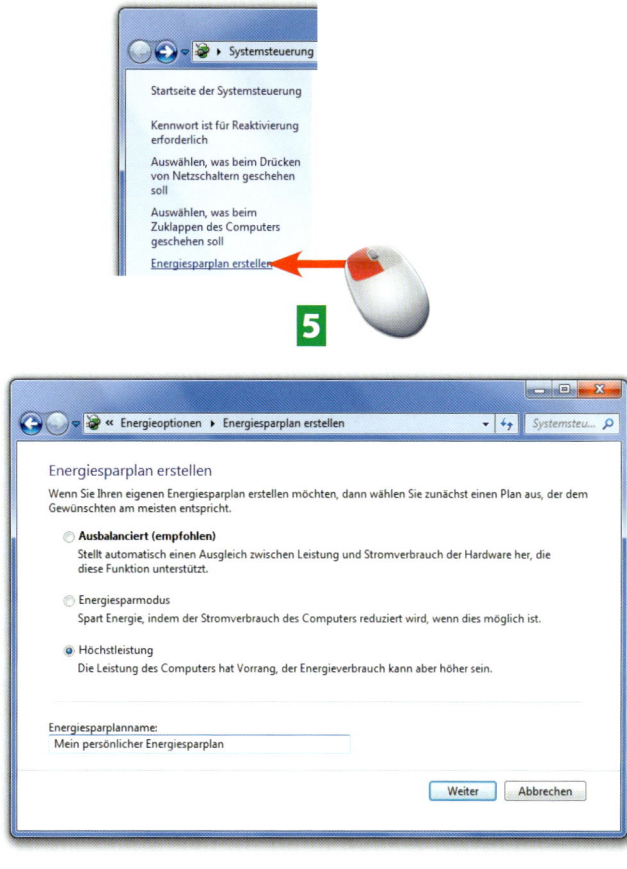

4 In den *Erweiterten Einstellungen* finden Sie viele einzelne Optionen zur individuellen Anpassung, zum Beispiel für den WLAN-Adapter.

5 Klicken Sie auf *Enegiesparplan erstellen*, wenn Sie einen eigenen Sparplan anlegen wollen. Geben Sie einen Namen ein und passen Sie den Plan an.

6 Der Infobereich der Taskleiste bietet den Energiemodus an, hier können Sie bei Bedarf auch umschalten oder zur Systemsteuerung wechseln.

Für den Energiesparmodus müssen Sie keine Programme schließen. Auf dem Notebook klappen Sie dafür einfach den Deckel zu.	Nutzen Sie auch das Windows Mobilitätscenter für Anzeige und Einstellung des Energieschemas.	Das Kennwort zur Reaktivierung ist das Kennwort des Benutzers aus seinem Benutzerkonto.
TIPP	**TIPP**	**HINWEIS**

4

Drucker, Scanner, externe Geräte

88 Drucker installieren

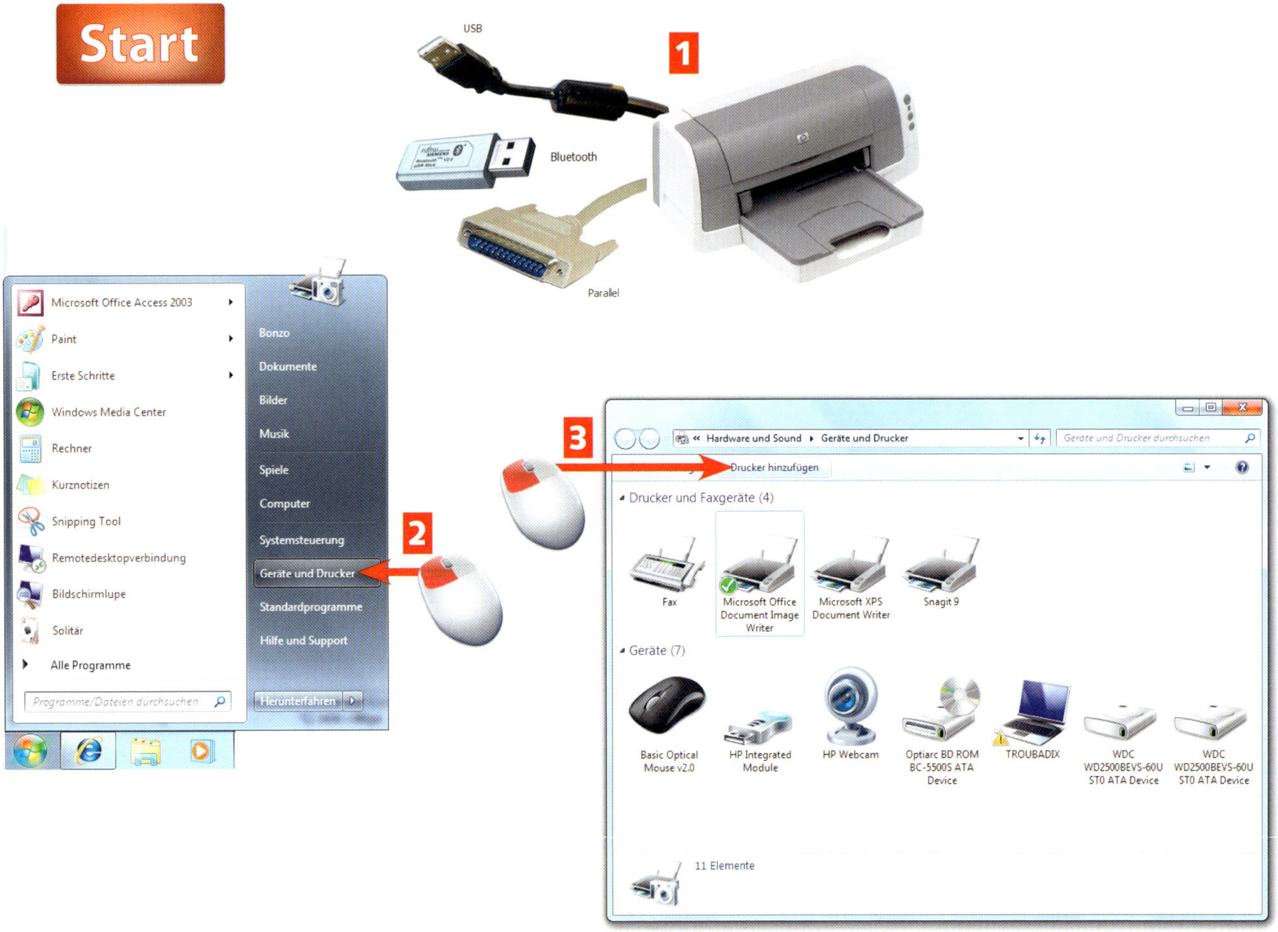

1 Neue Drucker mit USB- oder Bluetooth-Anschluss installieren sich automatisch. Drucker mit Parallel-Anschluss müssen installiert werden.

2 Um einen Drucker manuell zu installieren, wählen Sie *Geräte und Drucker* im Startmenü.

3 Die installierten Geräte werden angezeigt, klicken Sie auf *Drucker hinzufügen*.

Windows 7 bietet eine Treiberdatenbank mit Druckertreibern zu fast allen Druckern. Installieren Sie Ihren Drucker über die Systemsteuerung, wenn kein Gerätetreiber auf CD/DVD dabei ist.

WISSEN

4 Drucker, Scanner, externe Geräte   89

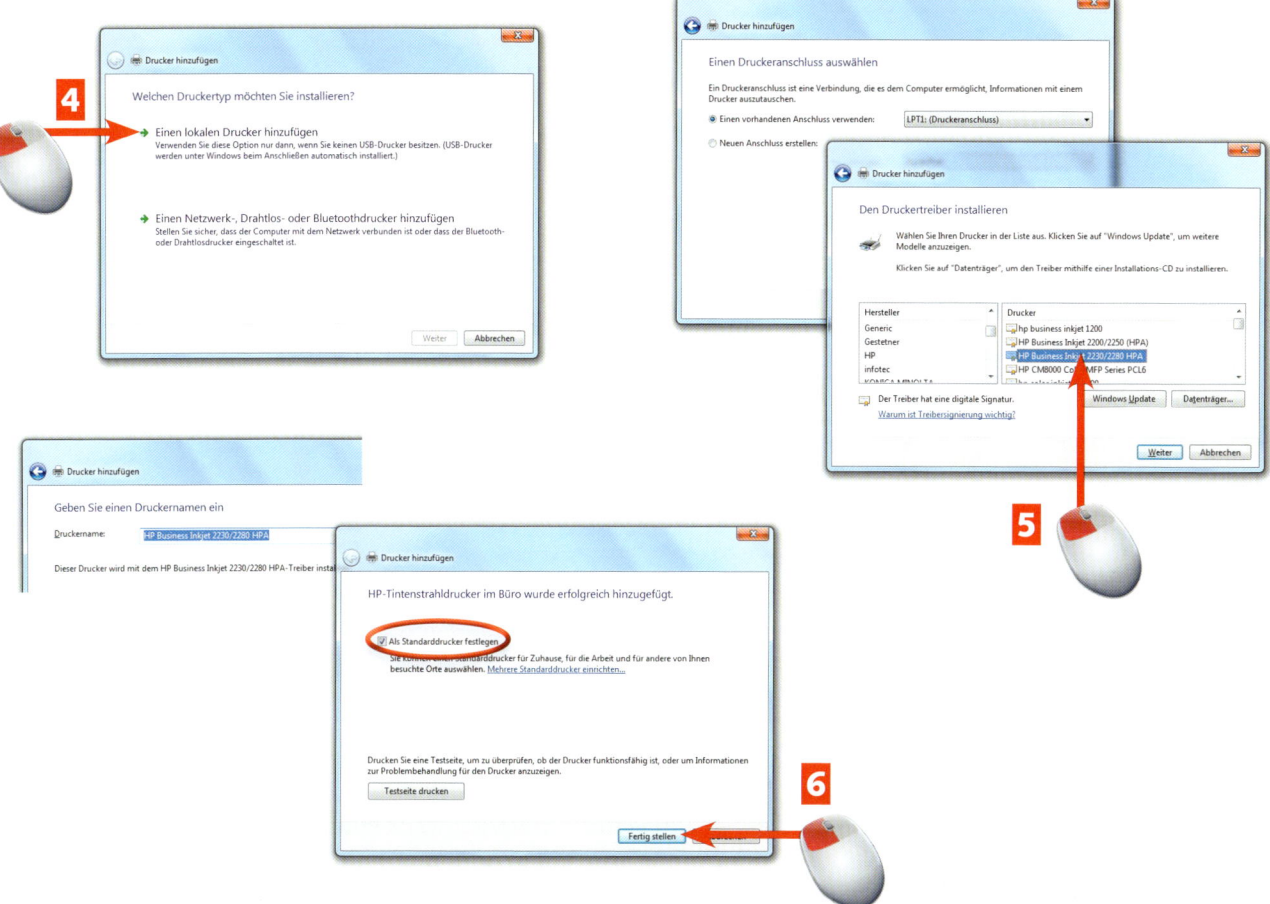

4 Wählen Sie den lokalen Anschluss, wenn das Druckerkabel an Ihrem Computer angeschlossen ist.

5 Wählen Sie den Standardanschluss (meist LPT1:) und suchen Sie Ihr Gerätemodell in der Liste.

6 Bestätigen Sie den Namen und wählen Sie *Als Standarddrucker festlegen*. Drucken Sie eine Testseite und schließen Sie die Installation ab.

Windows 7-Treiber für ältere Druckermodelle finden Sie auf der Internetseite des Herstellers.

LPT1 (Line Printer): Standardanschluss für parallele Druckeranschlüsse
USB (Universal Serial Bus): Standardanschluss seriell.

Wenn Sie einen Netzwerkdrucker einrichten, stellen Sie vorher sicher, dass das Netz auch aktiv ist.

TIPP   **FACHWORT**   **HINWEIS**

Drucker installieren

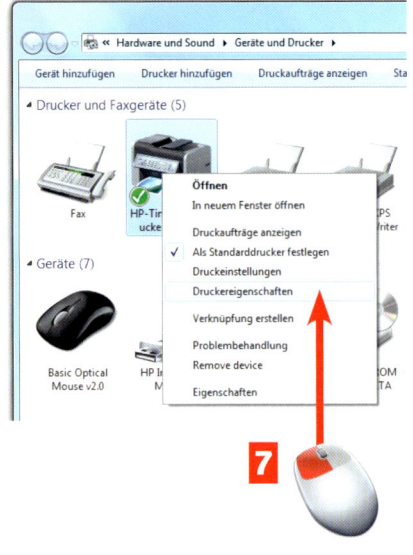
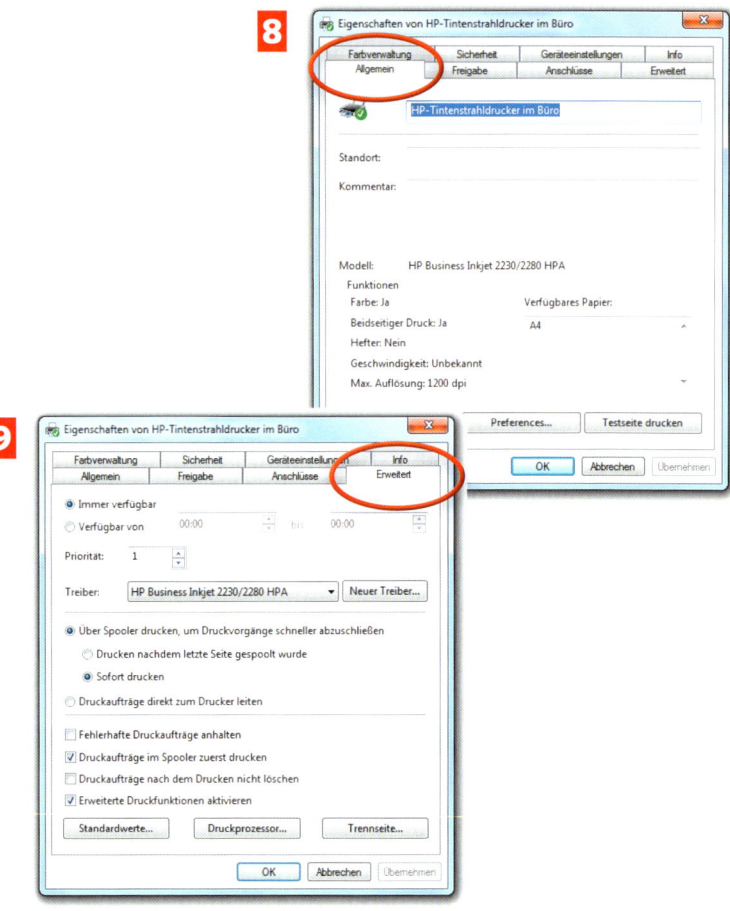

7 Klicken Sie im Kontextmenü des neuen Druckersymbols auf *Druckereigenschaften* ...

8 ... und passen Sie die druckerspezifischen Optionen an (Papierformat, Auflösung, Farbe u. a.).

9 Auf den einzelnen Registerkarten finden Sie die gerätespezifischen Druckereinstellungen.

Die richtige Druckereinstellung ist wichtig, denn der Windows 7-Drucker gilt für alle Programme, die unter Windows installiert werden. Stellen Sie den Standarddrucker bereit und passen Sie den Druckertreiber an.

WISSEN

4 Drucker, Scanner, externe Geräte

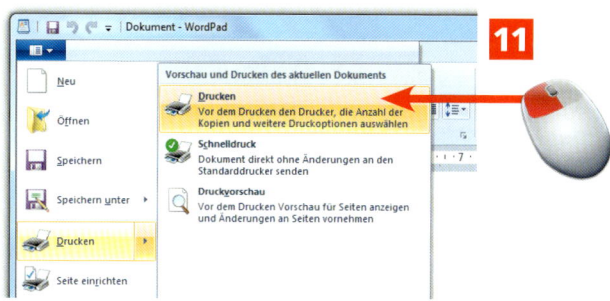
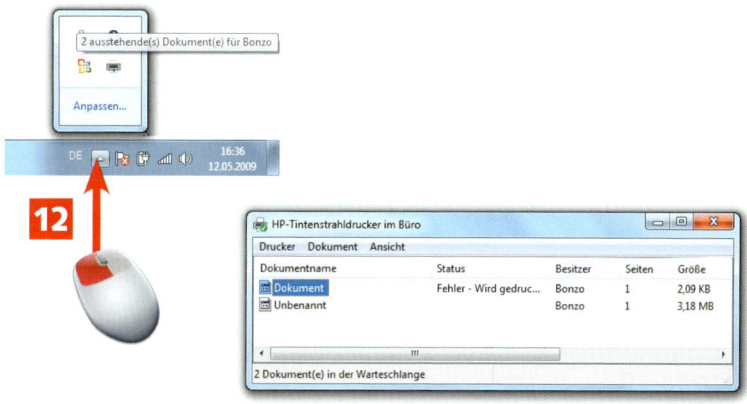

10 Um einen anderen Drucker zum Standarddrucker zu erklären, wählen Sie die Option aus dem Kontextmenü des Symbols in der Druckerliste.

11 Beim Drucken aus einem Programm (hier WordPad) verwenden Sie *Drucken* zur Druckerauswahl oder *Schnelldruck* für den Standarddrucker.

12 Im Infobereich der Taskleiste finden Sie ein Druckersymbol und eine Liste mit allen Druckern, für die Druckaufträge anstehen.

Das grüne Häkchen am Druckersymbol markiert den Standarddrucker.

Klicken Sie im Systembereich auf *Ausgeblendete Symbole einblenden* und öffnen Sie das Druckersymbol per Doppelklick, um die Druckaufträge zu sehen.

HINWEIS **HINWEIS**

Scanner und Fax

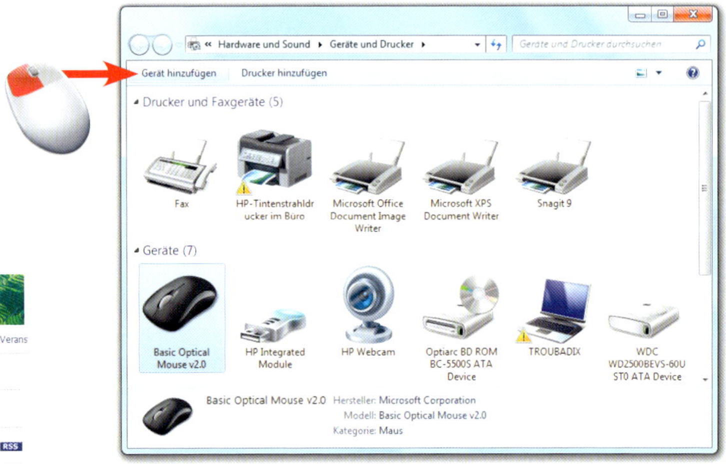

1 Scanner mit USB- oder Bluetooth-Anschluss installiert Windows 7 automatisch. Installieren Sie immer die Treiber des Herstellers.

2 Wählen Sie *Start/Geräte und Drucker* und klicken Sie auf *Gerät hinzufügen*, um ein drahtloses Gerät zu installieren.

3 Für ältere Geräte brauchen Sie Windows 7-Treiber, laden Sie diese am besten von den Internetseiten des Herstellers.

Scanner wandeln mithilfe von Grafik- und OCR-Software Vorlagen in Bilder oder Text um. Windows 7 unterstützt die meisten Scannermodelle und installiert die Geräte automatisch.

WISSEN

4 Drucker, Scanner, externe Geräte

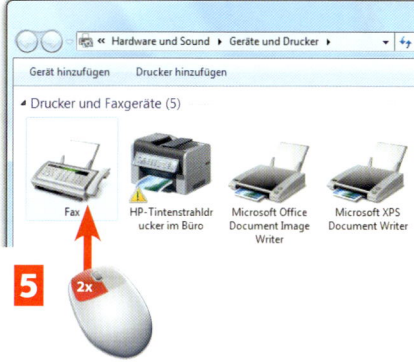

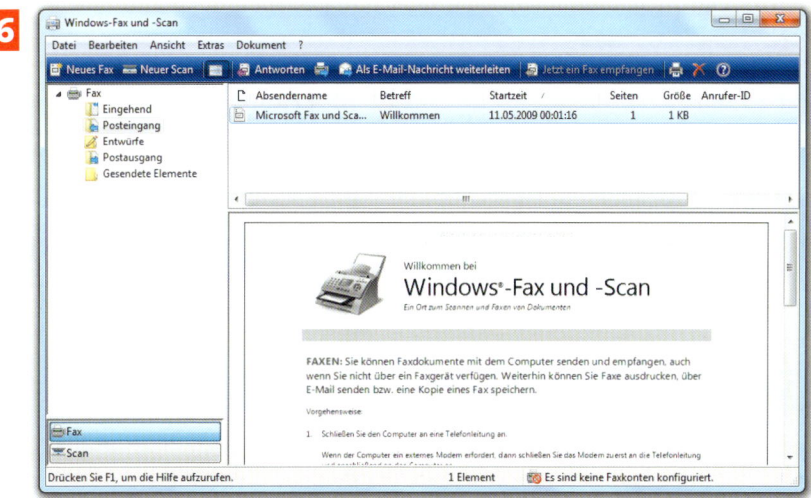

4 Um mit Windows 7 Faxe zu senden und zu empfangen, installieren Sie zunächst ein Modem oder ein Faxmodem.

5 Aktivieren Sie unter *Start/Geräte und Drucker* per Doppelklick das Dienstprogramm *Fax*.

6 Mit *Windows-Fax und -Scan* können Sie Faxe senden und empfangen. Neue Faxe werden hier erstellt oder über den Scanner gesendet.

HINWEIS

Richten Sie unter *Windows-Fax und -Scan* zuerst ein Faxkonto ein, damit wird die Verbindung mit dem Faxserver hergestellt.

HINWEIS

Legen Sie die Faxvorlage auf den Scanner und klicken Sie auf *Neuer Scan*. Das Windows-Programm scannt das Dokument ein und Sie können es als Fax versenden.

94 Digitalkamera installieren

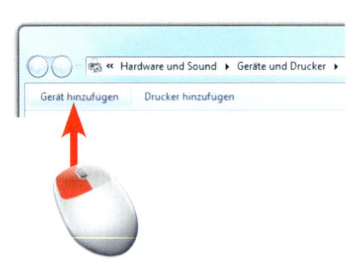
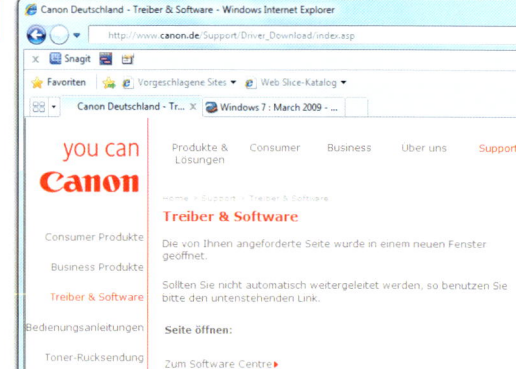

1 Digitalkameras mit USB- oder Bluetooth-Anschluss installiert Windows 7 automatisch, wenn sie angeschlossen werden.

2 Wählen Sie *Start/Geräte und Drucker* und klicken Sie auf *Gerät hinzufügen*, um ein Gerät manuell zu installieren.

3 Für ältere Geräte können Sie Treiber und Software von den Internetseiten des Herstellers downloaden.

Digitalkameras werden entweder mit eigener Software geliefert oder von Windows 7 automatisch installiert. Stellen Sie den Bildimport richtig ein, damit die Bilder schnell auf Ihren Computer importiert werden.

WISSEN

4 Drucker, Scanner, externe Geräte   95

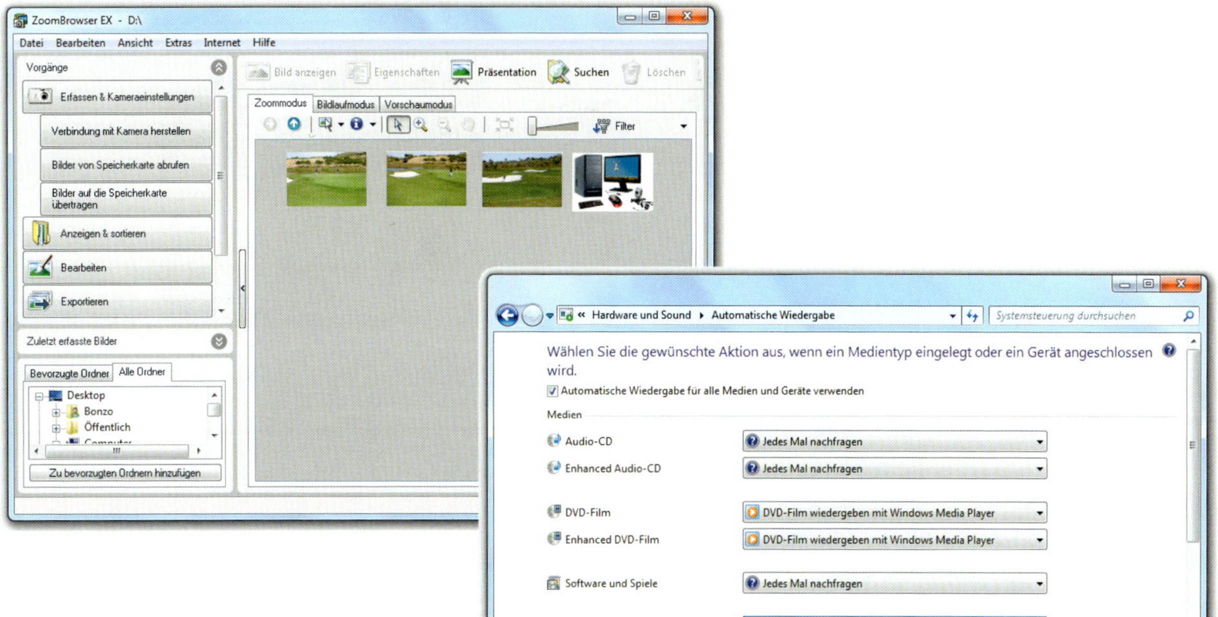

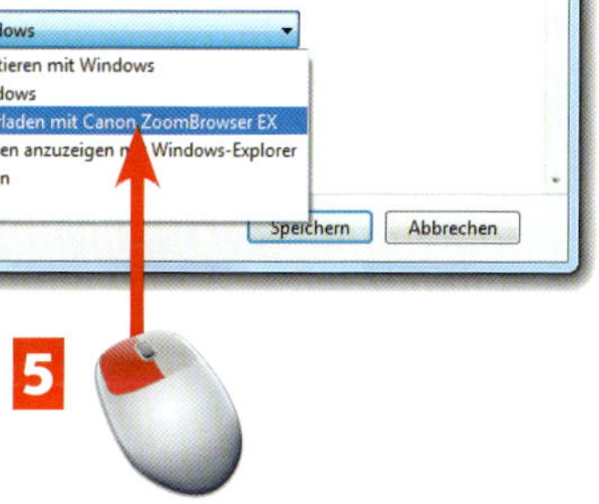

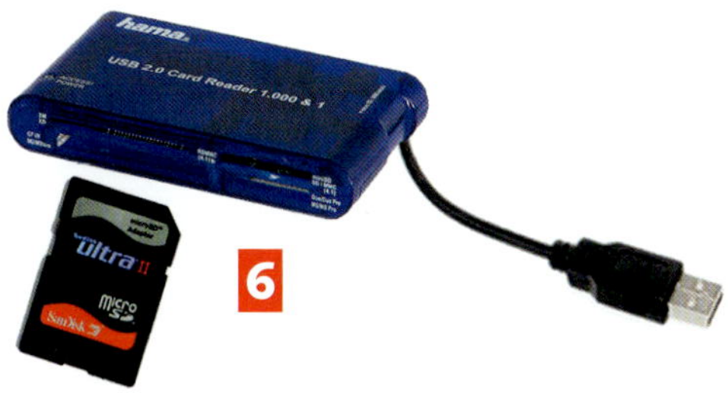

4 Zum Anzeigen und Kopieren der Kamerabilder startet automatisch die installierte Kamerasoftware.

5 Wählen Sie *Start/Systemsteuerung/Hardware* und *Sound/Automatische Wiedergabe* und stellen Sie den Bildimport für die Kamera ein.

6 Alternativ dazu können Sie die Bilder auch direkt von der Speicherkarte der Kamera importieren, benutzen Sie dazu einen Kartenleser.

TIPP

Wenn die Kamerasoftware die Bilder anzeigt, ziehen Sie sie einfach mit gedrückter Maustaste in ein Windows-Fenster (Strg+A markiert alle Bilder).

FACHWORT

Flashcard: Speicherkarte für digitale Kameras

HINWEIS

Schließen Sie zuerst die Kamera an Ihren Computer an, bevor Sie die mitgelieferte Software installieren oder den Kamera-Assistenten aktivieren.

96 Lautsprecher und Mikrofon

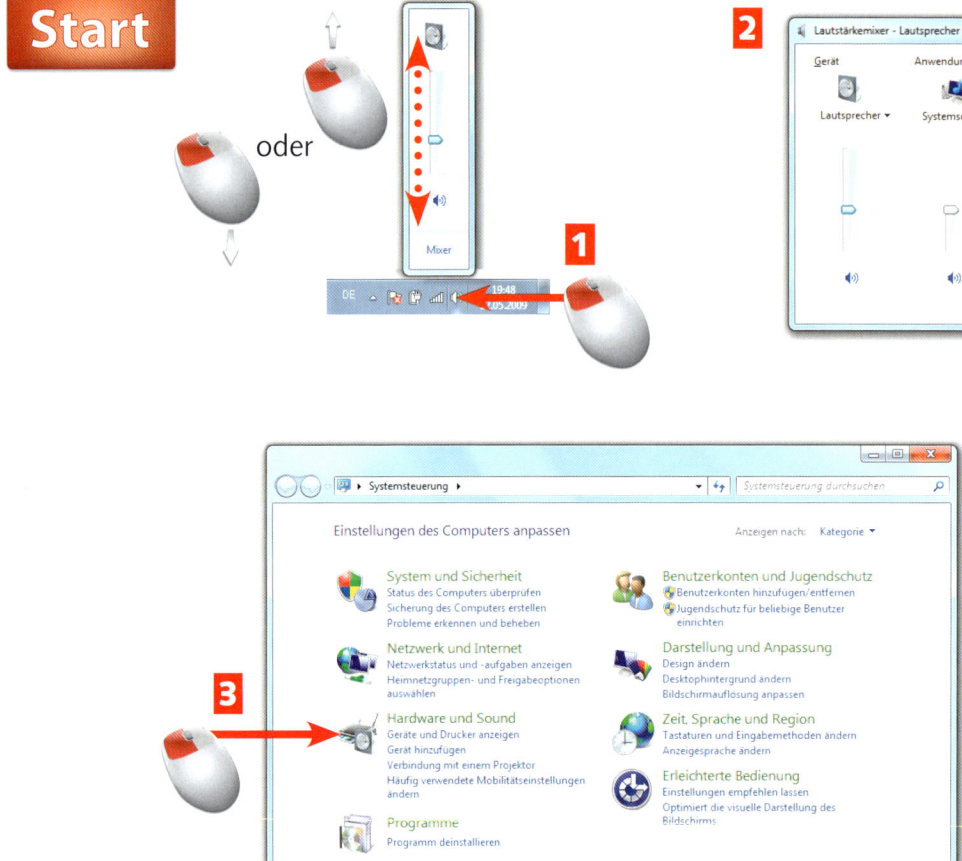

1 Klicken Sie auf das Lautsprechersymbol im Systembereich und ziehen Sie den Schieberegler, um die Lautstärke einzustellen.

2 Klicken Sie auf *Mixer*, um die Lautstärkeregler für alle Geräte einzuschalten, die mit Sounds arbeiten.

3 Wählen Sie unter *Start/Systemsteuerung Hardware und Sound* ...

Multimedia klingt auf dem PC oder Notebook nur gut, wenn die Ausgabegeräte korrekt eingestellt sind. Kontrollieren Sie Ihre Sounds in der Systemsteuerung und stellen Sie für gute Aufnahmen auch das Mikrofon richtig ein.

WISSEN

4 Drucker, Scanner, externe Geräte

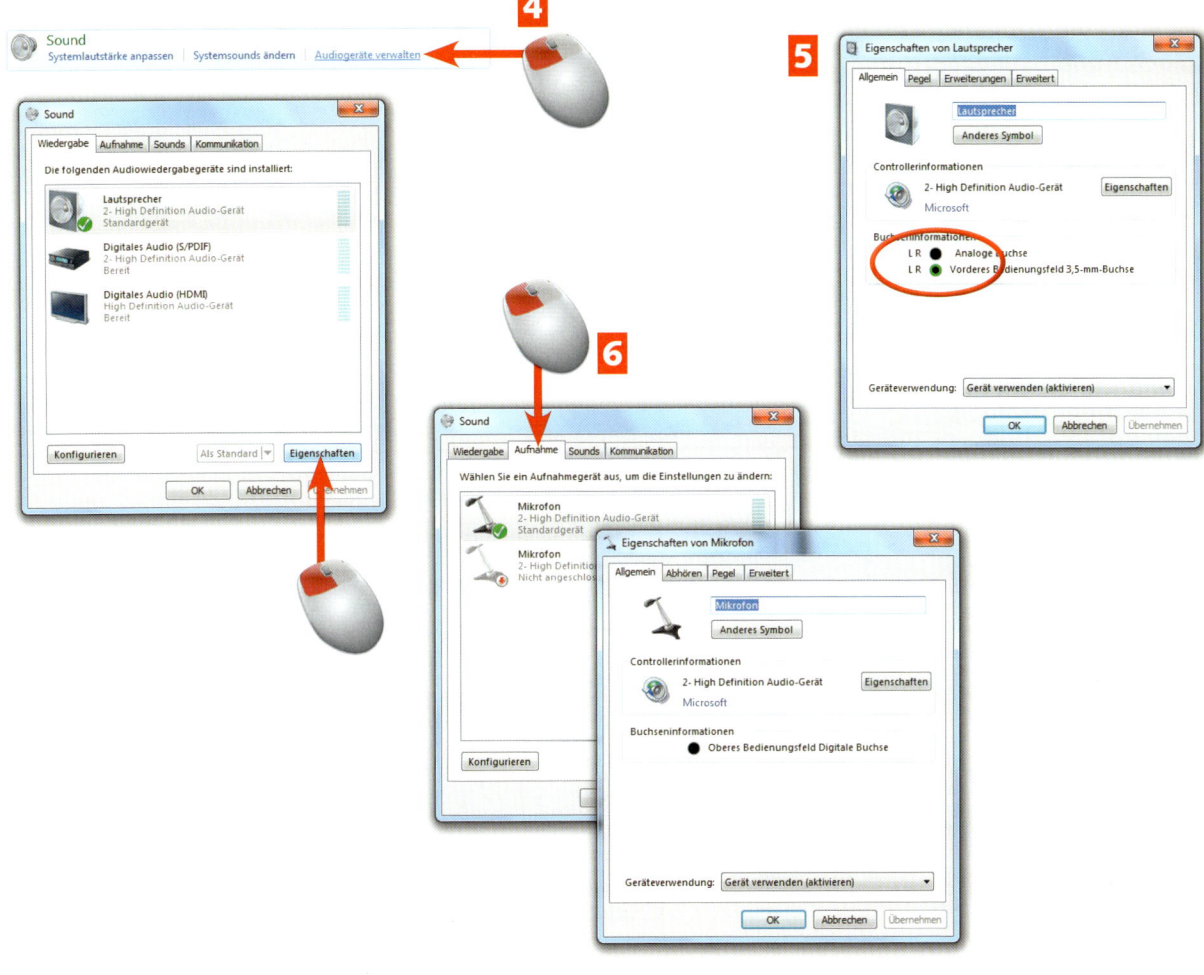

4 ... und klicken Sie auf *Audiogeräte verwalten*. Auf der Registerkarte *Wiedergabe* markieren Sie das Audiogerät und klicken auf *Eigenschaften*.

5 Passen Sie Details wie Buchsen, Pegel u. a. für den Lautsprecher an.

6 Schalten Sie auf *Aufnahme* und kontrollieren Sie die Einstellungen für das Mikrofon.

Ende

TIPP

Klicken Sie mit der rechten Maustaste auf das Lautsprechersymbol. Das Kontextmenü bietet alle Soundeinstellungen an.

HINWEIS

Häufig sind PCs mit speziellen Soundsystemen ausgestattet. Die Software zur Anpassung finden Sie ebenfalls im Systembereich oder unter *Start/ Programme*.

TIPP

Ein Klick auf das Symbol unterhalb des Schiebereglers schaltet die Lautsprecher ab.

98 Windows-Sounds

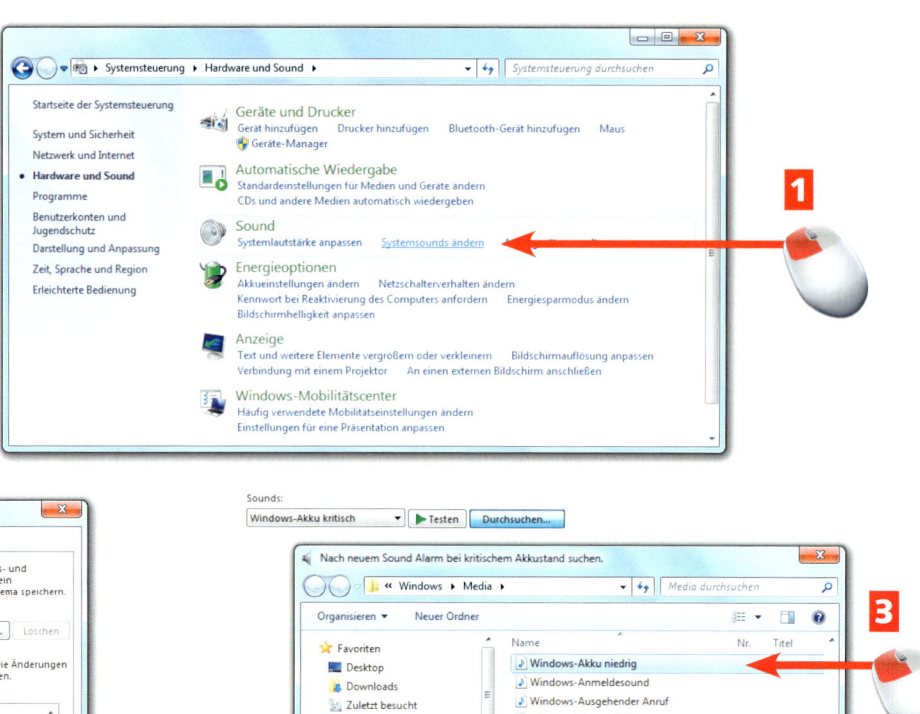

1. Wählen Sie *Start/Systemsteuerung/Hardware und Sounds* und klicken Sie auf *Systemsounds ändern*.

2. Markieren Sie auf der Registerkarte *Sounds* einen Windows-Sound und klicken Sie auf *Durchsuchen*.

3. Die Sounds aus dem Ordner *Windows/Media* werden angezeigt, markieren Sie eine Datei …

Ob Start, Hinweis oder Fehlermeldung – Sounds begleiten fast alle Ereignisse von Windows. Gestalten Sie Ihr eigenes Soundschema mit pfiffigen WAV-Sounds oder schalten Sie ab, was nervt.

WISSEN

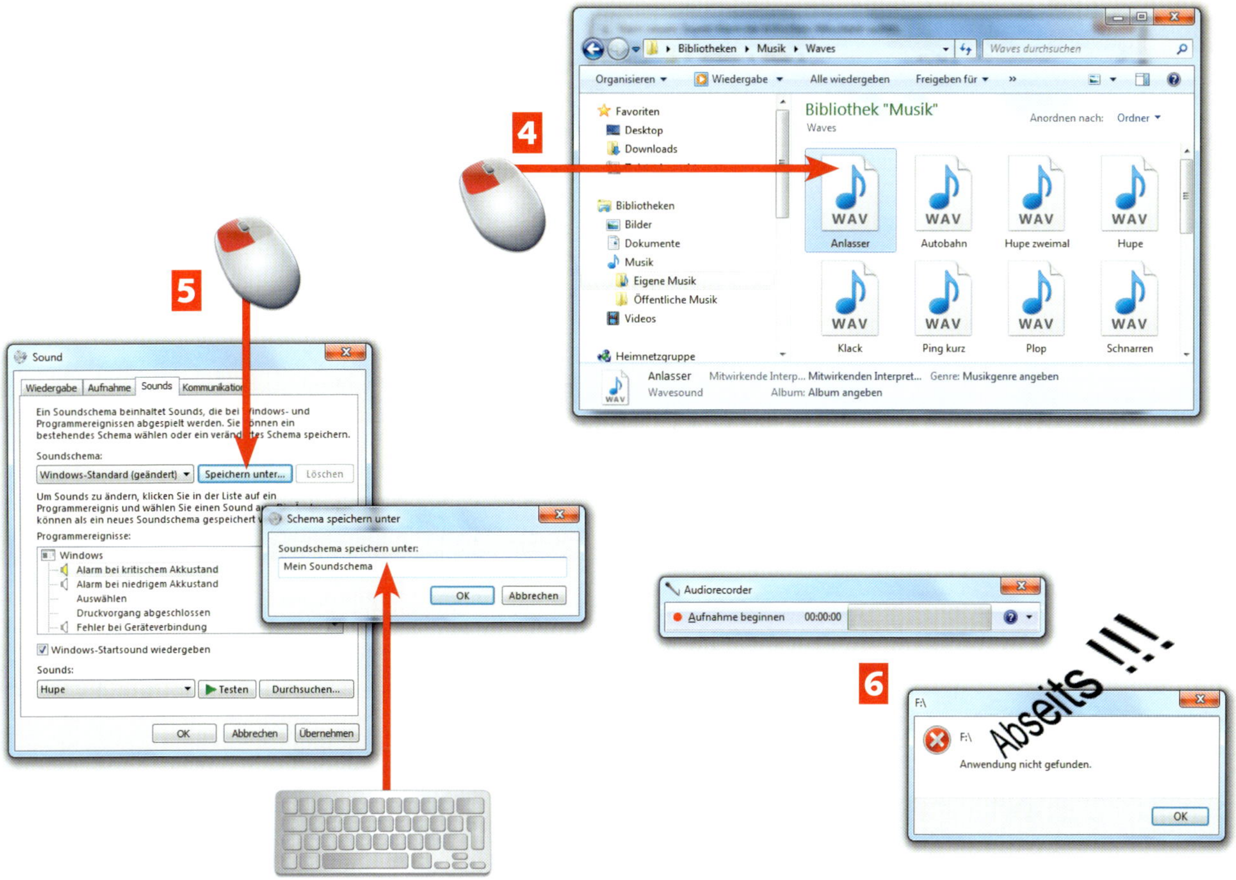

4 Drucker, Scanner, externe Geräte

4 ... oder suchen Sie eine WAV-Datei in einem anderen Ordner.

5 Das geänderte Soundschema speichern Sie unter einem eigenen Namen.

6 Mit dem Audiorecorder aus der Zubehör-Gruppe und einem Mikrofon basteln Sie sich Ihre eigenen Windows-Sounds.

TIPP	HINWEIS	TIPP
Mit Klick auf *Testen* können Sie den Sound testen, der dem Windows-Ereignis zugewiesen ist.	Wählen Sie in der Liste der Sounds den ersten Eintrag (*Kein*), wenn Sie den Sound abschalten wollen.	Schalten Sie die Option *Windows-Startsound wiedergeben* aus, wenn Sie den kurzen Sound nach dem Start abschalten wollen.

Bluetooth

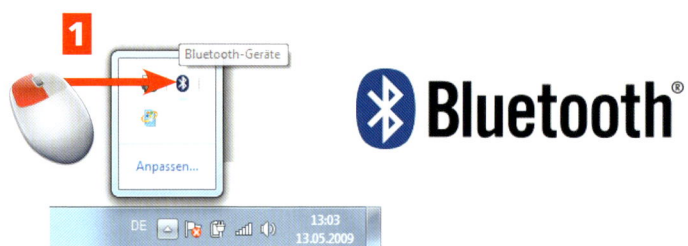
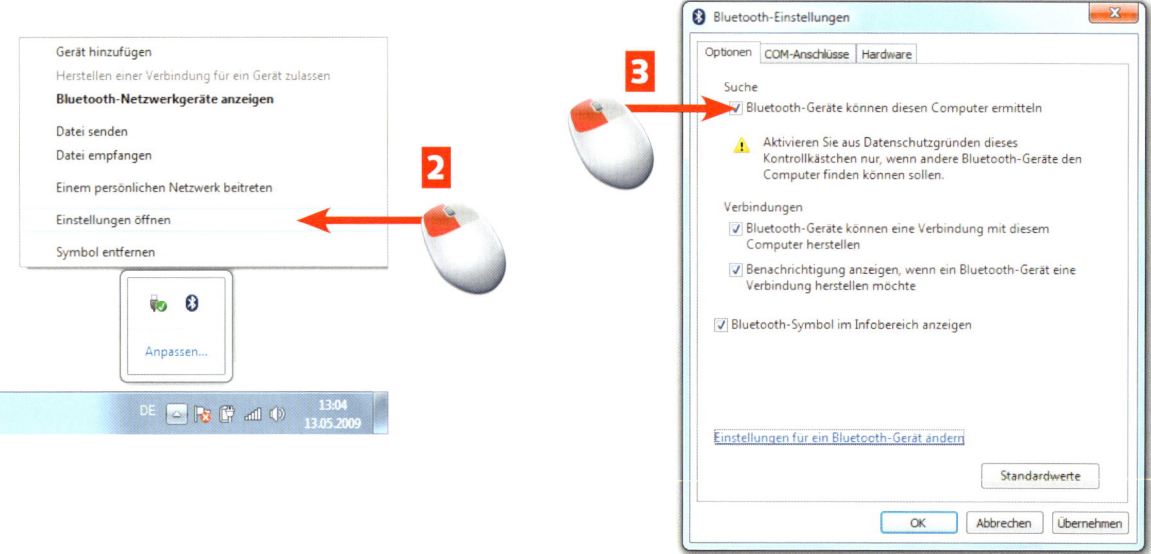

1 Klicken Sie im Systembereich auf das Bluetooth-Symbol.

2 Wählen Sie *Einstellungen öffnen*, um die Verbindung zu konfigurieren.

3 Schalten Sie die Verbindungen ein und kreuzen Sie die Suchoption an, um den PC automatisch mit Bluetooth-Geräten zu verbinden.

Schluss mit lästigen Kabelverbindungen: Bluetooth heißt die neue Technik der kabellosen Funkverbindung zwischen PCs, Notebooks und externen Geräten oder Mobiltelefonen.

WISSEN

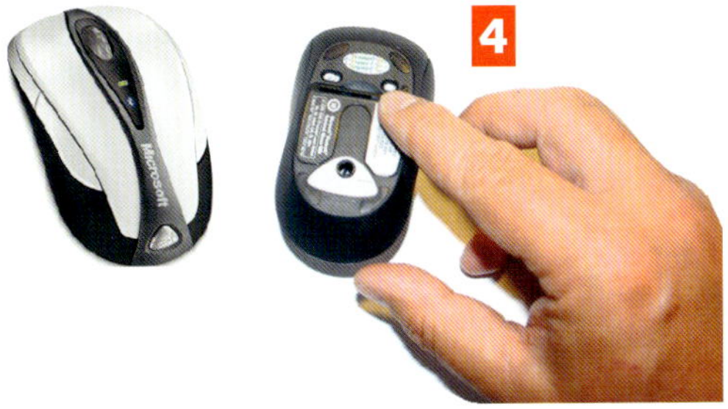

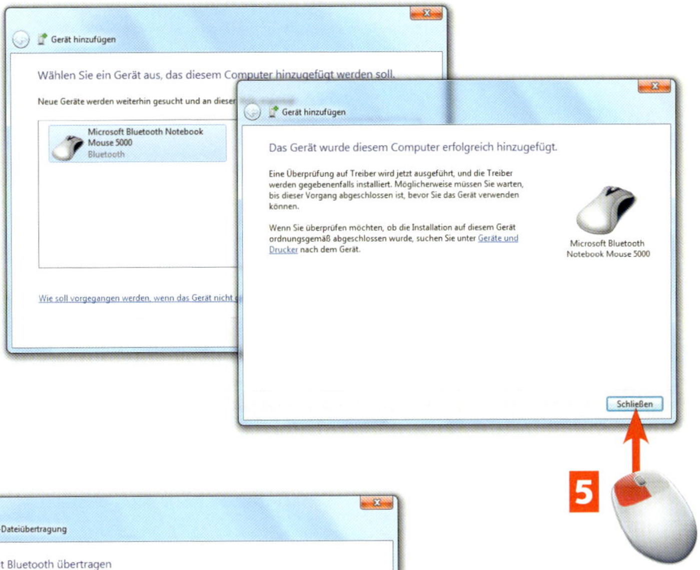

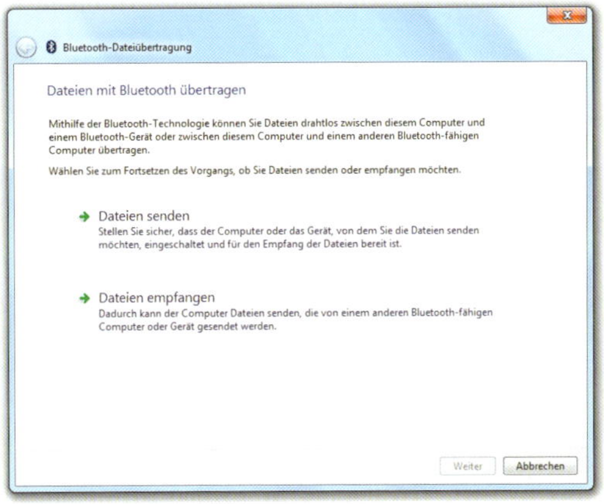

4 Drucker, Scanner, externe Geräte | 101

4 Schalten Sie am externen Gerät die Verbindung ein (hier per Connect-Button).

5 Sobald Windows das Gerät erkannt hat, klicken Sie auf *Weiter*, um das Gerät hinzuzufügen.

6 Unter *Start/Zubehör* finden Sie die Bluetooth-Datenübertragung. Nutzen Sie diese, um Daten zwischen PC und externen Geräten zu übertragen.

HINWEIS

Bluetooth-Adapter für die USB-Schnittstellen sind preiswerte Alternativen für nicht Bluetooth-fähige PCs oder Notebooks.

FACHWORT

Bluetooth: Industriestandard nach IEE802 für Funkvernetzungen auf kurze Distanz (10 – 100 m)

5

Datenorganisation mit Windows-Explorer

Bibliotheken und Benutzer

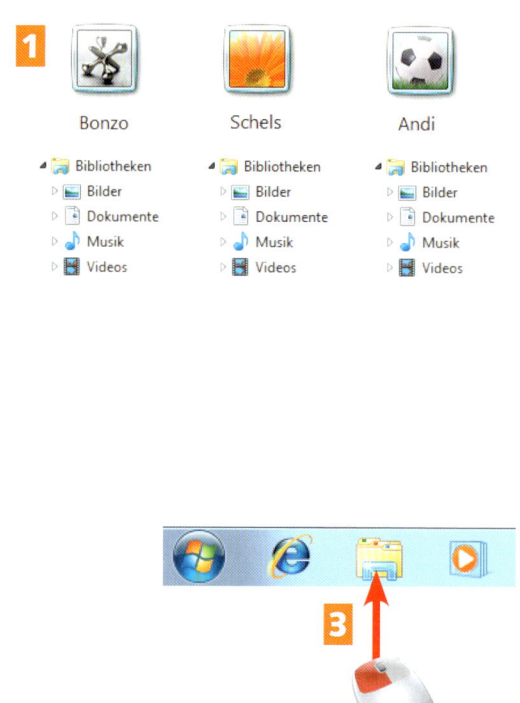

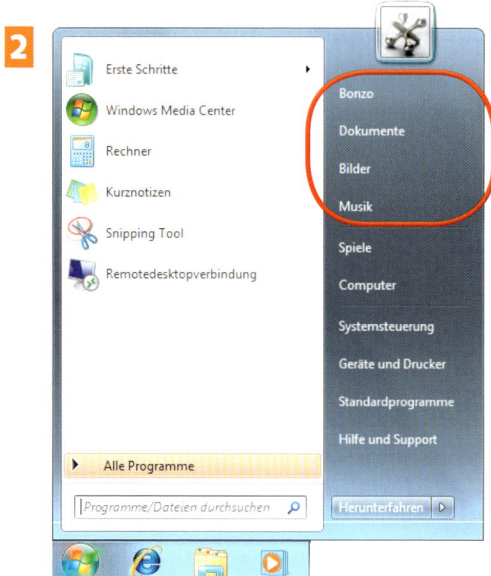

1. Für jedes Benutzerkonto legt Windows 7 nach der Anmeldung vier Bibliotheken an.
2. Nach der Anmeldung bietet das Startmenü diese am rechten Rand an.
3. Klicken Sie in der Taskleiste auf das Symbol des Windows-Explorers.

Für eine optimale Dateiverwaltung verwendet Windows 7 Benutzerbibliotheken. Sehen Sie sich die Bibliotheken nach der Anmeldung im Startmenü und im Windows-Explorer an.

WISSEN

5   Datenorganisation mit Windows-Explorer

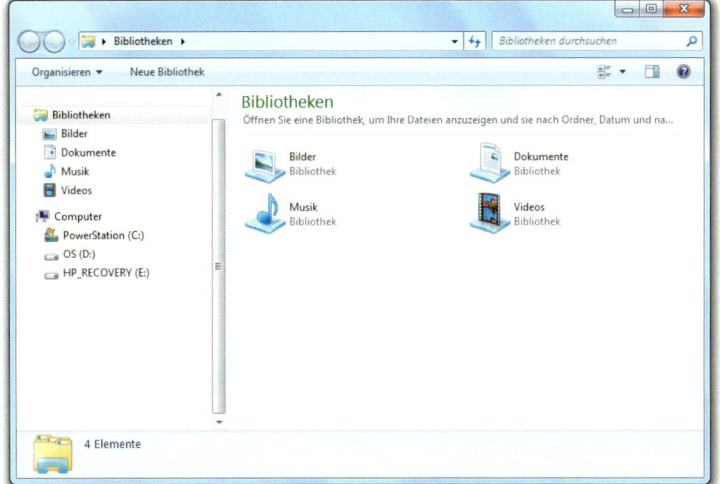

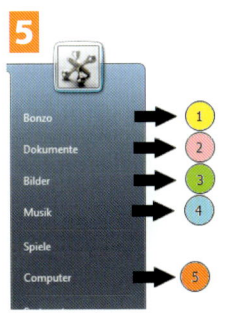 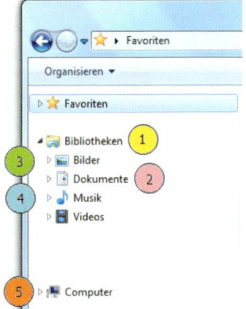 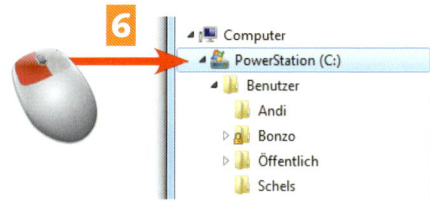

4 Das Explorer-Fenster bietet die benutzerspezifischen Bibliotheken an.

5 Sie können jetzt wahlweise mit den Einträgen im Startmenü oder mit dem Explorer arbeiten, um einzelne Bibliotheken zu öffnen.

6 Das Symbol *Computer* enthält alle Benutzernamen, angezeigt werden nur die Bibliotheken des angemeldeten Benutzers und die Bibliothek *Öffentlich*.

HINWEIS

Im Vorgängerbetriebssystem MS-DOS wurden die Bibliotheken noch als Pfade bezeichnet:
Festplatte: C:\
Alle Benutzer: C:\Users
Angemeldeter Benutzer: C:\Users\Benutzername
Dokumente: C:\Users\Benutzername\Documents

TIPP

Speichern Sie Dateien, die alle Benutzer sehen dürfen, in öffentlichen Ordnern.

106 Das Explorer-Fenster

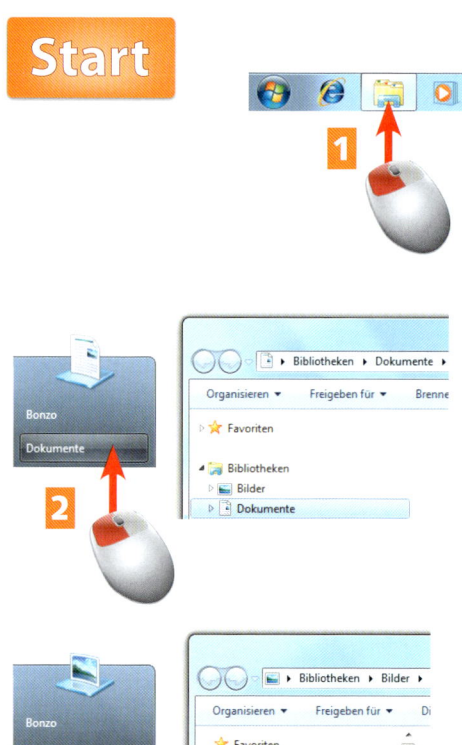

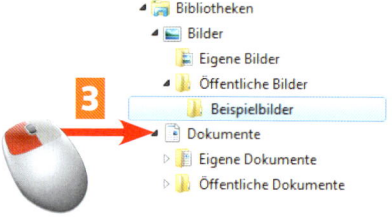

1 Klicken Sie auf das Symbol des Windows-Explorers für alle Bibliotheken ...

2 ... oder öffnen Sie über das Startmenü eine einzelne Bibliothek.

3 Klicken Sie im Navigationsbereich auf das Pfeilsymbol, um einen Ordner zu öffnen und alle Dateien und Unterordner anzuzeigen.

Zur Anzeige und Organisation von Bibliotheken, Ordnern und Dateien stellt Windows 7 den Windows-Explorer bereit. Aktivieren Sie ihn über eine Bibliothek oder direkt aus der Taskleiste.

WISSEN

5 Datenorganisation mit Windows-Explorer

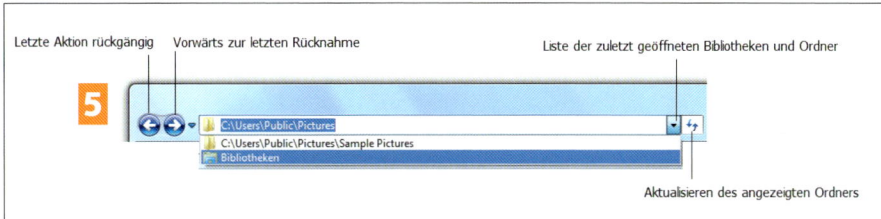

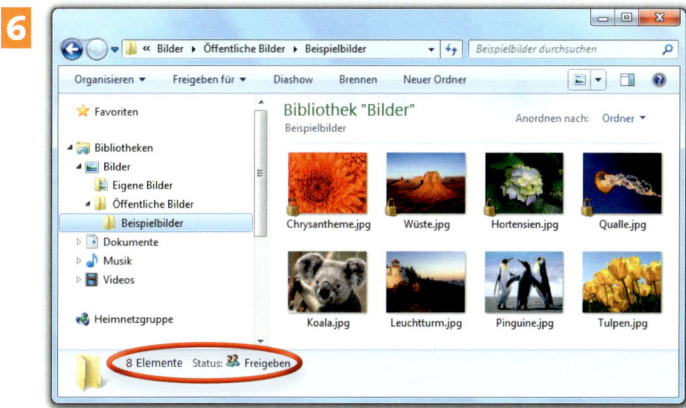

4 Schalten Sie auch in der Adresszeile zu den einzelnen Bibliotheken und Ordnern.

5 Über die Adresszeilensymbole können Sie vor- und zurückschalten und die Liste der zuletzt geöffneten Elemente aufklappen.

6 Ordner ohne Pfeilsymbol enthalten nur Dateien. In der Statuszeile unten sehen Sie, wie viele davon sich im Ordner befinden.

Ein schneller Shortcut für den Explorer: Drücken Sie ⊞+E. Oder klicken Sie mit der rechten Maustaste in das Startmenü und wählen Sie *Windows-Explorer öffnen*.

Wenn das Symbol in der Taskleiste fehlt, wählen Sie *Start/ Alle Programme/Zubehör* und heften den Windows-Explorer wieder an die Taskleiste an (rechte Maustaste).

TIPP   **HINWEIS**

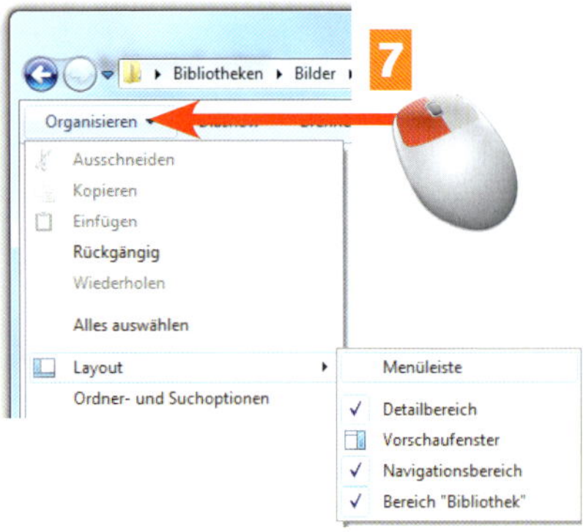

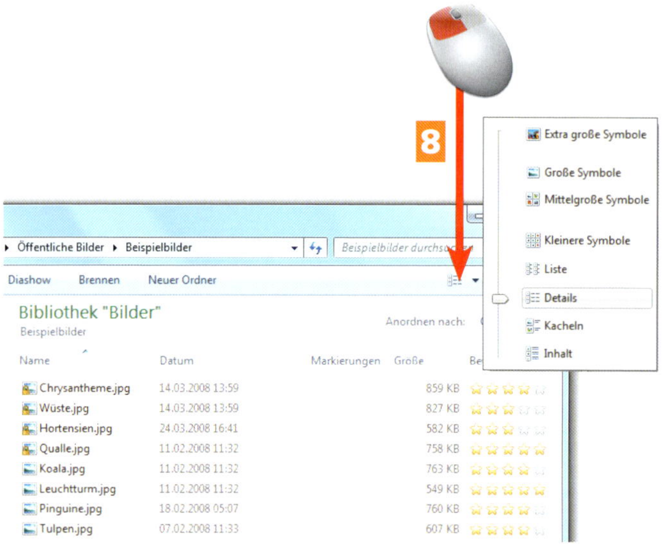

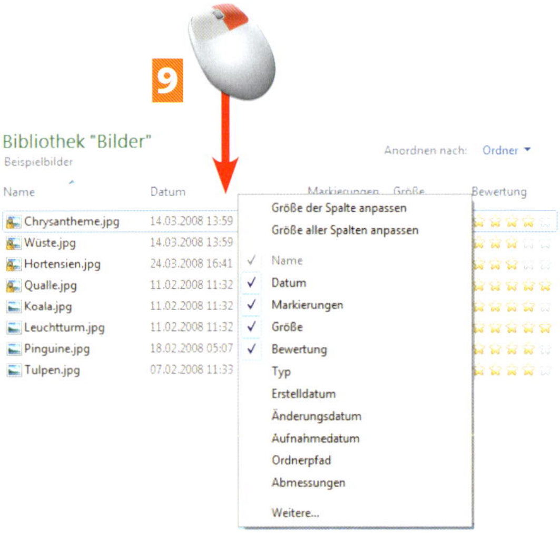

108 Das Explorer-Fenster

7 Über die Schaltfläche *Organisieren* bestimmen Sie das Layout des Explorer-Fensters.

8 Klicken Sie auf *Ansicht*, um die Liste neu zu gestalten, oder ziehen Sie den Schieberegler für die Symbolgröße.

9 Ein Klick mit der rechten Maustaste in die Kopfzeile der Detailansicht bietet zusätzliche Spalten für die Dateiliste an.

Das Explorer-Fenster bietet viele verschiedene Ansichten für Ordner und Dateien. Zeigen Sie Ihre Daten als Symbole oder in Listenform an. In der Detailansicht sehen Sie die meisten Informationen.

WISSEN

5 Datenorganisation mit Windows-Explorer

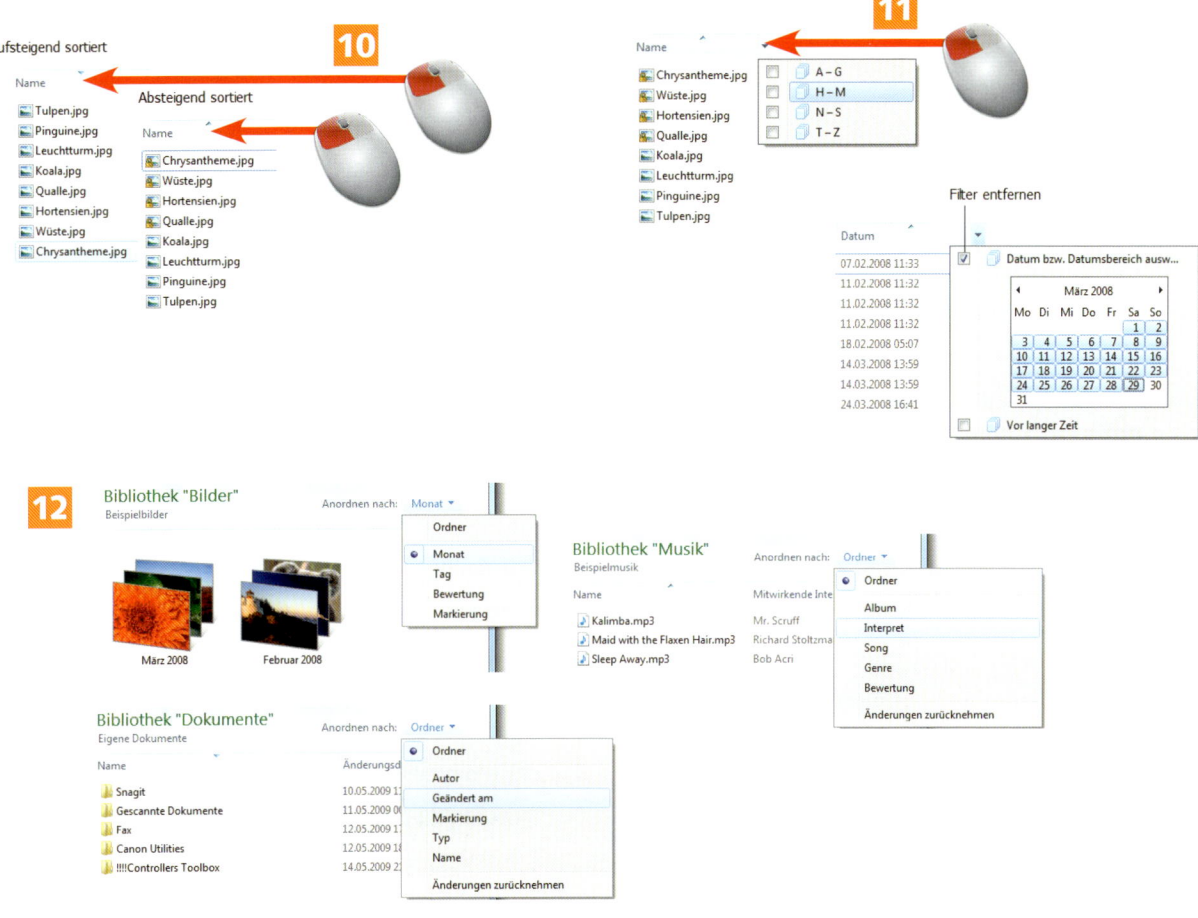

10 Klicken Sie auf den Spaltennamen, um die Dateiliste zu sortieren.

11 Das Pfeilsymbol bietet die Möglichkeit, die Dateiliste zu filtern, zum Beispiel nach Namensgruppen oder nach Datum.

12 Unter *Anordnen nach* können Sie die Dateien nach Kriterien anordnen. Die Auswahl ist für jede Bibliothek anders.

Ende

HINWEIS

Die Spaltenbreite ändern Sie, indem Sie die rechte Spaltenlinie im Spaltenkopf mit gedrückter Maustaste ziehen.

TIPP

Ziehen Sie im Datumsfilter den Mauszeiger über die Datumswerte.

Arbeiten mit Ordnern

Start

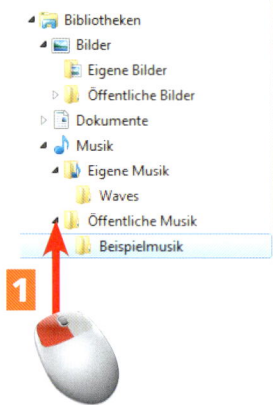

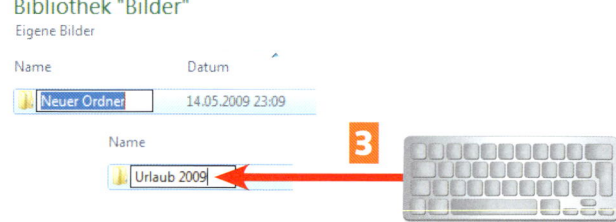

1 Ordner öffnen oder schließen Sie per Klick auf das Pfeilsymbol.

2 Markieren Sie eine Bibliothek oder einen Ordner und klicken Sie auf *Neuer Ordner*, um einen Unterordner anzulegen.

3 Geben Sie eine Bezeichnung für den neuen Ordner ein und bestätigen Sie mit der ⏎-Taste.

Die Ordnerstruktur schafft Ordnung und hilft, den Überblick über Ihre gespeicherten Daten zu bewahren. Legen Sie sich gleich passende Ordnerstrukturen an.

WISSEN

5 Datenorganisation mit Windows-Explorer 111

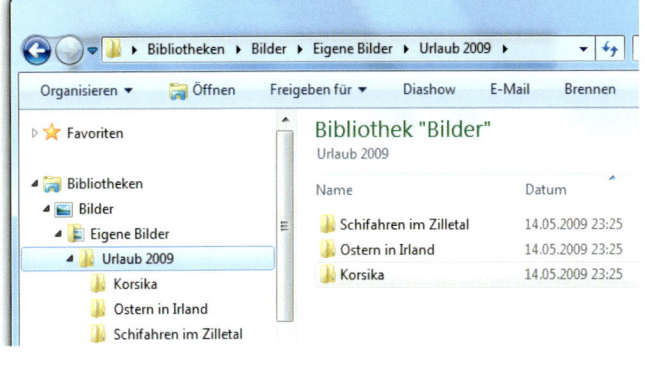

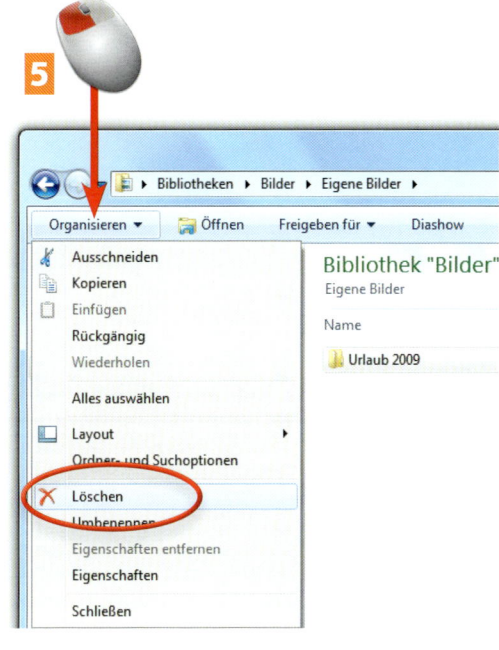

 Markieren Sie den neuen Ordner und erstellen Sie per Klick auf *Neuer Ordner* weitere Ordner in der nächsten Ebene.

Im *Organisieren*-Menü finden Sie die Befehle, um den markierten Ordner umzubenennen oder zu löschen.

Bestätigen Sie die Meldung mit Klick auf OK, wird der Ordner mit allen Dateien und Unterordnern gelöscht bzw. in den Papierkorb verschoben.

Ein Doppelklick auf einen Ordner öffnet diesen ebenfalls und blendet seinen Inhalt oder seine Ordnerstruktur ein.

Ordner können beliebig viele Ebenen mit Unterordnern haben. Aber Vorsicht: Legen Sie nicht allzu große Ordnerbäume an!

TIPP

HINWEIS

Ordner anpassen

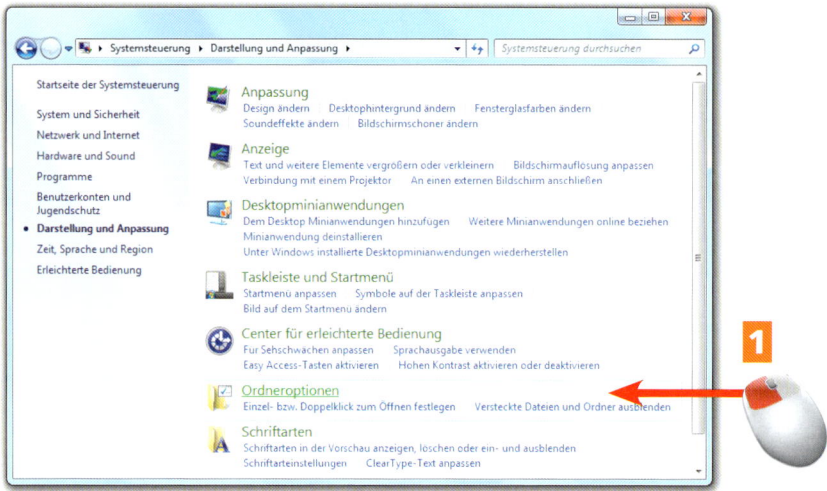

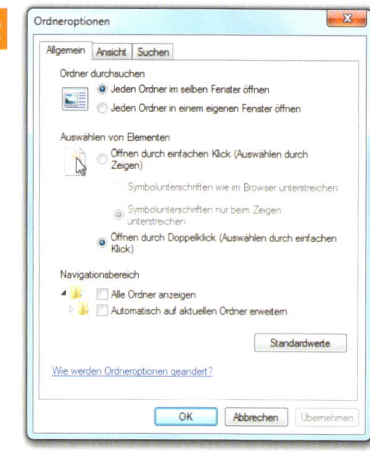

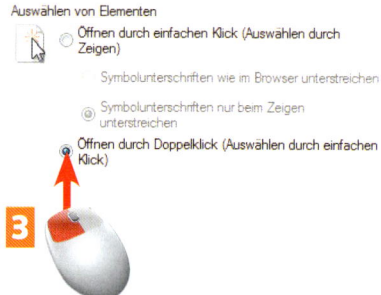

1 Wählen Sie unter *Start/Systemsteuerung Darstellung und Anpassung/Ordneroptionen*.

2 Auf der ersten Registerkarte bestimmen Sie, wie Ordner allgemein angezeigt und markiert werden.

3 Bestimmen Sie, ob Sie Ordner mit einem einzelnen Klick oder per Doppelklick öffnen möchten.

Die allgemeinen Einstellungen für Ordner finden Sie in den Ordnereinstellungen. Legen Sie hier fest, in welcher Form Ihre Ordner die Dateien anzeigen sollen.

WISSEN

5   Datenorganisation mit Windows-Explorer   113

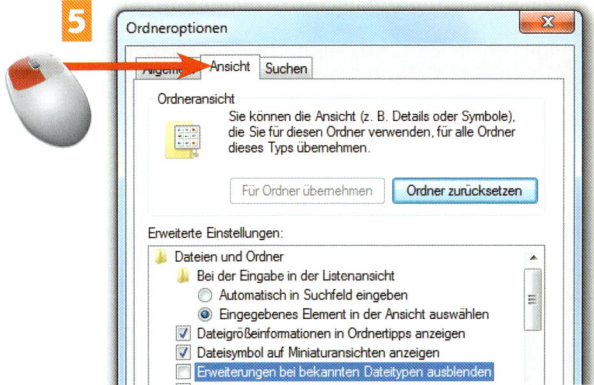

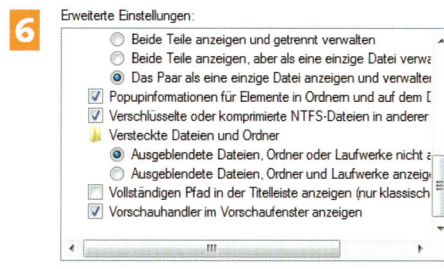

4 Kreuzen Sie diese Optionen an, wenn Sie nach dem Start die komplette Ordnerstruktur sehen wollen.

5 Unter *Ansicht* blenden Sie für alle Ordner die Dateierweiterung ein.

6 Manche Programme arbeiten mit versteckten Daten, hier können Sie diese einblenden.

Ende

Geschützte Systemdateien sollten Sie aus Sicherheitsgründen ausgeblendet lassen.

Der Typ einer Datei ist normalerweise am Symbol erkennbar. Schalten Sie trotzdem die Dateierweiterungen ein, damit Sie jede Datei eindeutig einem Programmtyp zuordnen können.

HINWEIS   **HINWEIS**

114 Dateien

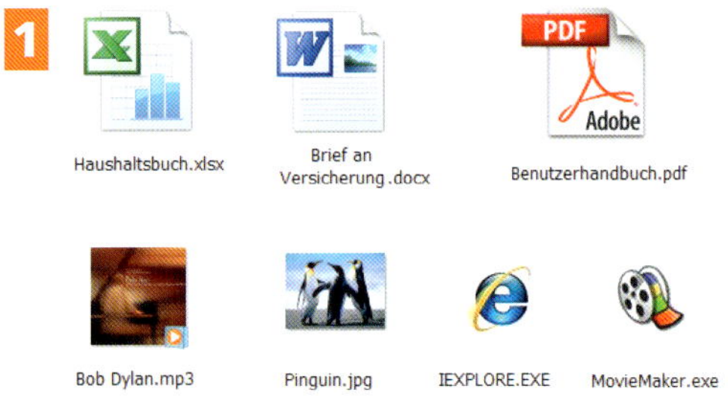

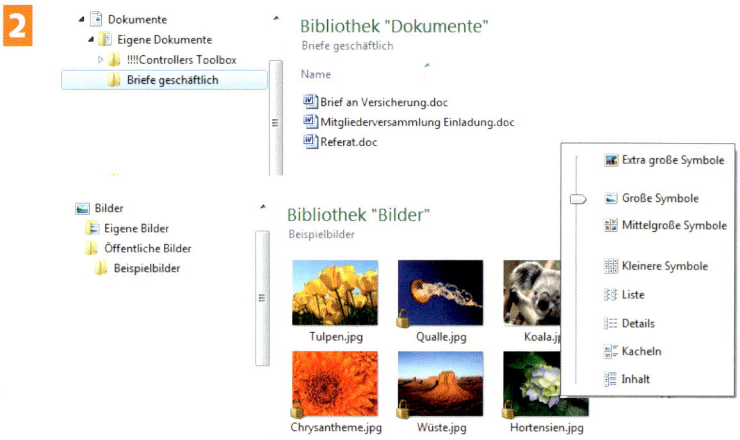

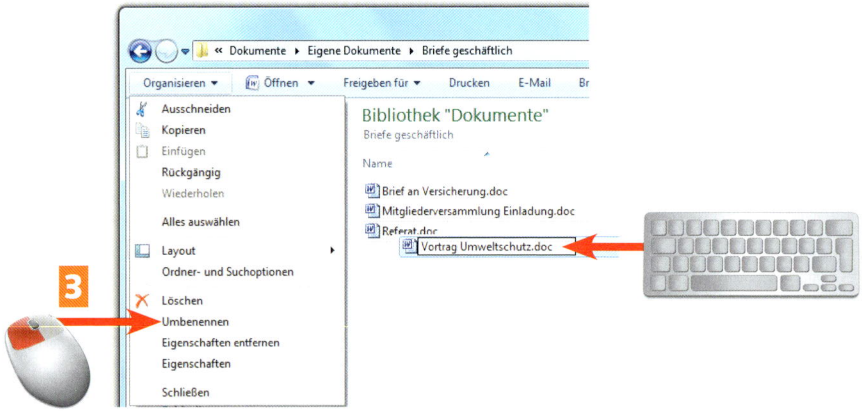

1 Der Explorer zeigt Dateien im rechten Teil des Fensters an, die Dateierweiterung bestimmt den Dateityp.

2 Stellen Sie die Dateiansicht passend zum Dateityp ein, z. B. Dokumente in Listenform, Bilder in der Symbolansicht.

3 Um eine Datei umzubenennen, wählen Sie *Organisieren/Umbenennen*. Tragen Sie den Namen ein und bestätigen Sie mit ⏎.

Die Datei ist die Speicherform für Daten aller Art. Jedes Programm hat seinen eigenen Dateityp – Word- und PDF-Dokumente, Excel-Tabellen, Bilder und Videos erkennt man an der Dateiendung.

WISSEN

5 Datenorganisation mit Windows-Explorer

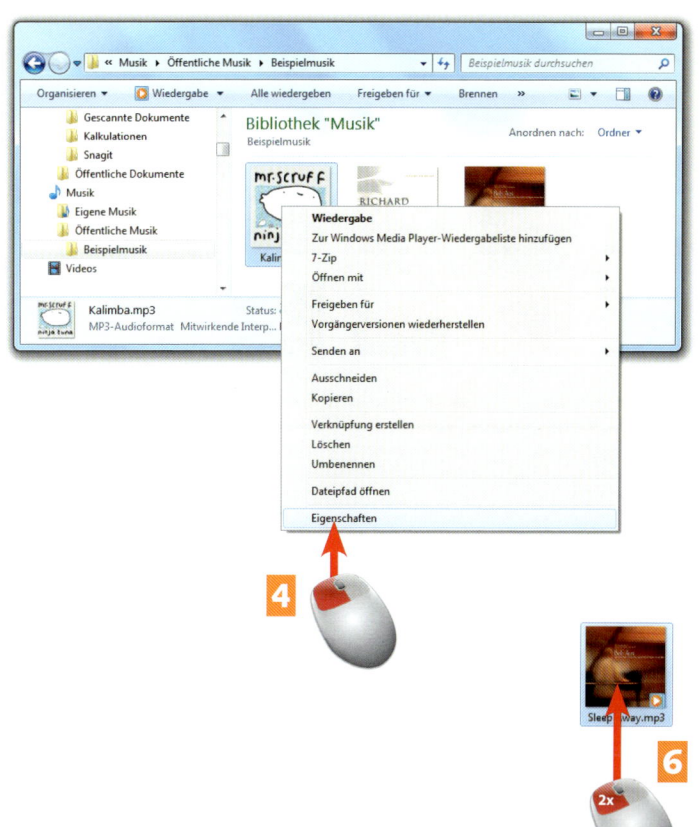
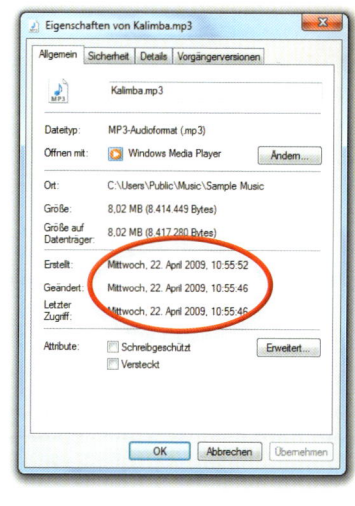
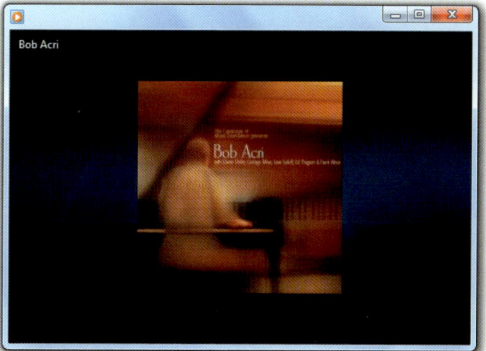

4 Klicken Sie mit der rechten Maustaste auf das Dateisymbol und wählen Sie *Eigenschaften*.

5 Das Eigenschaftenfenster zeigt Informationen zur Datei (Erstellungsdatum etc.) an.

6 Klicken Sie doppelt auf das Dateisymbol, um diese mit dem Programm zu öffnen, das ihm unter Windows zugewiesen ist.

Ende

Achten Sie beim Umbenennen der Datei darauf, dass die Endung nicht verändert oder gelöscht wird, sonst kann Windows den Dateityp nicht mehr erkennen.

HINWEIS

Wenn Sie das Programm zum Öffnen der Datei selbst bestimmen wollen, klicken Sie das Symbol mit der rechten Maustaste an und wählen *Öffnen mit*.

TIPP

116 Dateien verschieben und kopieren

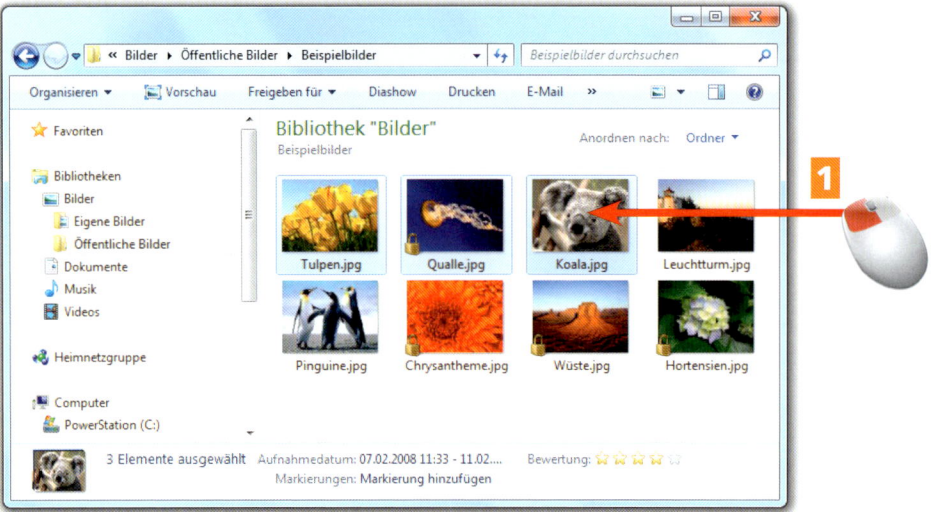

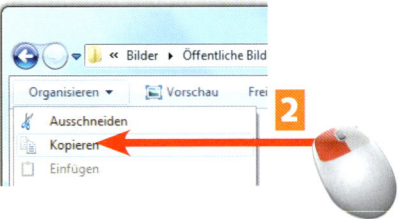

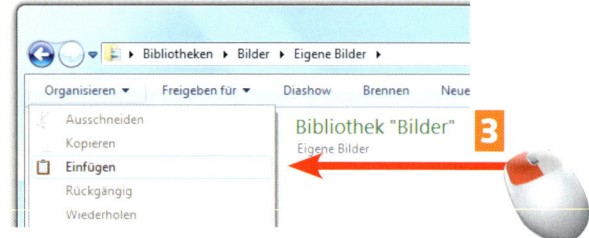

1 Markieren Sie im Explorer-Fenster das Symbol einer Datei oder mehrere Dateien mit gedrückter ⇧- oder Strg-Taste.

2 Wählen Sie *Organisieren/Ausschneiden* oder *Organisieren/Kopieren*.

3 Wechseln Sie zu einem Laufwerk oder Ordner und fügen Sie die Datei(en) mit *Organisieren/Einfügen* wieder ein.

Dateien verschieben oder kopieren Sie zwischen Ordnern und Laufwerken im Windows-Explorer, und zwar einfach mit dem Mauszeiger.

WISSEN

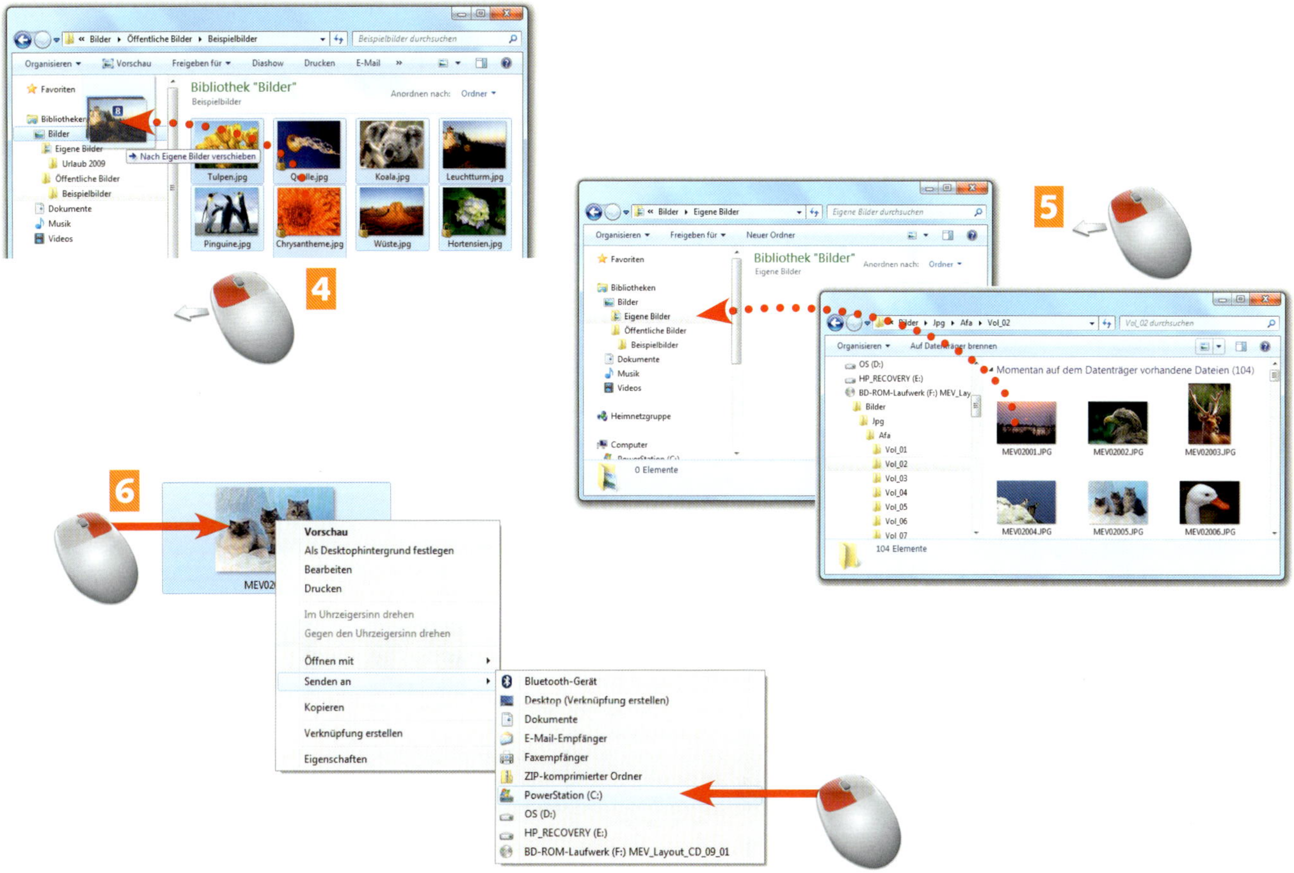

5 Datenorganisation mit Windows-Explorer

4 Die schnellere Methode: Ziehen Sie einfach die markierten Dateien auf den anderen Ordner. Mit gedrückter Strg-Taste wird eine Kopie daraus.

5 Sie können auch mehrere Explorer-Fenster öffnen und die Dateien von einem Fenster in das andere ziehen.

6 Mit *Senden an* im Kontextmenü der rechten Maustaste stehen verschiedene Zielobjekte zur Auswahl.

Nützliche Tastentricks:	Zwischen Laufwerken werden	Wenn beim Verschieben/
Strg+C Dateien kopieren	verschobene Dateien immer	Kopieren der Zielordner
Strg+X Dateien ausschneiden	kopiert, innerhalb eines Ord-	geschlossen ist, einfach eine
Strg+V Dateien einfügen	ners ist es ein Verschieben. Mit	Weile draufhalten ...
	Strg ändern Sie diese Vorein-	
	stellung.	

TIPP — **HINWEIS** — **TIPP**

Dateien löschen und Papierkorb

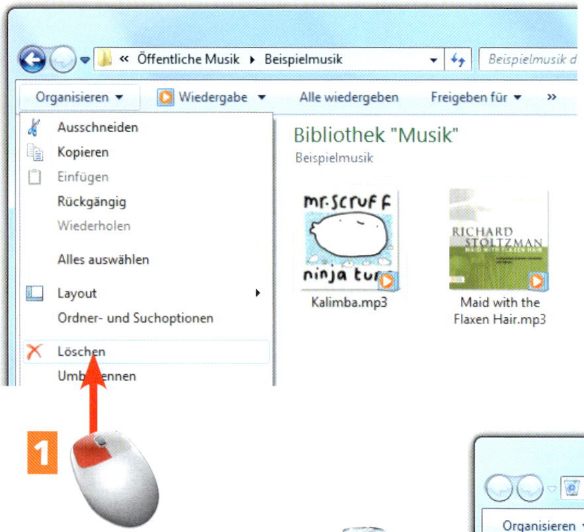

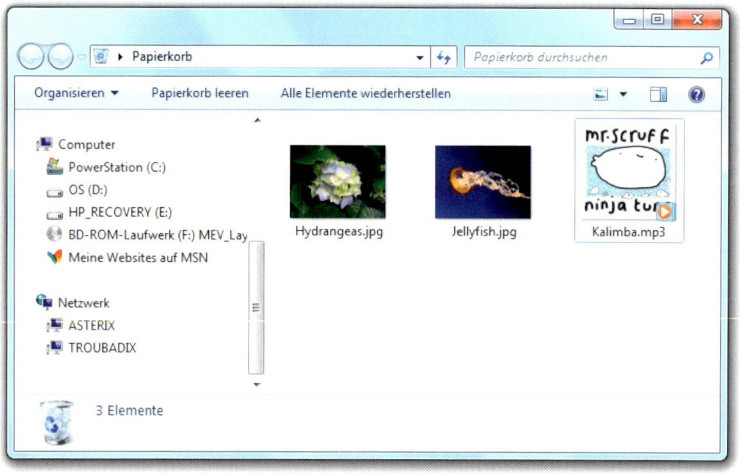

1 Um eine Datei oder eine Liste von Dateien zu löschen, wählen Sie *Organisieren/Löschen*.

2 Bestätigen Sie die Meldung mit Klick auf *Ja* und die Datei wird gelöscht.

3 Ein Doppelklick auf das Papierkorbsymbol öffnet die Liste der gelöschten Dateien.

Wenn Sie eine Datei löschen, landet diese zunächst im Papierkorb. Aus diesem können Sie versehentlich gelöschte Daten wieder zurückholen.

WISSEN

5 Datenorganisation mit Windows-Explorer 119

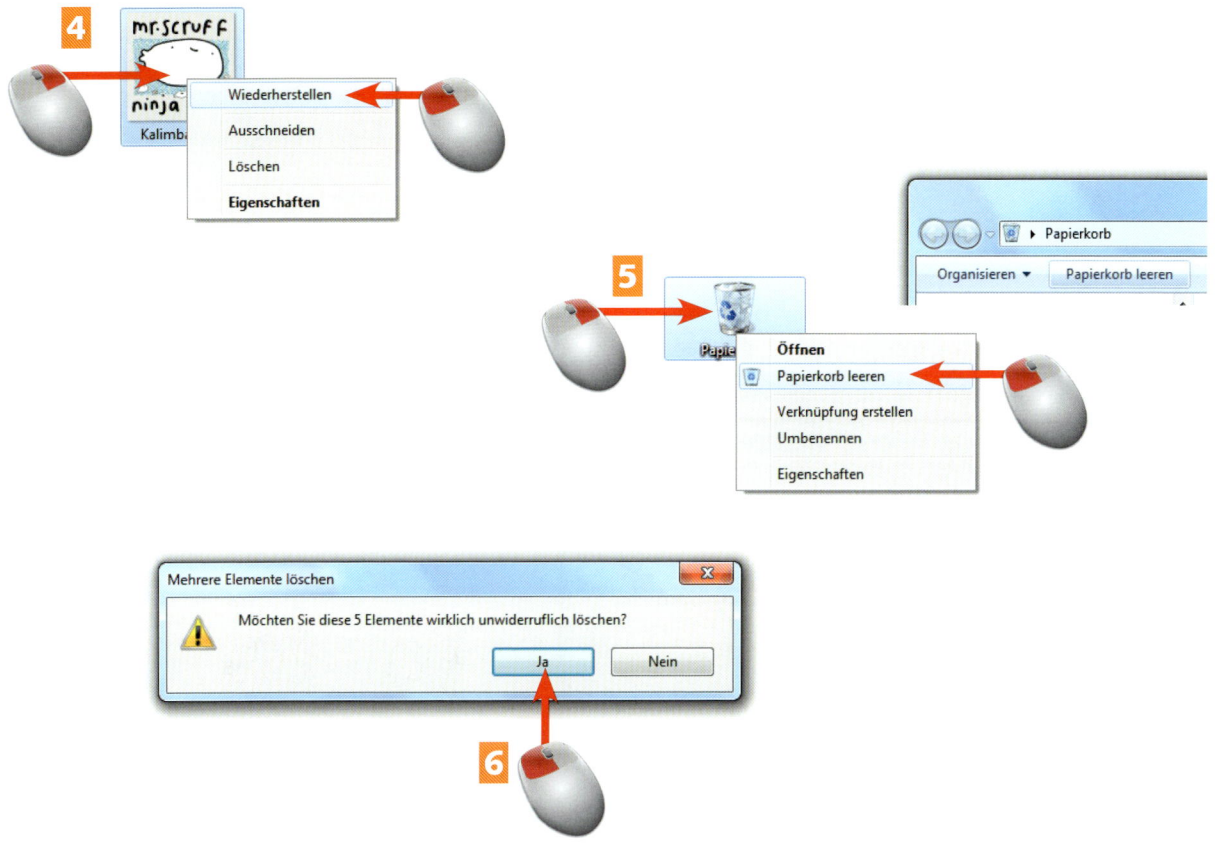

4 Mit Klick auf *Wiederherstellen* im Kontextmenü holen Sie die Datei wieder an den ursprünglichen Speicherort zurück.

5 Klicken Sie auf *Papierkorb leeren*, um alle Dateien unwiderruflich zu löschen.

6 Bestätigen Sie auch diese Meldung und der Papierkorb ist leer.

Ende

Zwei schnelle Tastentricks:
Datei in den Papierkorb löschen: [Entf]
Datei sofort löschen: [⇧]+[Entf]

Leeren Sie den Papierkorb regelmäßig, damit der Speicherplatz auf der Festplatte freigegeben wird.

TIPP **HINWEIS**

120 Programme für Dateien zuweisen

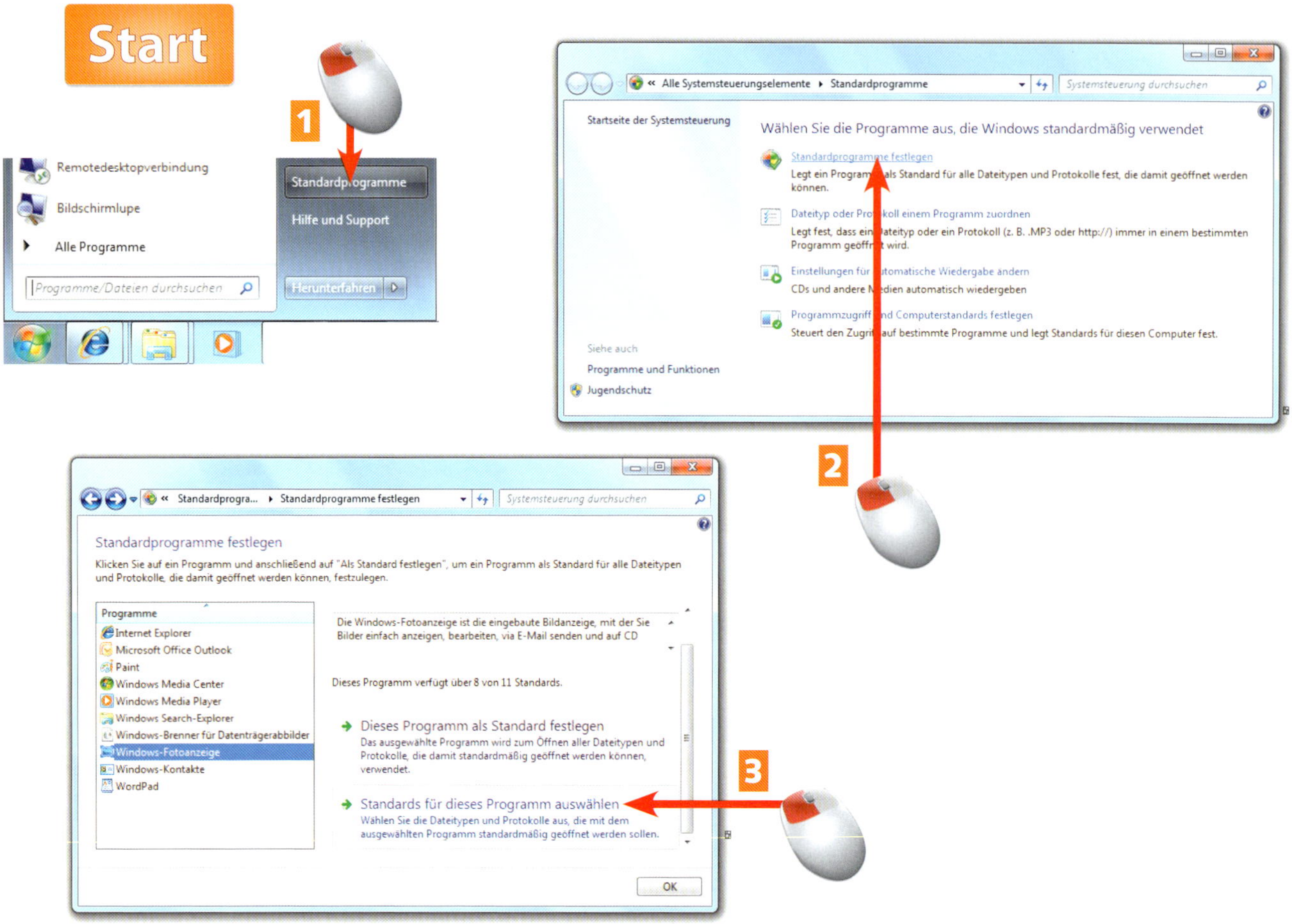

1 Wählen Sie *Standardprogramme* aus dem Startmenü.

2 Klicken Sie auf *Standardprogramme festlegen*, ...

3 ... markieren Sie eines der aufgeführten Programme und wählen Sie *Standards für dieses Programm auswählen*.

Jede Software hat bestimmte Dateitypen, viele Programme können aber mehrere Arten von Dateien bearbeiten. Damit Windows 7 die Dateitypen eindeutig zuweisen kann, legen Sie Standardprogramme fest.

WISSEN

5 Datenorganisation mit Windows-Explorer

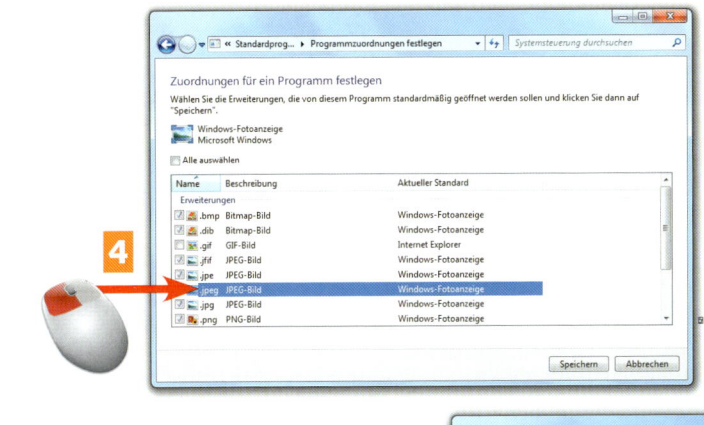

4 In der Liste können Sie jetzt alle Dateitypen ankreuzen, die Sie mit diesem Programm aktivieren wollen.

5 Das Dateisymbol (hier für JPG-Bilder) wird entsprechend angepasst und ein Doppelklick auf die Datei aktiviert die zugeordnete Software.

6 Wählen Sie im Kontextmenü der rechten Maustaste *Öffnen mit*, können Sie das Programm auch direkt einem Dateisymbol zuweisen.

Ende

Weisen Sie Grafikdateien mit der Endung JPG und GIF der Windows-Fotogalerie zu, damit diese beim Anzeigen nicht jedes Mal ein großes Programm wie Photoshop öffnen müssen.

Die meisten Programme übernehmen mit der Installation auch einzelne Dateitypen. Mit dieser Aktion ändern Sie ungewollte Zuordnungen.

TIPP **HINWEIS**

122 Suche nach Dateien

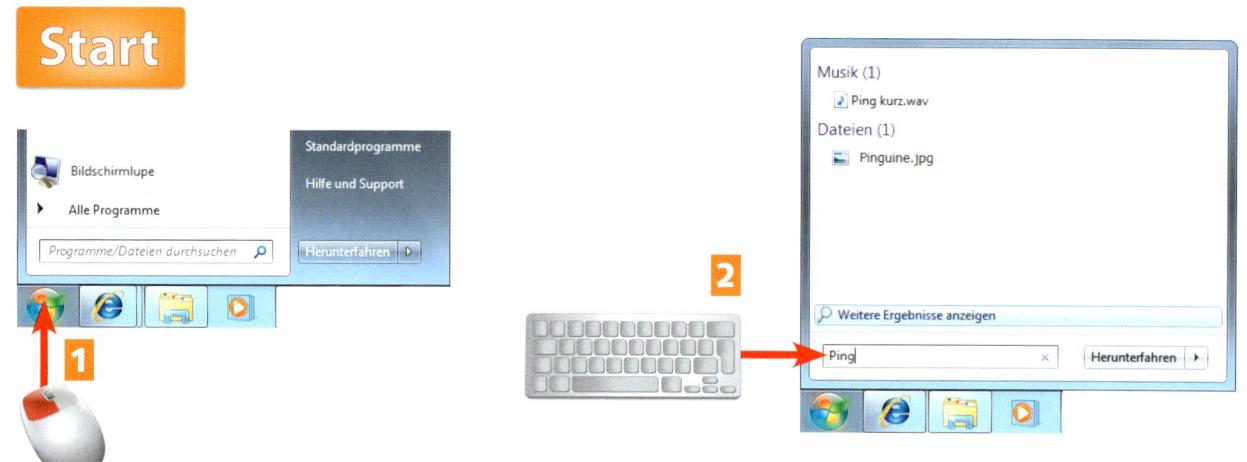

1 Klicken Sie auf das Symbol des Startmenüs. Am unteren Rand wird ein Suchfenster angeboten.

2 Tragen Sie einen Suchbegriff in das Suchfenster ein. Die Liste zeigt sofort die Suchergebnisse an.

3 Klicken Sie doppelt auf eine der angezeigten Dateien, um diese zu aktivieren.

> Wenn Sie gezielt nach bestimmten Dateien suchen wollen, verwenden Sie den Suchfilter im Startmenü. Sie finden ihn auch in jedem Explorer-Fenster, das Dateien anzeigen kann.

WISSEN

5 Datenorganisation mit Windows-Explorer

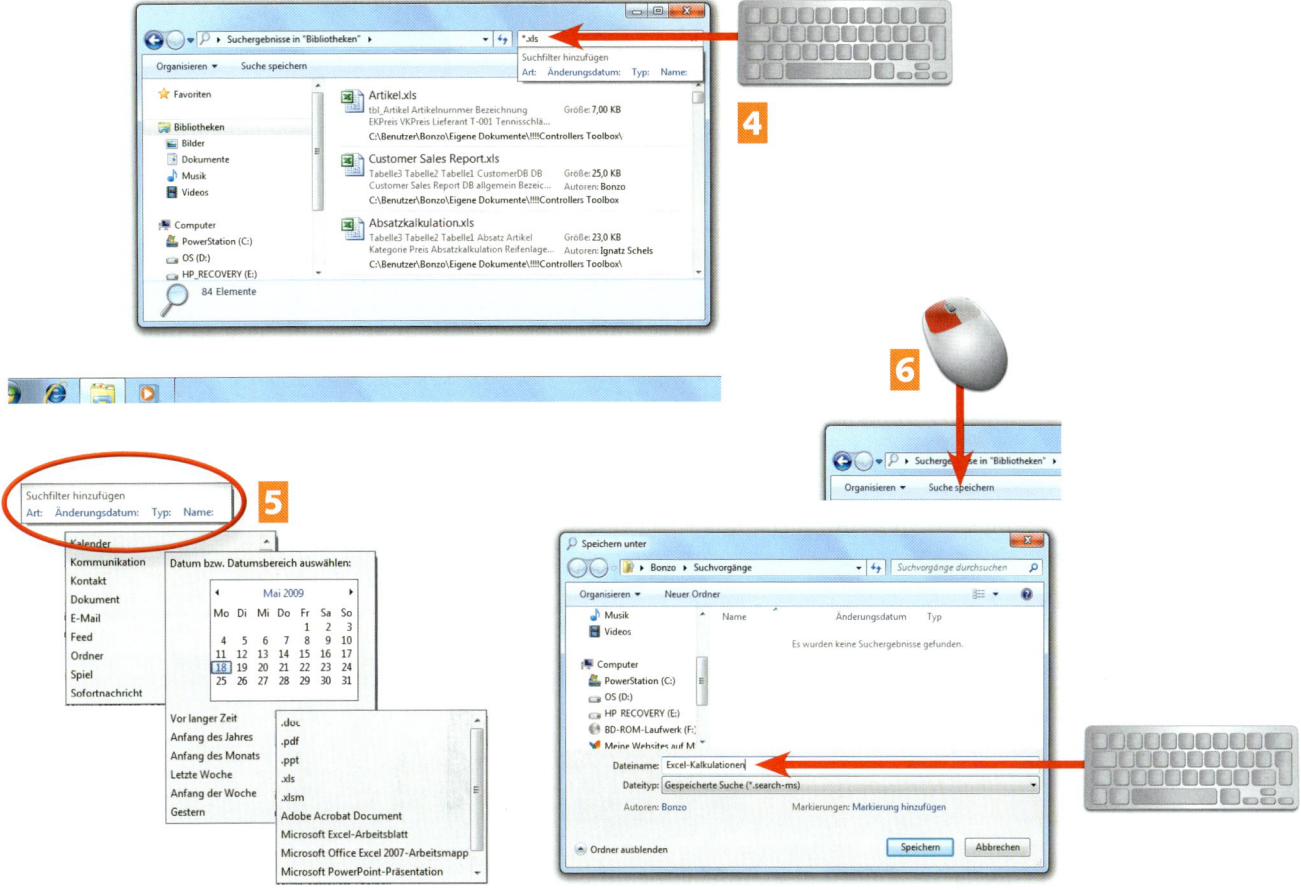

4 Starten Sie den Windows-Explorer über das Symbol in der Taskleiste und tragen Sie einen Suchbegriff in das Suchfenster rechts oben ein.

5 Klicken Sie auf einen Suchfilter, um die Suche nach Datum, Art oder Typ einzugrenzen.

6 Das Suchergebnis lässt sich per Klick auf *Suche speichern* als Datei ablegen.

Ende

HINWEIS	HINWEIS	TIPP
Platzhalter finden bestimmte Dateigruppen anhand der Dateiendung: *.jpg findet alle Bilder, *.mp* sucht nach MP3- und MP4-Musik und M*er findet Maier und Meier.	Die gespeicherten Suchlisten finden Sie im Favoritenordner des Benutzers.	Die gefundenen Dateien in der Suchergebnisliste können Sie gleich öffnen, verschieben, kopieren oder löschen.

124 ZIP-Dateien und komprimierte Ordner

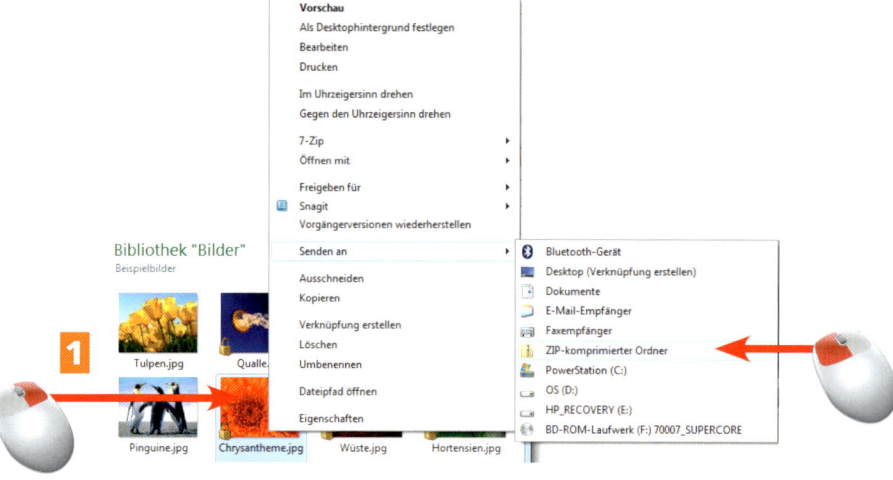

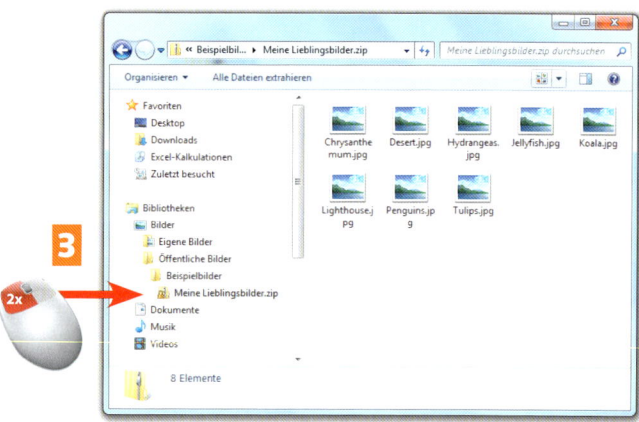

1 Markieren Sie alle Dateien für das ZIP-Archiv und klicken Sie im Kontextmenü auf *Senden an/ZIP-komprimierter Ordner*.

2 Die ZIP-Datei wird erstellt, ändern Sie den markierten Dateinamen. Angeboten wird der Name der letzten Archivdatei.

3 Um ein ZIP-Archiv zu öffnen, klicken Sie es doppelt an. Die Daten werden im rechten Teil des Explorer-Fensters angezeigt.

ZIP-Archive sind Dateien, die andere Dateien komprimieren und archivieren. Für Windows 7 sind das Ordner. Um die Dateien verwenden zu können, muss das Archiv aber wieder entpackt werden.

WISSEN

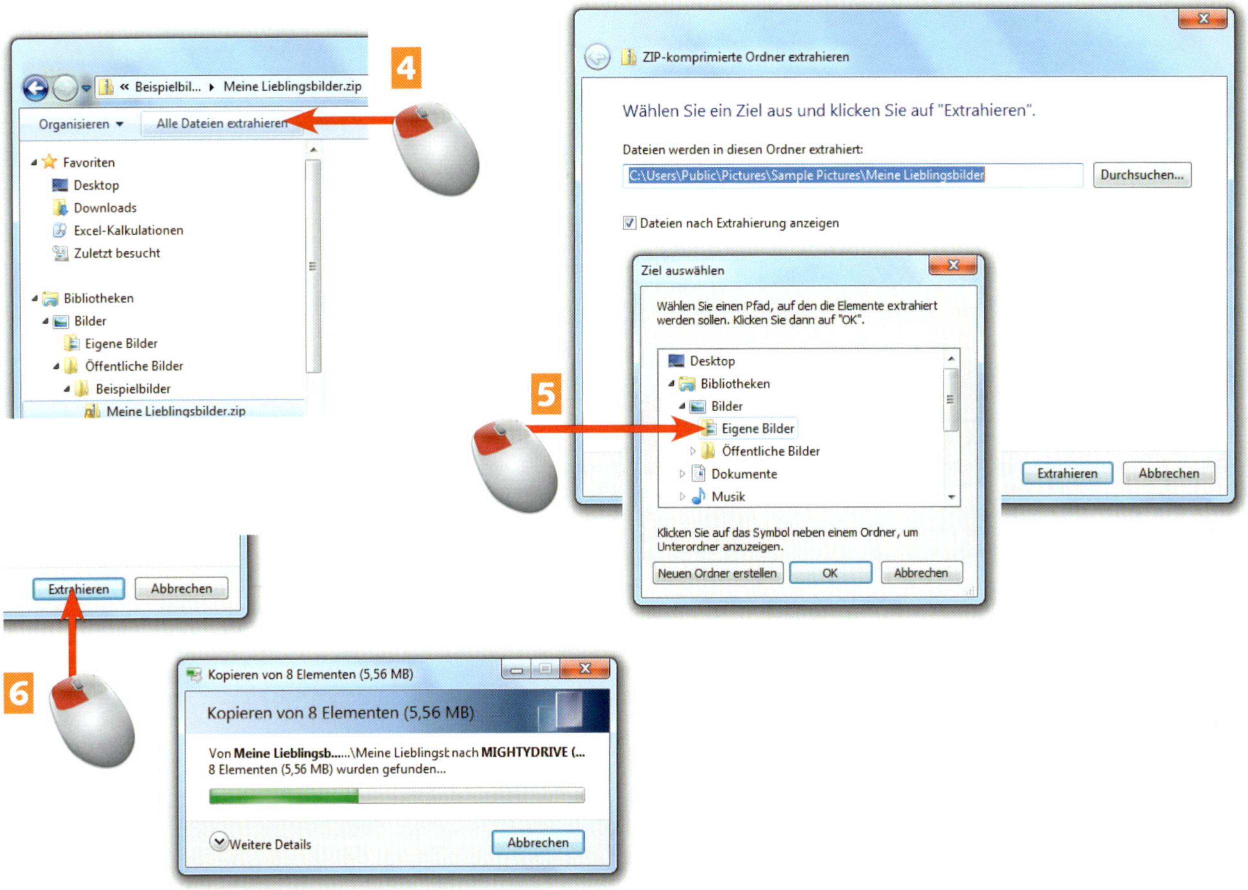

5 Datenorganisation mit Windows-Explorer 125

4 Um ein ZIP-Archiv zu entpacken, wählen Sie *Alle Dateien extrahieren*.

5 Suchen Sie den Ordner, in dem die Dateien gespeichert werden sollen ...

6 ... und entpacken Sie alle Dateien in diesen Ordner.

Im Internet finden Sie weitere Archivierungsprogramme, die etwas mehr können, aber auch kompatible ZIP-Archive erstellen:
www.zip.de
www.7zip.com
www.winrar.com

Komprimieren: Mit der Komprimierung in ein ZIP-Archiv wird der Dateiumfang verringert.

ZIP-Archive können auch Ordner enthalten.

TIPP **FACHWORT** **HINWEIS**

6

Fotos, Bilder, Bildverarbeitung

Bilddateien und Grafikformate

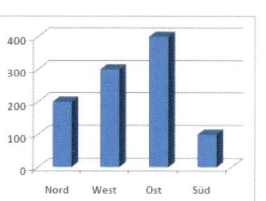

1. Bilder werden in unterschiedlichen Dateiformaten und Größen abgespeichert.
2. Für Fotos wird meist das platzsparende JPEG-Format oder das neue Format PNG verwendet.
3. Logos und kleine Bilder auf Internetseiten verwenden das GIF-Format mit geringer Farbtiefe.

Grafikformate gibt es viele unter Windows, das Standardformat für Bilder und Fotos ist das platzsparende JPEG. Achten Sie auf das Format, wenn Sie Grafikdateien benutzen.

WISSEN

6 Fotos, Bilder, Bildverarbeitung

4 Animierte GIF-Dateien bestehen aus mehreren Einzelbildern, die wie ein Film ablaufen.

5 ClipArts sind gezeichnete Computergrafiken in unterschiedlichen Formaten (z. B. Windows Metafile-Format oder TIF).

6 Für die Anzeige von Geräten, Dateien, Programmen u. a. benutzt Windows Icons.

TIF: Tagged Image File Format (älteres Pixelformat)
WMF: Windows Metafile (älteres Windows-Bildformat)
GIF: Graphical Interchange Format
JPG oder JPEG: Kompressionsverfahren für Fotodateien
BMP: Bitmap (Pixelbilder, keine Kompression)
PNG: Portable Network Graphic

An den Dateiendungen erkennt man das Dateiformat:
Internetbilder: *.jpg, *.jpeg, *.gif, *.png
Windows-Bilder: *.bmp, *.tif
ClipArts: *.wmf
Icons: *.ico

FACHWORT   **HINWEIS**

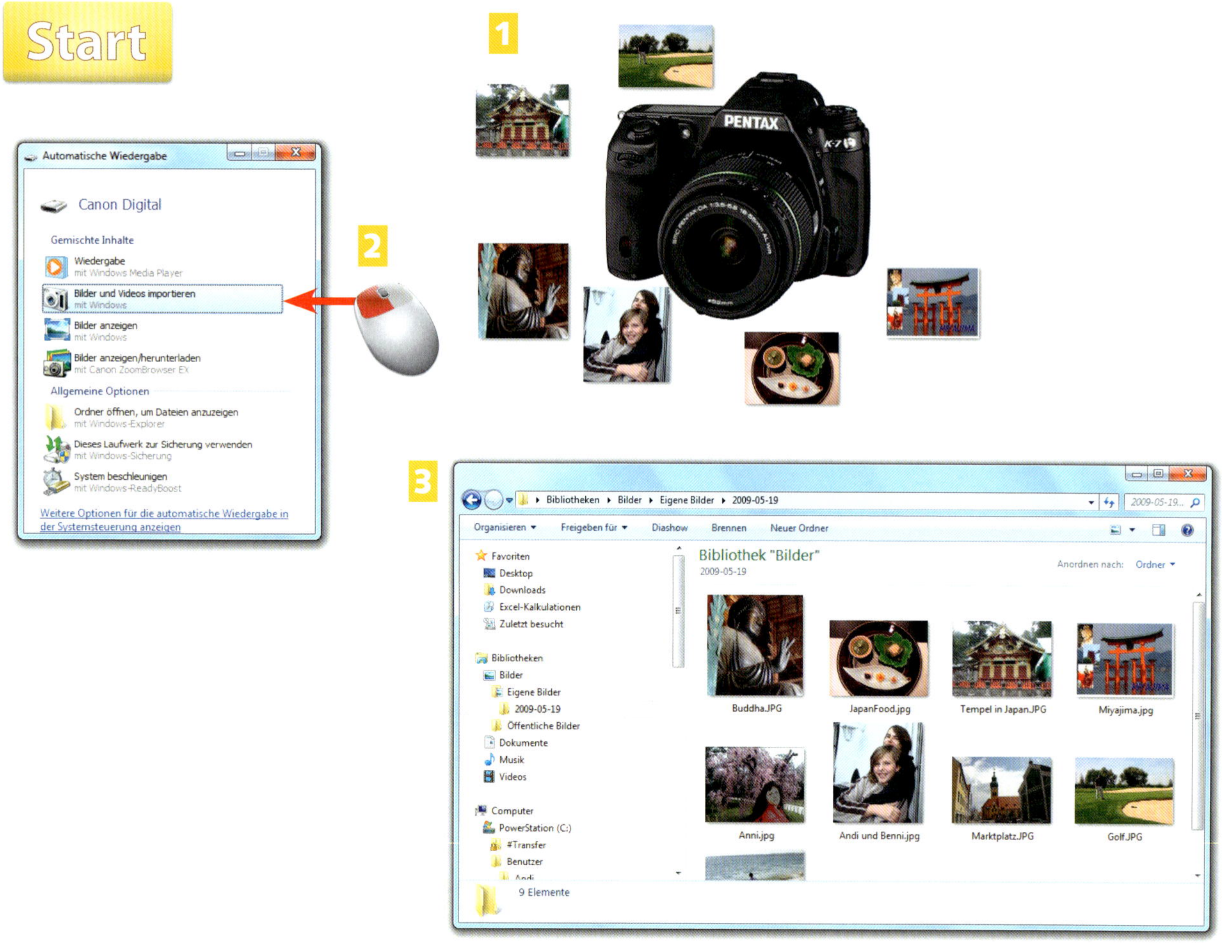

130 Fotos von der Digitalkamera

1 Digitalkameras werden per USB-Kabel an den Computer angeschlossen. Windows 7 startet die *Automatische Wiedergabe*.

2 Sie können die Bilder auf der Kamera ansehen oder gleich vom Gerät auf die Festplatte importieren.

3 Die Bilder finden Sie anschließend in einem neuen Unterordner Ihres Bilderordners.

So einfach Digitalkameras zu bedienen sind, so einfach ist der Import der Bilder unter Windows 7. USB-Kabel anschließen, ein Klick und die Bilder auf der Kamera stehen zur Verfügung.

WISSEN

6 Fotos, Bilder, Bildverarbeitung   131

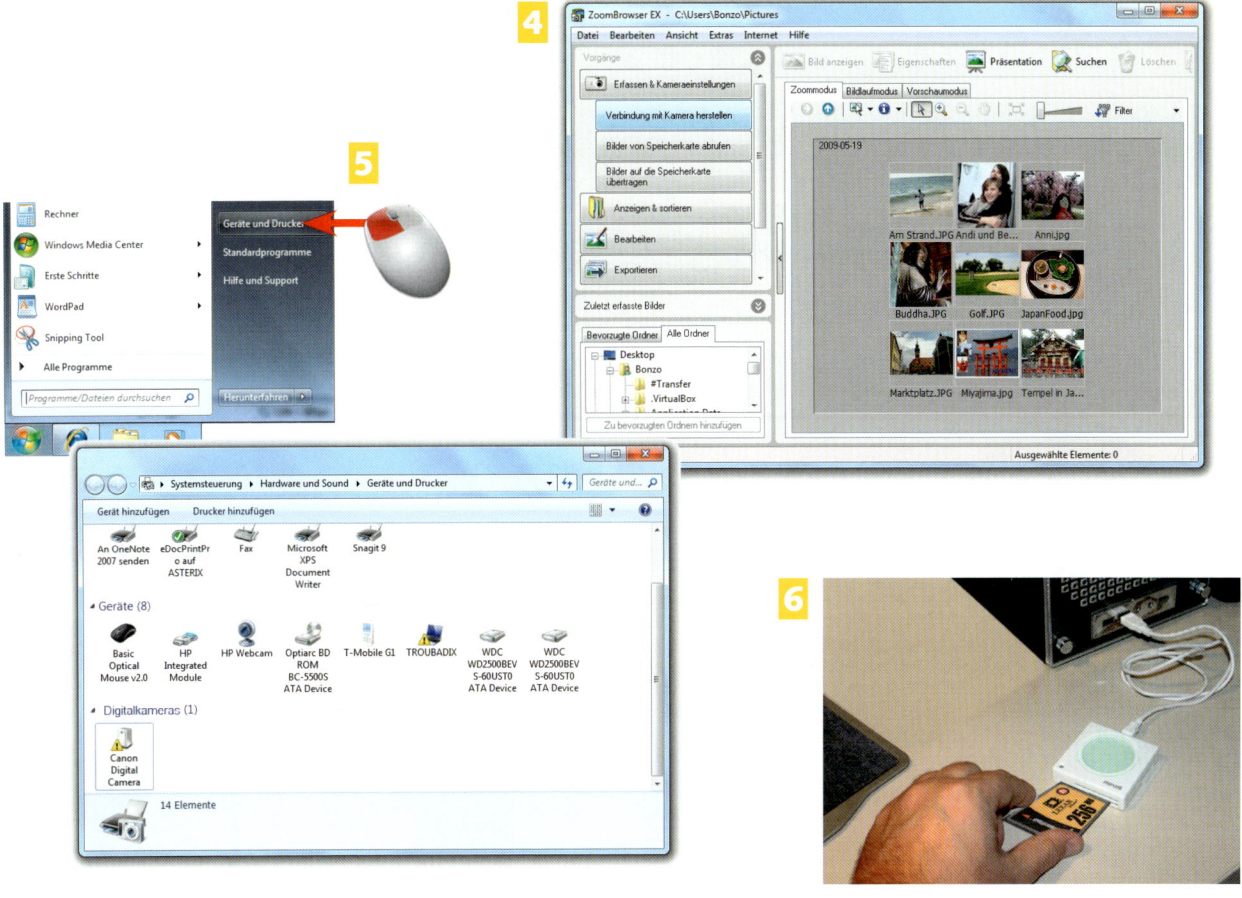

4 Wenn für die Kamera Software für den Bildimport installiert wurde, startet diese automatisch, sobald das Gerät angeschlossen wird.

5 Wählen Sie *Start/Geräte und Drucker* und überprüfen Sie, ob die Kamera erkannt und korrekt eingerichtet wurde.

6 Verwenden Sie einen Kartenleser, wenn Sie die Bilder direkt von der Speicherkarte der Kamera übertragen wollen.

Ende

Kreuzen Sie beim Importieren die Option *Nach dem Importieren löschen* an, werden die Bilder gleich aus der Kamera gelöscht.

Wenn die Kamera mit Software geliefert wird, sollten Sie diese immer installieren. Neue Treiber finden Sie auf den Internetseiten der Hersteller zum Download.

HINWEIS   **HINWEIS**

132 Handyfotos importieren

Start

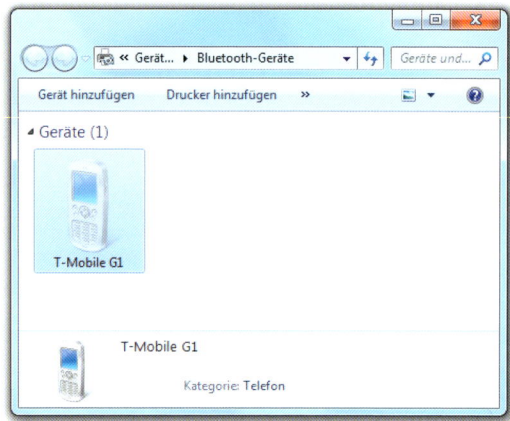

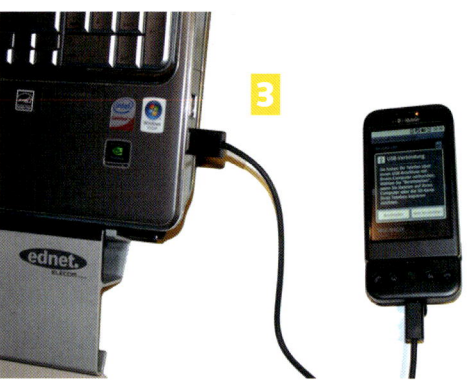

1 Wenn Computer und Mobiltelefon Bluetooth unterstützen, richten Sie das Handy über den Infobereich als Bluetooth-Gerät ein.

2 Stellen Sie das Handy auf Suchmodus für Bluetooth-Geräte und richten Sie den Computer als Partnergerät ein.

3 Handys ohne Bluetooth schließen Sie per USB-Kabel an den Computer an.

Handykameras werden immer besser und die hohe Auflösung macht auch Handybilder für die private Fotosammlung interessant. Mit Bluetooth senden Sie Ihre Schnappschüsse einfach per Funknetz, aber auch per USB geht es einfach und schnell.

WISSEN

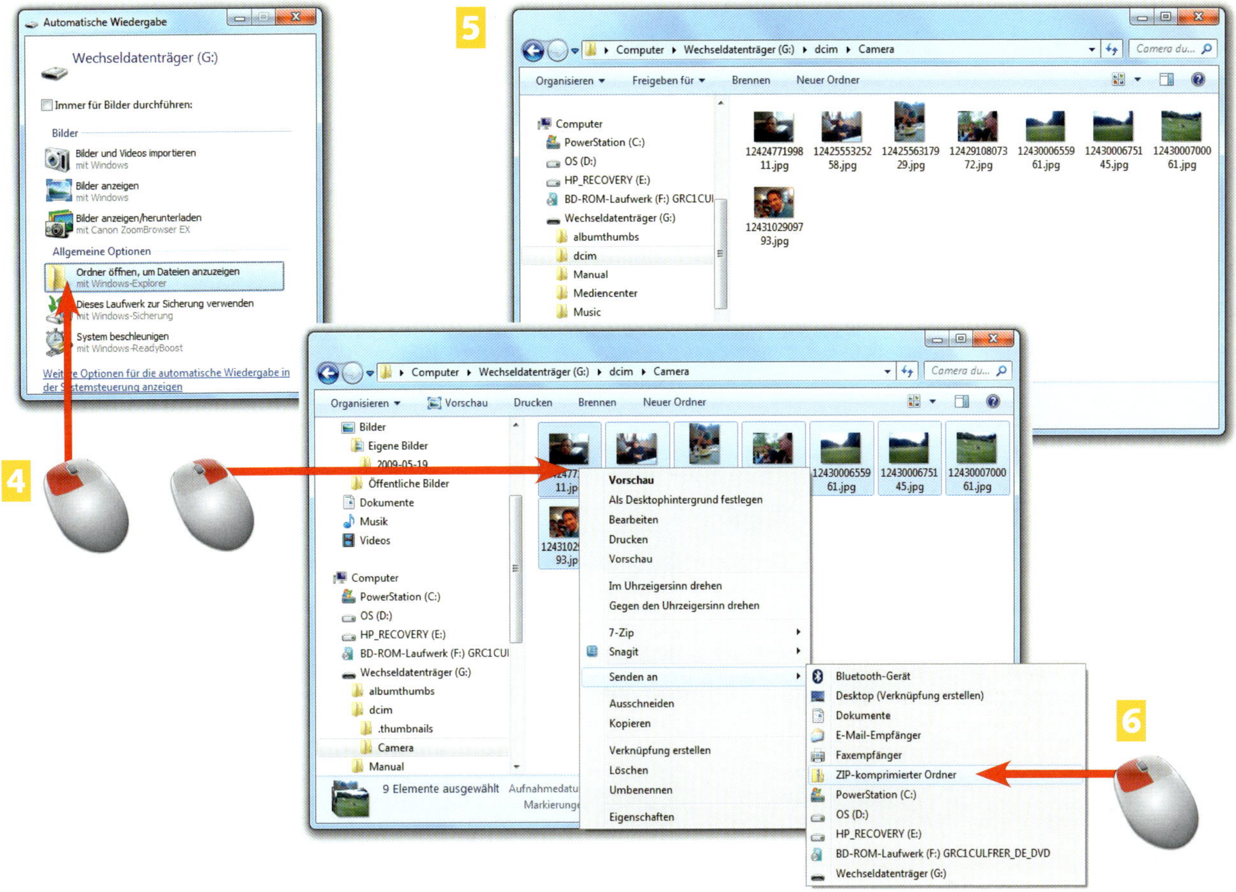

6 Fotos, Bilder, Bildverarbeitung 133

4 Die *Automatische Wiedergabe* wird aktiv, öffnen Sie den Ordner mit den Daten auf dem Mobiltelefon.

5 Wechseln Sie zum Bildordner der Kamera und kopieren Sie die Bilder aus dem Handy in Ihre Bilderbibliothek.

6 Im Kontextmenü der rechten Maustaste finden Sie viele nützliche Befehle für die Bilder, die Sie alle mit [Strg]+[A] markieren können.

TIPP	TIPP
Alle Informationen über einzelne Bilder erhalten Sie, wenn Sie mit der rechten Maustaste auf das Bild klicken und *Eigenschaften* wählen.	Löschen Sie die Handybilder gleich nach dem Import, damit Sie wieder Platz auf der Speicherkarte haben.

Fotos und Bilder einscannen

Start

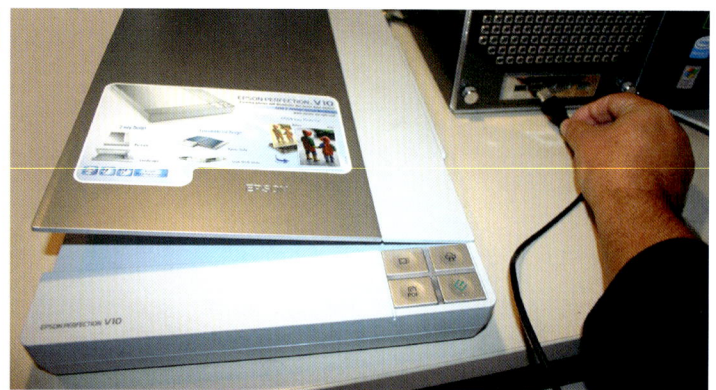

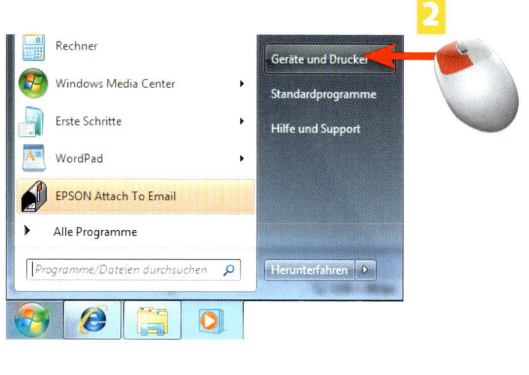

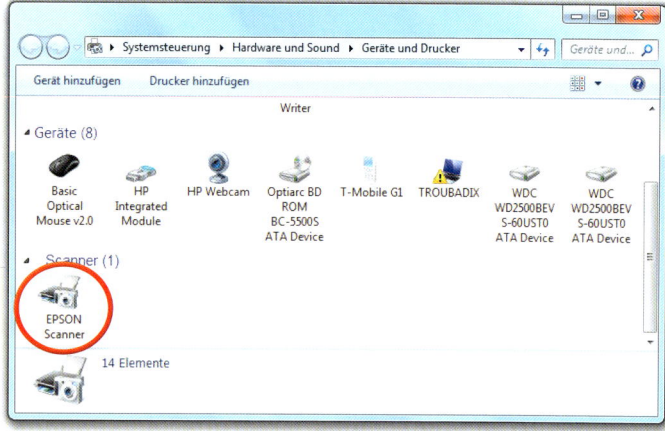

1. Schließen Sie das Gerät an eine USB-Schnittstelle an und schalten Sie es ein.
2. Wählen Sie *Start/Geräte und Drucker* ...
3. ... und überprüfen Sie, ob Windows 7 das Gerät erkannt und den Gerätetreiber installiert hat.

Mit dem Scanner digitalisieren Sie Bildvorlagen. Die Vorlage wird mit Lichtsensoren abgetastet und als JPG-Bild abgespeichert. Scanner können aber auch Texte digitalisieren.
Achten Sie auf die Bildauflösung. 300 dpi ist meist für Fotos ausreichend, mit 600 dpi werden die Fotos besser.

WISSEN

6 Fotos, Bilder, Bildverarbeitung   135

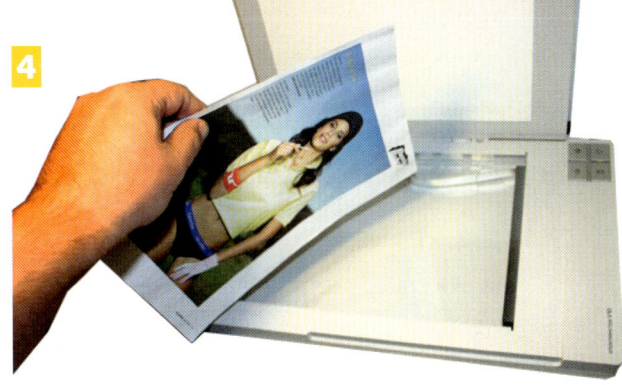
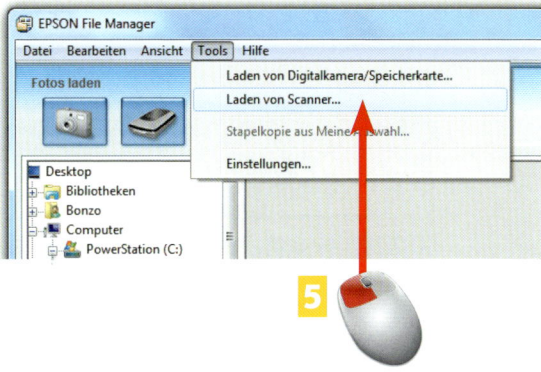
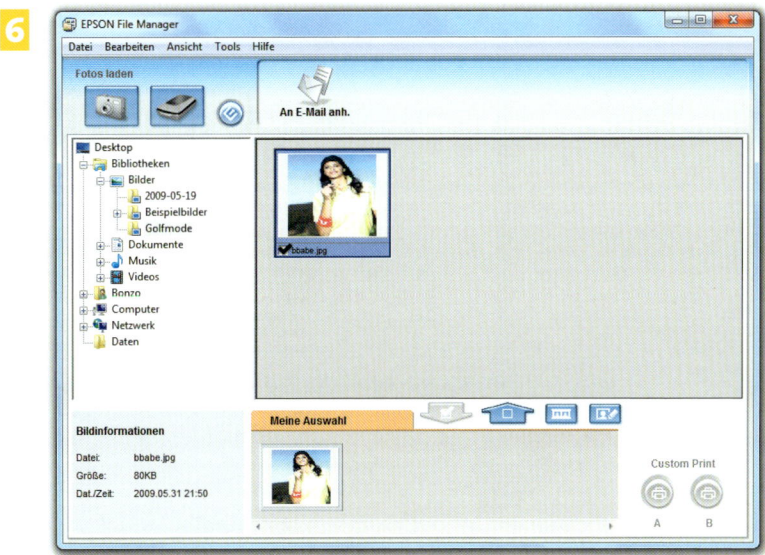

4 Legen Sie das Bild auf die Glasfläche des Scanners und starten Sie den Scanvorgang.

5 Nach dem Einscannen meldet sich das Bildbearbeitungsprogramm des Scanners.

6 Speichern Sie das eingescannte Bild in Ihrer Bilderbibliothek.

Ende

TIPP
Drücken Sie die Start-Taste am Scanner, damit wird automatisch die Scannersoftware gestartet.

FACHWORT
TWAIN: Standard für den Austausch zwischen Bildeingabegeräten und Windows.

TIPP
Installieren Sie immer die mit dem Scanner gelieferte Software, bevor Sie die erste Vorlage scannen. Damit wird auch der TWAIN-Treiber eingerichtet.

136 Bilder aus dem Internet

Start

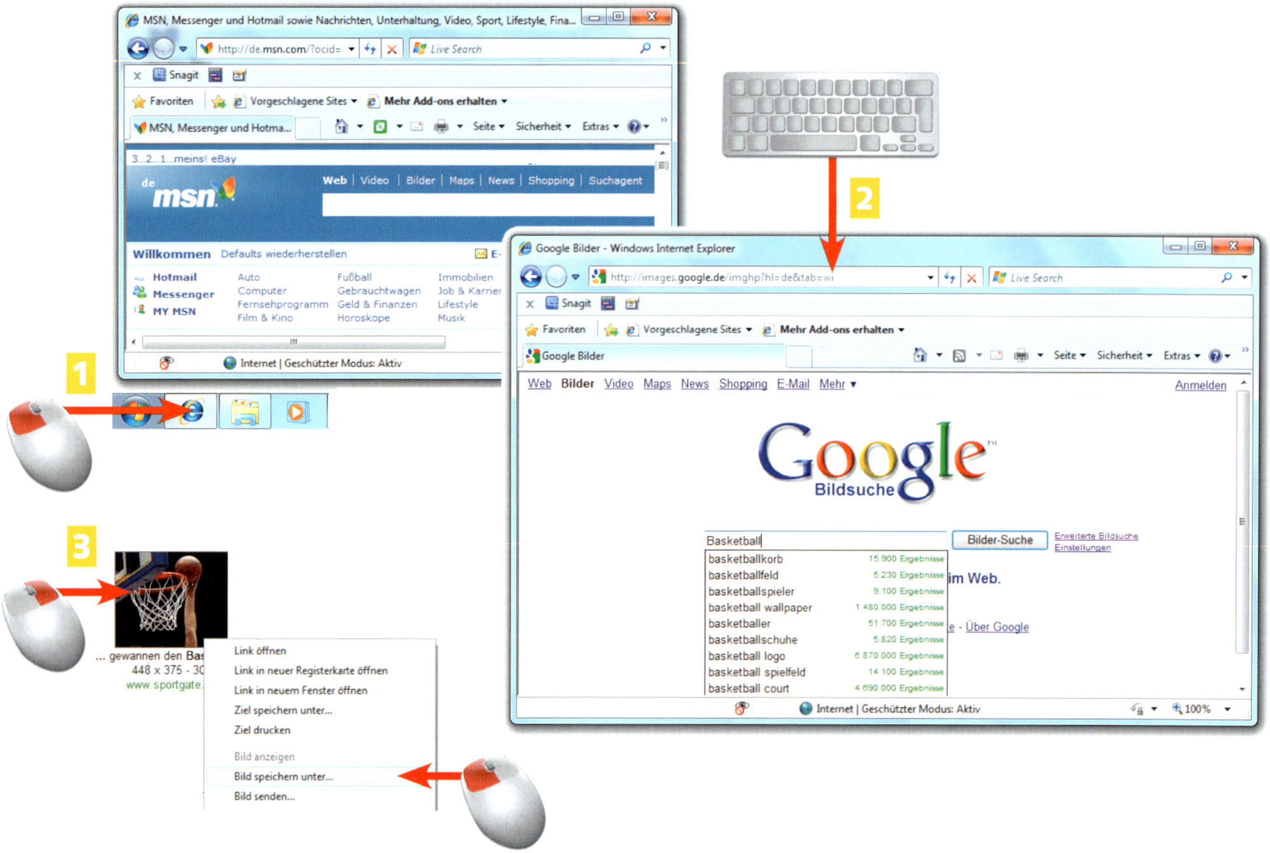

1. Starten Sie den Internet Explorer über das Symbol in der Taskleiste.

2. Geben Sie eine Adresse ein oder klicken Sie auf einen Link zu einer Seite, die Bilder anzeigt (hier die Bildersuche bei Google).

3. Wenn ein passendes Bild angezeigt wird, klicken Sie mit der rechten Maustaste in das Bild und wählen *Speichern unter*.

Bilder aus dem Internet sind eine praktische Sache. Beachten Sie aber, dass Bilder urheberrechtlich geschützt sind, verwenden Sie keine Download-Bilder für öffentliche oder gewerbliche Zwecke, wenn Sie nicht die Rechte daran erworben haben.

WISSEN

6 Fotos, Bilder, Bildverarbeitung 137

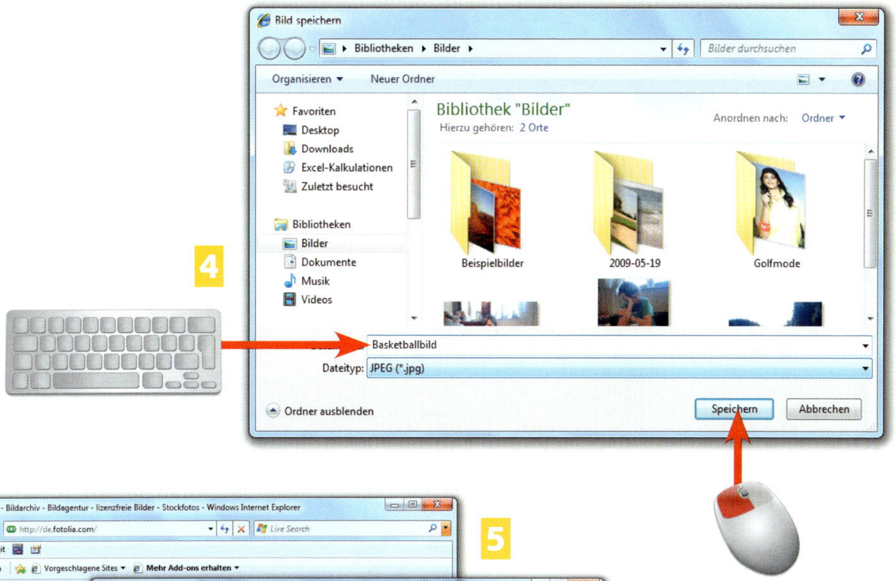

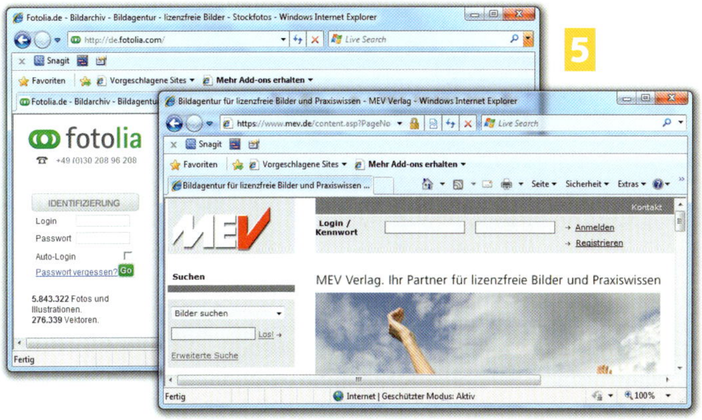

4 Geben Sie einen Datennamen ein und speichern Sie das Bild in Ihrer Bilderbibliothek.

5 Bilddatenbanken wie MEV oder Fotolia bieten professionelle Fotos in bester Qualität für wenig Geld an.

6 Suchen Sie nach weiteren Bildarchiven, Bilddatenbanken und Bilderdiensten.

Bilddatenbanken im Internet:
www.mev.de
www.fotolia.de
http://bilddatenbank.dpa.de
www.picasa.google.de

Profibilder sind meist mit unsichtbaren Wasserzeichen versehen. Geschäftlich genutzte Bilder sollten Sie besser kaufen.

TIPP

HINWEIS

Windows Fotoanzeige und Diashow

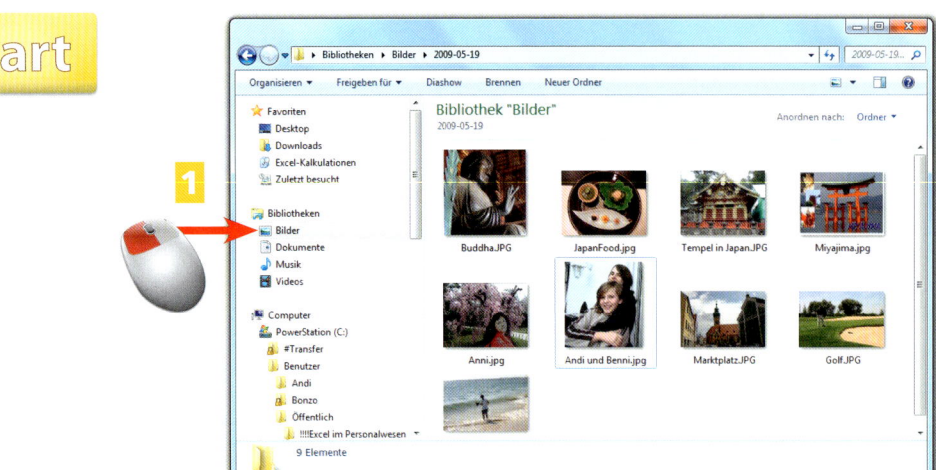

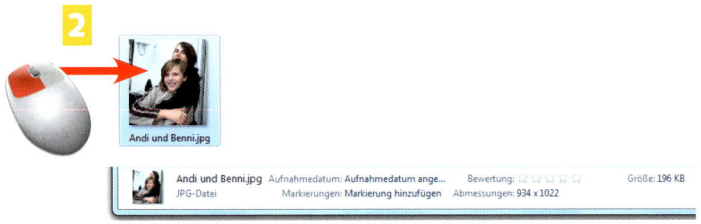

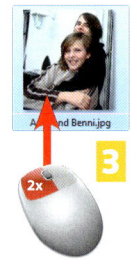

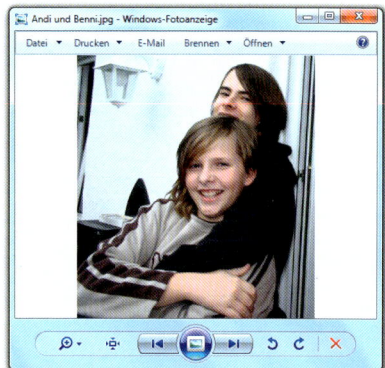

1 Starten Sie den Windows-Explorer aus der Taskleiste und öffnen Sie die Bilderbibliothek.

2 Klicken Sie auf ein Bild und sehen Sie sich in der Statusleiste die Informationen zum Bild an.

3 Ein Doppelklick befördert das Bild in die Windows-Fotoanzeige.

Zur Bildbearbeitung hat Windows 7 nicht viel zu bieten, dazu gibt es Spezialprogramme wie Photoshop. Nutzen Sie den Windows-Explorer, um die Bilder in der Bibliothek zu verwalten. Oder starten Sie eine kleine Diashow und genießen Sie Ihre schönen Aufnahmen.

WISSEN

6 Fotos, Bilder, Bildverarbeitung   139

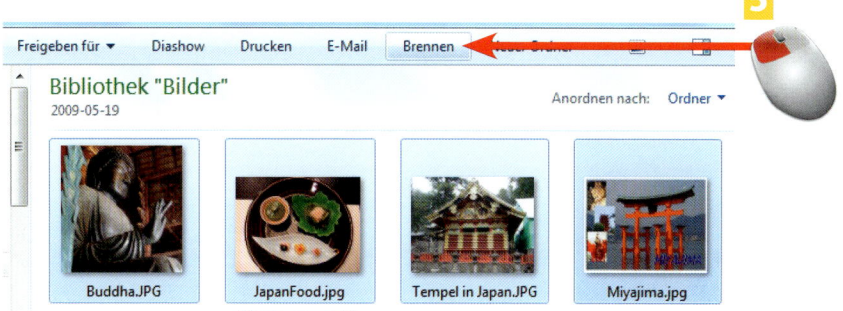

4 Verwenden Sie den Navigationsbereich, um das Bild zu bearbeiten oder weitere Bilder anzuzeigen.

5 Markieren Sie mehrere Bilder mit gedrückter ⟨Strg⟩- oder ⟨⇧⟩-Taste und klicken Sie auf *Brennen*, um eine CD oder DVD zu brennen.

6 Ein Klick auf *Diashow* startet die Vollbild-Diashow mit dem ersten markierten Bild. Drücken Sie ⟨↵⟩ für das nächste Bild.

TIPP	HINWEIS	TIPP
Klicken Sie mit der rechten Maustaste in ein Vollbild der Diashow. Im Kontextmenü können Sie die Geschwindigkeit einstellen.	Die Windows-Fotogalerie, die unter Windows Vista noch zur Bearbeitung der Bilder verfügbar war, gibt es nur noch als Download über Windows Live (siehe Kapitel 14).	Drücken Sie ⟨Esc⟩, um die Diashow abzubrechen.

7

Multimedia

Der Windows Media Player

1 Der Windows Media Player wird in der Taskleiste als Symbol angeboten. Sie finden ihn auch unter *Start/Alle Programme*.

2 DVDs werden automatisch mit dem Windows Media Player wiedergegeben, wenn dieser als Standardprogramm zugewiesen ist.

3 Öffnen Sie das DVD-Menü und wählen Sie *Hauptmenü*, um zu diesem zu schalten.

Für Multimedia ist der Windows Media Player zuständig: Er spielt DVDs und Musik-CDs, speichert Musiklisten, brennt Musik und Filme auf CD/DVD und steuert externe Geräte wie MP3-Player.

WISSEN

7 Multimedia 143

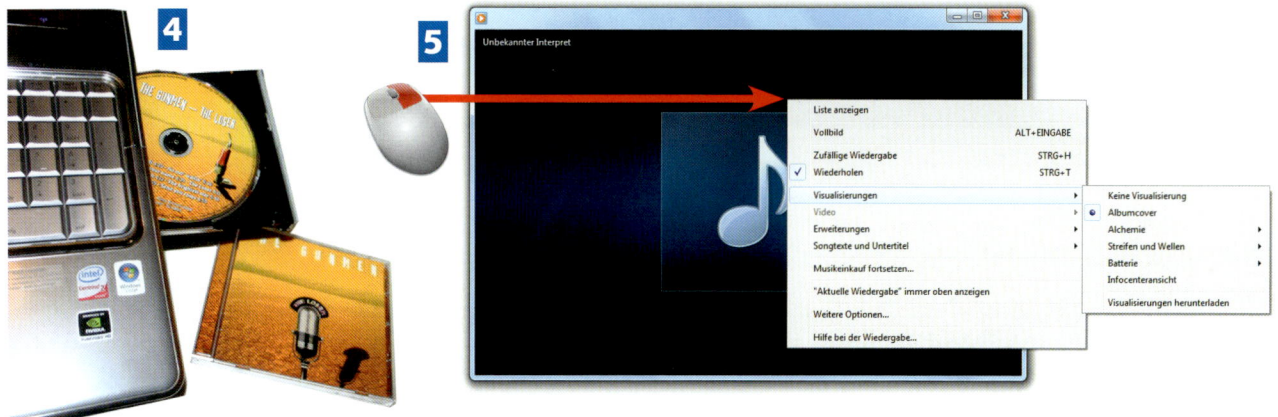

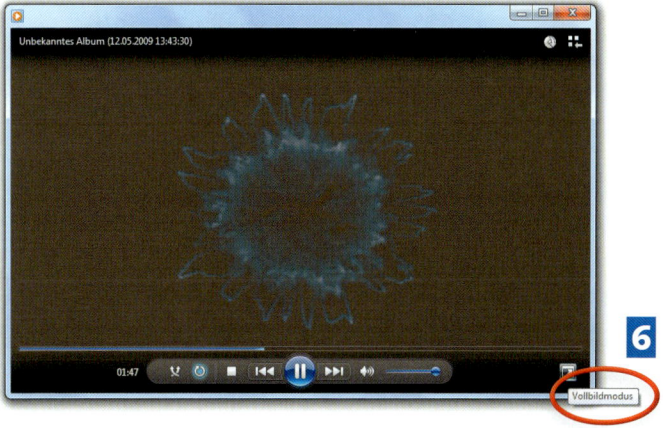

4 Musik-CDs werden ebenfalls gleich nach dem Einlegen in das CD- oder DVD-Laufwerk mit dem Media Player wiedergegeben.

5 Ein Klick mit der rechten Maustaste öffnet das Kontextmenü, suchen Sie gleich eine passende Visualisierung für Ihren Sound.

6 Die Visualisierung wird gestartet. Mit dem Symbol rechts unten wechseln Sie zwischen Fenster- und Vollbildmodus.

TIPP	FACHWORT	TIPP
Auf der Internetseite von Microsoft stehen viele Visualisierungen zum Download bereit (*Aktuelle Wiedergabe/Visualisierungen downloaden*).	**Visualisierung:** Grafische Animation, die beim Abspielen eines Musiktitels im Media Player-Fenster abläuft.	Ob der Windows Media Player als Standardprogramm für CDs und DVDs startet, entscheidet die Einstellung in der Systemsteuerung unter *Automatische Wiedergabe*.

Der Windows Media Player

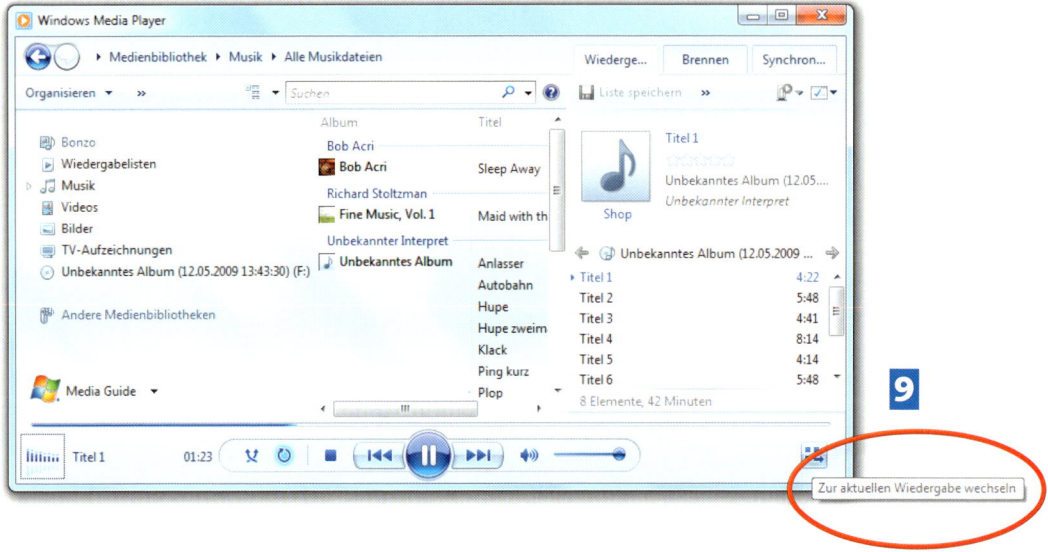

7 Mit der Navigation wechseln Sie zum nächsten/vorherigen Titel, schalten den Ton ab oder stoppen die Wiedergabe.

8 Klicken Sie auf *Zur Bibliothek wechseln*. Die Musikwiedergabe wird damit nicht gestoppt.

9 Die Medienbibliothek wird angezeigt, Sie können rechts unten wieder zurück zur Wiedergabe mit Visualisierung umschalten.

Zwei Ansichten hat der Media Player: Im Wiedergabemodus genießen Sie nur die Musik und die Visualisierung, mit der Medienbibliothek verwalten Sie Ihre Multimediabibliotheken.

WISSEN

7 Multimedia 145

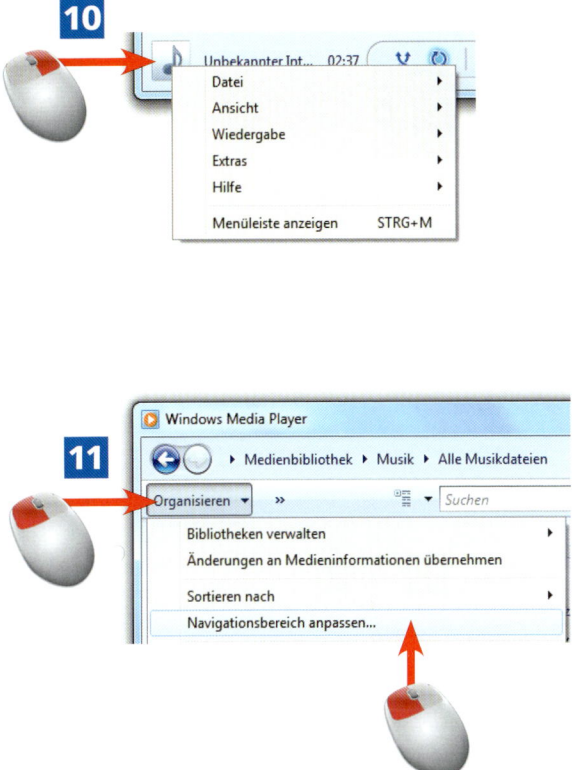

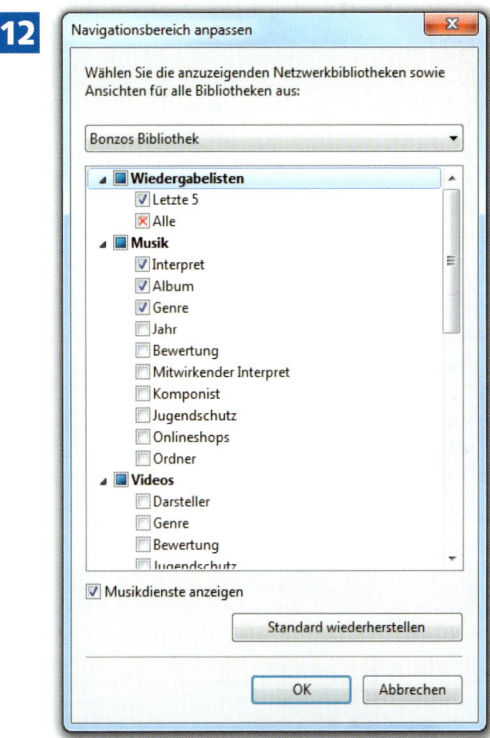

10 Ein Klick mit der rechten Maustaste links unten öffnet ein Menü. Hier können Sie Dateien laden und die Ansicht wechseln.

11 Wählen Sie *Organisieren/Navigationsbereich anpassen* ...

12 ... und stellen Sie die passende Ansicht für die einzelnen Bibliotheken ein. Hier können Sie ausblenden, was Sie nicht brauchen.

Nützliche Shortcuts:
Menüleiste ein-/ausblenden: Strg+M
Menü anzeigen: Alt

Die Wiedergabe wird automatisch wiederholt, bis sie gestoppt wird. Drücken Sie Strg+T, wenn Sie diese Schleife abbrechen oder wieder einschalten wollen.

TIPP **HINWEIS**

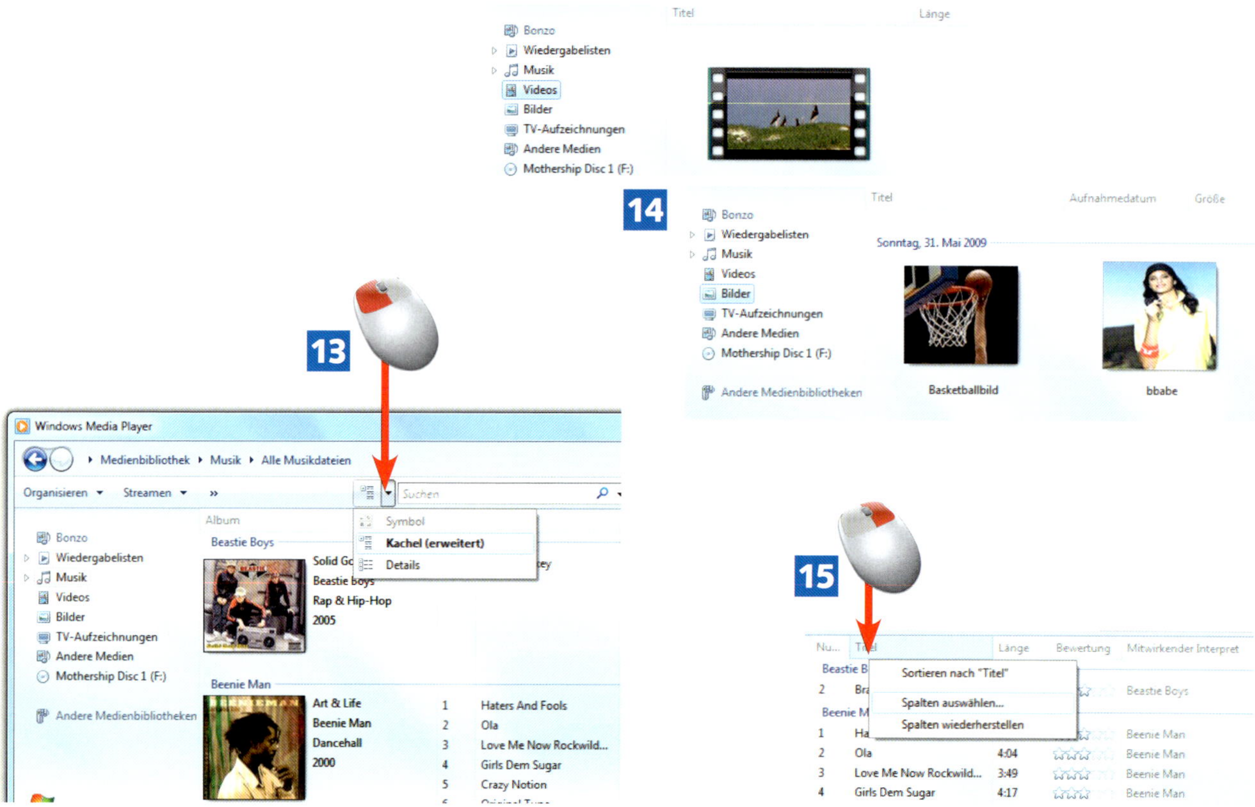

146 Der Windows Media Player

13 Klicken Sie auf das Pfeilsymbol neben dem Suchfenster und stellen Sie die Ansicht wahlweise auf *Symbol*, *Kachel* oder *Erweitert*.

14 Neben der Musikbibliothek stellt der Media Player auch die Bilder- und Videobibliothek und die TV-Aufzeichnungen zur Verfügung.

15 Klicken Sie mit der rechten Maustaste in die Titelzeile der Medienliste und wählen Sie *Spalten auswählen*.

Nicht nur Musik, auch Videos und Bilder werden vom Windows Media Player verwaltet. Schalten Sie auf die Detailansicht um und richten Sie sich die Spaltenauswahl nach Belieben ein.

WISSEN

7 Multimedia

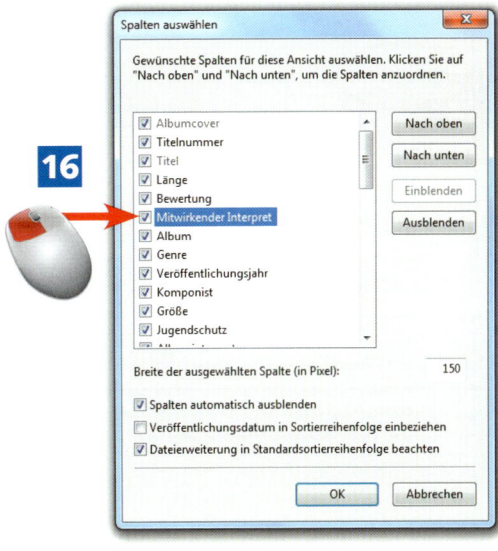

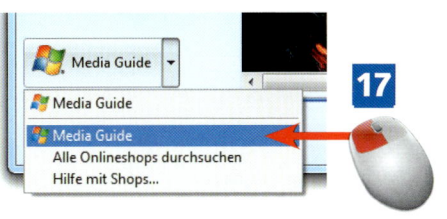

16 Kreuzen Sie die Spalten an, die Sie in der Liste sehen wollen. Ordnen Sie die Spalten mit Klick auf *Nach oben/unten neu* an.

17 Links unten finden Sie Internetlinks zu Onlineshops und für den Media Guide.

18 Sehen Sie sich das Angebot an, klicken Sie auf den Link, um die Ansicht zu aktualisieren.

Mit einem Klick auf einen Spaltentitel sortieren Sie die Medienliste nach dieser Spalte (z. B. Titel oder Bewertung).

Der Media Guide ist ein Musikdienst mit Informationen aus der Medienszene und Downloadangeboten für Musik und Videos.

TIPP **HINWEIS**

Windows Media Player-Optionen

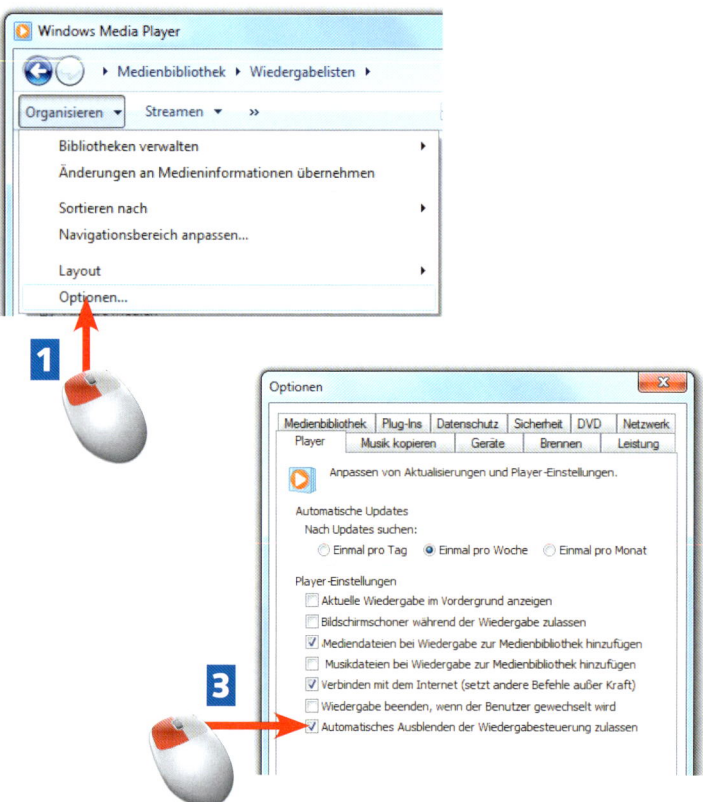
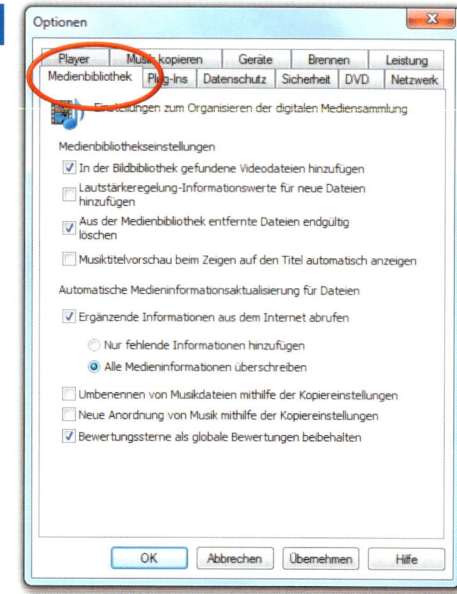

1. Klicken Sie auf *Organisieren* und wählen Sie *Optionen*.

2. Auf der Registerkarte *Medienbibliothek* finden Sie alle Optionen für die Verwaltung von Multimediadaten.

3. Schalten Sie auf die Registerkarte *Player* und kreuzen Sie die Option *Verbinden mit dem Internet* an.

Mit den Media Player-Optionen stellen Sie sicher, dass Ihre Musikbibliothek stets aktuell ist. Titel und Albumcover findet der Media Player im Internet, wenn Sie die automatische Verbindung herstellen.

WISSEN

7 Multimedia 149

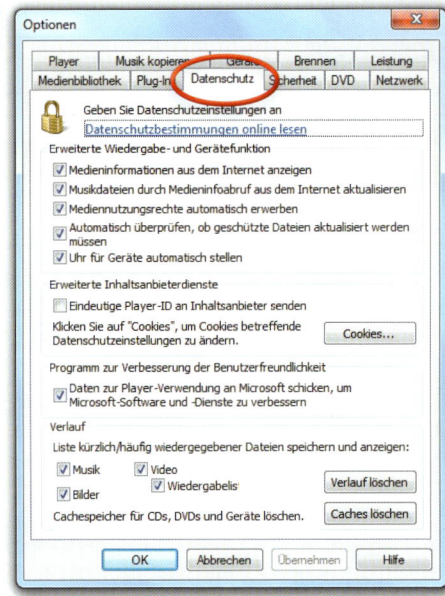

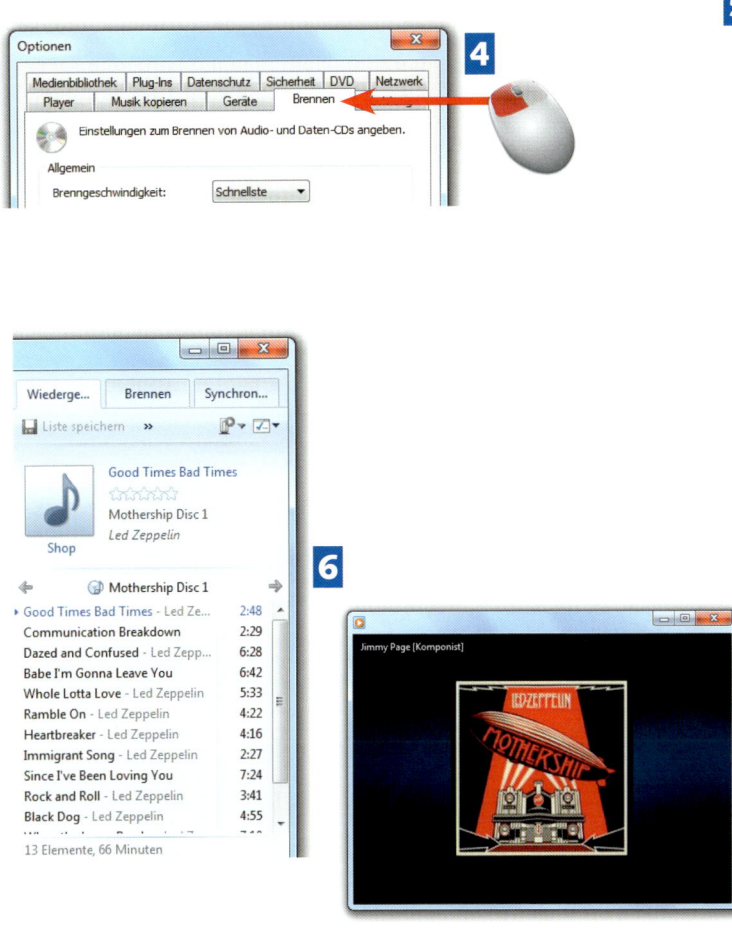

4 Auch für den CD-Brenner gibt es Optionen. Stellen Sie die passende Brenngeschwindigkeit ein.

5 Unter *Datenschutz* finden Sie die Option zum Download von Medieninformationen.

6 Jetzt werden automatisch die Titel der CD angezeigt. In der Wiedergabe lässt sich das Coverbild anstelle von Visualisierungen einblenden.

Ende

Im Kontextmenü der Titelliste finden Sie *Albuminformationen suchen*. Damit können Sie die Internetrecherche manuell starten.

Mit der automatischen Internetverbindung durchsucht der Media Player selbstständig Musikdatenbanken im Internet nach Informationen über die angespielte CD.

TIPP

HINWEIS

150 Musik von CDs kopieren und Wiedergabelisten

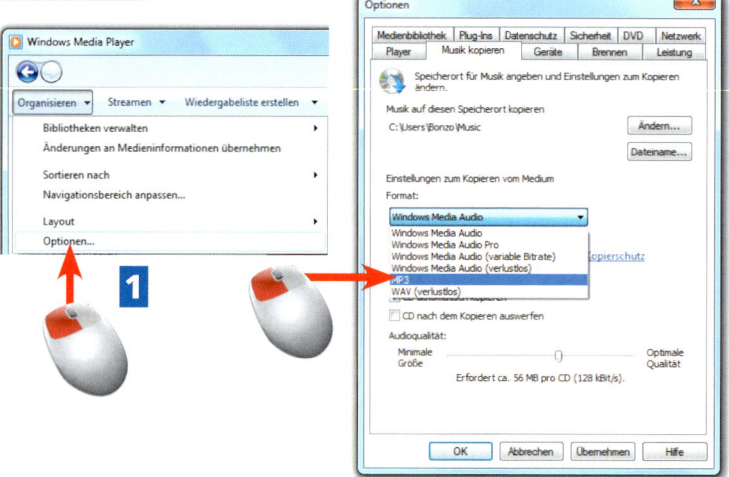

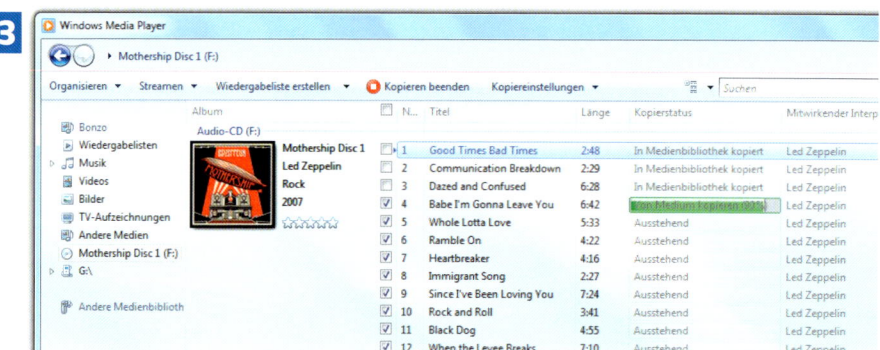

1. Wählen Sie *Organisieren/Optionen* und stellen Sie unter *Musik kopieren* das Format ein. Kreuzen Sie *CD automatisch kopieren* an.

2. Legen Sie die Musik-CD in das Laufwerk.

3. Der Windows Media Player startet automatisch die Wiedergabe und kopiert alle Titel in die Medienbibliothek.

Stellen Sie die Optionen des Media Players so ein, dass Musik von CDs automatisch in die Medienbibliothek aufgenommen wird. Für Ihre ganz persönliche Lieblingsmusik gibt es Wiedergabelisten.

WISSEN

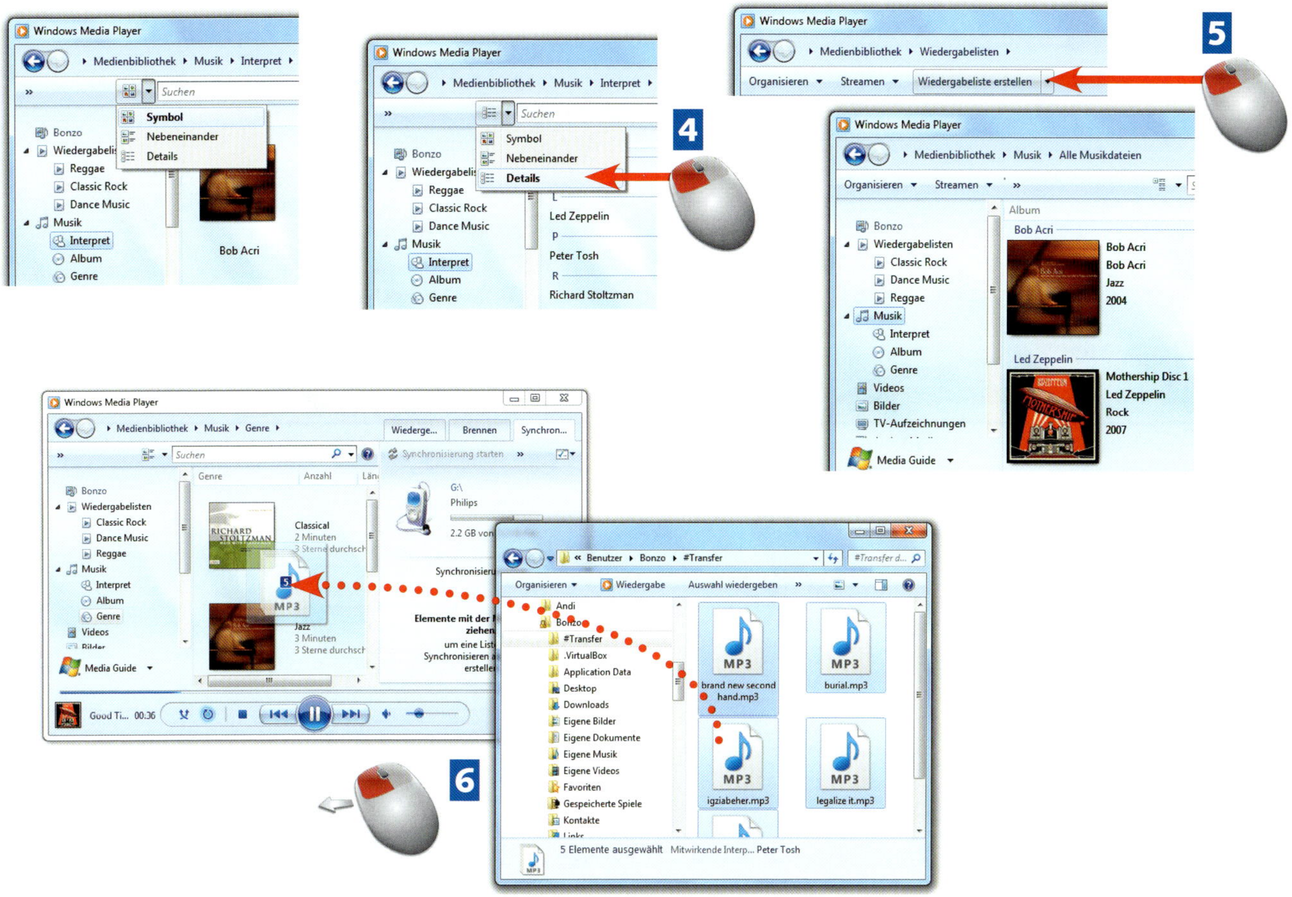

7 Multimedia 151

4 Im Navigationsbereich ist die Musikbibliothek wahlweise nach Interpret, Album und Genre sortiert. Stellen Sie die passende Ansicht ein.

5 Mit *Wiedergabeliste erstellen* legen Sie sich Ihre persönlichen Playlists an. Ziehen Sie einzelne Titel mit der Maus auf die Liste.

6 Songs aus anderen Quellen, zum Beispiel von Festplatten, USB-Sticks etc., ziehen Sie einfach mit gedrückter Maustaste in die Musikbibliothek.

TIPP

Nützliche Shortcuts:
Alle Songs im Ordner oder in der Liste markieren: [Strg]+[A]
Titel löschen: [Entf]-Taste

HINWEIS

Zum Brennen einer CD schalten Sie um auf *Brennen* und ziehen die gewünschten Titel einfach in die Brennliste.

152 MP3-Player synchronisieren

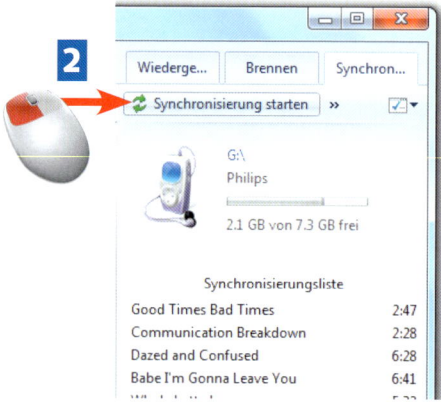

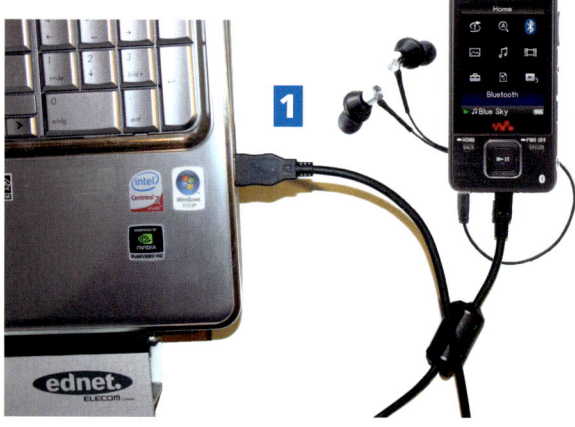

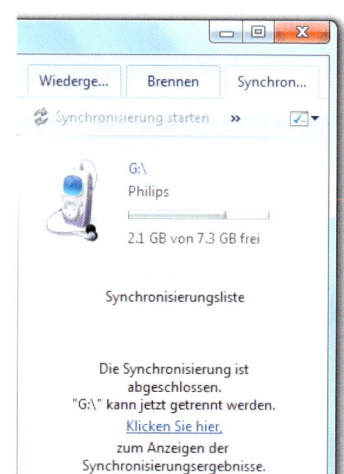

1 Schließen Sie den MP3-Player per USB an den Computer an oder stellen Sie eine Bluetooth-Verbindung her.

2 Der Media Player schaltet auf die Registerkarte *Synchron...* um, klicken Sie auf *Synchronisierung starten*.

3 Alle neuen Objekte werden auf das Gerät kopiert, nach Abschluss erscheint die Meldung *Synchronisierung abgeschlossen*.

Synchronisieren Sie Ihre Multimediabibliotheken mit dem mobilen Gerät, damit Sie Ihre Musik-, Bilder- oder Videosammlung auch auf diesem zur Verfügung haben. Das geht mit dem Media Player ganz einfach.

WISSEN

7 Multimedia 153

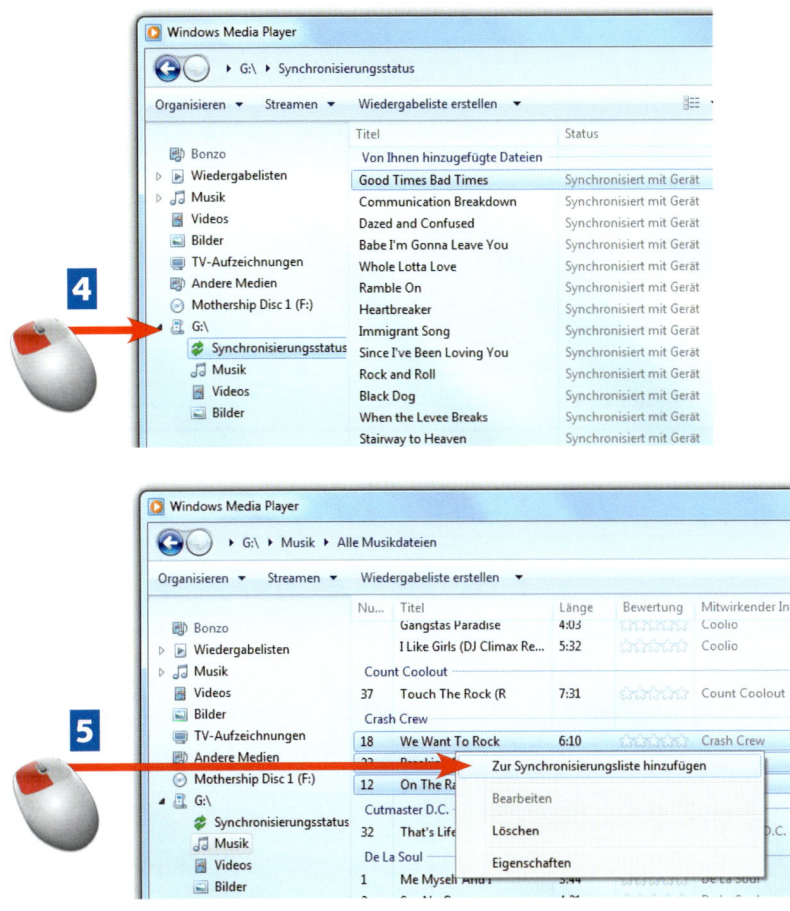
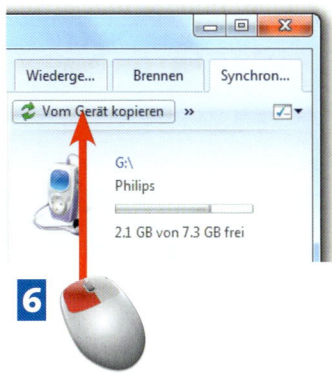

4 Im Navigationsbereich sehen Sie das angeschlossene Gerät. Klicken Sie es an und überwachen Sie den Synchronisationsstatus.

5 Um Musik, Videos oder Bilder vom MP3-Player zu kopieren, markieren Sie diese und wählen *Zur Synchronisierungsliste hinzufügen* im Kontextmenü.

6 Klicken Sie anschließend auf *Vom Gerät kopieren* und die Objekte werden kopiert.

Trennen Sie während der Synchronisierung auf keinen Fall das Gerät vom Computer, das kann zu komplettem Datenverlust führen.	**Synchronisierung:** Datenabgleich zwischen Windows Media Player und einem externen Gerät (z. B. MP3/MP4-Player).	Für den iPod von Apple sollten Sie iTunes zur Verwaltung und Synchronisierung benutzen. Das Programm gibt es kostenlos bei Apple (www.apple.de).
TIPP	**FACHWORT**	**HINWEIS**

154 CDs und DVDs brennen

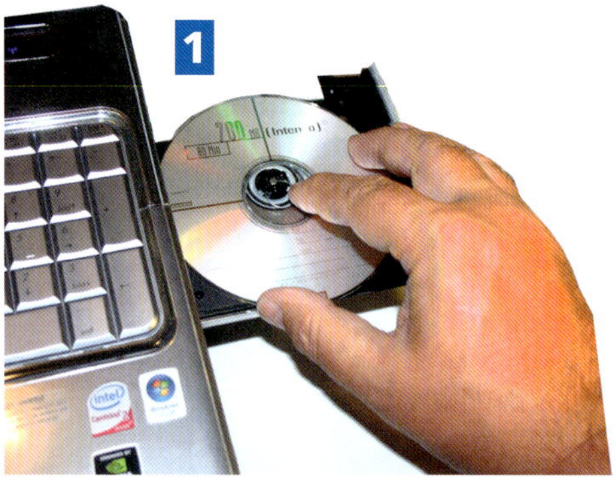

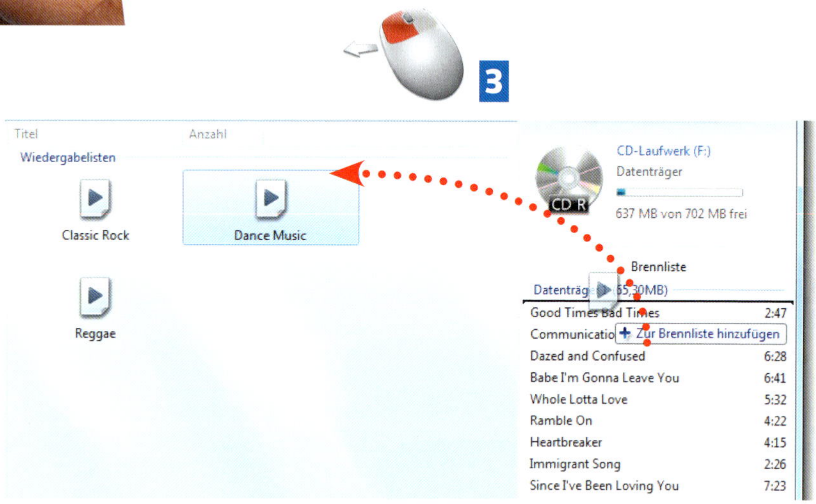

1. Legen Sie eine leere, unbeschriebene CD oder DVD in das CD/DVD-RW-Laufwerk.
2. Schalten Sie um auf die Registerkarte *Brennen* und überprüfen Sie den Datenträger.
3. Ziehen Sie die gewünschten Musiktitel, Videos, Bilder oder komplette Wiedergabelisten in die Brennliste.

Um CDs oder DVDs zu brennen, brauchen Sie ein RW-Laufwerk (read and write) und den Windows Media Player. Mit wenigen Handgriffen ist die persönliche Brennliste zusammengestellt und auf die Scheibe gebrannt.

WISSEN

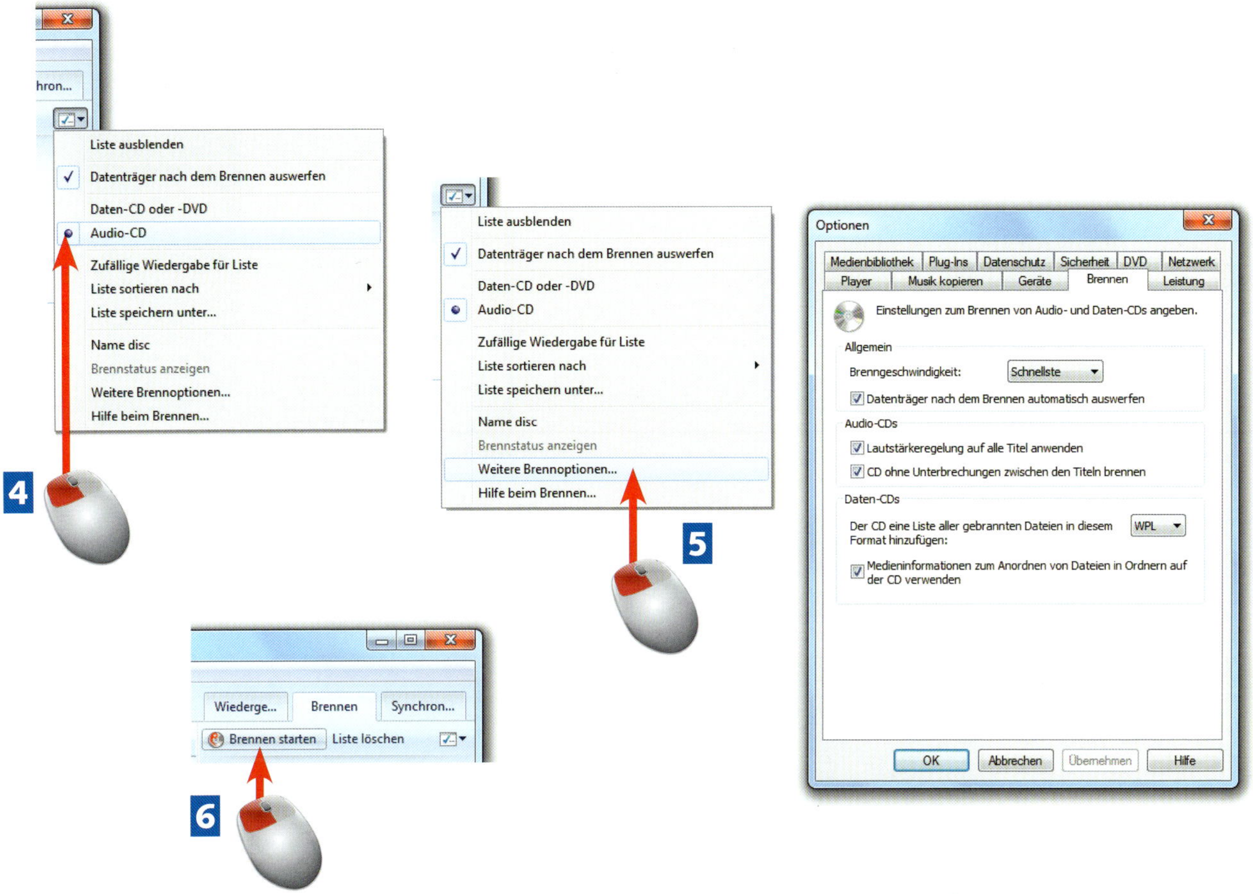

7 Multimedia 155

4 Wählen Sie in den Brennoptionen *Daten-CD oder -DVD* oder *Audio-CD*, wenn Sie nur Musiktitel in der Brennliste haben.

5 Unter *Weitere Brennoptionen* können Sie noch die Geschwindigkeit regeln und einige zusätzliche Optionen setzen.

6 Klicken Sie auf *Brennen starten*, um die Einträge aus der Brennliste auf die CD/DVD zu schreiben.

TIPP

Mit dem DVD Maker erstellen Sie DVDs mit Menüführung (siehe Seite 162).

HINWEIS

Diese Formate kann der Media Player brennen:
Audio-CDs (nur Musik, max. 80 Minuten)
Daten-CD (Musik. Video, Bilder, alle Dateien, bis zu 700 MB)
Daten-DVD (alle Datentypen, bis zu 4,7 Gbyte)

156 Das Windows Media Center

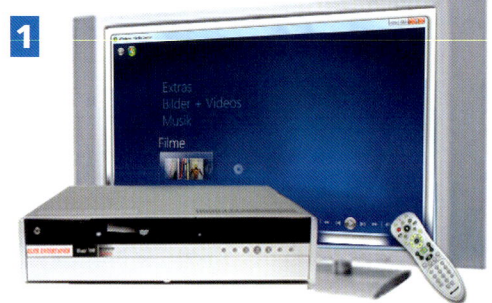

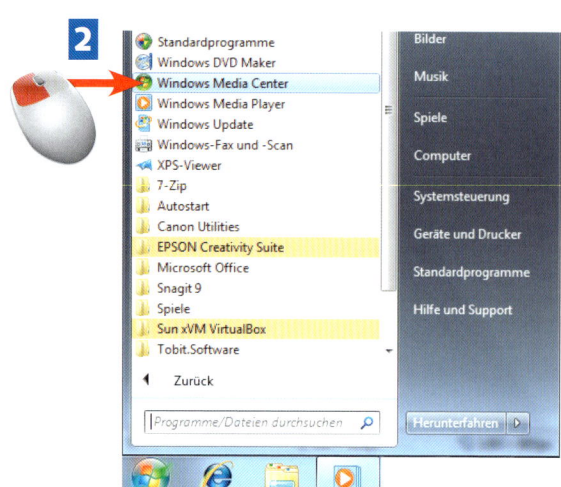

1 Das Windows Media Center ist die Steuersoftware für Musik, Video und TV auf dem PC, idealerweise auf einem Home Center PC.

2 Starten Sie das Windows Media Center aus dem Startmenü oder automatisch mit Ihrem Media Center.

3 Das Windows Media Center wird gestartet, mit Klick auf das Windows-Symbol schalten Sie in den Vollbildmodus.

Multimedia pur bietet das Windows Media Center. Es spielt Musik von CD und DVD oder Internetradio, gibt Ihre Videos wieder und steuert den TV-Empfang.

WISSEN

7 Multimedia 157

4 Steuern Sie die Menüpunkte mit der Fernbedienung Ihres Systems oder mit den Pfeiltasten der Tastatur.

5 Das Mausrad eignet sich bestens zum Blättern im großen Hauptmenü.

6 Mit der Navigation starten und stoppen Sie Musik und Film, steuern die Lautstärke und ändern Ansichten.

Drücken Sie die Pfeiltaste nach oben und unten für die Medien, nach links und rechts für die Detailauswahl.

Das Windows Media Center funktioniert natürlich auch ohne Home Entertainment System auf einem normalen PC mit guter Grafikkarte.

TIPP   **HINWEIS**

158 Das Windows Media Center

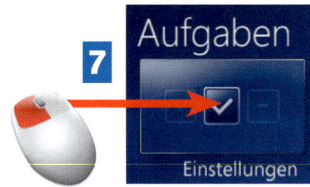
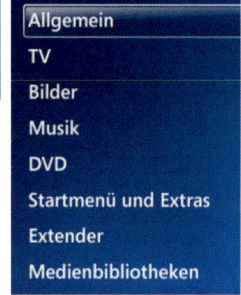
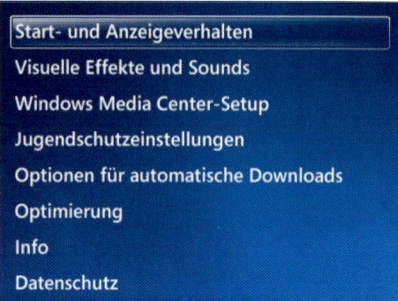

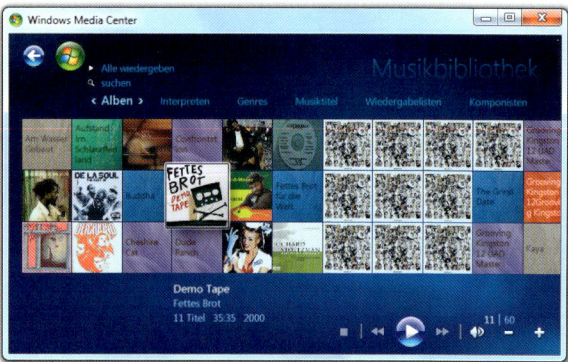

7 Alle Einstellungen zu den Geräten und Onlineverbindungen finden Sie im Menüpunkt *Aufgaben*.

8 Hier können Sie eine CD/DVD brennen und ein externes Gerät, zum Beispiel einen MP3-Player, synchronisieren.

9 Die *Musikbibliothek* bietet die Möglichkeit, Wiedergabelisten anzulegen und Musik vom Computer oder von CD/DVD abzuspielen.

Mit den Einstellungen unter *Aufgaben* richten Sie Ihr Windows Media Center perfekt ein. Testen Sie dann alle Medien und genießen Sie Bilder-Diashows, Musik, TV und Video.

WISSEN

7 Multimedia 159

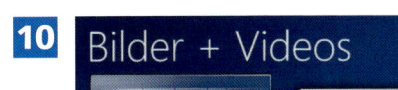
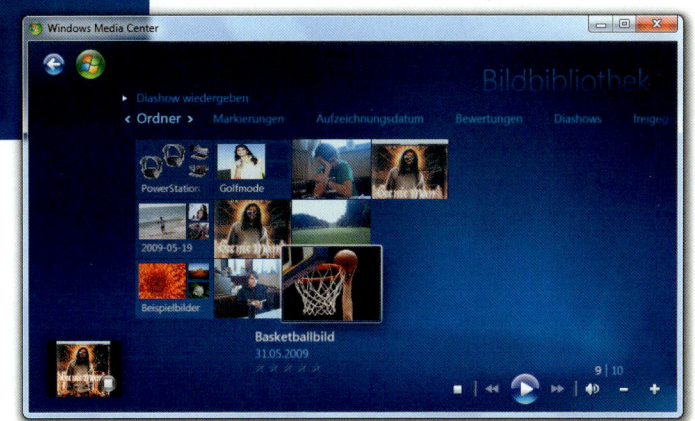

10 Unter *Bilder + Videos* finden Sie alle Bildbibliotheken und eine Diashow für Ihre Lieblingsbilder.

11 Schalten Sie unter *TV* auf *Aufzeichnungen*, um gespeicherte Videoclips oder TV-Aufzeichnungen wiederzugeben.

12 Unter *Filme* finden Sie die Filmbibliothek und die DVD-Wiedergabe. Das Media Center startet automatisch, wenn Sie die DVD einlegen.

Klicken Sie mit der rechten Maustaste auf einen Untermenüpunkt, wenn Sie Details sehen oder etwas einstellen wollen.	Für die TV-Wiedergabe brauchen Sie einen TV-Tuner. In den Aufgaben richten Sie das TV-Signal ein.	Unter *Aufgaben/Einstellungen/Bibliothek-Setup* legen Sie fest, welche Ordner automatisch nach Mediendateien (Bilder, Musik, Videos) durchsucht werden.
TIPP	**HINWEIS**	**TIPP**

160 Online mit dem Windows Media Center

1 Schalten Sie um auf den Menüpunkt *Extras* und sehen Sie sich die Galerie an.

2 Hier werden die einzelnen Onlineangebote gelistet. Klicken Sie auf ein Angebot ...

3 ... und starten Sie den Onlinedienst des Anbieters.

Gehen Sie mit dem Windows Media Center online und holen Sie sich Musik, Bilder und Programme aus dem weltweiten Netz. Oder hören Sie einfach mal wieder Radio.

WISSEN

7 Multimedia

4. Wenn Ihr Computer mit einem FM-Tuner ausgestattet ist, können Sie auch Radio hören.
5. Die Musikbibliothek verwaltet alle Songs und Alben auf Ihrem Computer.
6. In der *Extras*-Bibliothek finden Sie einige Spiele aus dem Spiele-Ordner.

Um neue Titel in die Medienbibliothek aufzunehmen, wählen Sie *Aufgaben/Einstellungen/Mediendateien*.

Beim ersten Aufruf einer Onlineanwendung werden Sie oft aufgefordert, ein Zusatzprogramm (Plug-in oder Add-on) zu installieren. Das braucht die Webseite für die Verbindung mit dem Media Center.

TIPP

TIPP

162 DVDs brennen mit dem DVD Maker

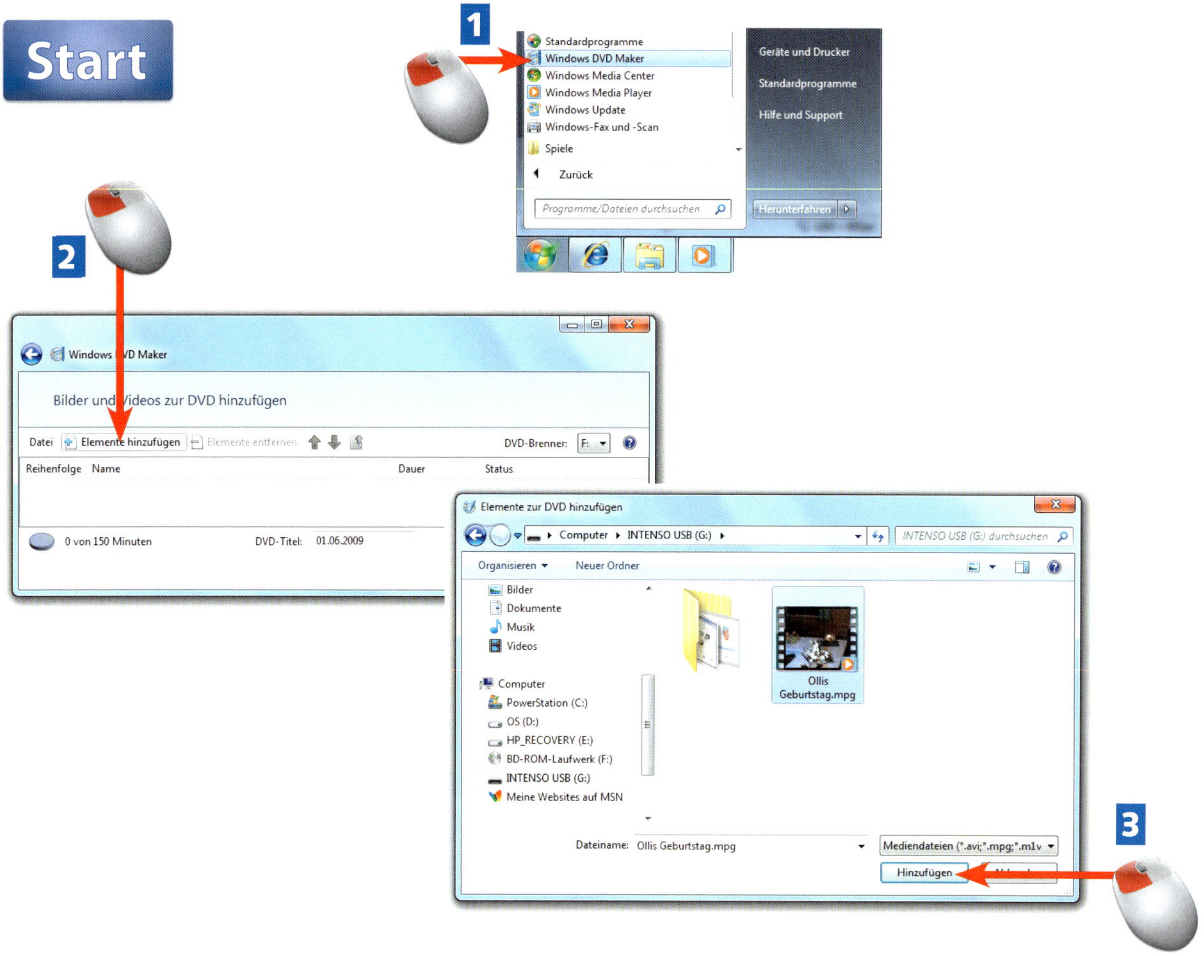

1 Starten Sie den *DVD Maker* aus dem Windows-Startmenü über *Alle Programme* oder über *Film exportieren* im *Windows Movie Maker*.

2 Legen Sie über das Datei-Menü ein neues Projekt an und klicken Sie auf *Elemente hinzufügen*.

3 Holen Sie alle Mediendateien (Videos, Sounds, Bilder) in das Projekt.

Mit dem DVD Maker erstellen Sie eine professionelle DVD aus Ihren Filmprojekten. Fügen Sie gleich ein DVD-Menü hinzu, wählen Sie dafür eine von vielen schönen Vorlagen.

WISSEN

7 Multimedia

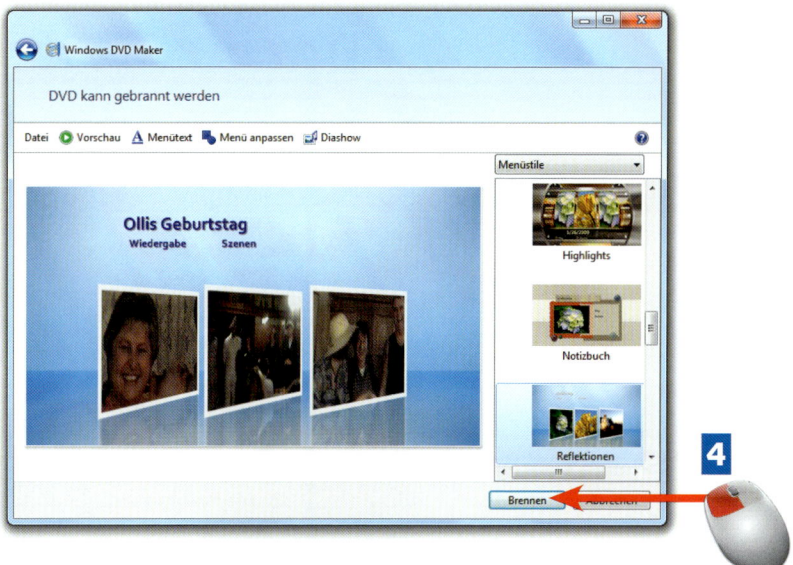

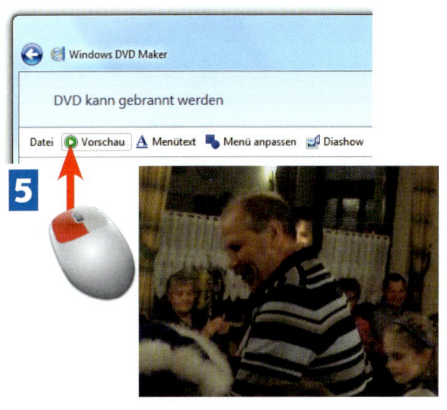

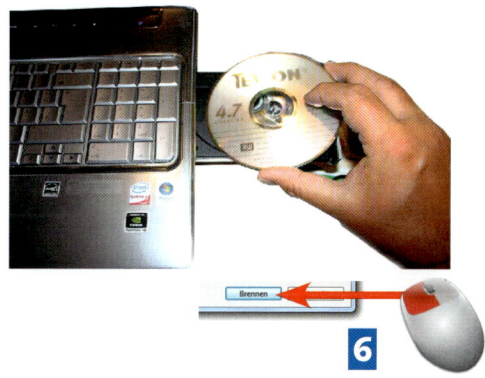

4 In der Menüleiste finden Sie zahlreiche Vorschläge für das DVD-Hauptmenü. Klicken Sie einen davon an.

5 In der Vorschau sehen Sie das gewählte Menü. Klicken Sie auf *Wiedergabe* oder *Szenen*, um diese zu testen.

6 Legen Sie eine leere beschreibbare DVD ein und klicken Sie auf *Brennen*, um das Projekt auf DVD zu brennen.

Der DVD Maker startet automatisch, wenn ein Film aus dem Movie Maker auf DVD veröffentlicht wird.	Für die Ausgabe auf DVD muss natürlich ein DVD-RW-Laufwerk installiert sein. Sehen Sie im Geräte-Manager nach, ob er richtig funktioniert (siehe Kapitel 3).
HINWEIS	**HINWEIS**

164 Sound aufnehmen mit dem Audiorecorder

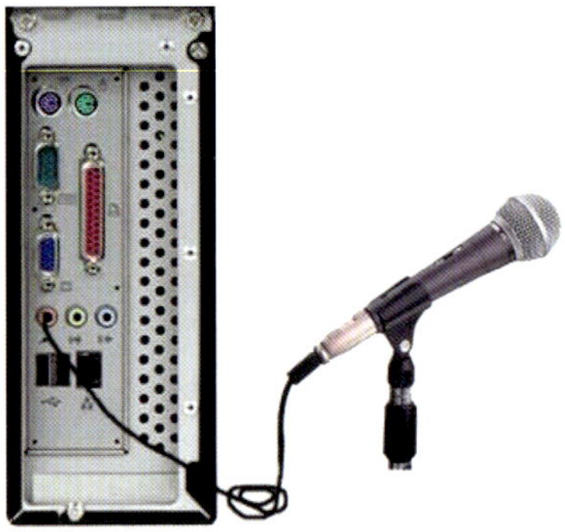

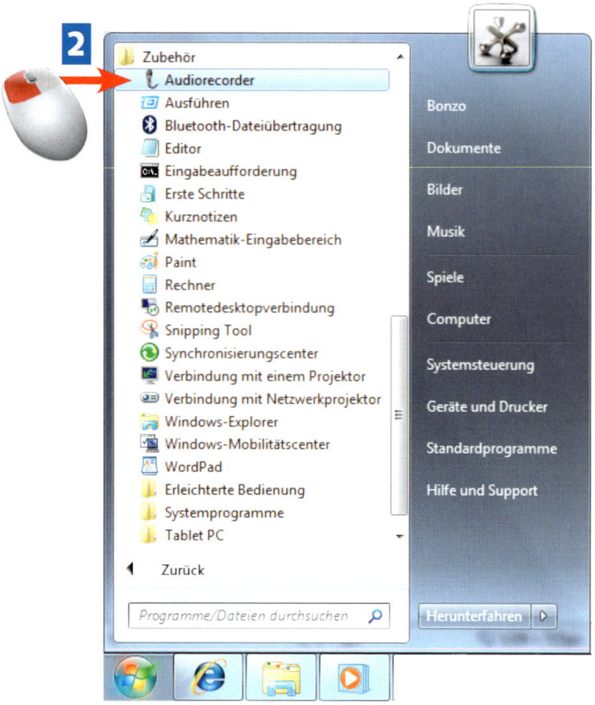

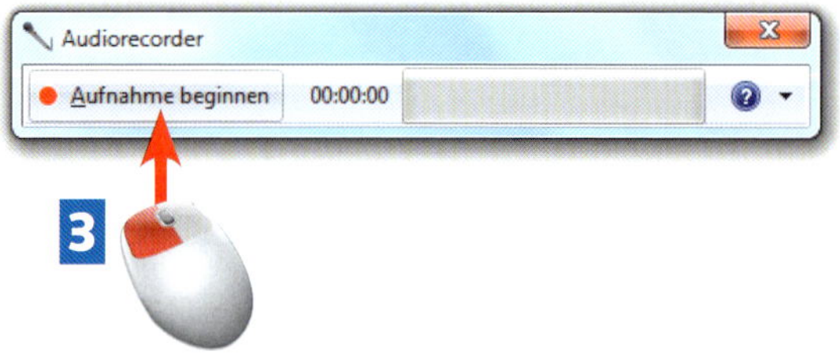

1 Schließen Sie ein Mikrofon an Ihren Computer an und stellen Sie sicher, dass das Gerät aktiviert ist.

2 Starten Sie den Audiorecorder unter *Start/Alle Programme/Zubehör*.

3 Klicken Sie auf *Aufnahme beginnen* und die Aufnahme wird gestartet.

Nehmen Sie Ihre eigenen Songs auf, und zwar in bester Qualität. Der Windows Soundrecorder bietet die Möglichkeit, Töne vom Standmikro oder Headset-Mikro zu digitalisieren und in Sounddateien zu speichern.

WISSEN

7 Multimedia 165

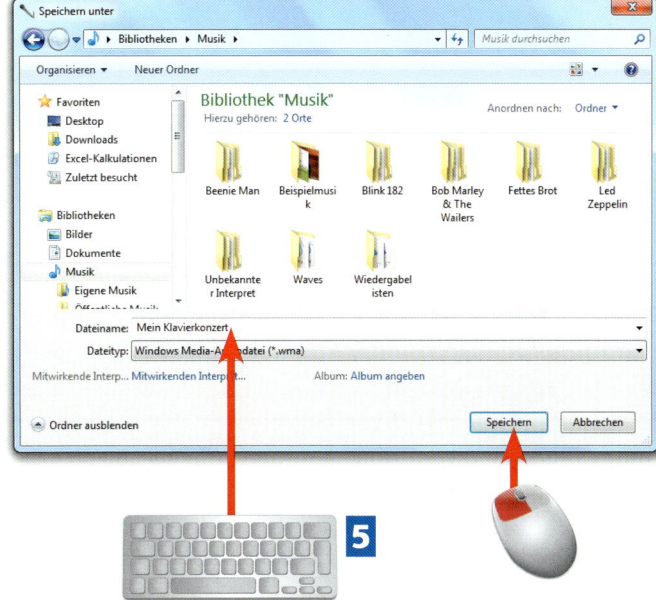

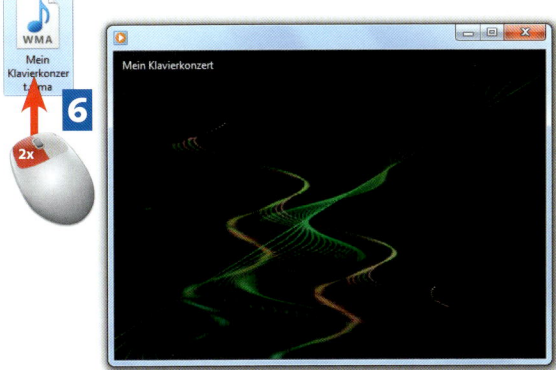

4 Klicken Sie auf *Aufnahme beenden*, wenn Sie die Aufnahme stoppen wollen.

5 Jetzt können Sie die aufgenommenen Daten in eine Sounddatei vom Typ WMA wegspeichern.

6 Die Datei finden Sie anschließend im Explorer-Fenster, ein Doppelklick darauf und sie wird mit dem Windows Media Player abgespielt.

Sie können nach dem Speichern die Aufnahme fortsetzen, klicken Sie auf die gleichnamige Schaltfläche.	WMA-Dateien müssen für MP3-Player in das MP3-Format konvertiert werden. iTunes kann das, andere Programme gibt es im Internet.	Das Mikrofon überprüfen Sie unter *Systemsteuerung/Hardware und Sound*, die Treiber im Geräte-Manager.
TIPP	**TIPP**	**HINWEIS**

8

Zubehör und Spiele

168 Zeichnen und Malen mit Paint

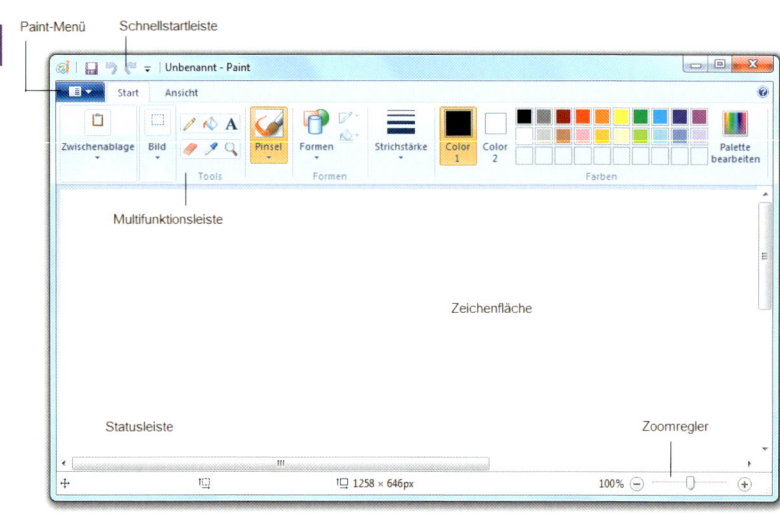

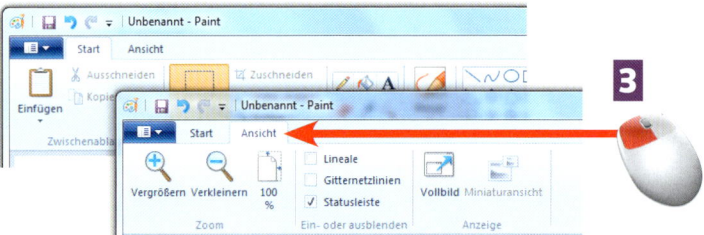

1 Das Zeichenprogramm Paint finden Sie im Startmenü unter *Zubehör*.

2 Paint stellt eine große Zeichenfläche zur Verfügung, die Werkzeuge befinden sich in der Multifunktionsleiste.

3 Schalten Sie zwischen den Registern *Start* und *Ansicht* um.

Im Windows-Zubehör finden Sie das Zeichenprogramm Paint. Nutzen Sie es, um kleine Zeichnungen zu erstellen oder Pixelbilder zu bearbeiten.
Der Radierer radiert in der eingestellten Hintergrundfarbe.
Drücken Sie einfach die [Entf]-Taste, um eine Auswahl zu löschen.

WISSEN

8 Zubehör und Spiele

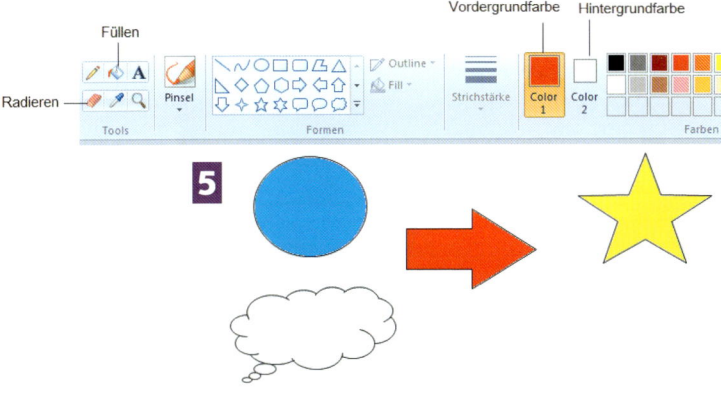
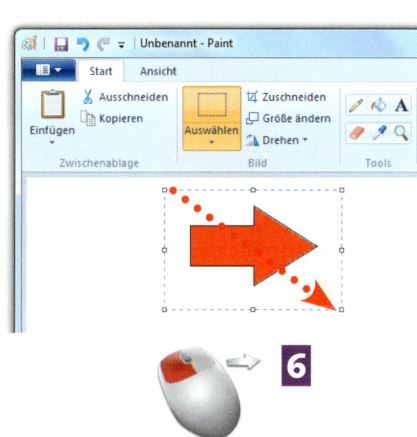

4 Klicken Sie auf ein Werkzeug wie z. B. Stift oder Pinsel und zeichnen Sie mit gedrückter Maustaste auf die Zeichenfläche.

5 Mit der Formenbibliothek erstellen Sie geometrische Figuren (Linien, Rechtecke, Kreise, Sterne u. a.).

6 Klicken Sie auf das Auswahlwerkzeug und ziehen Sie einen Rahmen um den Bereich der Zeichnung, den Sie verschieben oder kopieren wollen.

Halten Sie die ⇧-Taste gedrückt für gerade Linien, quadratische Formen oder Winkel in 45°.

HINWEIS

Für die Farbwahl markieren Sie zuerst Color 1 oder Color 2 und klicken dann auf die gewünschte Farbe.

HINWEIS

Ziehen Sie das Auswahlwerkzeug über die Grafik, lassen Sie die Maustaste los und verschieben Sie den Ausschnitt mit gedrückter Maustaste.

HINWEIS

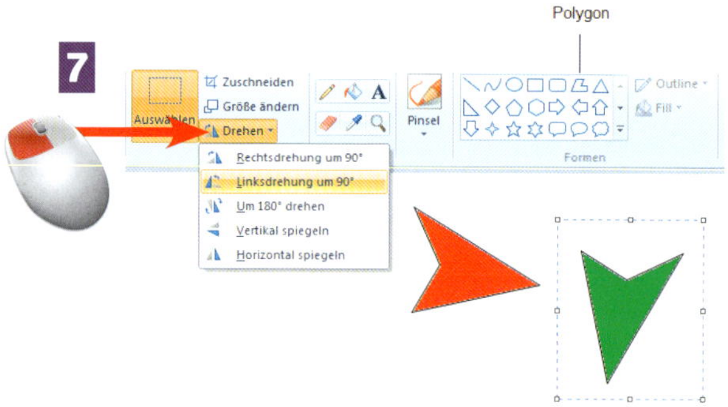

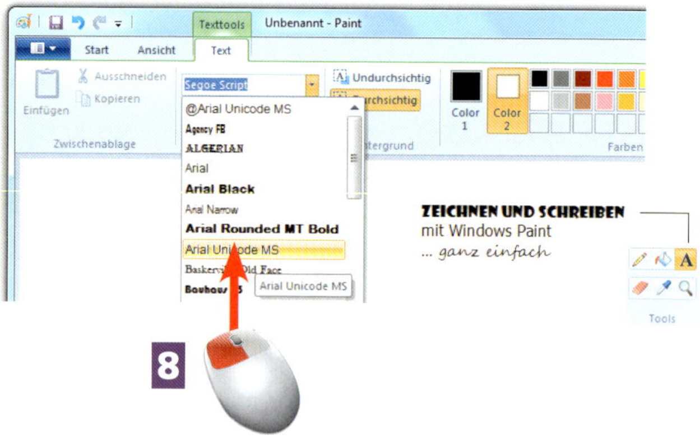

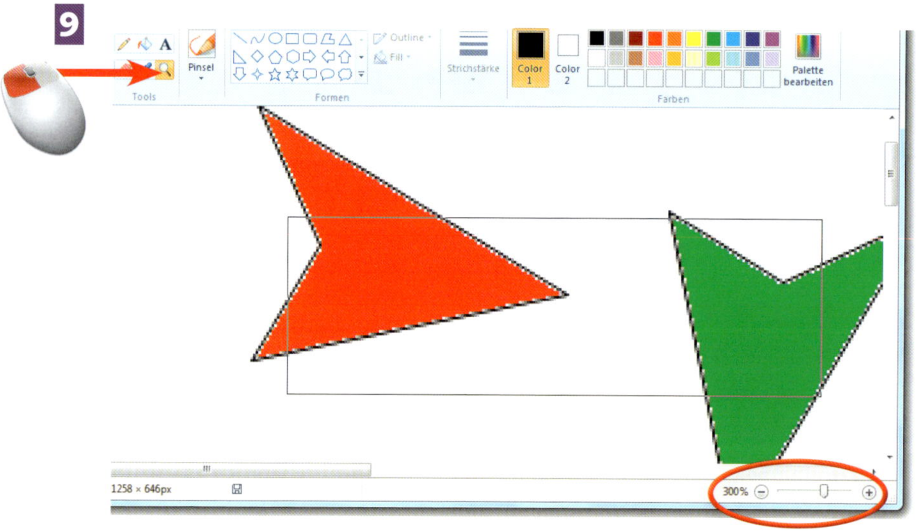

Zeichnen und Malen mit Paint

7 Markieren Sie eine Zeichnung und wählen Sie *Drehen*, um die Auswahl zu drehen oder zu spiegeln.

8 Mit dem Textwerkzeug schreiben Sie Texte in vielen verschiedenen Schriftarten. Ziehen Sie den Textbereich vorher mit der Maus auf.

9 Lupe und Zoom-Regler vergrößern und verkleinern die Bildansicht. Mit der linken Maustaste wird vergrößert, die rechte verkleinert.

Mit etwas Übung gelingen mit Paint die tollsten Zeichnungen. Nutzen Sie die vielen Werkzeuge und vergessen Sie nicht, Ihre Arbeit zu speichern.

WISSEN

8 Zubehör und Spiele 171

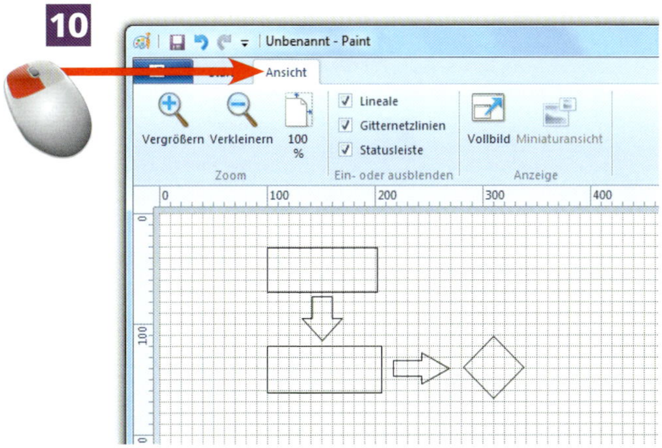

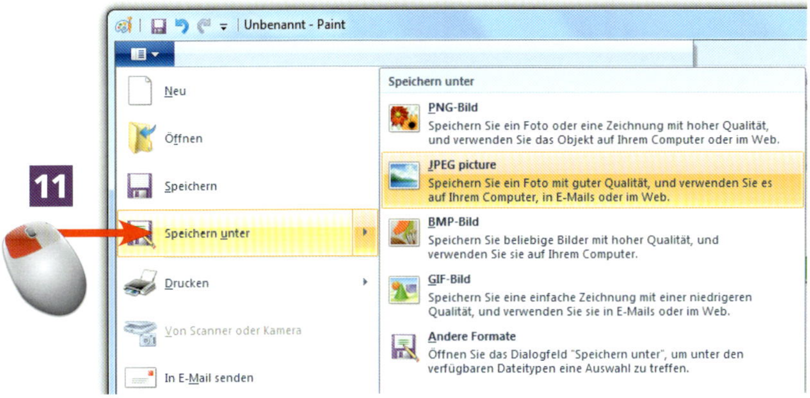

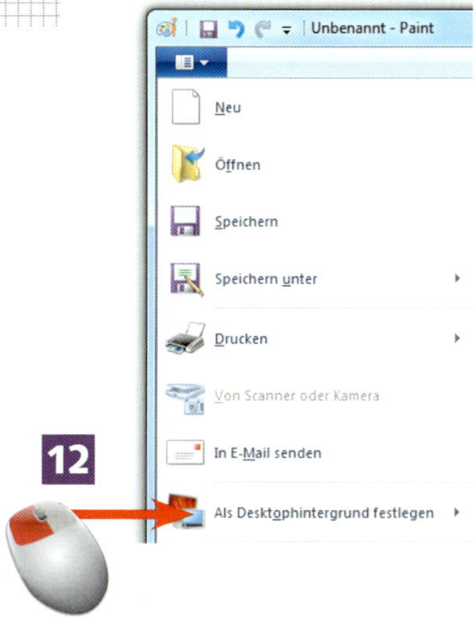

10 Schalten Sie auf der Registerkarte *Ansicht* die Lineale und Gitternetze hinzu, wenn Sie exakter zeichnen wollen.

11 Klicken Sie auf das Paint-Menü und wählen Sie *Speichern unter*. Paint bietet mehrere Grafikformate an.

12 Sie können Ihr Kunstwerk auch drucken, per Mail versenden oder gleich als Hintergrundbild speichern.

TIPP

Bearbeiten Sie mit Paint auch Bildschirmfotos. Mit der [Druck]-Taste oder [Alt]-Druck für das aktuelle (Dialog)-Fenster „schießen" Sie das Foto, holen Sie es mit [Strg]+[V] aus der Zwischenablage in die Zeichenfläche.

HINWEIS

Paint arbeitet mit 96 dpi (dots per inch = Punkte pro Zoll). Für echte Fotobearbeitung ist das zu wenig.

172 Schreiben mit dem Editor

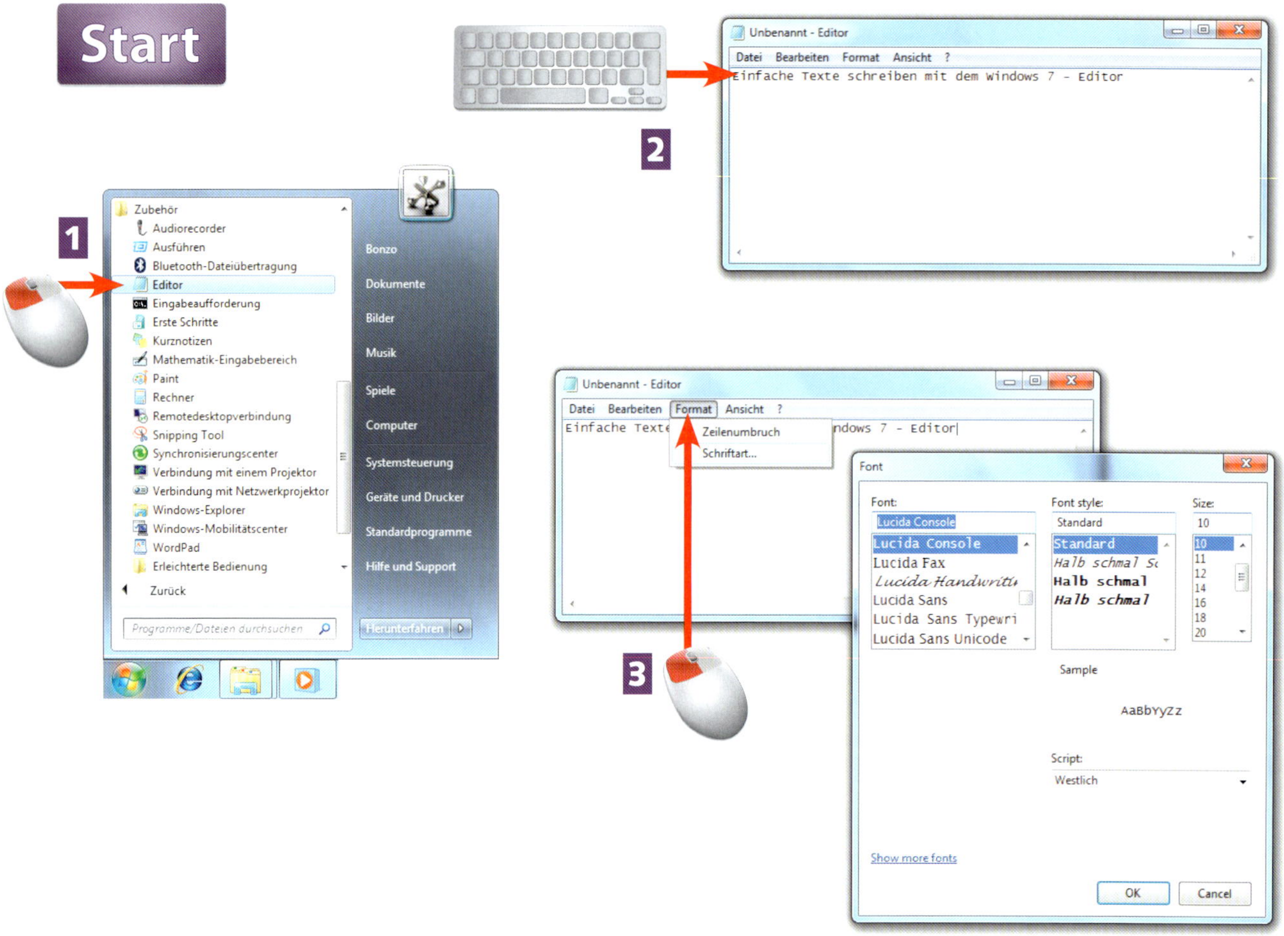

1 Starten Sie den Editor unter *Zubehör* im Startmenü oder klicken Sie doppelt auf eine Textdatei, um diese im Editor zu öffnen.

2 Schreiben Sie an der Cursorposition oder holen Sie kopierten Text mit *Bearbeiten/ Einfügen* aus der Zwischenablage.

3 Zeilenumbruch, Schriftarten und unterschiedliche Schriftgrößen finden Sie im *Format*-Menü.

WISSEN

Der Windows 7-Editor ist ein kleines, aber nützliches Textverarbeitungsprogramm für alle Textaufgaben, in denen keine Formatierungen und Layoutarbeiten benötigt werden.

8 Zubehör und Spiele 173

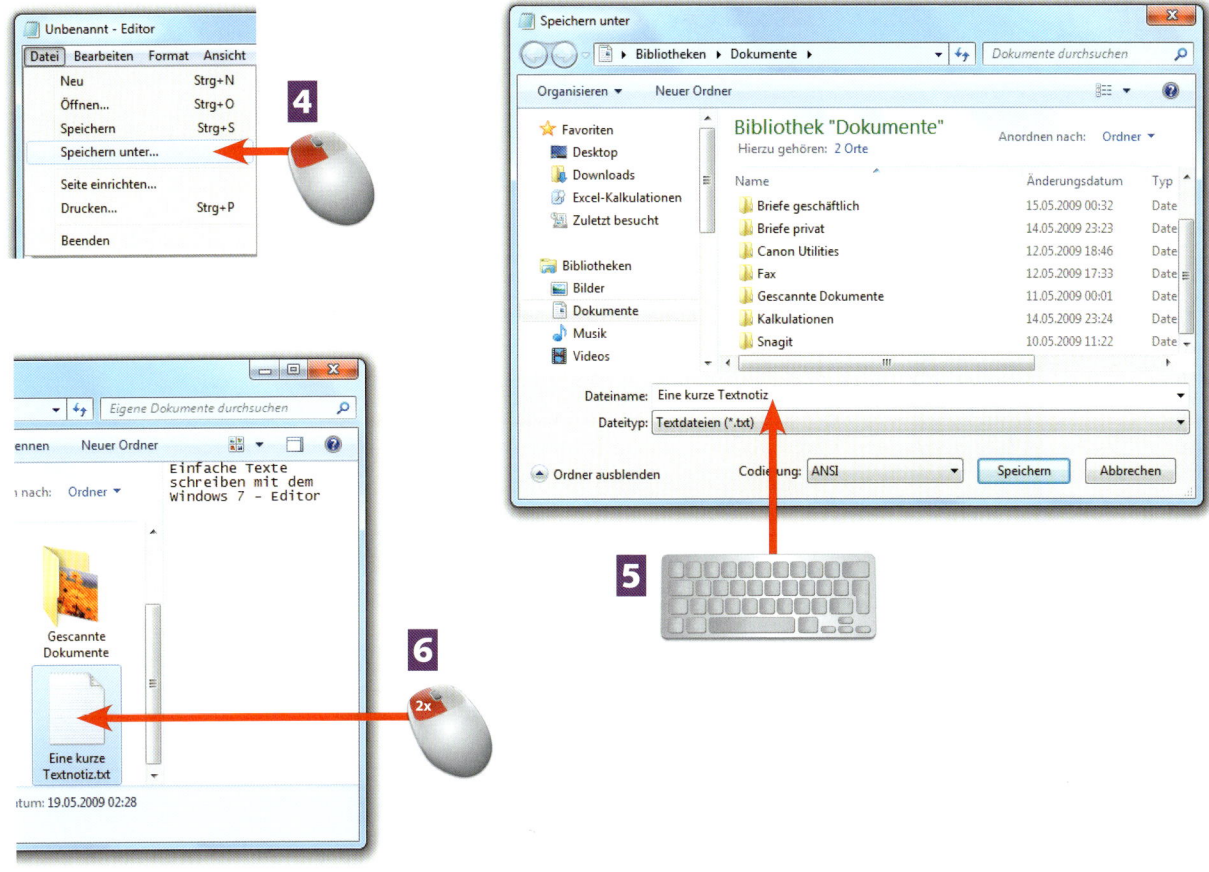

4 Speichern Sie Ihren Editor-Text mit *Datei/Speichern unter*.

5 Wählen Sie den Zielordner und geben Sie einen Dateinamen ein. Die Endung TXT wird automatisch hinzugefügt.

6 Der Text wird im Ordner gespeichert, klicken Sie das Symbol doppelt an, um ihn wieder im Editor zu bearbeiten.

Ende

TIPP

Unter *Datei/Speichern unter* können Sie auch die Codierung ändern. Standard ist ANSI, Unicode und UTF-8 sind im Angebot.

FACHWORT

ANSI (American National Standard Institute): Allgemeine Norm für Windows-Texte im 8-Bit-Format. Unicode und UTF-8 sind erweiterte Standards mit internationalen Zeichensätzen.

174 Textverarbeitung mit WordPad

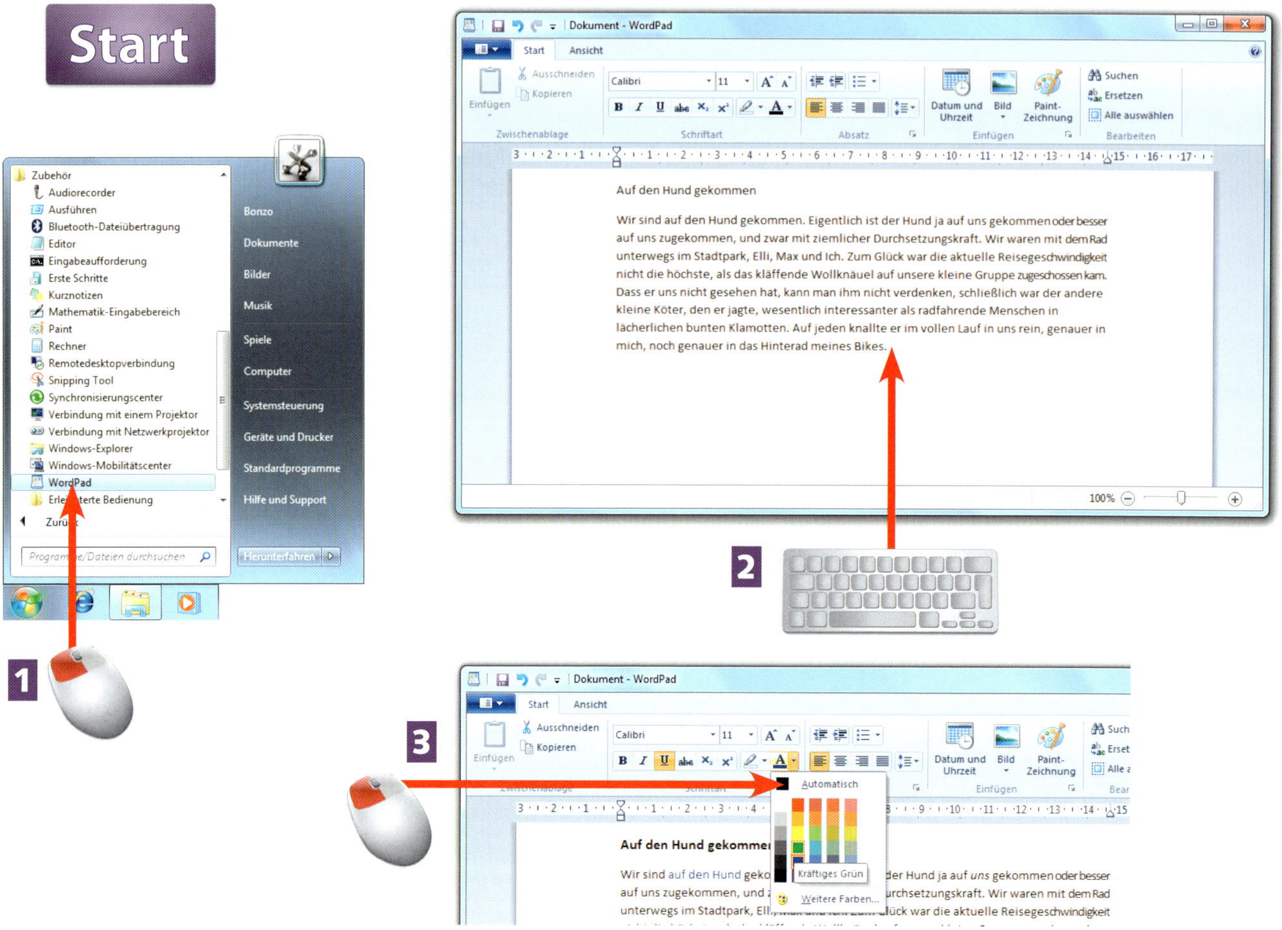

1. Starten Sie das Textverarbeitungsprogramm WordPad aus dem *Zubehör*-Ordner im Startmenü.

2. Geben Sie Text ein, schreiben Sie Absatz für Absatz, drücken Sie die Eingabetaste für einen neuen Absatz.

3. Markieren Sie einzelne Textstellen. In der Multifunktionsleiste finden Sie Formatierwerkzeuge (Fettdruck, Kursiv, Farbe etc.).

WordPad ist ein kleines, aber gutes Textprogramm zum Schreiben von Briefen, Referaten, Einladungen, Notizen etc. Sie können natürlich auch endlich Ihren ersten Roman damit schreiben.

WISSEN

8 Zubehör und Spiele

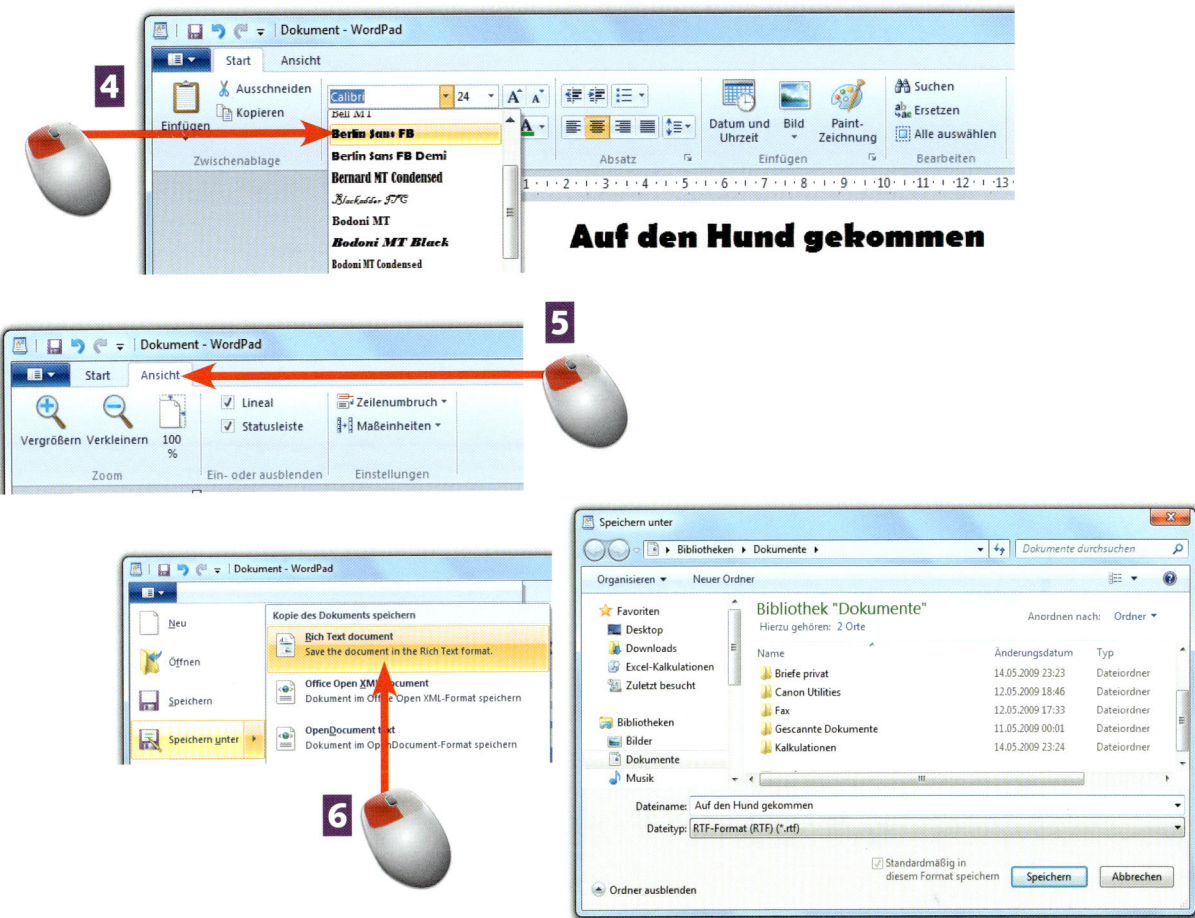

4 Markieren Sie eine Textstelle und wählen Sie die passende Schrift und Schriftgröße.

5 Auf der Registerkarte *Ansicht* finden Sie weitere Werkzeuge, schalten Sie das Lineal und den automatischen Zeilenumbruch ein.

6 Klicken Sie auf das WordPad-Symbol und speichern Sie den Text als Datei im RTF-Format oder einem anderen Dateiformat.

Zoomen Sie die Textfläche mit gedrückter [Strg]-Taste und dem Mausrad.

RTF (Rich Text Format): älteres Dateiformat für reine ANSI-Texte. Speichert im Unterschied zum Textformat des Editors auch Formatierungen.

HINWEIS **FACHWORT**

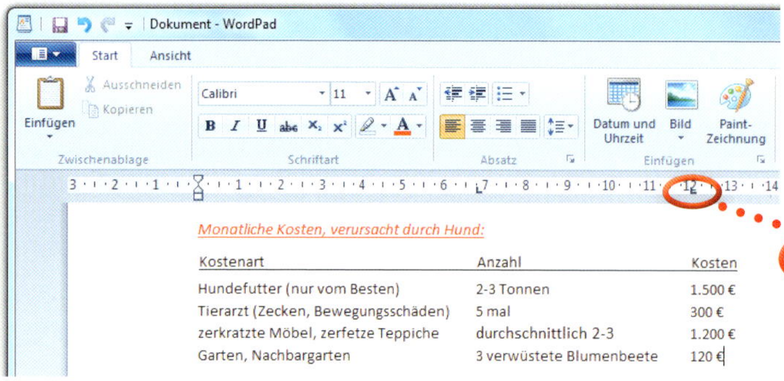

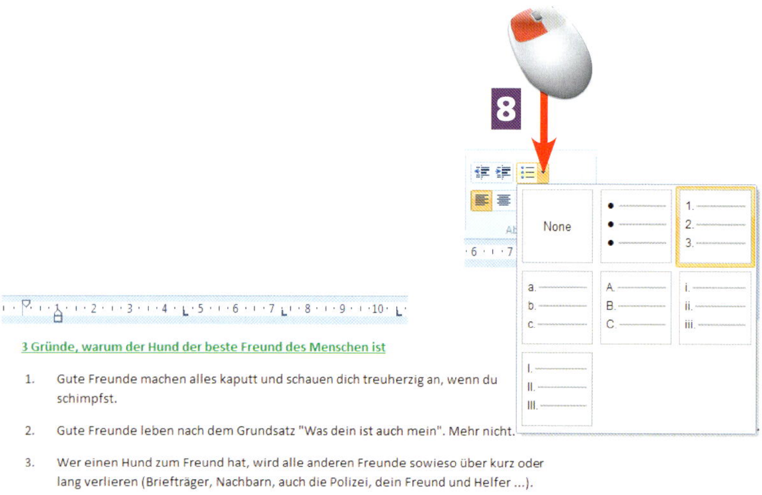

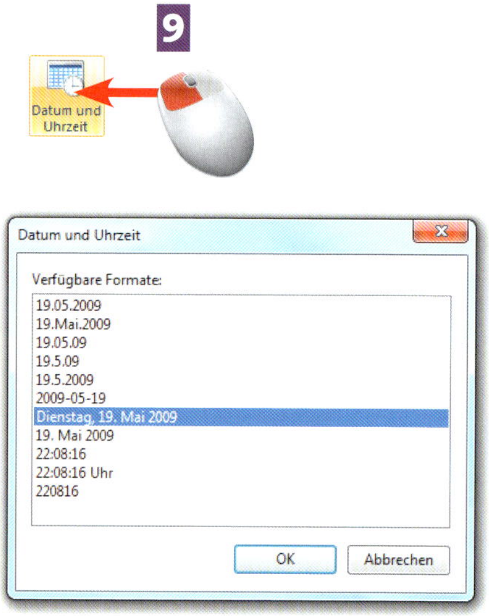

176 Textverarbeitung mit WordPad

7 Tabellen schreiben Sie mit Tabulatorzeichen (⇆-Taste) zwischen den Spalten. Klicken Sie in das Lineal für einen Tabstopp.

8 Aufzählungen und Nummerierungen werden mit Listenzeichen versehen, Abstände regelt das Lineal.

9 Mit Klick auf *Datum und Uhrzeit* fügen Sie das Tagesdatum an der Schreibmarke ein. Wählen Sie ein passendes Format.

Nutzen Sie die Textverarbeitungswerkzeuge von WordPad, damit Ihre Textdokumente gut aussehen. Schreiben Sie mit Tabulatoren und fügen Sie Grafiken über die Zwischenablage in den Text ein.

WISSEN

8 Zubehör und Spiele 177

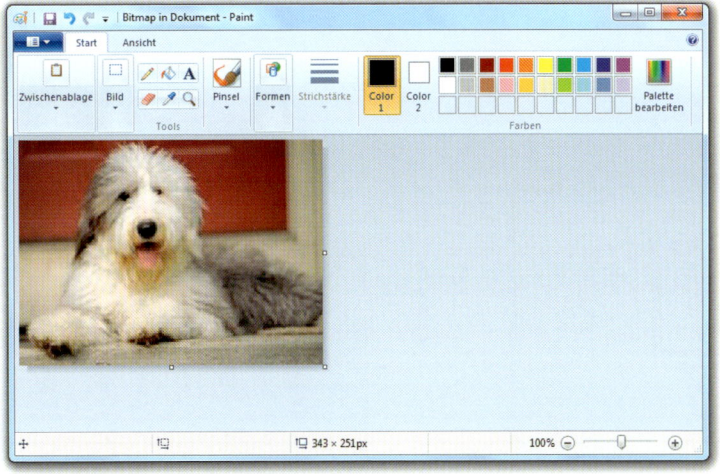
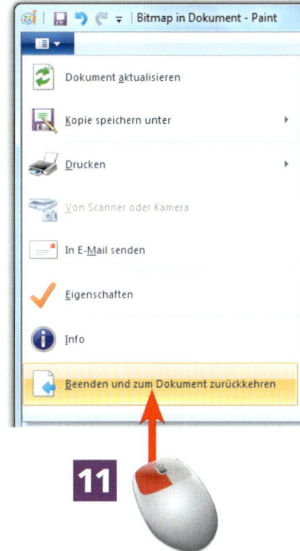

10 Klicken Sie auf *Paint-Zeichnung*, um eine Grafik einzufügen. Zeichnen Sie im Paint-Fenster oder holen Sie ein Bild über die Zwischenablage.

11 Mit *Beenden und zum Dokument zurückkehren* schalten Sie wieder zurück zum WordPad-Text …

12 … und die Grafik wird an der Schreibmarke eingefügt.

Ende

Um einen Tabstopp zu entfernen, ziehen Sie ihn mit gedrückter Maustaste aus dem Lineal.	Ziehen Sie die schwarzen Markierungspunkte rund um die Grafik, um diese zu vergrößern oder zu verkleinern.	Ein Doppelklick auf die Grafik befördert diese wieder in das Paint-Fenster.
TIPP	**HINWEIS**	**TIPP**

WordPad-Dokument drucken

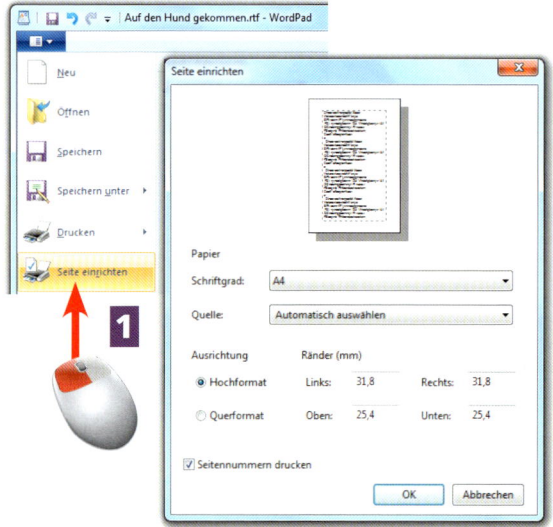
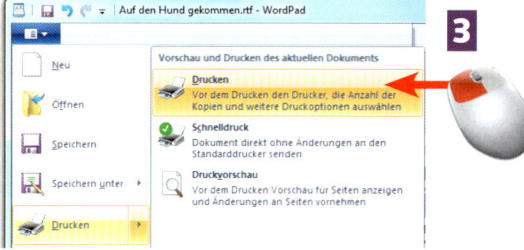
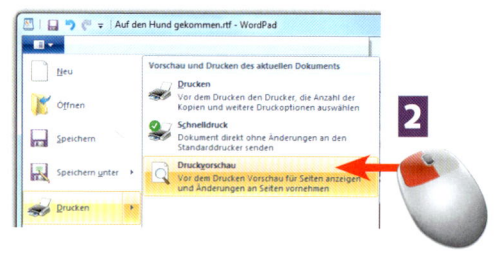
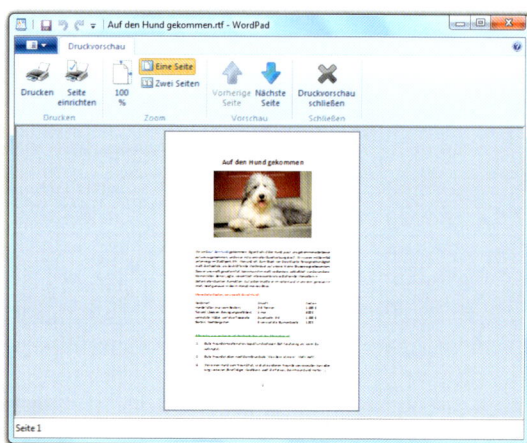

1 Mit *Seite einrichten* im WordPad-Menü passen Sie die Seitengröße, das Format und die Seitenränder an.

2 Wählen Sie *Drucken/Druckvorschau*, um das Druckergebnis zu überprüfen. Klicken Sie auf Druckvorschau schließen ...

3 ... und schicken Sie den Text an den angeschlossenen Drucker (Schnelldrucker) oder wählen Sie einen anderen Drucker aus.

Haben Sie Ihren Drucker, wie in Kapitel 4 beschrieben, korrekt unter Windows 7 installiert? Dann können Sie das Drucklayout einrichten und Ihr Dokument an den Drucker senden.

WISSEN

8 Zubehör und Spiele 179

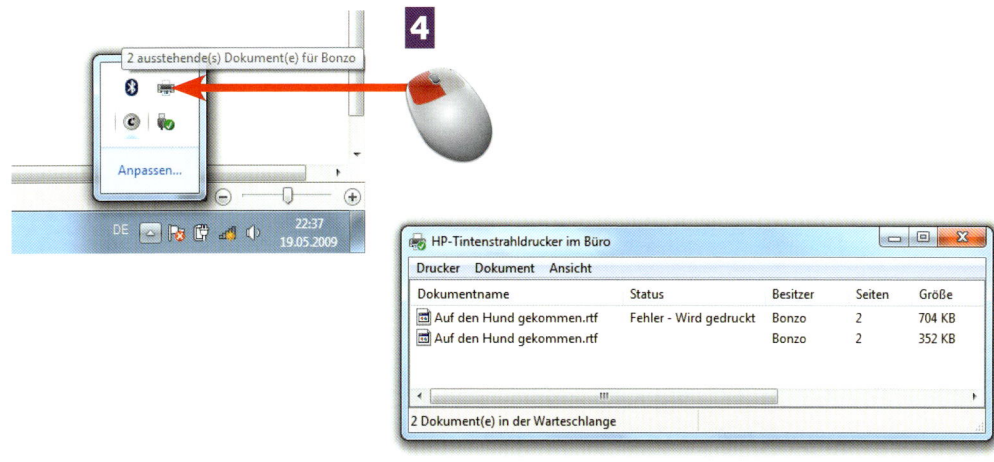

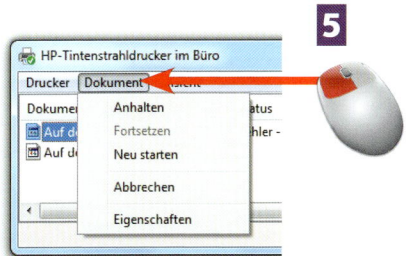

4 Im Infobereich der Taskleiste erscheint ein Druckersymbol, der Druck wird „gespoolt". Öffnen Sie das Fenster für den Drucker …

5 … und überprüfen Sie den Status des Ausdrucks. Bearbeiten Sie Ihre Druckaufträge über das Drucker- und Dokument-Menü.

6 Wenn alles korrekt eingerichtet ist, wird Ihr Dokument ausgedruckt.

Ende

Ein schneller Shortcut für Drucken: Drücken Sie [Strg]+[P].

Spoolen: Zwischenspeichern, Hintergrunddruck. Der Anwender kann weiterarbeiten, während gedruckt wird.

TIPP

FACHWORT

180 Bildschirmfotos mit dem Snipping Tool

Start

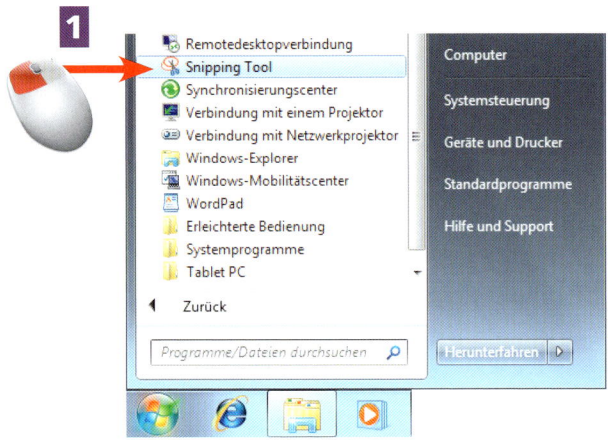
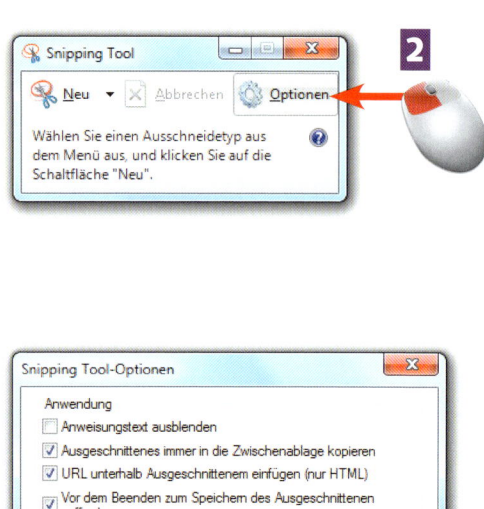
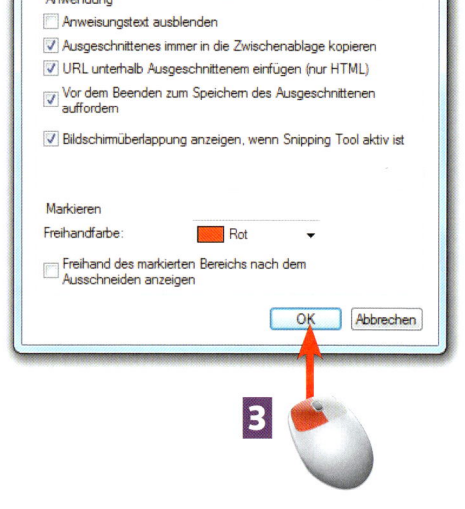

1 Wählen Sie *Start/Alle Programme/Zubehör/Snipping Tool*.

2 Das Tool präsentiert sich in einem kleinen Fenster, klicken Sie auf *Optionen*.

3 Stellen Sie die Optionen ein und wählen Sie eine Farbe für den Markierungsrahmen.

Mit dem Snipping Tool schießen Sie „Screenshots", Bildschirmfotos. Es kopiert einen Teil des Desktops oder ganze Windows-Fenster und bietet die Möglichkeit, das Foto als Bilddatei zu speichern oder über die Zwischenablage in ein anderes Programm zu exportieren.

WISSEN

8 Zubehör und Spiele

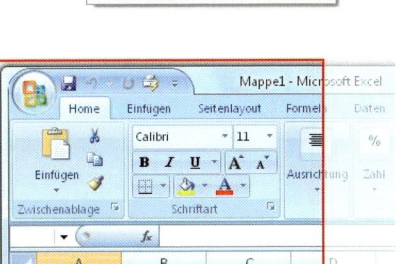

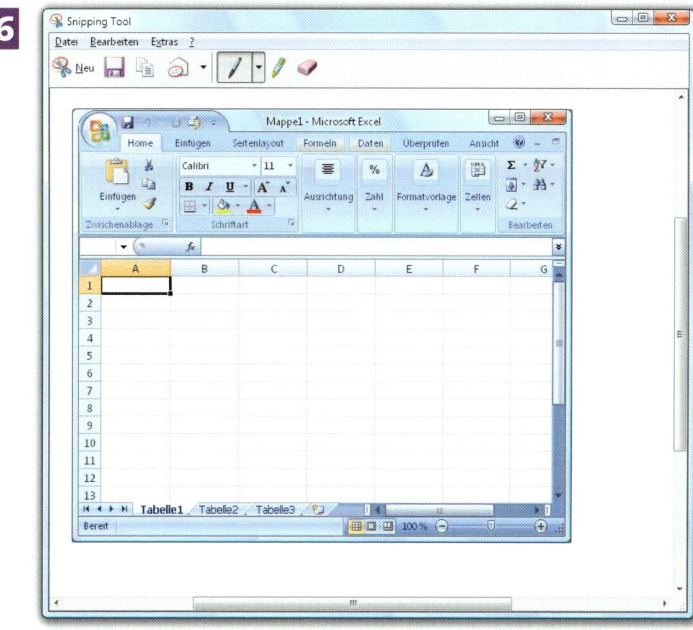

4 Klicken Sie auf *Neu* und wählen Sie den freien oder rechteckigen Ausschnitt. Ziehen Sie die Maus über den Bildschirmbereich.

5 Mit *Neu/Fenster ausschneiden* wird automatisch das aktive Fenster umrahmt.

6 Bearbeiten Sie den angezeigten Screenshot oder speichern Sie ihn als Grafikdatei im JPG-Bildformat.

Ende

Bildschirmfotos können Sie auch mit der [Druck]-Taste schießen: Drücken Sie die [Druck]-Taste oder [Alt]+[Druck] für das aktive Fenster. Holen Sie den Screenshot mit [Strg]+[V] aus der Zwischenablage in ein Dokument oder in ein Grafikprogramm (Paint).

HINWEIS

182 Kurznotizen

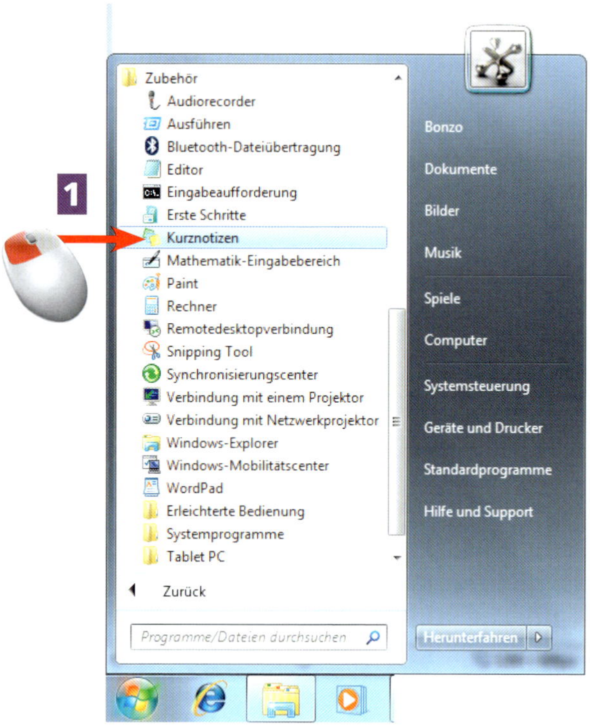

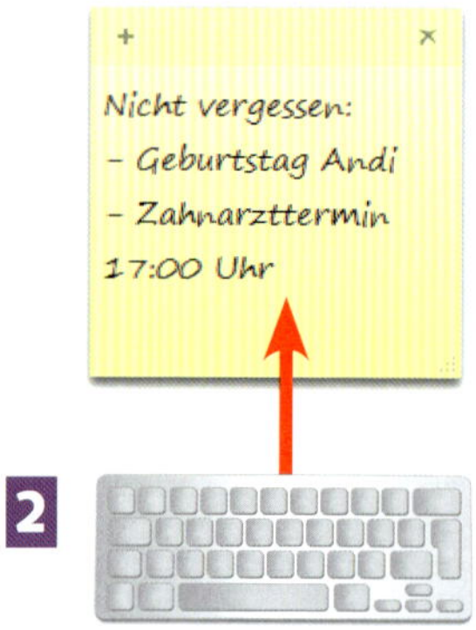

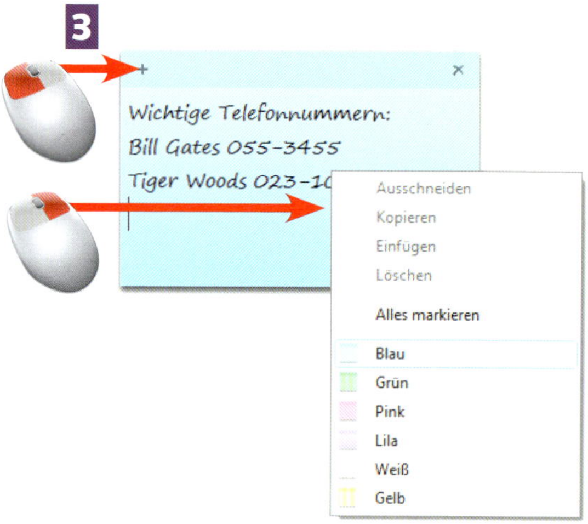

1. Starten Sie das Programm über das Startmenü unter *Alle Programme/Zubehör*.
2. Die erste Kurznotiz wird sofort angelegt, tragen Sie Ihre Notizen ein.
3. Klicken Sie auf das Pluszeichen für weitere Notizen. Im Kontextmenü finden Sie Hintergrundfarben.

WISSEN

Kennen Sie die kleinen gelben Notizzettel, die überall rumliegen und leicht verloren gehen? Mit Windows 7-Kurznotizen vergessen Sie nichts Wichtiges mehr. Legen Sie sich Notizen auf Ihrem Desktop an – die müssen auch nicht gelb sein ...

8 Zubehör und Spiele

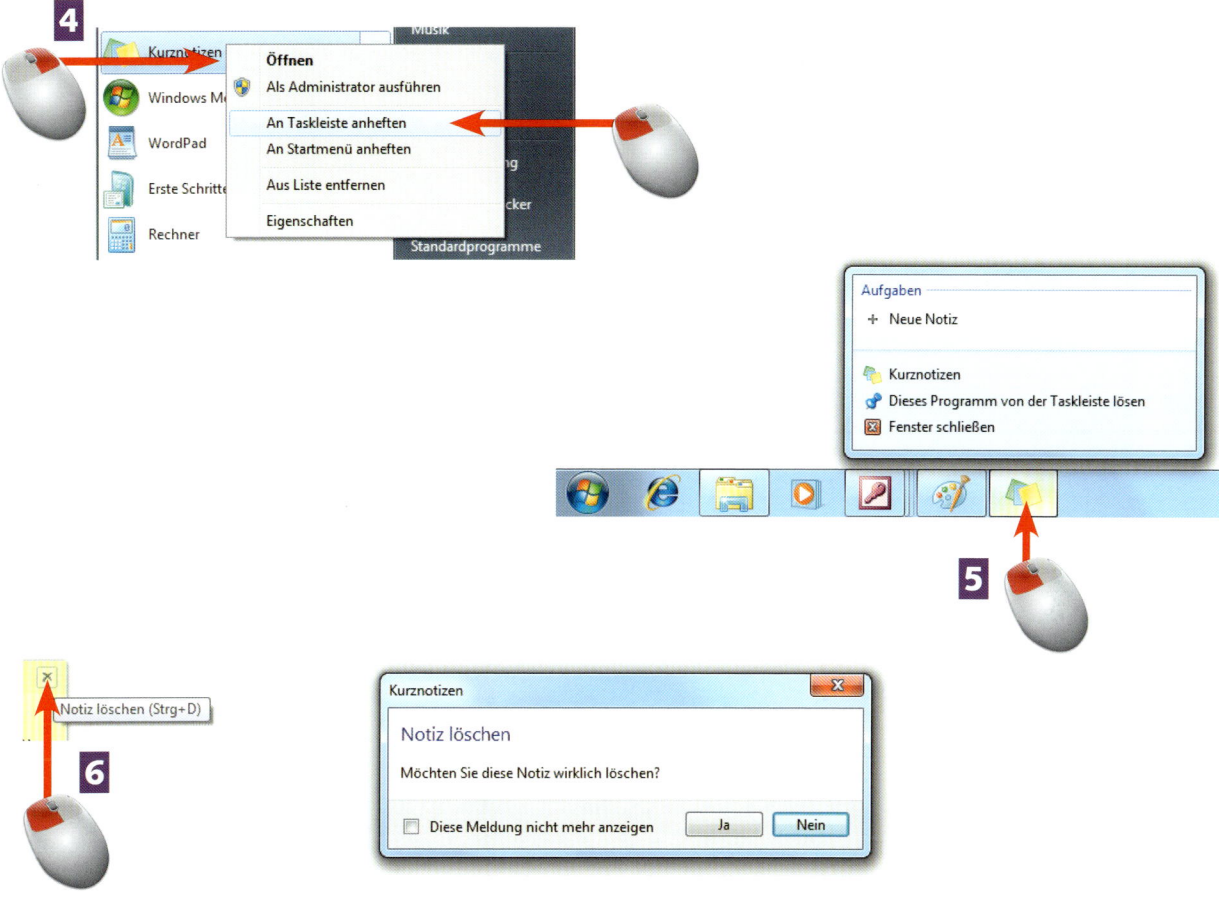

4 Damit das Notizprogramm ständig verfügbar ist, heften Sie es am besten über das Kontextmenü an die Taskleiste an.

5 Jetzt genügt ein Klick auf das Symbol und die Notizen werden sichtbar gemacht.

6 Klicken Sie auf das Kreuzsymbol rechts oben, um eine Notiz zu löschen. Die Bestätigung können Sie ausschalten.

Ende

HINWEIS

Nützliche Hintergrundfarben: Gelbe Notizen sind weniger wichtig, rote Notizen sehr wichtig.

TIPP

Ein schneller Notizen-Shortcut: Drücken Sie Strg+N für eine neue Notiz.

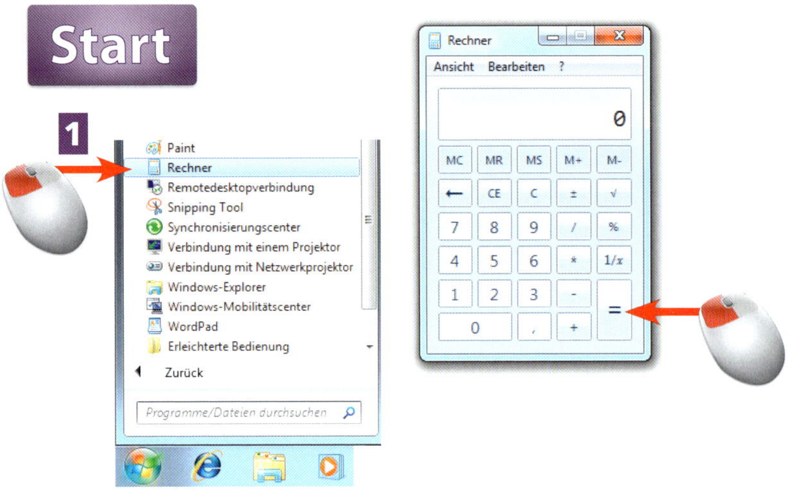

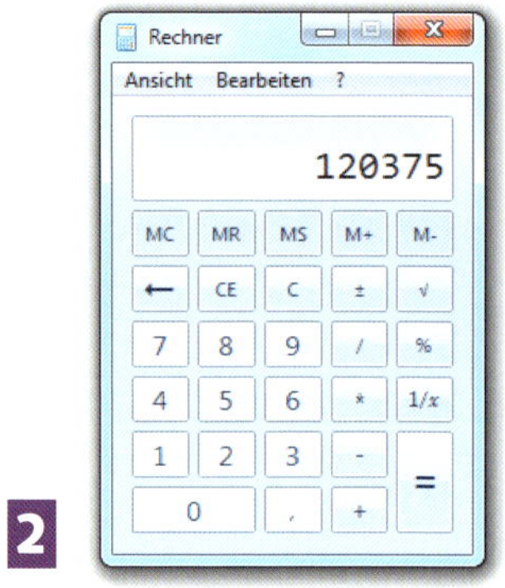

Rechner

Start

MC MR MS M+ M-	Speicher (memory)
C	Löschen (clear)
√	Wurzel
%	Prozent
1/x	Bruch

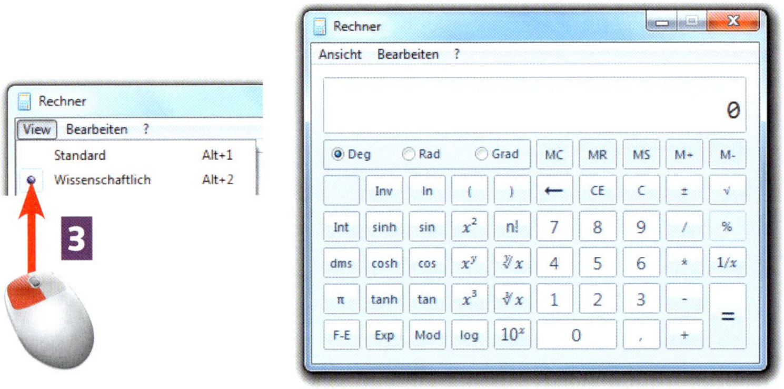

1 Starten Sie den Rechner unter *Start/Alle Programme/Zubehör* und geben Sie eine Rechnung ein. Mit = berechnen Sie das Ergebnis.

2 Der Rechner bietet die wichtigsten arithmetischen Funktionen und eine Speicherfunktion an.

3 Klicken Sie auf *Ansicht* und schalten Sie auf den wissenschaftlichen Modus um.

WISSEN

Der Windows 7-Rechner ist auf den ersten Blick ein gewöhnlicher Taschenrechner. Schalten Sie um auf Wissenschaftlich, Statistik oder Programmierer, wenn Sie professionelle Kalkulationen brauchen. Ein Spezialmodus rechnet sogar Maßeinheiten um und ermittelt Leasingraten oder Benzinverbrauch.

8 Zubehör und Spiele 185

4 Der Programmierer-Modus stellt digitale Rechenmodi bereit und im Statistik-Modus finden Sie Mittelwerte und Standardabweichung.

5 Schalten Sie den Modus *Einheitenumrechnung* ein, um technische Einheiten umzurechnen oder Datumsdifferenzen zu ermitteln.

6 Unter *Arbeitsschritte* finden Sie weitere Rechenwerkzeuge, zum Beispiel Leasingratenzahlung oder Kraftstoffverbrauch.

TIPP

Unter *Ansicht/Verlauf* finden Sie die letzten Rechenschritte.

HINWEIS

Rechengenauigkeit: im wissenschaftlichen Modus 32 Stellen, im Programmierer-Modus nur Ganzzahlen, 64 Bit.

TIPP

Mit [Strg]+[C] kopieren Sie das Ergebnis, [Strg]+[V] fügt Zahlen aus der Zwischenablage ein.

Spiele

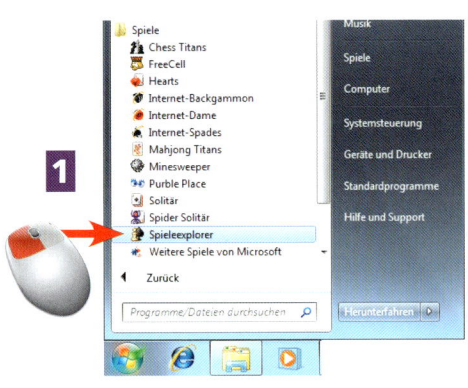
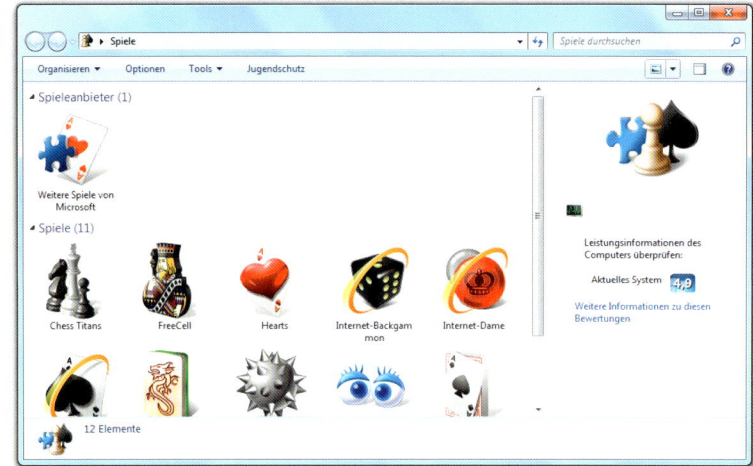
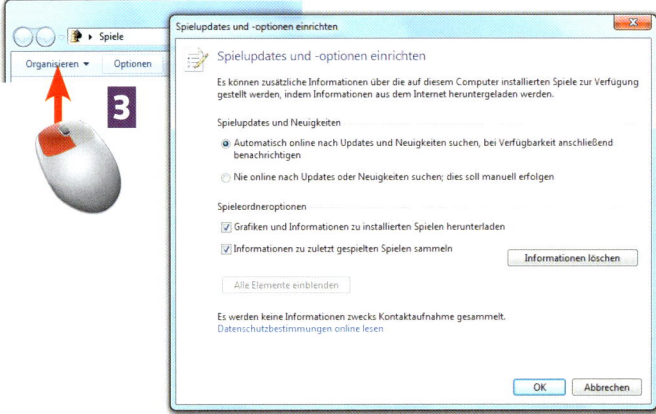

1 Starten Sie den Spieleexplorer aus dem Startmenü oder über *Alle Programme/Spiele*.

2 Im Explorer-Fenster werden alle Spiele angezeigt, die Windows 7 im Angebot hat.

3 Klicken Sie auf *Optionen* und richten Sie den Update ein, um neue Spiele automatisch aus dem Internet zu holen.

Neue Spiele im 3D-Look und alte Windows-Spiele im neuen Gewand bietet der Spieleexplorer. Entspannen Sie sich doch mal bei FreeCell oder Solitär.

WISSEN

8 Zubehör und Spiele 187

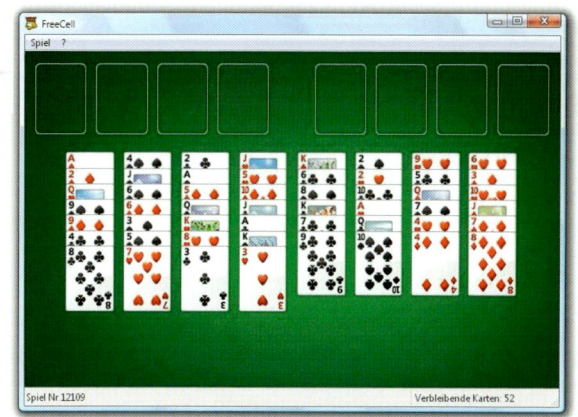

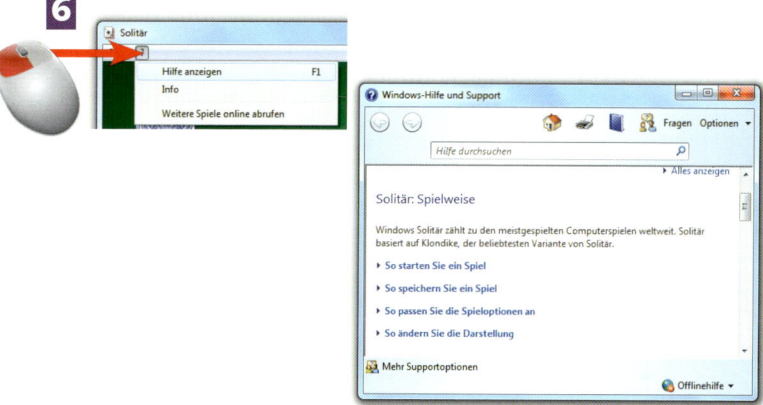

4 FreeCell: Versuchen Sie, alle Karten einer Farbe der Reihe nach rechts oben in den Ablagebereich zu bringen.

5 Solitär ist wie FreeCell, hat aber keine Ablagefelder. Spider Solitär funktioniert ähnlich mit mehr Schwierigkeitsgraden.

6 Für die Spielregeln zu jedem Spiel klicken Sie auf das Fragezeichen in der Menüleiste und wählen *Hilfe anzeigen*.

Solitär-Tipps: Verschieben Sie immer erst die Karten zwischen den Stapeln, neue Karten geben Punktabzug. Ein Doppelklick befördert die Karte nach oben (wenn sie passt).

Der Spieleexplorer fasst alle Spiele zusammen, Sie können diese aber auch einzeln aus dem Startmenü holen.

TIPP   **HINWEIS**

Spiele

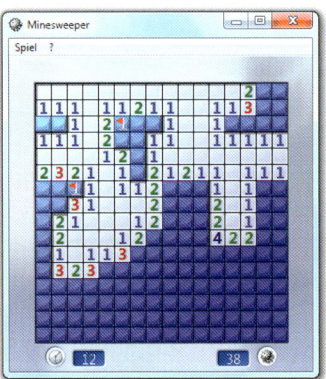

7 Wer bei Hearts die wenigsten Herz kassiert, gewinnt. Bei Mahjong müssen Sie doppelte Steine finden und entfernen.

8 Spüren Sie im Minesweeper-Minenfeld Minen auf. Die Zahl zeigt an, wie viele Minen angrenzen (rechte Maustaste = Mine markieren).

9 Auch für die Kleinen ist was dabei: Im Purble Place warten eine Zuckerbäckerei, Figurenraten und ein Memory-Spiel.

Mahjong und Schach-Giganten sind 3D-Spiele mit vielen Optionen und unterschiedlichen Spielstärken. Für Kinder gibt es pädagogische Spiele im Purble Place.

WISSEN

8 Zubehör und Spiele

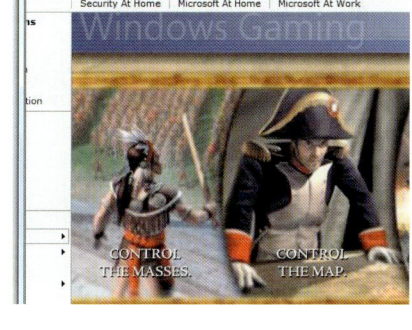

10 Chess Titans ist ein 3D-Schachspiel der Extraklasse. Spielen Sie mit F2 gegen den Computer oder mit F3 gegen eine Person.

11 Für die Internetspiele ist eine Onlineverbindung erforderlich. Treten Sie gegen Spieler aus der ganzen Welt an.

12 Mit Klick auf *Weitere Spiele von Microsoft* aktivieren Sie eine Internetseite mit weiteren Spielangeboten zum Download.

> Wenn keine Spiele angezeigt werden, wählen Sie *Start/ Systemsteuerung/Programme und Windows-Features aktivieren/deaktivieren*.
>
> **HINWEIS**

> Einige Spiele wie Chess Titans und Internet-Dame sind nur in den Windows 7-Versionen Premium und Ultra enthalten, nicht in den Basisversionen.
>
> **HINWEIS**

9

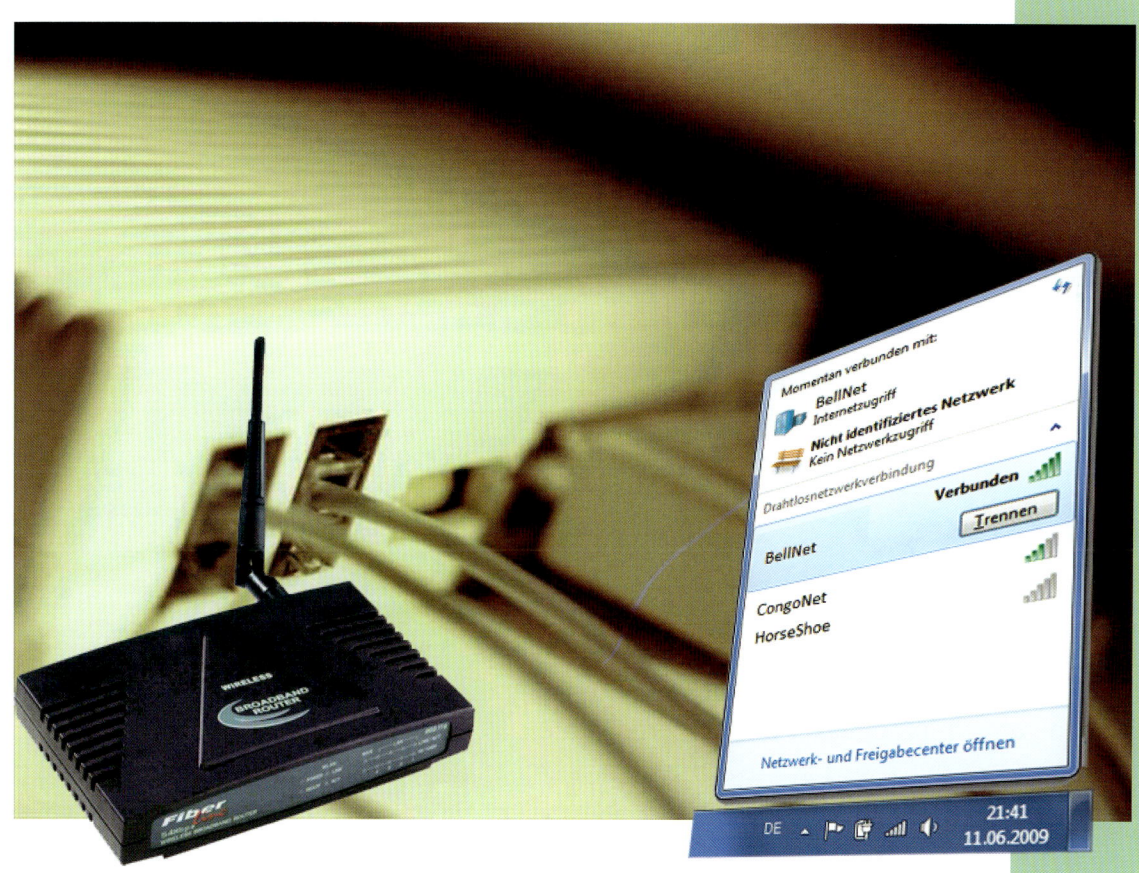

Netzwerk- und Internetverbindung

Netzwerkhardware

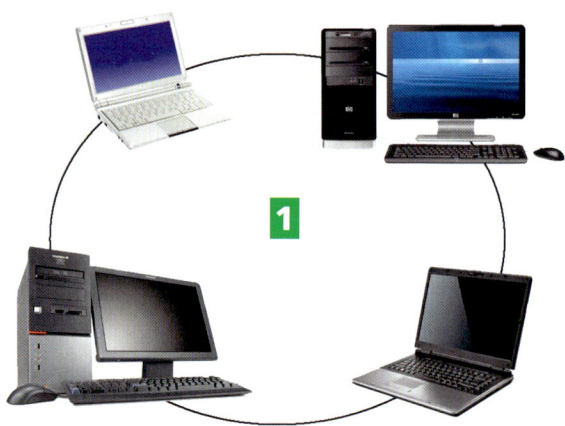

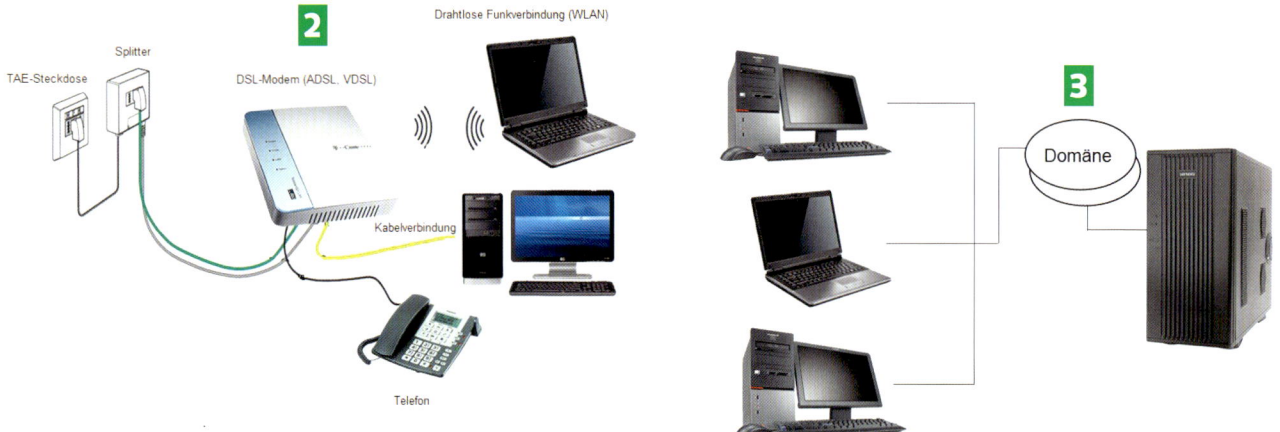

1 Im lokalen Heim- oder Arbeitsplatznetz sind alle Computer miteinander verbunden und nutzen gemeinsam Drucker und andere Geräte.

2 Mit dem DSL-Modem und einem Router (meist integriert) erhalten alle Computer Zugang zum Internet.

3 Ein Firmennetz (Client-Server-Netz) verbindet alle Computer mit einem Server, der über Proxy-Server Zugang zum Internet hat.

Zu Hause oder am Arbeitsplatz ist ein Netzwerk ideal für den Datenaustausch zwischen Computern und die gemeinsame Nutzung von Geräten (Drucker, Scanner). Mit DSL verbinden Sie sich bequem ins Internet.

WISSEN

9 Netzwerk- und Internetverbindung   193

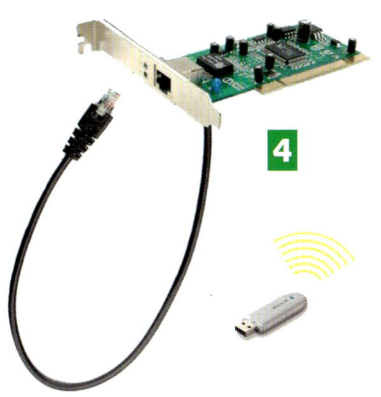

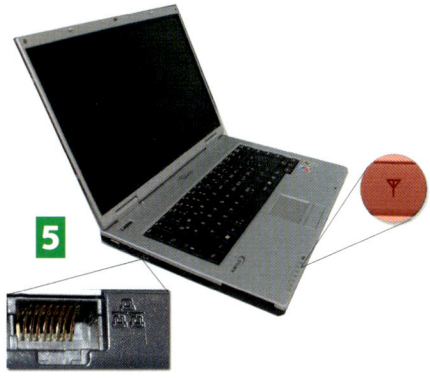

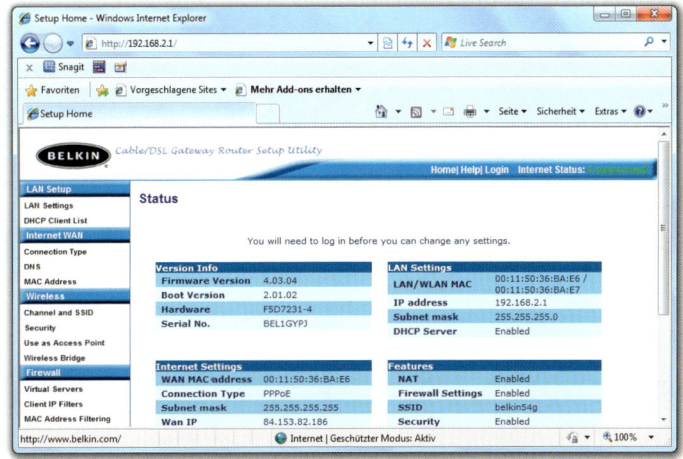

4 Desktop-PCs brauchen für eine LAN-Verbindung eine Netzwerkkarte mit Netzkabel, für WLAN gibt es USB-Adapter.

5 Notebooks sind standardmäßig mit LAN-Adapter und drahtloser Funknetzverbindung (WLAN) ausgestattet.

6 Das Gateway am DSL-Router wird per Internetbrowser eingerichtet. Ändern Sie gleich das Kennwort und sichern Sie die Verbindung.

LAN (Local Area Network): Lokales Netzwerk
DSL, ADSL und VDSL: Schnelle digitale Breitbandverbindung, Nachfolger von ISDN
LAN-Adapter: Steckkarte für den PC mit Anschluss für Netzkabel
Hub: Verteilt die Netzwerkbandbreite auf alle angeschlossenen Geräte
Router: Gerät am/im DSL-Modem, das mehrere Computeranschlüsse bündelt
Breitband: DSL und Kabelmodemdienst

FACHWORT

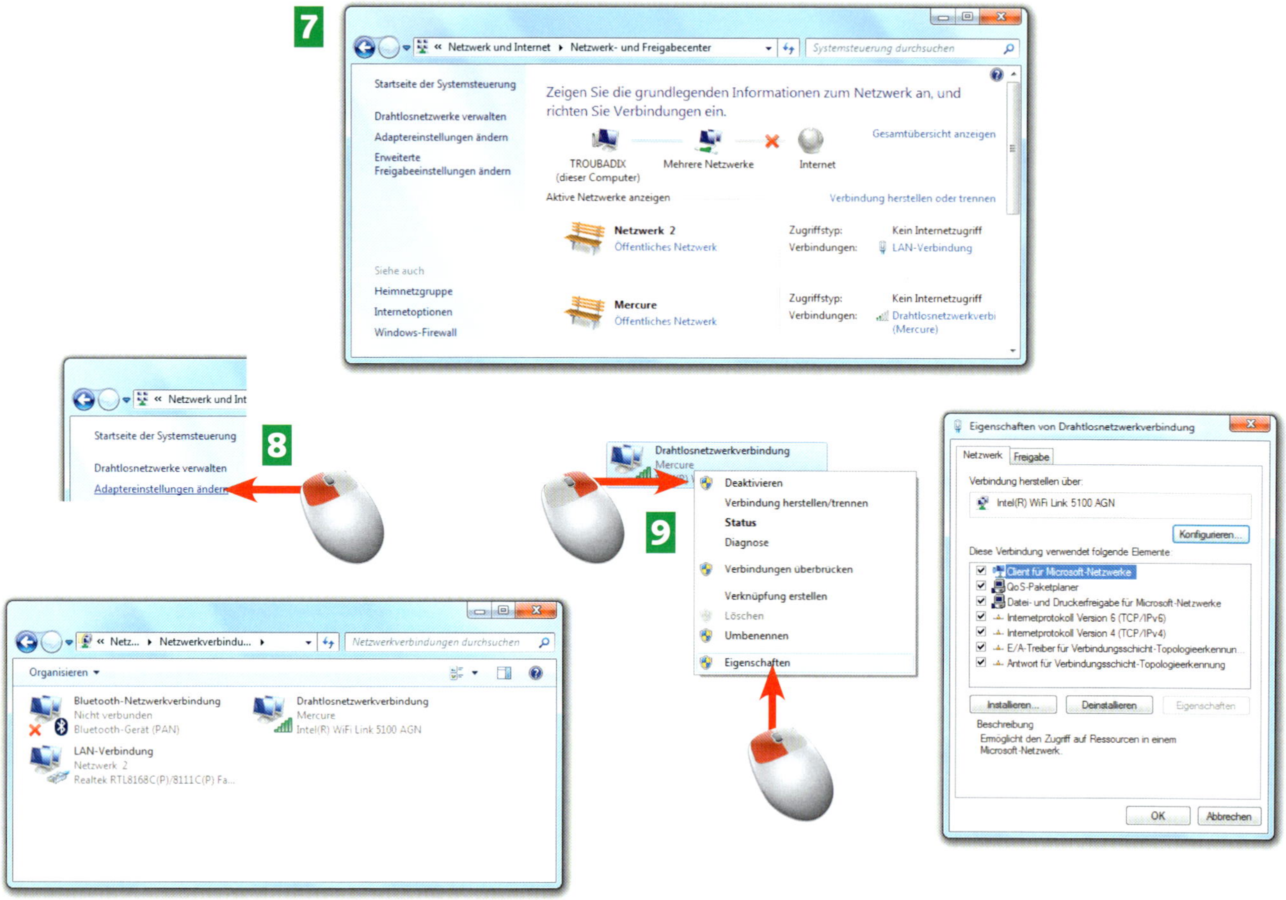

Netzwerkhardware

7 Die Liste aller Netzwerkadapter finden Sie unter *Start/Systemsteuerung/Netzwerk- und Freigabecenter*.

8 Klicken Sie auf *Adaptereinstellungen ändern*. Die verfügbaren Netzwerkadapter werden angezeigt.

9 Öffnen Sie die Eigenschaften eines Adapters im Kontextmenü und überprüfen Sie die Netzwerkprotokolle und Dienste.

Stellen Sie sicher, dass die Adapter für die Netzverbindung richtig konfiguriert sind. Das Netzwerk- und Freigabecenter und der Geräte-Manager unterstützen Sie dabei.

WISSEN

9 Netzwerk- und Internetverbindung

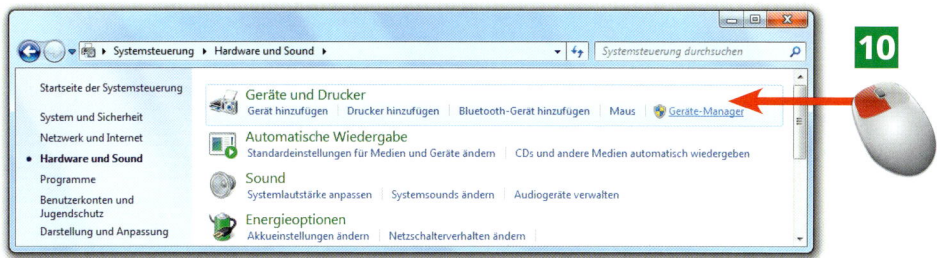

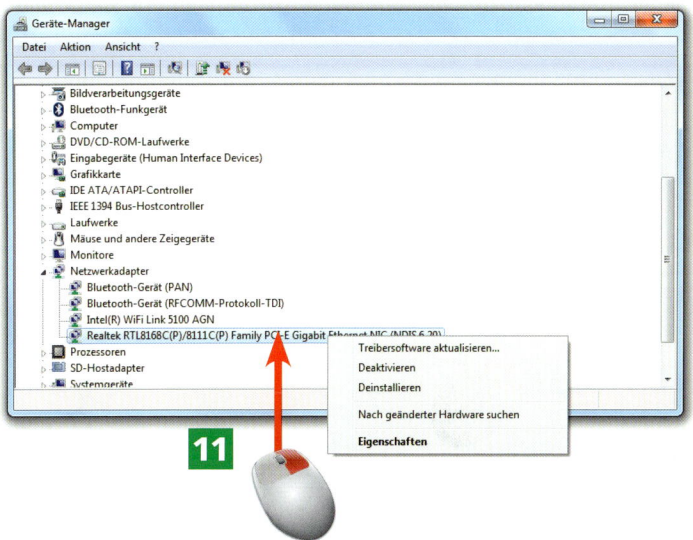

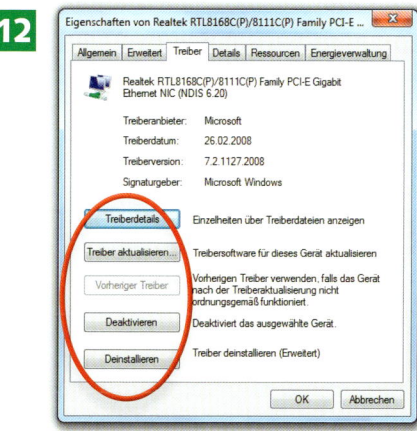

10 Unter *Start/Systemsteuerung/Hardware und Sound* finden Sie den Geräte-Manager. Aktivieren Sie ihn ...

11 ... und sehen Sie sich die Eigenschaften einzelner Adapter an. Die Liste finden Sie in der Kategorie *Netzwerkadapter*.

12 Hier können Sie bei Bedarf Treiber aktualisieren, Ressourcen überprüfen oder Geräte aktivieren und deaktivieren.

Auf dem Notebook kann die WLAN-Verbindung manuell abgeschaltet werden. Suchen Sie den Schalter mit dem WLAN-Symbol.	Überprüfen Sie Ihre Windows Update-Liste, ob für Ihren LAN/WLAN-Adapter neue Treiber verfügbar sind.	Im Firmennetzwerk melden Sie sich an einer Domäne auf dem Server an. Per VPN können Sie sich auch von zu Hause in den Firmenserver einwählen.
TIPP	**HINWEIS**	**HINWEIS**

196 WLAN-Verbindungen einrichten

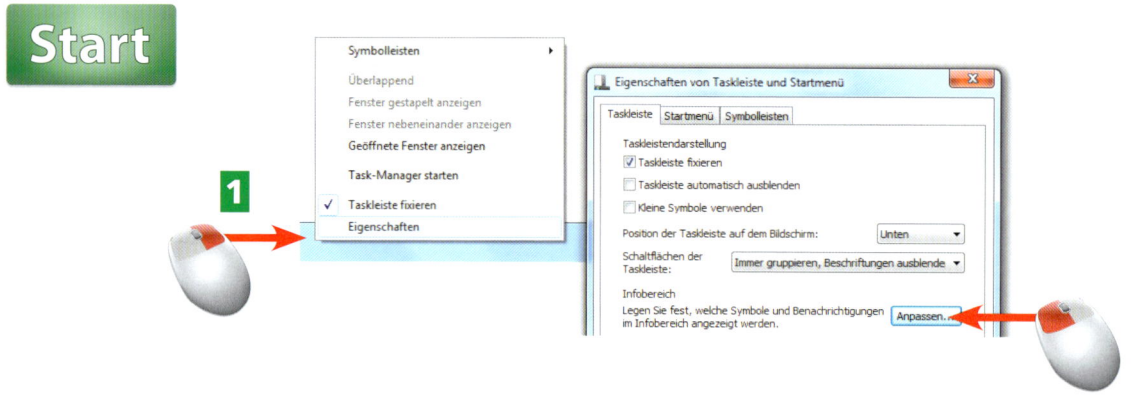

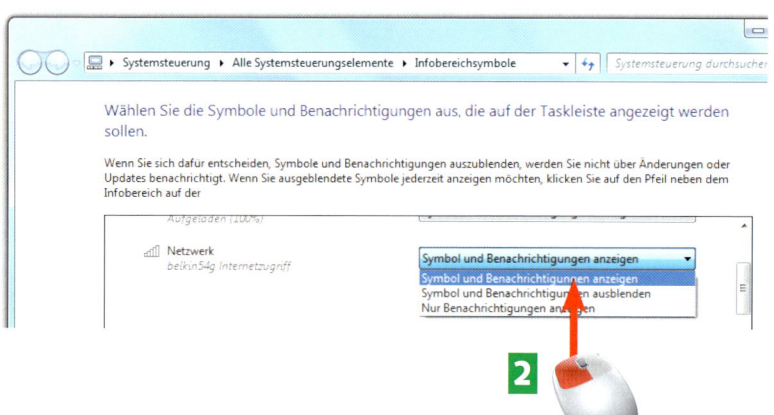

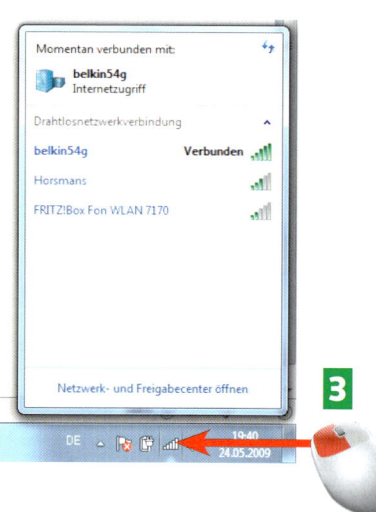

1. Damit das Symbol für alle Verbindungen sichtbar wird, öffnen Sie die Eigenschaften der Taskleiste und passen den Infobereich an.

2. Wählen Sie *Symbol und Benachrichtigungen anzeigen* für alle Netzwerksymbole.

3. Klicken Sie auf das Verbindungssymbol im Infobereich, um alle Verbindungen anzuzeigen.

Mit dem Verbindungssymbol im Infobereich haben Sie immer die Kontrolle über aktive und inaktive Verbindungen. Detaillierte Informationen gibt wieder das Netzwerk- und Freigabecenter.

WISSEN

9   Netzwerk- und Internetverbindung

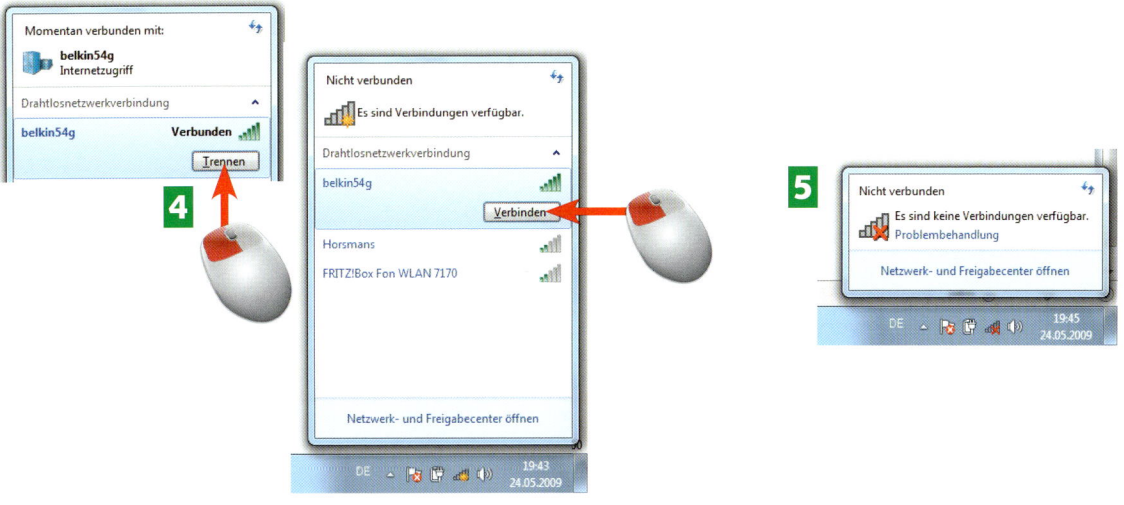

4 Ein Klick auf *Trennen* trennt eine aktive Verbindung, klicken Sie auf *Verbinden*, um die Verbindung herzustellen.

5 Wenn keine Verbindungen verfügbar sind, ist das Netzwerk deaktiviert.

6 Klicken Sie auf *Netzwerk- und Freigabecenter öffnen*, um alle Verbindungen zu verwalten.

Achten Sie auf den WLAN-Schalter Ihres Notebooks, häufig schaltet sich dieser aus Energiespargründen selbstständig aus und damit sind alle Verbindungen deaktiviert.

Das Verbindungssymbol zeigt auch WLANs im Umkreis von 30-100 Metern an.

Achten Sie auf das Symbol, es zeigt den Status der Verbindung an:
Gelb: Verbindung verfügbar, aber nicht aktiv,
Rot: Keine Verbindung.

TIPP   **HINWEIS**   **TIPP**

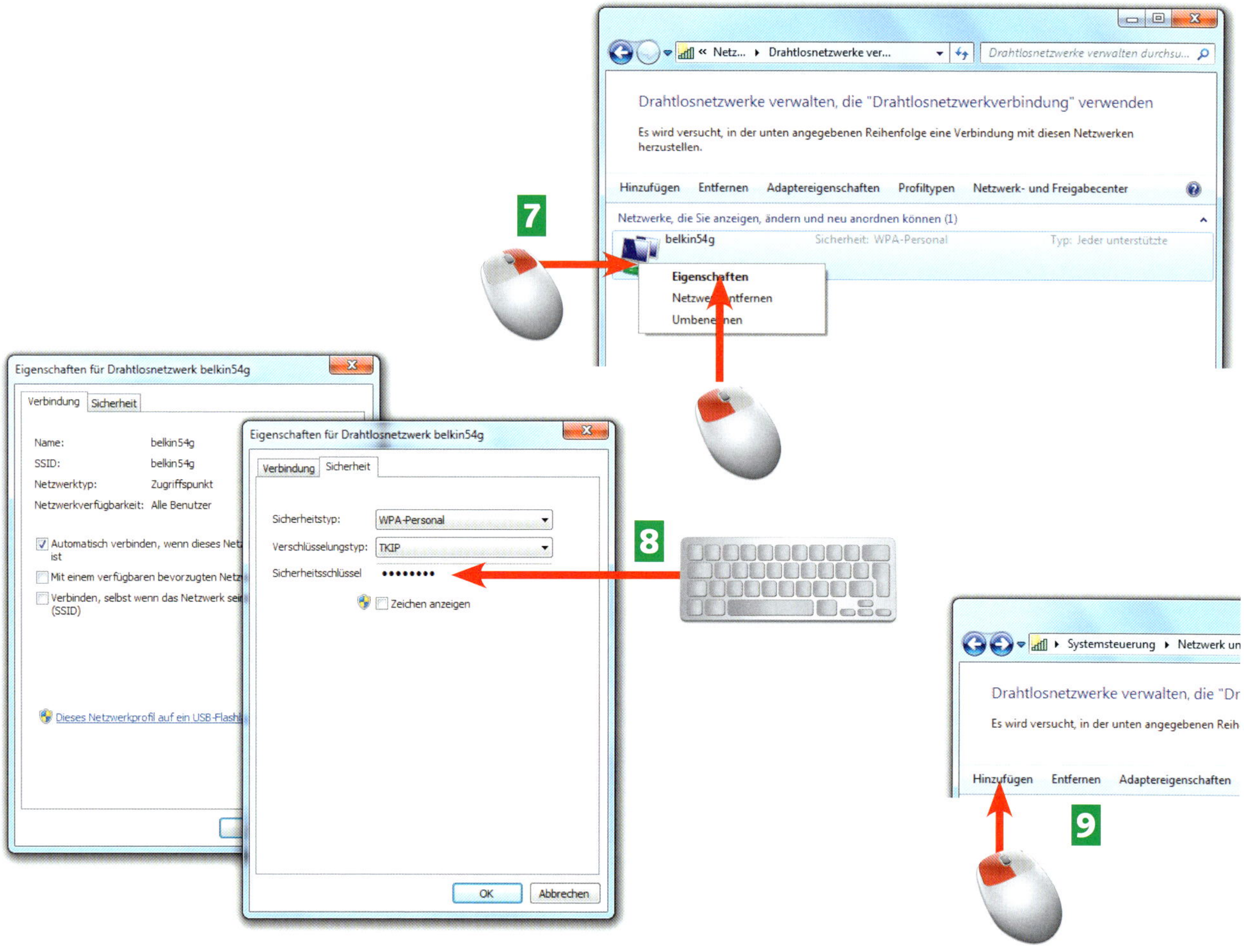

198 WLAN-Verbindungen einrichten

7 Klicken Sie mit der rechten Maustaste in die Verbindung und wählen Sie *Eigenschaften*.

8 Überprüfen Sie, ob die Verbindung automatisch hergestellt wird, und tragen Sie Sicherheitstyp, Schlüssel und Kennwort ein.

9 Wählen Sie *Hinzufügen*, um eine neue Verbindung einzurichten.

Vorsicht: Offene WLAN-Verbindungen werden von Hackern missbraucht. Schützen Sie Ihr WLAN immer mit Verschlüsselung und einem guten Kennwort.

WISSEN

9 Netzwerk- und Internetverbindung

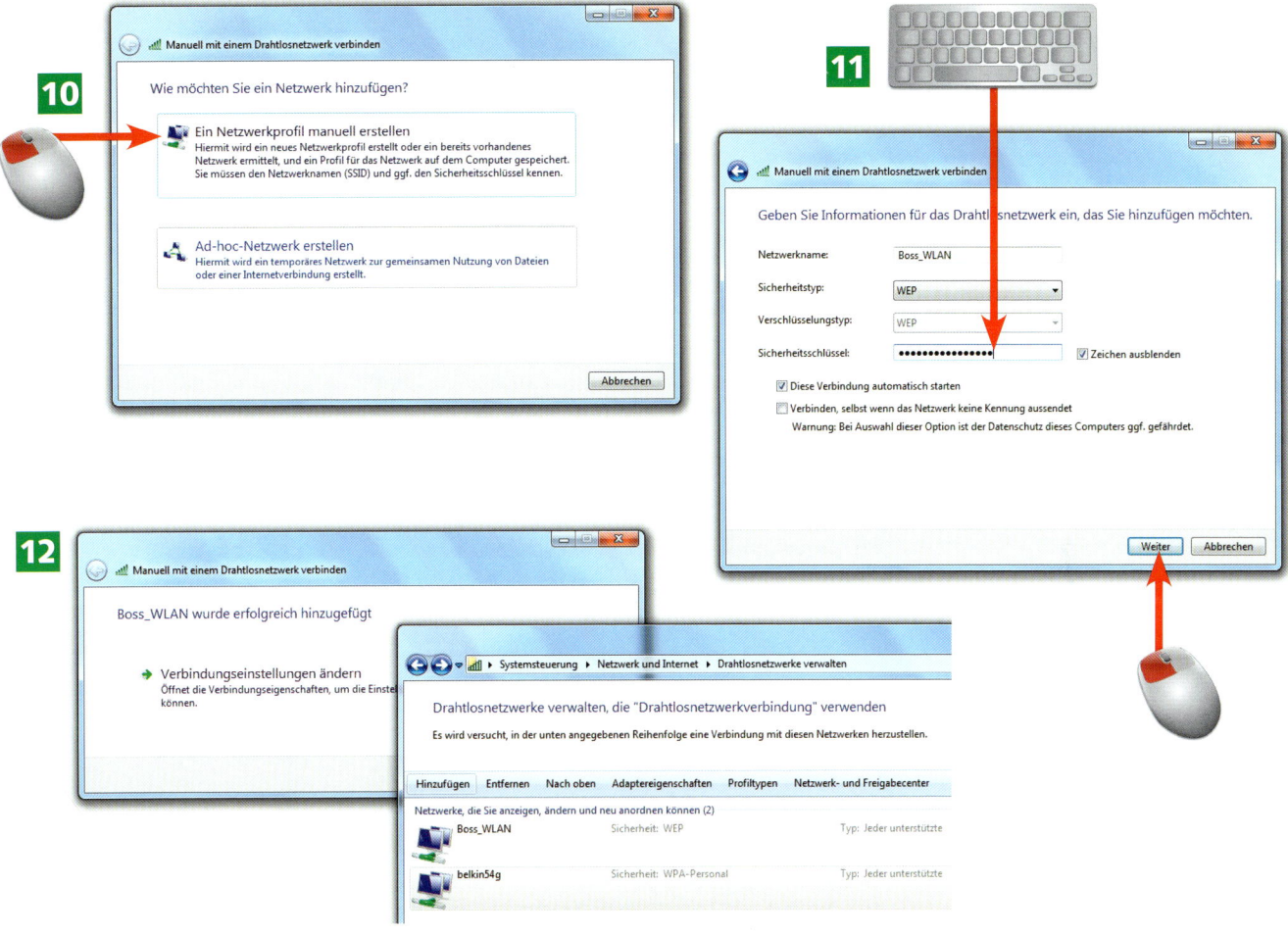

10 Klicken Sie auf die erste Option *Ein Netzwerkprofil manuell erstellen* ...

11 ... und geben Sie den Namen der Verbindung und die Sicherheitsinformationen ein.

12 Ein Klick auf *Weiter* und die neue Verbindung wird hinzugefügt. Mit den Adaptereigenschaften ändern Sie die Verbindung.

Ende

Hier finden Sie Sicherheitstipps für WLANs:
http://www.computerbetrug.de/sicherheit-im-internet/wlan-netzwerk-einrichten-mit-sicherheit-und-verschluesselung/

Der Sicherheitsschlüssel wird im DSL-Modem bzw. Router hinterlegt. Sie können diesen mit dem Internet Explorer konfigurieren, geben Sie die IP-Adresse in die Adresszeile ein (z. B. 192.168.2.1).

TIPP   **HINWEIS**

Wählverbindung über DSL, ADSL, Kabelmodem

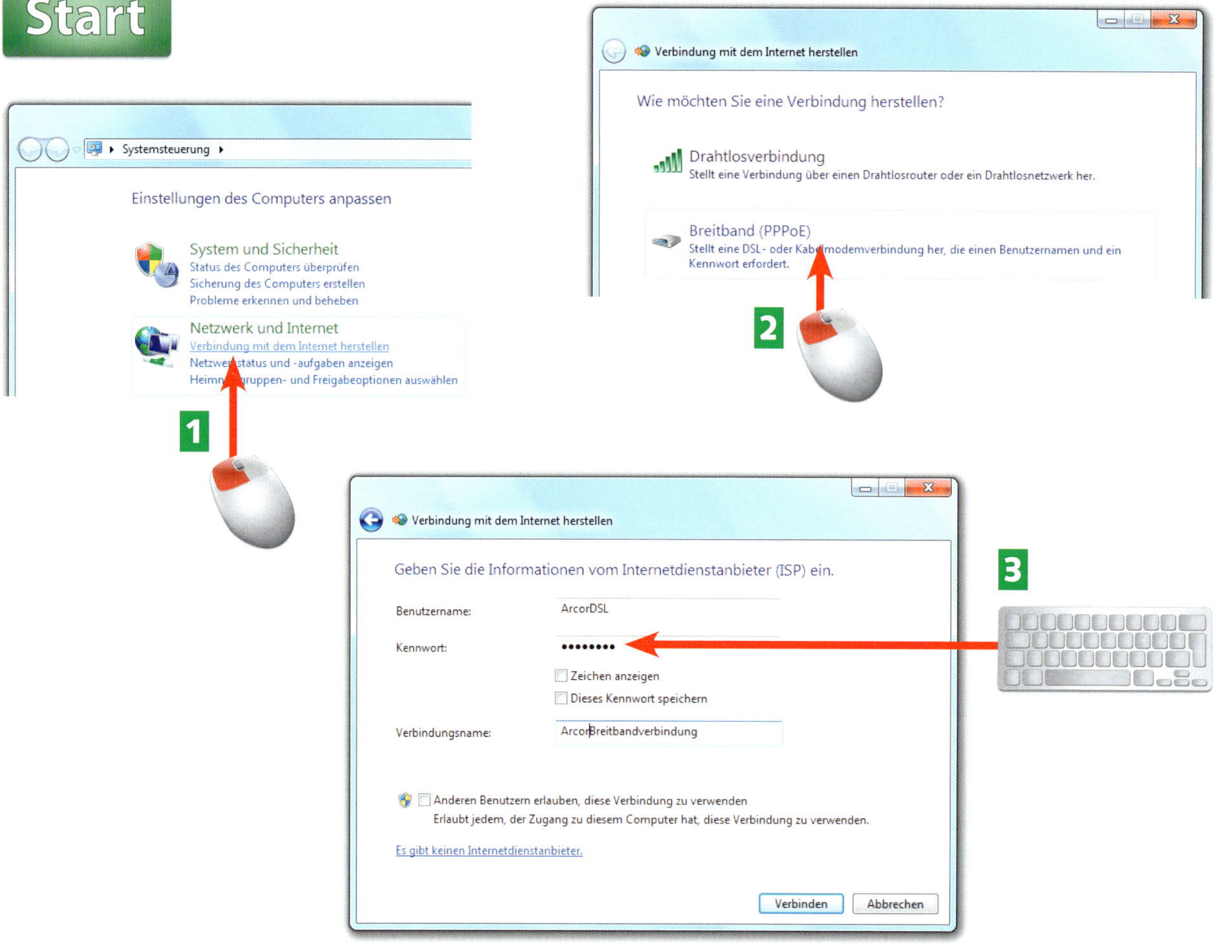

1 Starten Sie die Systemsteuerung aus dem Startmenü und wählen Sie *Netzwerk und Internet*.

2 Klicken Sie auf *Breitband (PPPoE)*, um eine neue Modemverbindung einzurichten.

3 Geben Sie den Namen des Dienstanbieters und das zugewiesene Kennwort ein. Fügen Sie einen (frei wählbaren) Verbindungsnamen ein.

Verwenden Sie ein DSL-, ADSL- oder Kabelmodem für den Zugang zum Internet? Windows 7 stellt Ihnen eine passende Verbindung über PPPoE zur Verfügung.

WISSEN

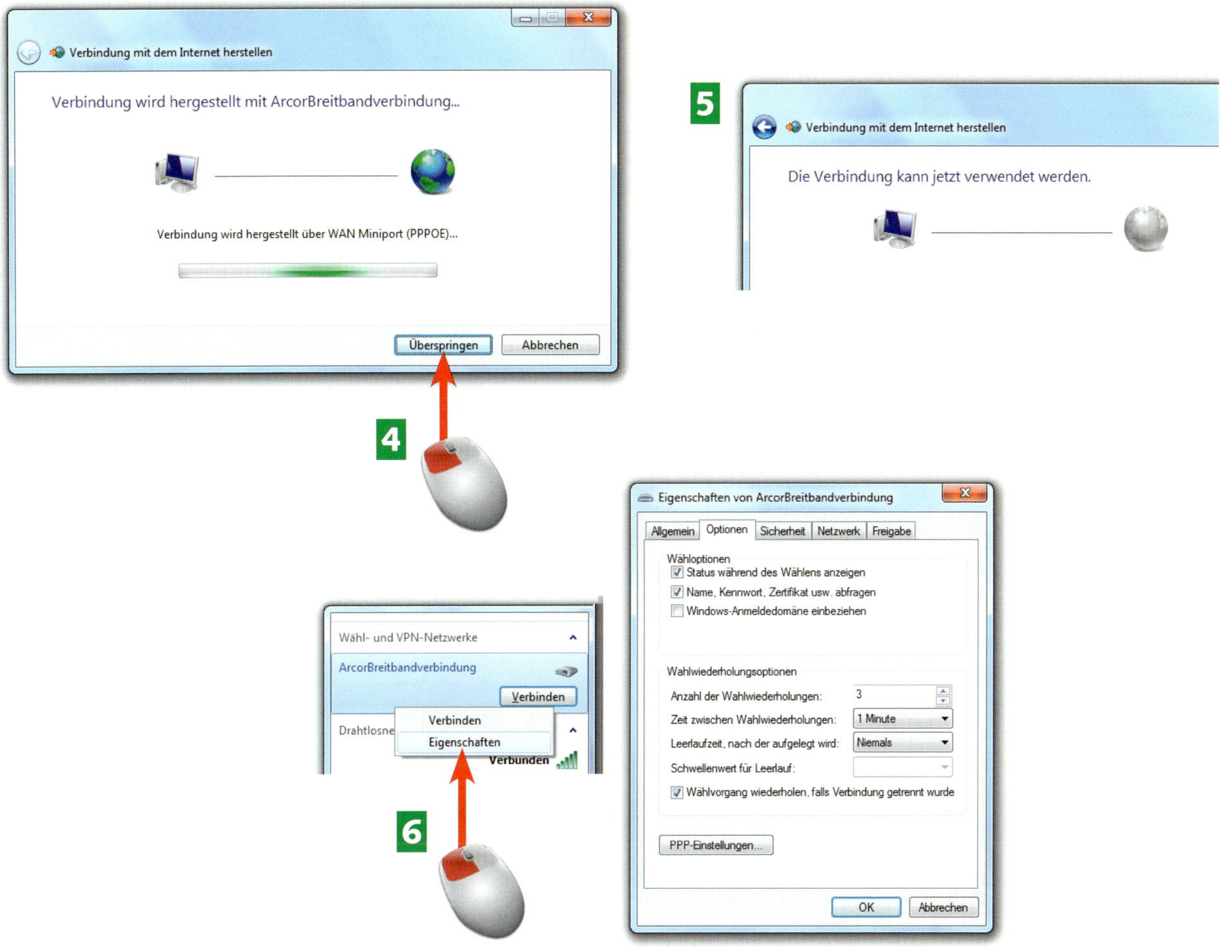

9 Netzwerk- und Internetverbindung 201

4 Die neue Verbindung wird hergestellt, Sie können den Schritt auch überspringen.

5 Jetzt kann die neue Verbindung verwendet werden. Klicken Sie auf das Verbindungssymbol in der Taskleiste, um die Verbindung neu aufzubauen.

6 Das Verbindungssymbol im Infobereich bietet die neue Wählverbindung an. Wählen Sie *Eigenschaften* im Kontextmenü, um sie zu konfigurieren.

Notebooks haben standardmäßig WLAN-Adapter für diese Verbindung, für Desktop-PCs gibt es Steckkarten und USB-Adapter.

PPPoE: Point to Point Protocol over Ethernet, wird für ADSL-Anschlüsse verwendet
ISP: Internet Service Provider, Dienstanbieter im Internet

HINWEIS　　　　　　　　　　　**FACHWORT**

202 Die statische IP-Adresse

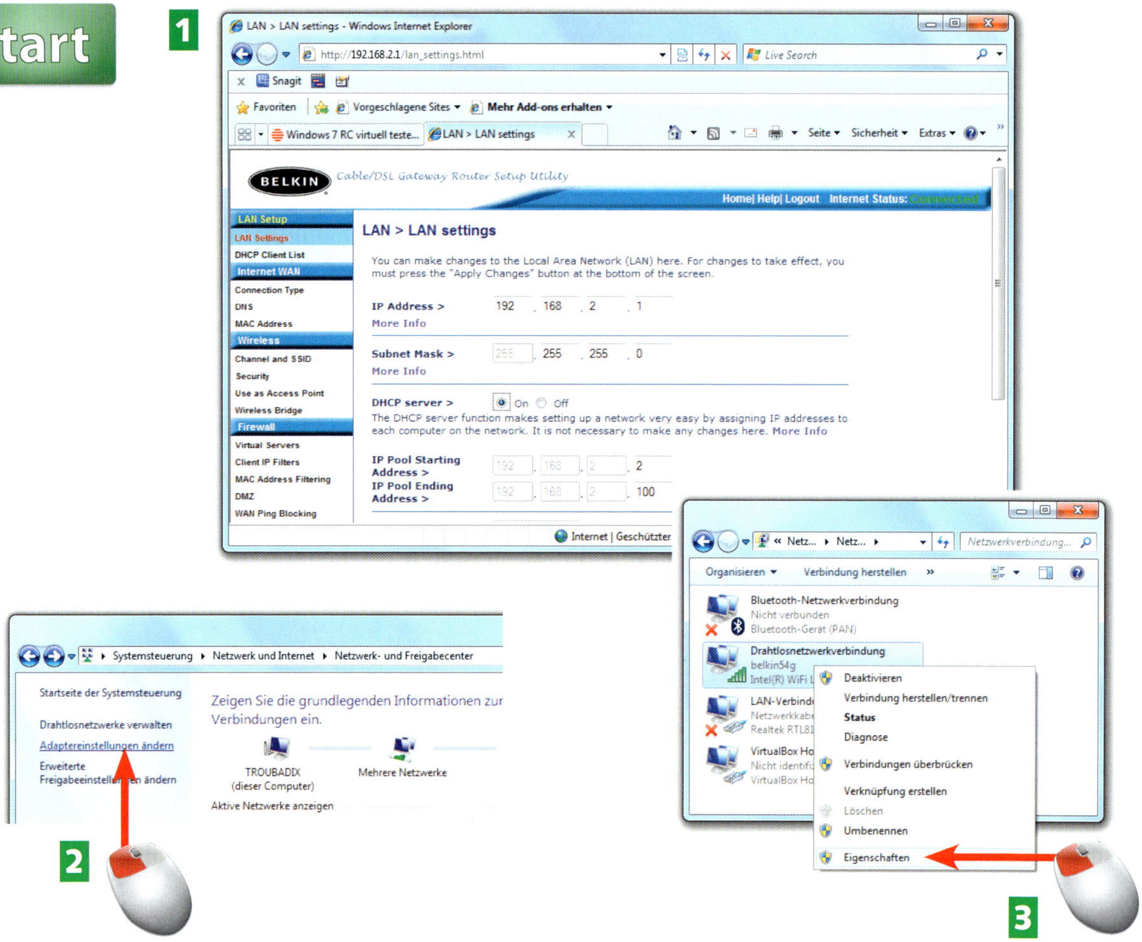

1. Mit dem Internet Explorer aktivieren Sie die Routersoftware. Setzen Sie den IP-Adressraum fest.

2. Öffnen Sie das Netzwerk- und Freigabecenter in der Systemsteuerung und klicken Sie auf *Adaptereinstellungen ändern*.

3. Klicken Sie mit der rechten Maustaste in die aktive Verbindung und wählen Sie *Eigenschaften*.

Eine statische IP-Adresse für die Netzwerkverbindung ist erforderlich, wenn die Computer über einen Router oder ein Subnetz verbunden sind. Der Router bestimmt den Adressraum. Achten Sie darauf, dass IP-Adressen für alle Computer im Netz eindeutig sein müssen.

WISSEN

9 Netzwerk- und Internetverbindung 203

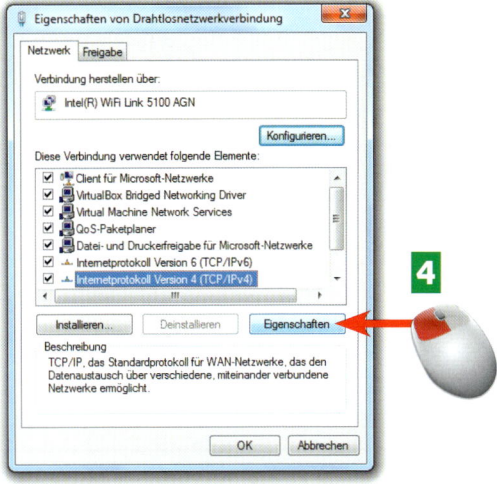
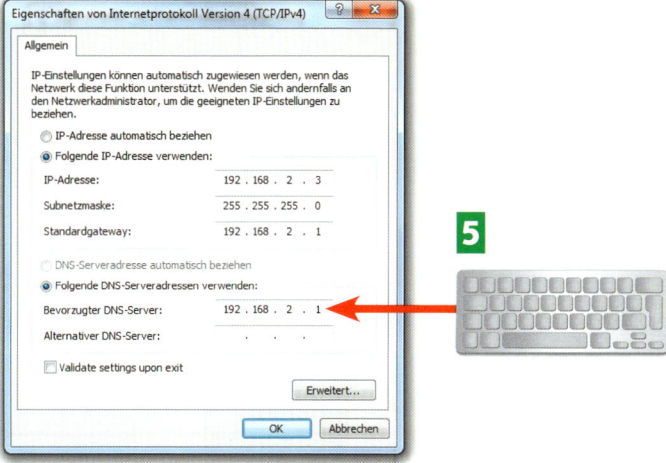
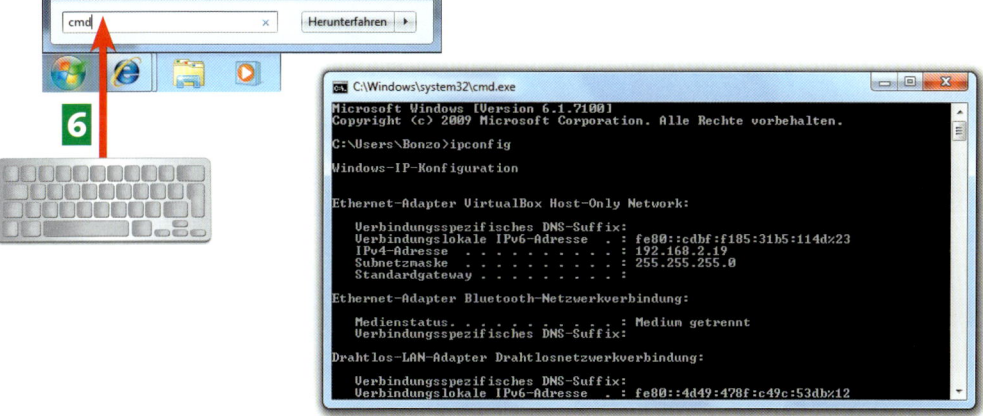

4 Markieren Sie das Internetprotokoll 4 und wählen Sie *Eigenschaften*.

5 Tragen Sie die IP-Adresse ein. Die Subnetmaske wird automatisch erstellt, geben Sie als Standardgateway die Adresse des Routers ein.

6 Öffnen Sie das Startmenü und geben Sie `cmd` in das Suchfenster ein. Mit `ipconfig` sehen Sie die eigene Adresse, `ipconfig /all` zeigt alle IP-Adressen im Netzwerk.

Als Adressraum für lokale (private) IP-Adressen können Sie verwenden:
10.0.0.1 – 10.254.254.254
192.168.0.0 – 192.168.254.254
Mit der Subnetzmaske 255.255.255.0 dürfen Sie Ziffern in der letzten IP-Gruppe ändern.

TCP/IP (Transfer Control Protocol/Internet Protocol): Das Standardprotokoll für die Datenübermittlung im Internet
DNS (Domain Name System): übersetzt IP-Adressen in Webadressen
Router: Verteiler für Computer und Computernetze

TIPP   **FACHWORT**

Windows Easy Transfer

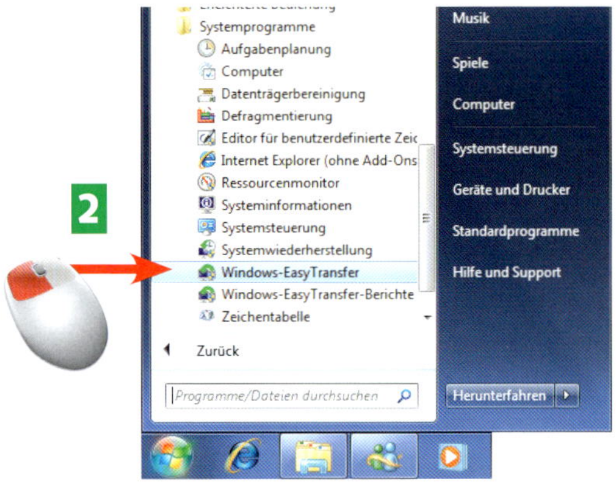

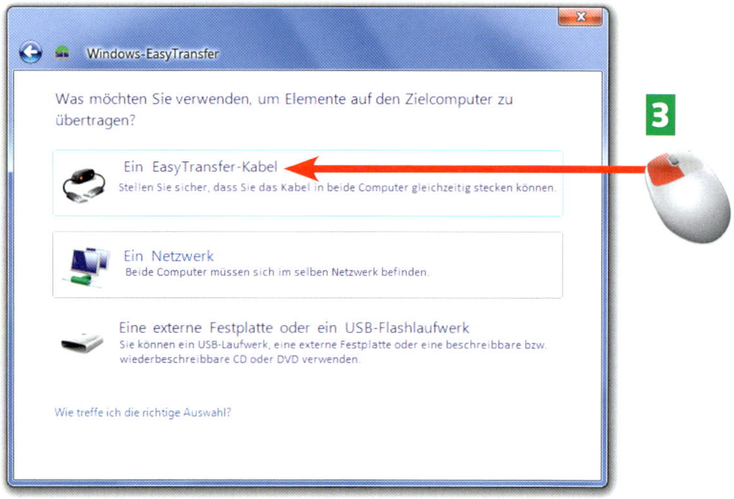

1 Für den Datenaustausch können Sie ein USB-Kabel, das Netzwerk oder einen USB-Stick bzw. eine externe Festplatte benutzen.

2 Starten Sie das Programm über *Start/Alle Programme/Zubehör* aus der Gruppe *Systemprogramme*.

3 Bestätigen Sie die erste Abfrage mit Klick auf *Weiter* und geben Sie die Übertragungsart an.

WISSEN

Ein neuer Computer muss her für Windows 7, Ihre Daten wollen Sie aber sicher weiterverwenden? Ziehen Sie um mit Windows Easy Transfer. Das Programm kopiert komplette Benutzerkonten zwischen zwei Computern, Sie brauchen nur ein Kabel, ein Netzwerk oder einen externen Datenträger dazu.

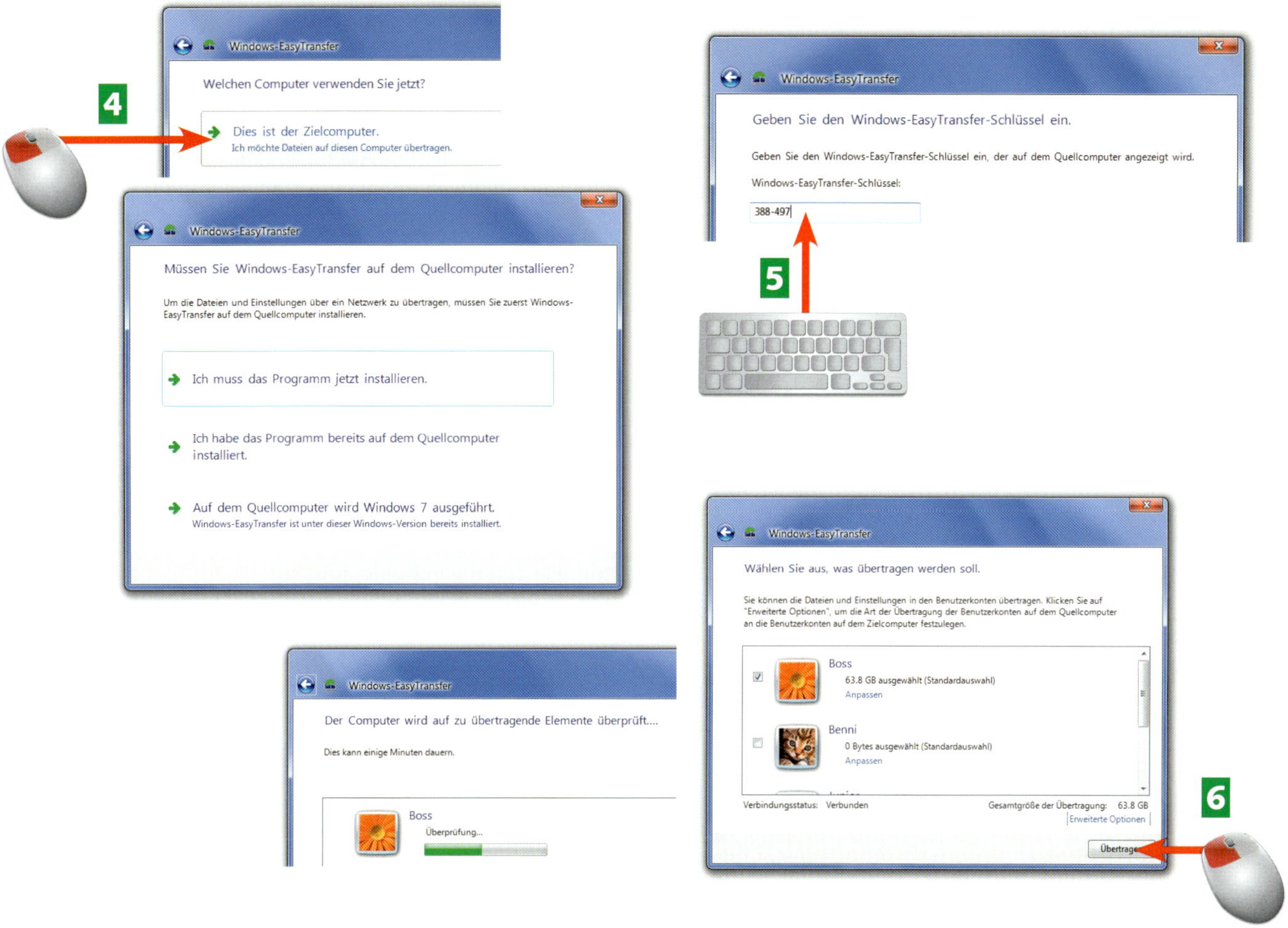

9 Netzwerk- und Internetverbindung

4 Bestimmen Sie den ersten PC als Zielcomputer. Wenn der Quellcomputer mit Vista oder XP läuft, installieren Sie das Programm.

5 Starten Sie *Windows Easy Transfer* auch auf dem Quellcomputer. Dieser generiert einen Schlüssel, geben Sie ihn am Zielcomputer ein.

6 Jetzt werden alle Benutzerkonten überprüft, und anschließend können Sie die Datenübertragung mit Windows Easy Transfer starten.

Easy Transfer-Kabel für USB gibt es im Computerfachhandel.

TIPP

Sehen Sie sich nach Abschluss der Übertragung die Windows Easy Transfer-Berichte an (*Start/ Alle Programme/Zubehör/ Systemprogramme*).

TIPP

10

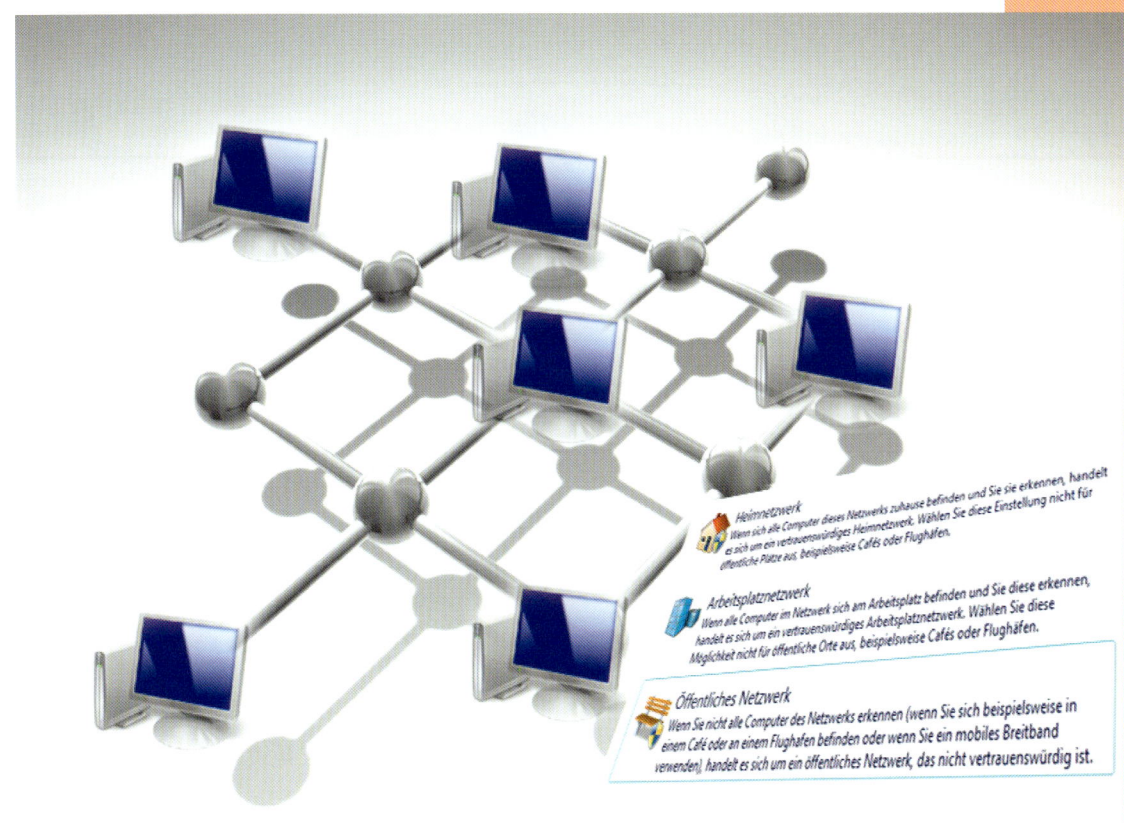

Netzwerk einrichten

208 Computername und Arbeitsgruppe

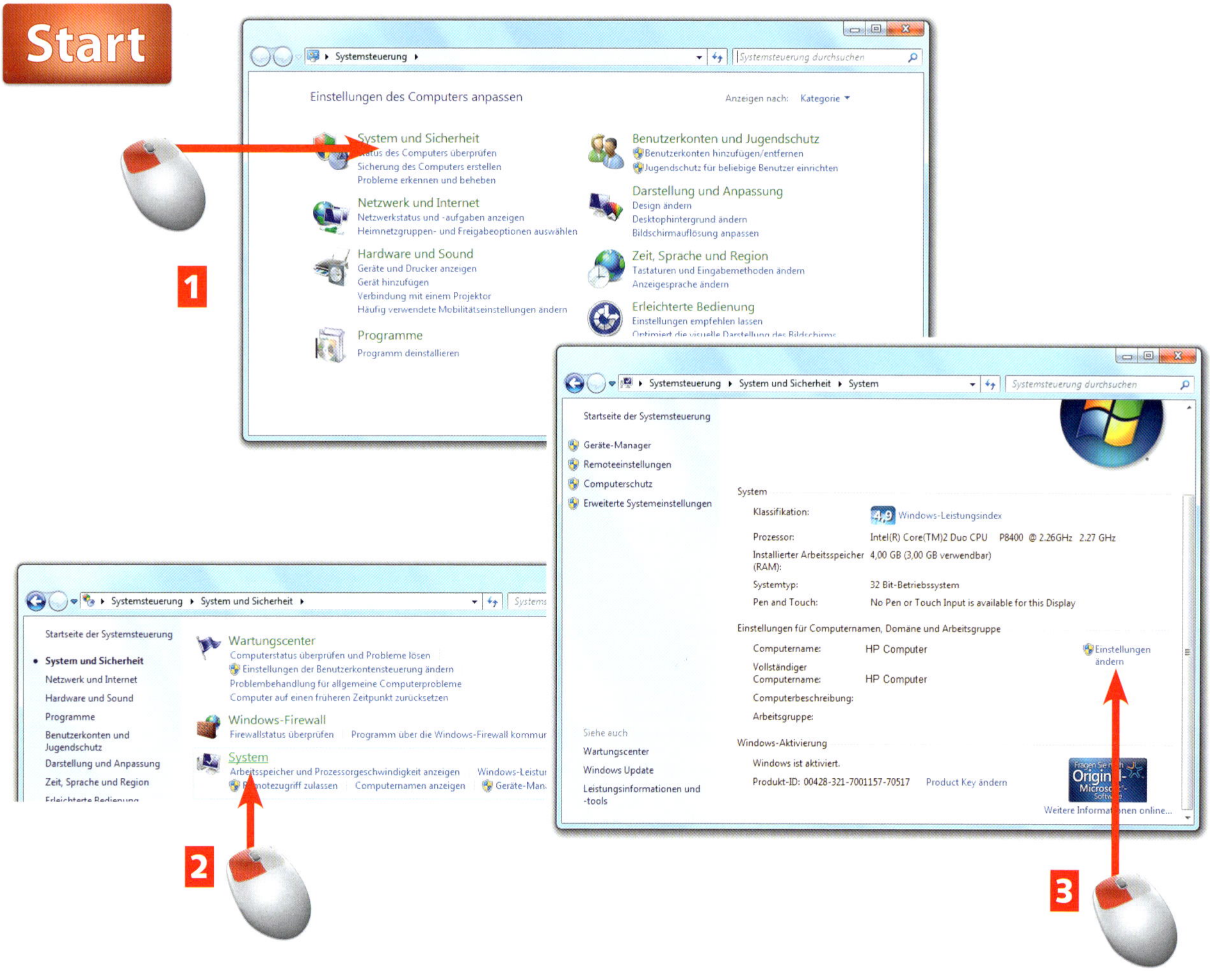

1 Starten Sie die Systemsteuerung aus dem Startmenü und wählen Sie *System und Sicherheit*.

2 Klicken Sie auf *System*, um die Systeminformationen zu öffnen.

3 Jetzt werden alle Informationen zum System, darunter auch der Computername, angezeigt. Klicken Sie auf *Einstellungen ändern*.

WISSEN

Der Computername wird bei der Installation von Windows 7 schon festgelegt. Ändern Sie ihn, damit Ihr Computer eindeutig im Netzwerk zu identifizieren ist.

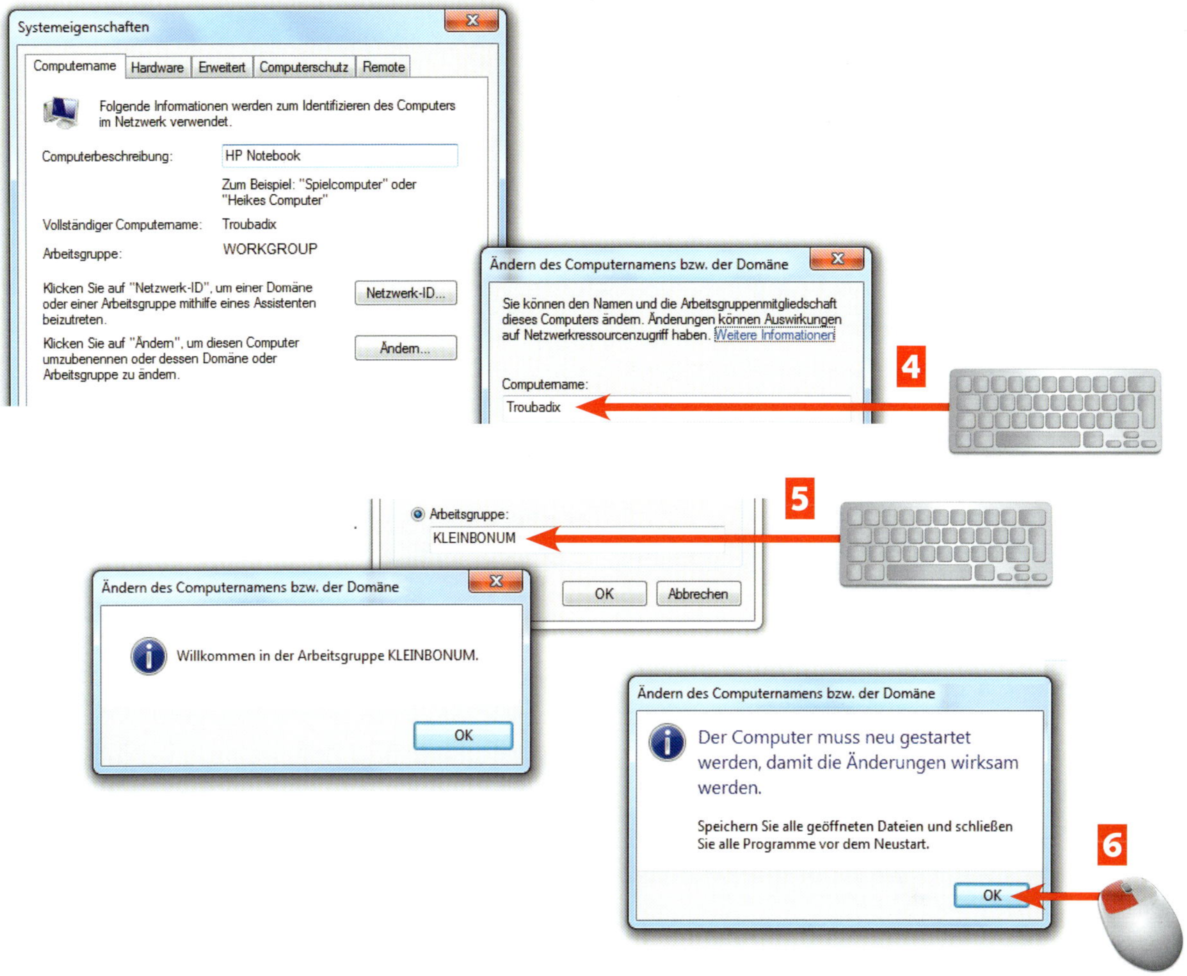

10 Netzwerk einrichten   209

4 Tragen Sie einen neuen Namen ein.

5 Geben Sie auch den Namen der Arbeitsgruppe an, in die der Computer integriert werden soll.

6 Starten Sie Ihr System neu, damit alle Änderungen übernommen werden.

HINWEIS

Arbeitsgruppen brauchen Sie für Arbeitsplatznetzwerke, für Heimnetzgruppen sind sie nicht erforderlich. Die Standardarbeitsgruppe heißt ARBEITSGRUPPE.

TIPP

Verwenden Sie für den Computernamen nur Zeichen von A bis Z und Zahlen von 0 bis 9, keine Leerzeichen und nicht diese Sonderzeichen:
< > ; : „ * + = \ | ? ,

Eine Heimnetzgruppe erstellen

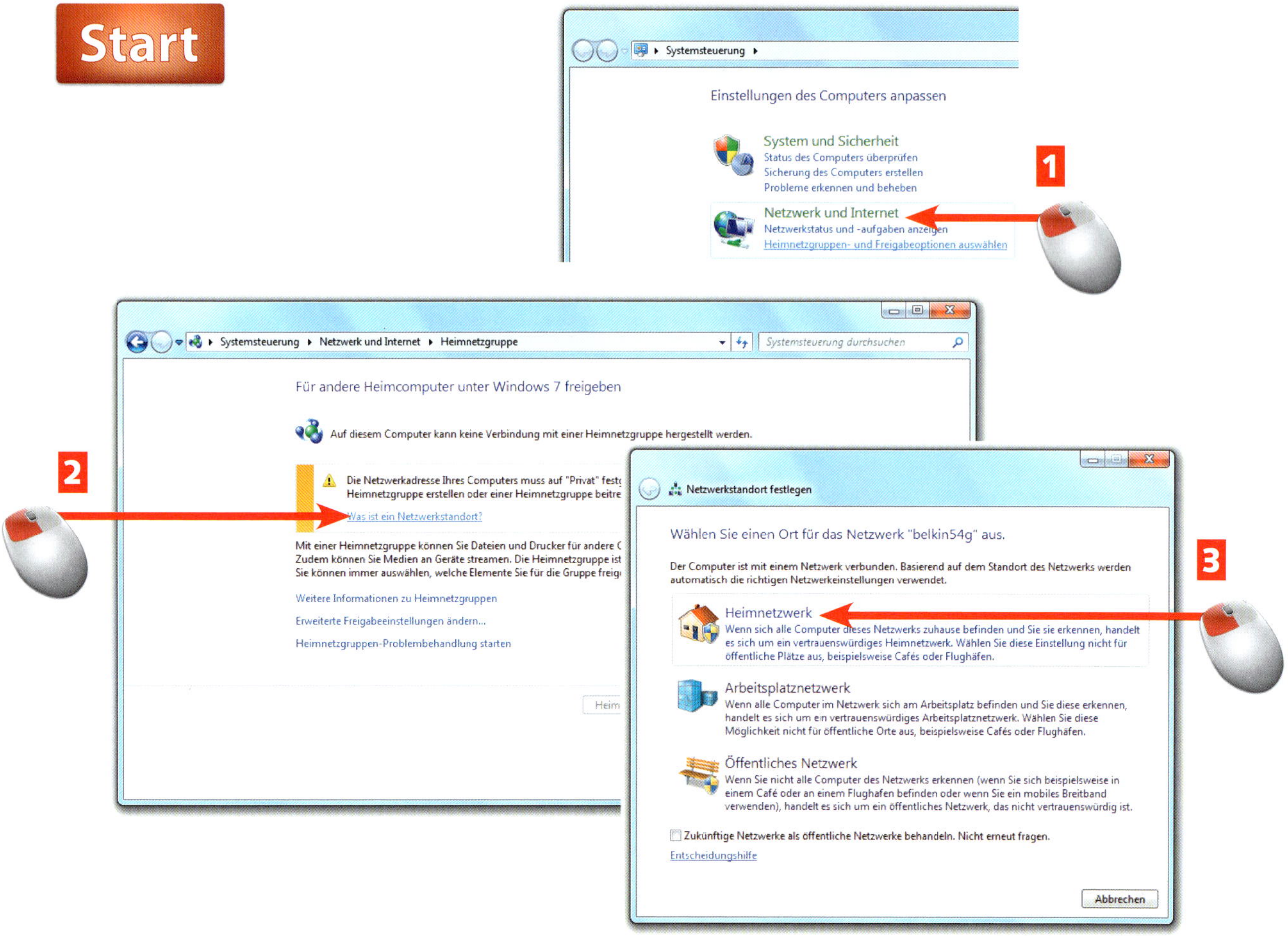

1. Starten Sie die Systemsteuerung aus dem Startmenü und wählen Sie *Netzwerk und Internet/Heimnetzgruppen- und Freigabeoptionen auswählen*.

2. Wenn der Computer noch nicht für ein Heimnetz freigegeben ist, klicken Sie auf *Was ist ein Netzstandort?*.

3. Wählen Sie *Heimnetzwerk* ...

Die einfachste Art, Computer im kleinen Kreis zu verbinden, ist eine Heimnetzgruppe. Sie brauchen eine WLAN- oder LAN-Verbindung und die Netzwerkadresse des Computers muss auf „Privat" gestellt werden.

WISSEN

10 Netzwerk einrichten 211

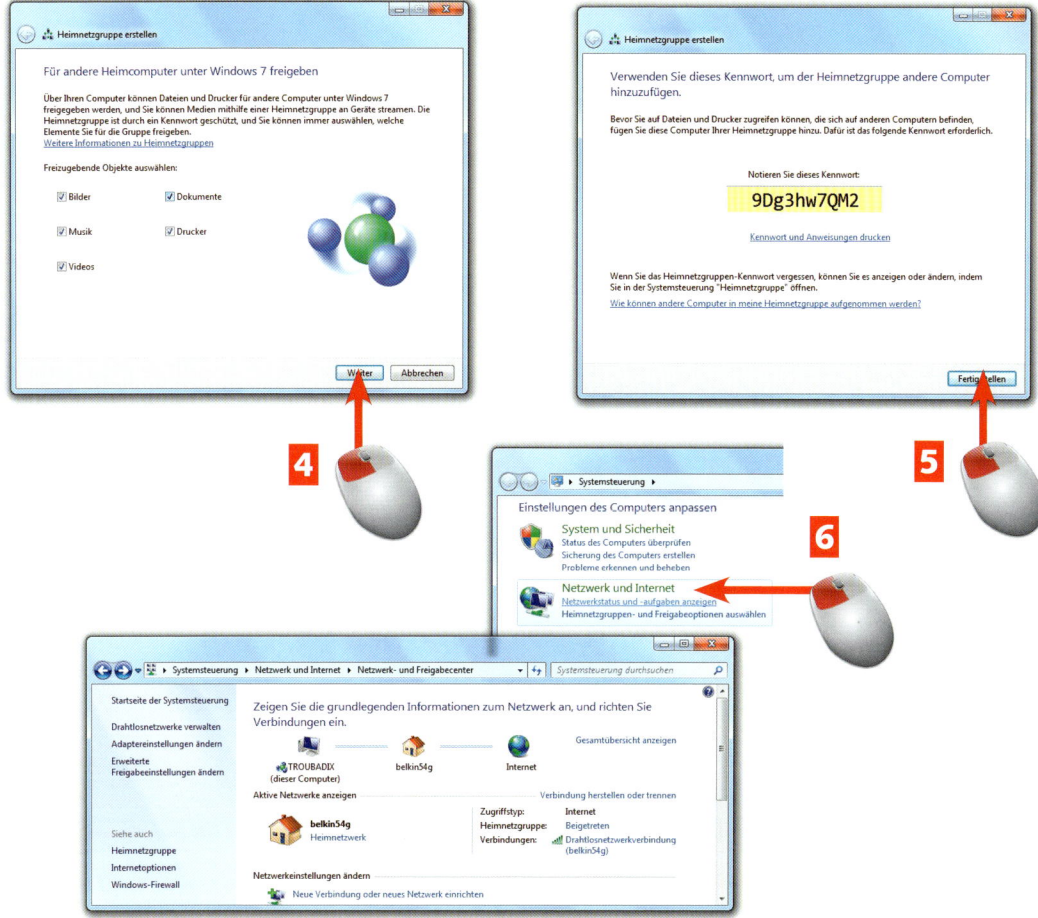

4 ... und kreuzen Sie die Objekte an, die Sie im Heimnetzwerk für andere Benutzer freigeben möchten.

5 Für Drucker und andere Geräte, die im Heimnetz genutzt werden, wird ein Kennwort erstellt, geben Sie dieses später ein.

6 Damit ist das Heimnetz erstellt, öffnen Sie das Netzwerk- und Freigabecenter und überprüfen Sie die Verbindung.

Klicken Sie im Netzwerk- und Freigabecenter auf *Beigetreten*. Hier können Sie sich die freigegebenen Objekte und das Geräte-Kennwort anzeigen lassen und ggf. ändern.

Die Heimnetzgruppe ist in allen Editionen von Windows 7 außer Windows 7 Starter verfügbar. In Windows 7 Home Basic können Sie zwar einer Heimnetzgruppe beitreten, aber keine Heimnetzgruppe erstellen.

Windows 7-Netzwerke können mit älteren Windows-Versionen (Vista, XP) und mit Linux kombiniert werden.

TIPP   **HINWEIS**   **HINWEIS**

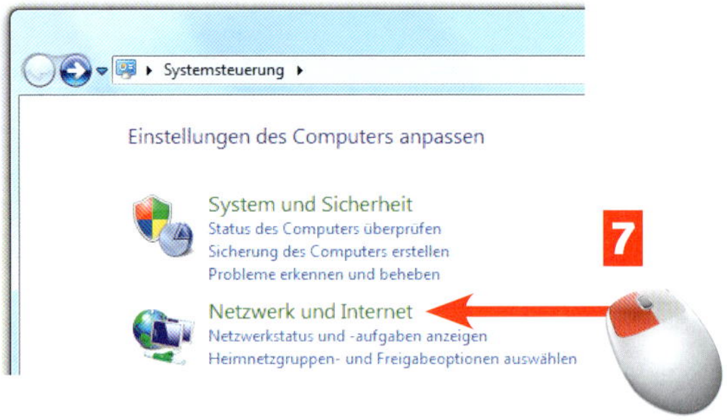

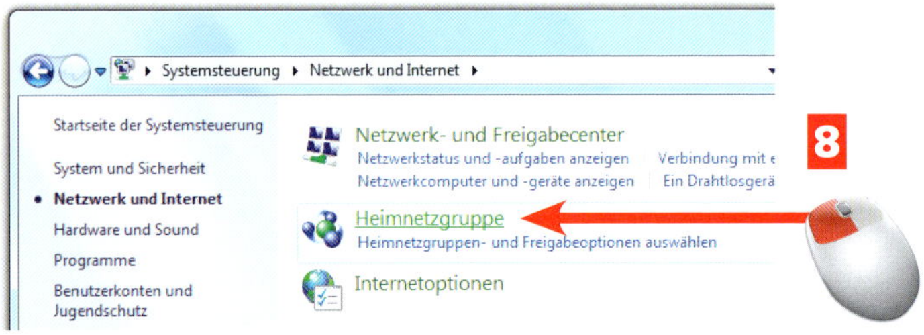

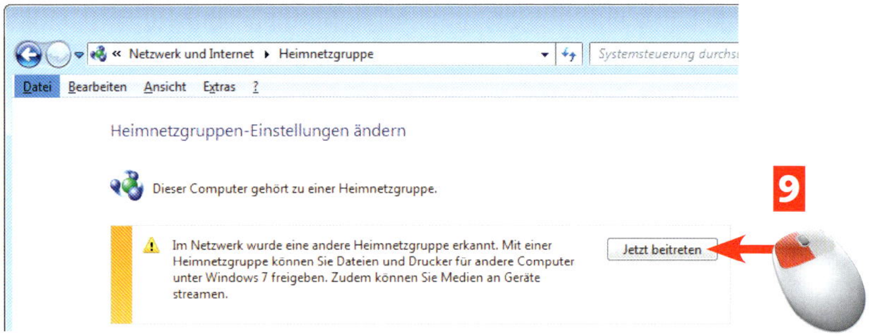

Eine Heimnetzgruppe erstellen

7 Auf dem zweiten Computer, der Ihrer Heimnetzgruppe betreten möchte, wird in der Systemsteuerung *Netzwerk und Internet* aktiviert.

8 Ein Klick auf *Heimnetzgruppe* – und die Heimnetzgruppe wird gesucht.

9 Klicken Sie auf *Jetzt beitreten*, um der gefundenen Heimnetzgruppe beizutreten.

Mit wenigen Klicks holen Sie weitere Computer ins Heimnetz und können anschließend gemeinsam auf Daten, Geräte und Multimediaanwendungen zugreifen.

WISSEN

10 Netzwerk einrichten

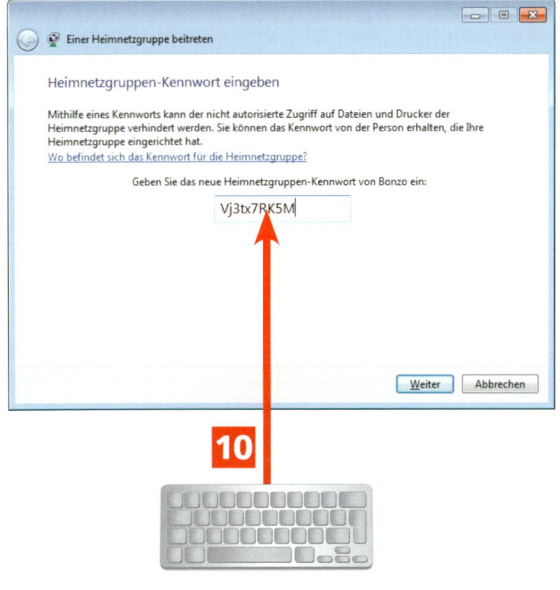

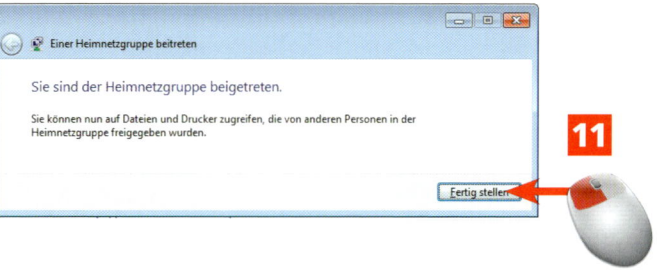

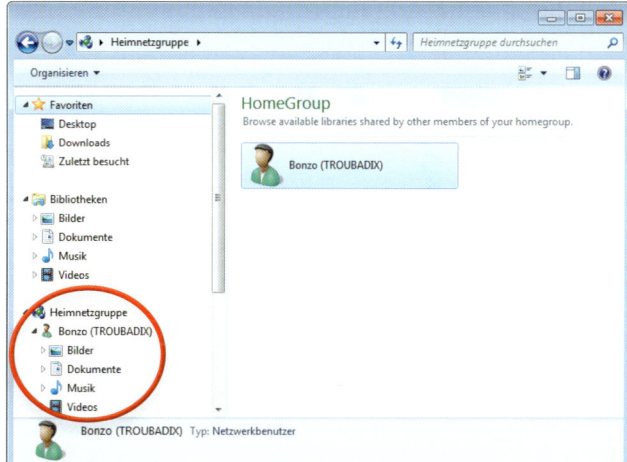

10 Geben Sie das Kennwort ein, das beim Anlegen der Heimnetzgruppe generiert wurde.

11 Der zweite Computer wird an die Heimnetzgruppe angeschlossen, klicken Sie auf *Jetzt beitreten*.

12 Im Explorer-Fenster werden alle Mitglieder der Heimnetzgruppe mit Computernamen angezeigt.

Das Kennwort für die Heimnetzgruppe finden Sie im Netzwerk- und Freigabecenter des Computers, auf dem die Gruppe erstellt wurde.	Wenn mehrere Heimnetzgruppen angelegt sind, können diese zusammengelegt werden.	Bei Computern mit älteren Windows-Versionen (Vista, XP) kann es etwas länger dauern, bis sie in der Übersicht angezeigt werden.
HINWEIS	**HINWEIS**	**TIPP**

214 Arbeitsplatznetzwerk und öffentliches Netzwerk

1 Aktivieren Sie in der Systemsteuerung *Netzwerk und Internet*.

2 Klicken Sie im *Netzwerk- und Freigabecenter* unter *Aktive Netzwerke anzeigen* auf das *aktive Netzwerk*.

3 Schalten Sie um auf *Arbeitsplatznetzwerk*.

Im Arbeitsplatznetzwerk sind alle Computer über einen Router oder eine schützende Firewall mit dem Internet verbunden.
In Windows 7 schalten Sie mit wenigen Klicks von einer Heimnetzgruppe auf ein Arbeitsplatznetzwerk um.

WISSEN

10 Netzwerk einrichten

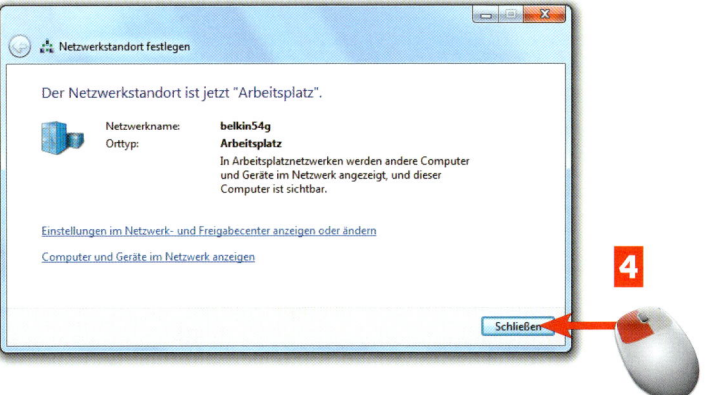

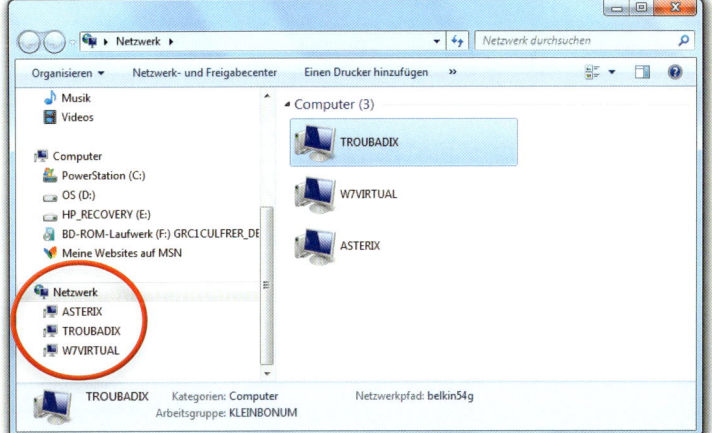

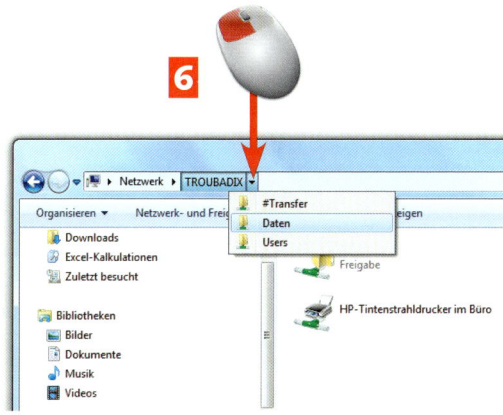

4 Bestätigen Sie die Meldung und Ihr Computer wird in das Arbeitsplatznetzwerk übernommen. Lassen Sie alle Computer und Geräte anzeigen.

5 Im Explorer-Fenster sehen Sie alle Computer im Arbeitsplatznetzwerk.

6 Markieren Sie einen Computer im Netzwerk, zeigt der Explorer die freigegebenen Geräte und Ordner an.

Wenn Sie bei der Anmeldung an einem Arbeitsplatznetzwerk nach der Domäne gefragt werden, ist Ihr Computer Teil eines Client-Server-Netzwerks mit Active Directory-Domänencontroller.

Active Directory: Verzeichnisdienst von Windows, ermöglicht die Gliederung eines Netzwerks.

Im Arbeitsplatznetzwerk können Sie keiner Heimnetzgruppe beitreten. Schalten Sie die Heimnetzgruppe vorher ab.

HINWEIS **FACHWORT** **HINWEIS**

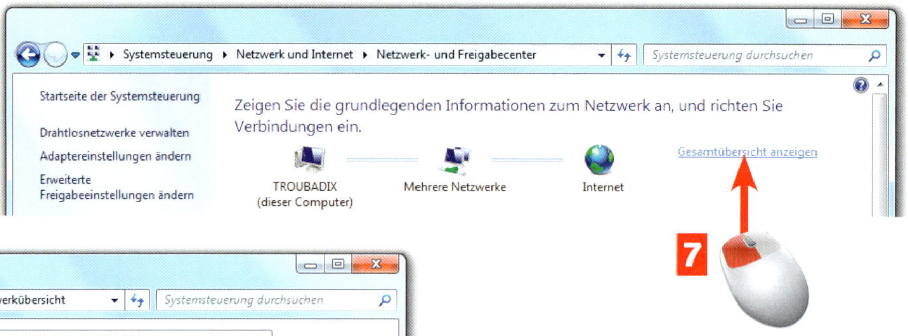

216 Arbeitsplatznetzwerk und öffentliches Netzwerk

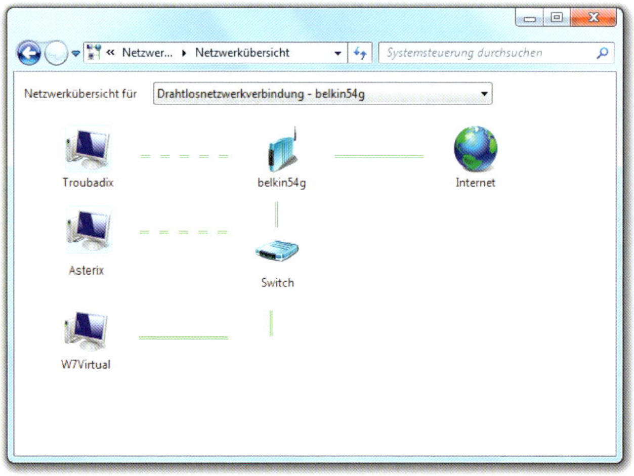

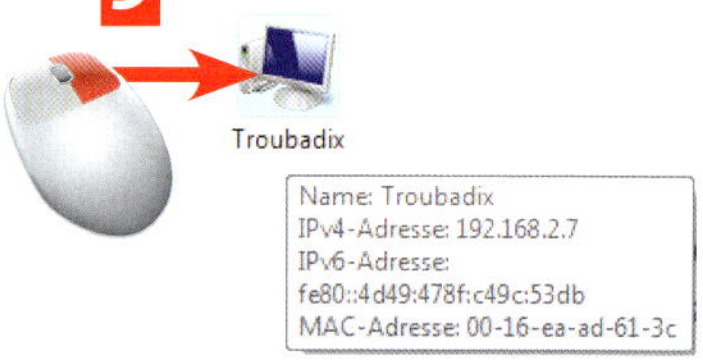

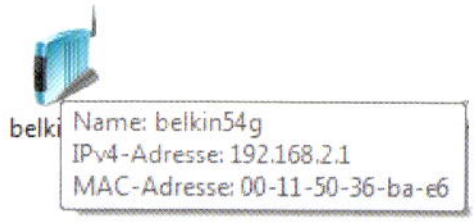

7 Klicken Sie im Netzwerk- und Freigabecenter auf *Gesamtübersicht anzeigen*.

8 Die Liste aller Computer und Verbindungen im Netz wird angezeigt.

9 Mit der rechten Maustaste auf ein Symbol erhalten Sie Auskunft über Computernamen und IP-Adressen.

Öffentliche Netzwerke sind zum Beispiel WLANs (Hotspots) auf Flughäfen, in Bibliotheken, Cafés oder Hotels. Die Computerkennung wird unter diesem Netzwerktyp deaktiviert, schalten Sie sicherheitshalber auch die Freigaben aus.

WISSEN

10 Netzwerk einrichten 217

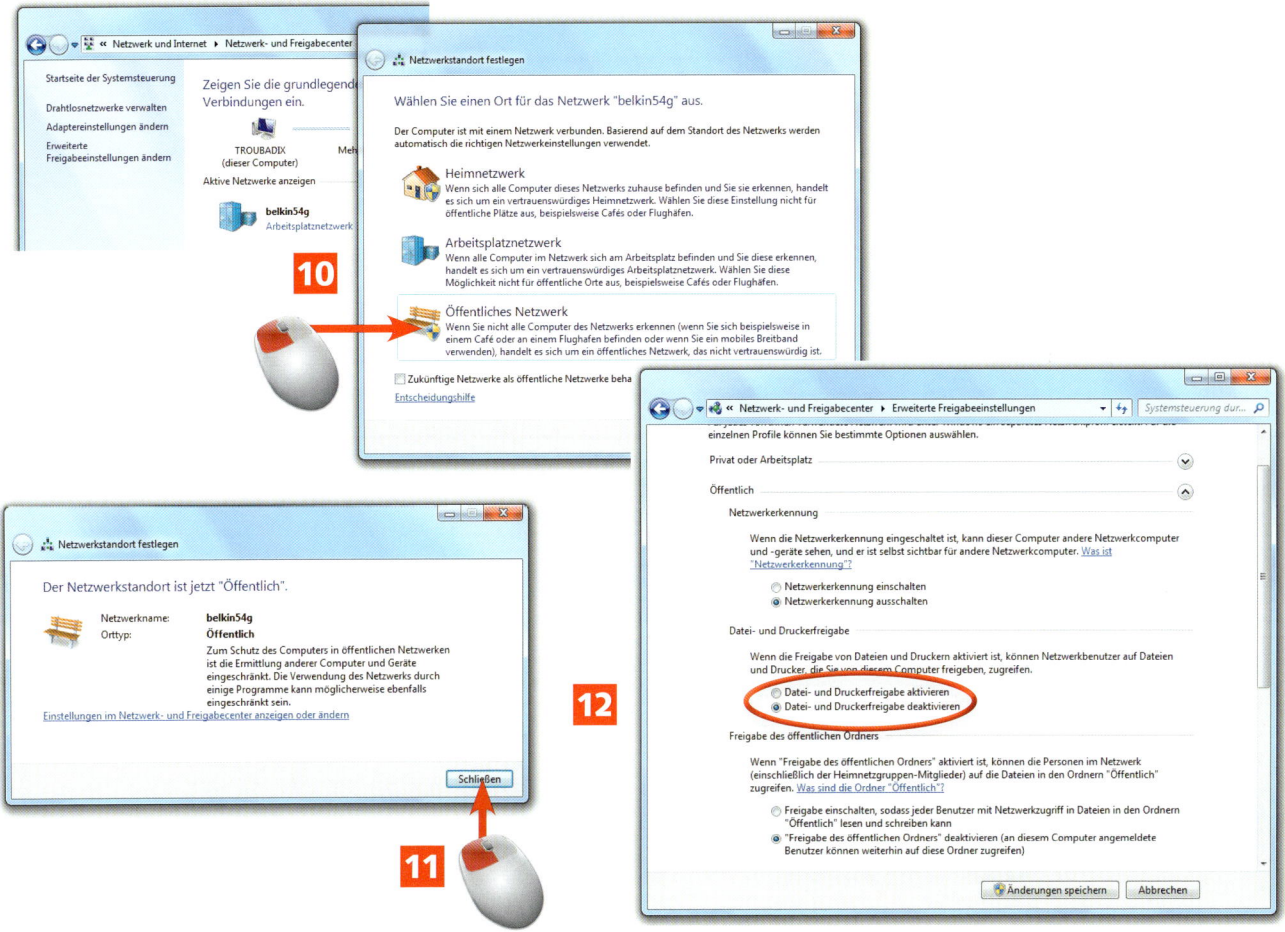

10 Klicken Sie im Netzwerk- und Freigabecenter auf das aktive Netzwerk und wählen Sie *Öffentliches Netz* aus.

11 Bestätigen Sie die Meldung und der Computer wird im öffentlichen Netzwerk registriert.

12 Deaktivieren Sie in den *Erweiterten Freigabeeinstellungen* die Datei- und Druckerfreigabe.

Ende

TIPP

Verwenden Sie das öffentliche Netzwerk auch bei mobilen Verbindungen oder wenn Sie ohne Router mit dem Internet verbunden sind.

HINWEIS

Die Windows-Firewall öffnet automatisch seine Ports, bei anderen Firewalls müssen diese manuell geöffnet werden, damit andere Computer erkannt werden.
Windows 7/Vista: UDP 3702,
UDP 5355, TCP 5357, TCP 5358
Andere: UDP 137, UDP 138, TCP 139

218 Ordner und Bibliotheken freigeben

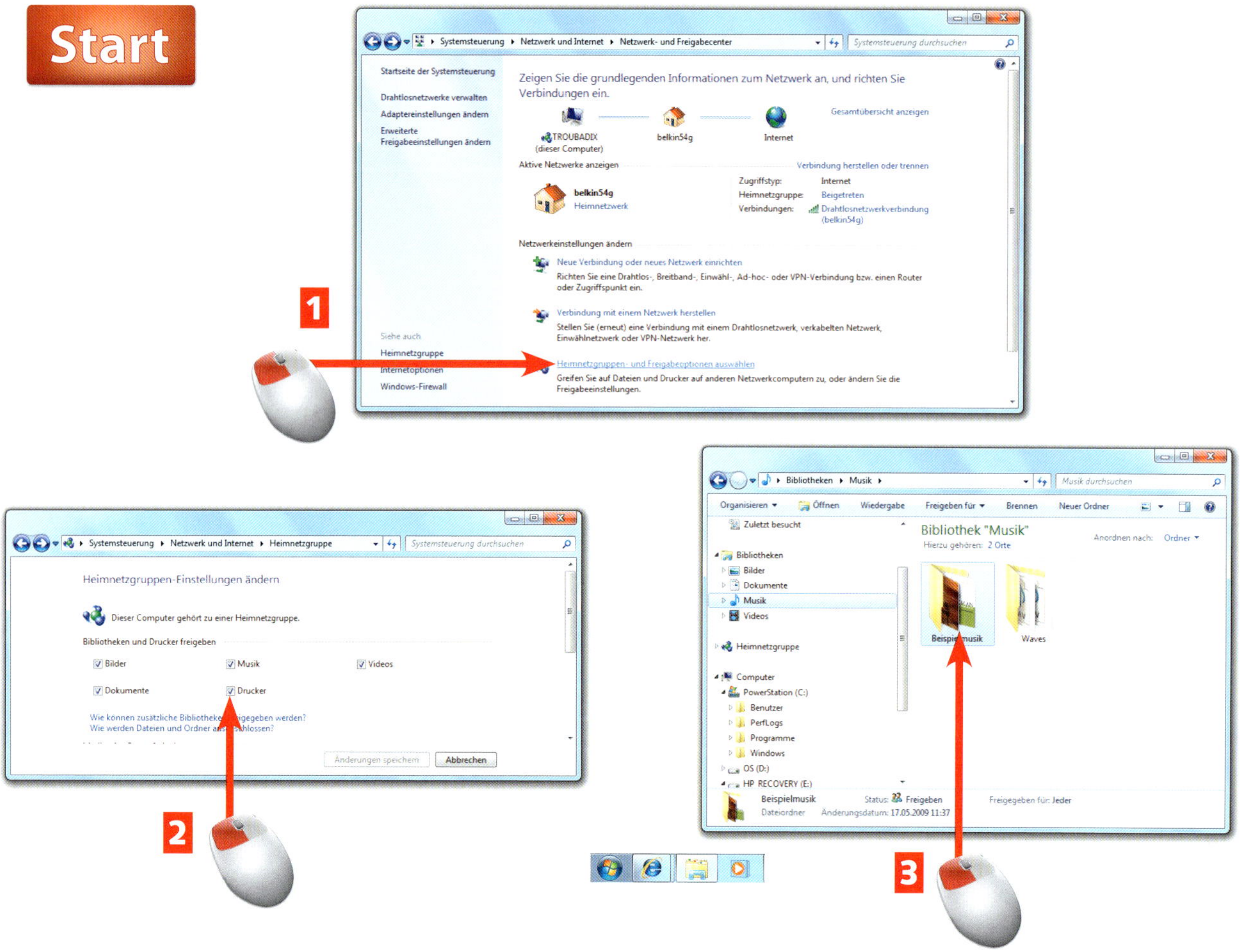

1. Aktivieren Sie das Netzwerk- und Freigabecenter in der Systemsteuerung und öffnen Sie die *Heimnetzgruppen- und Freigabeoptionen*.

2. Kreuzen Sie alle Objekte an, die Sie für andere Benutzer freigeben wollen.

3. Öffnen Sie ein Windows-Explorer-Fenster und markieren Sie weitere Bibliotheken oder Ordner.

WISSEN

Ein Netzwerk macht nur Sinn, wenn die Benutzer auch Daten von anderen Computern lesen und Geräte benutzen können. Geben Sie Ihrem Computer einen Namen im Netz, weisen Sie ihn einer Arbeitsgruppe zu und schalten Sie ihn für andere Netzwerkuser frei.

10 Netzwerk einrichten

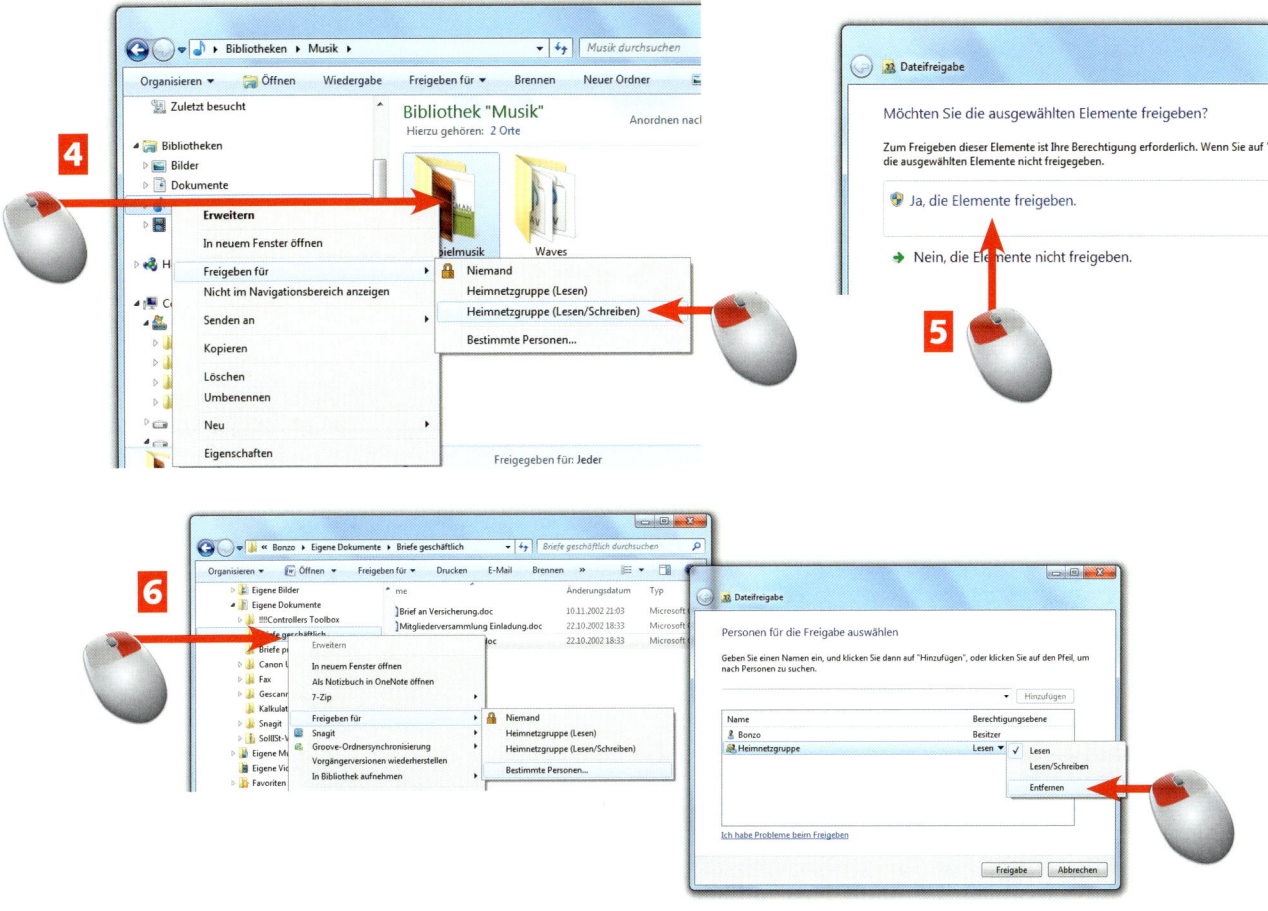

4 Im Kontextmenü der rechten Maustaste können Sie mit *Freigeben für* einzelne Objekte freigeben.

5 Bestätigen Sie die Sicherungsmeldung und das Objekt wird im Netzwerk freigegeben.

6 Einzelne Bibliotheken, Ordner oder Dateien können Sie auch sperren. Wählen Sie *Freigeben für/Niemand* oder entfernen Sie Personen oder Heimnetzgruppen.

Computernamen kurz halten und keine Sonderzeichen verwenden, damit sie auch in älteren Systemen akzeptiert werden.

Arbeitsgruppe: Sammelbegriff für eine Gruppe von Computern im Netzwerk
Domäne: Eine Gruppe von Arbeitsgruppen im Netzwerk

Ändern Sie die Arbeitsgruppe, können Sie gleich in dieser arbeiten, ändern Sie die Netzwerk-ID, müssen Sie den Computer neu starten.

TIPP   **FACHWORT**   **HINWEIS**

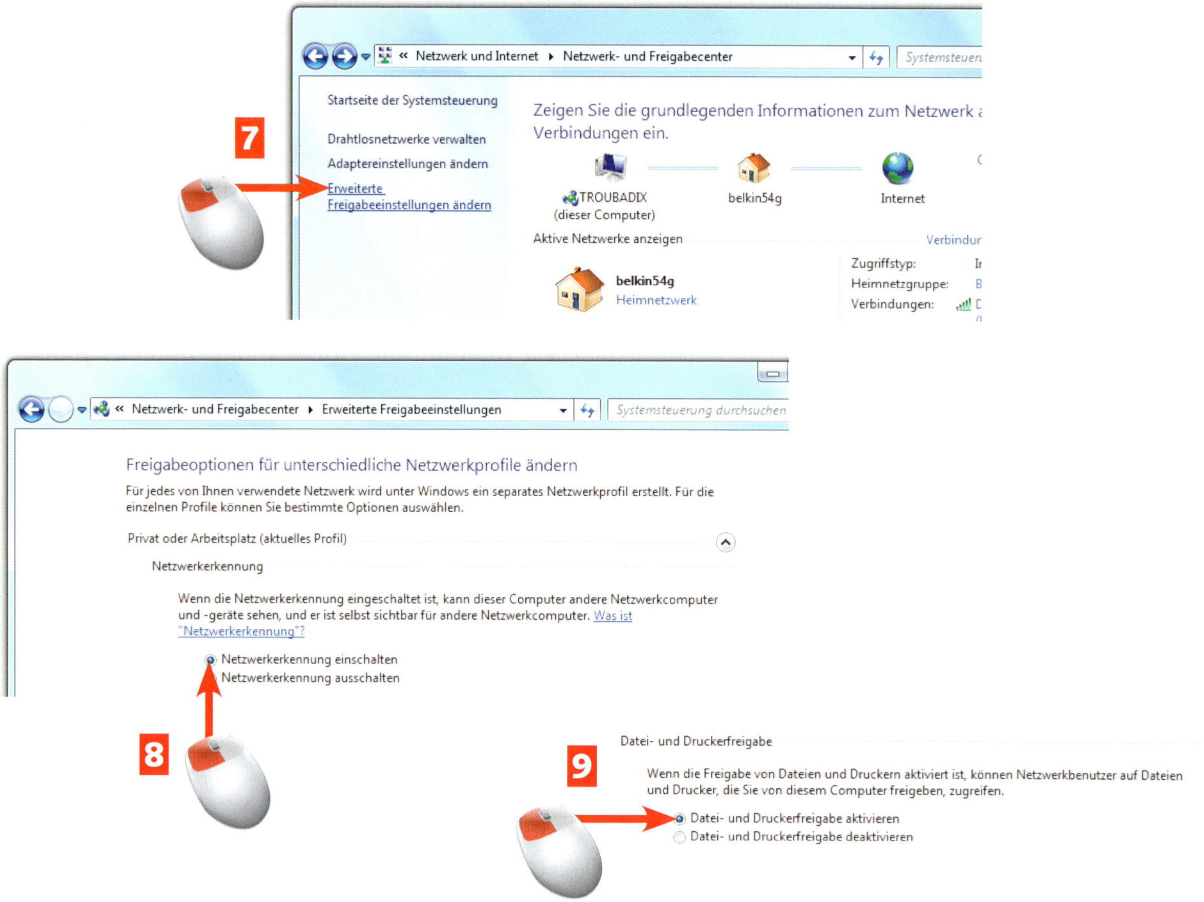

220 Ordner und Bibliotheken freigeben

7 Klicken Sie im Netzwerk- und Freigabecenter der Systemsteuerung auf *Erweiterte Freigabeeinstellungen ändern*.

8 Schalten Sie die *Netzwerkkennung* ein, wenn Sie sicherstellen wollen, dass Ihr Computer im Netz für andere sichtbar ist.

9 Wenn Sie die *Datei- und Druckerfreigabe* aktivieren, können andere Netzwerkuser auf Ihren Drucker und Ihre Daten zugreifen.

Teilen Sie Ihre Ordner und Bibliotheken mit allen anderen Benutzern im Heimnetz. Wie wäre es mit einer zentralen Multimediastation? Medienstreaming macht es möglich: Musik, Bilder, Videos von einem PC im ganzen Haus.

WISSEN

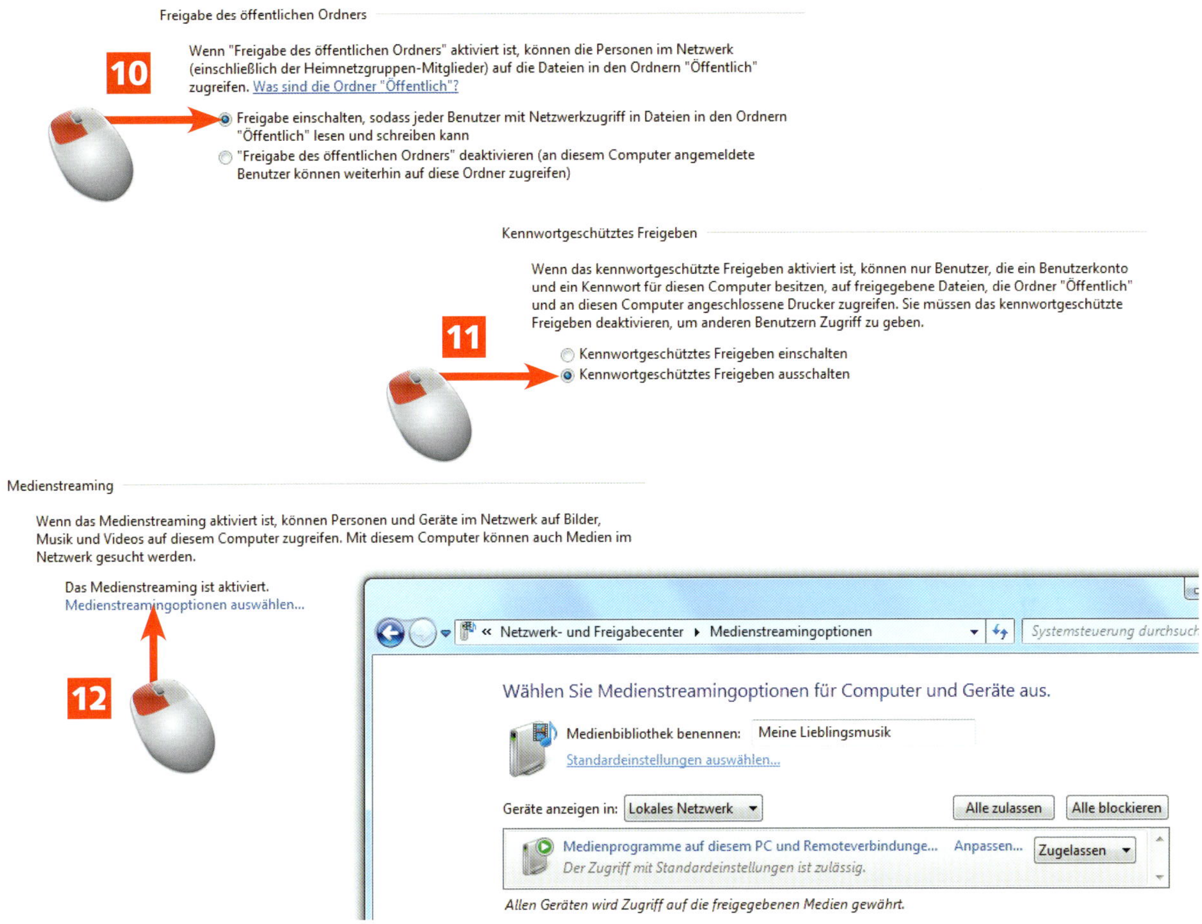

10 Netzwerk einrichten 221

10 Ideal für den gemeinsamen Datenaustausch ist der *Öffentliche Ordner*, der von jedem Benutzer geöffnet werden kann.

11 Schalten Sie eine kennwortgeschützte Freigabe ein, wenn Sie das gleiche Benutzerkonto auf einem anderen Computer angelegt haben.

12 Das Medienstreaming schaltet Multimedia (Bilder, Videos, Musik) von einem Gerät im Heimnetz auf allen anderen Computern frei.

HINWEIS

Benutzerkonten erstellen und verwalten Sie über die Systemsteuerung oder per Klick auf das Benutzerbild im Startmenü.

HINWEIS

Klicken Sie im Medienstreaming auf Standardeinstellungen, wenn Sie auf einzelne Objekte (Videos) Jugendschutz einrichten wollen.

Netzwerkdrucker

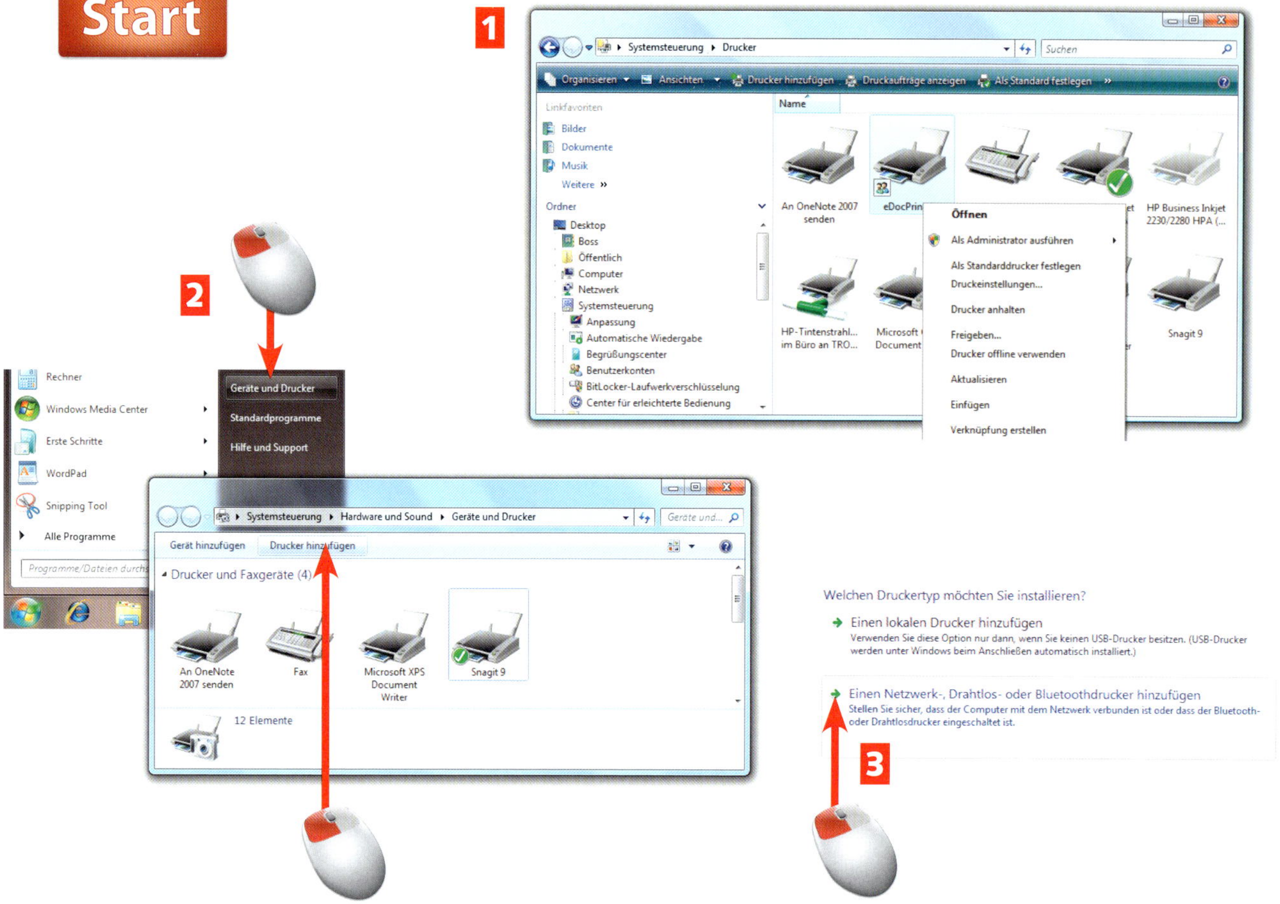

1 Öffnen Sie die Druckerübersicht auf dem Computer, an den der Drucker angeschlossen ist, und geben Sie das Gerät im Netzwerk frei.

2 Wählen Sie *Start/Geräte und Drucker* und klicken Sie auf *Drucker hinzufügen*.

3 Wählen Sie *Einen Netzwerk-, Drahtlos- oder Bluetooth-Drucker hinzufügen*.

Mit einem lokalen Netzwerk sparen Sie auch an den Hardwarekosten. Geben Sie die Drucker am Hauptrechner einfach als Netzwerkdrucker frei und richten Sie auf den anderen Computern eine Verbindung ein, damit Sie bequem übers Netz drucken können.

WISSEN

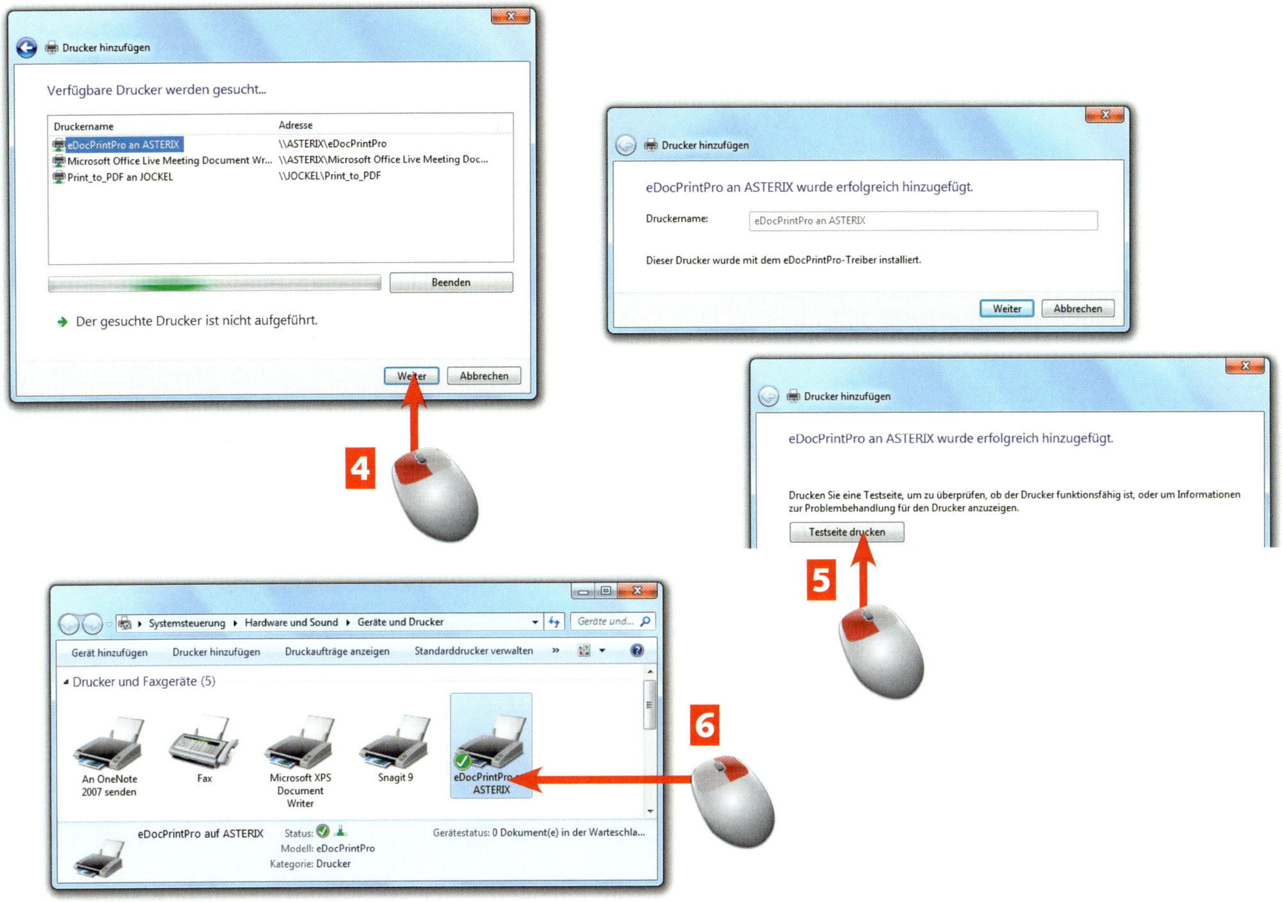

10 Netzwerk einrichten

4 Die Druckerliste mit allen freigegebenen Druckern im Netz wird erstellt, wählen Sie ein Gerät und klicken Sie auf *Weiter*.

5 Der Drucker wird hinzugefügt, falls ein Treiber erforderlich ist, wird dieser installiert. Drucken Sie die Testseite aus.

6 Der Netzwerkdrucker präsentiert sich als Symbol in der Geräteübersicht. Wählen Sie *Als Standarddrucker festlegen* im Kontextmenü.

Anstelle des Gerätenamens können Sie auch die IP-Adresse des Druckers eingeben.

Netzwerkdrucker stehen natürlich nur zur Verfügung, wenn der Computer an ist. Sie können aber „offline" drucken, der Ausdruck wird so lange gespeichert, bis der PC wieder aktiv ist.

HINWEIS **HINWEIS**

224 Netzlaufwerke einrichten

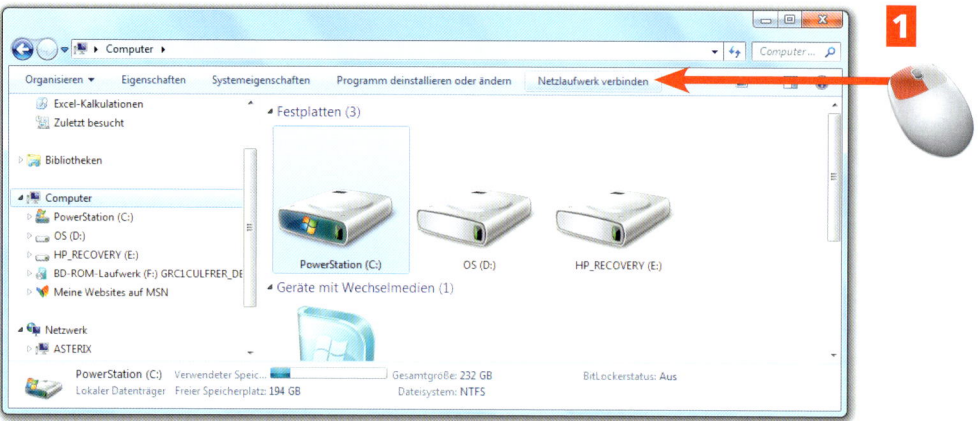

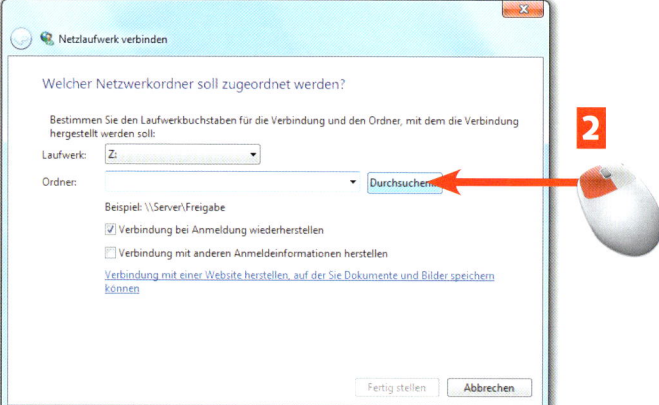

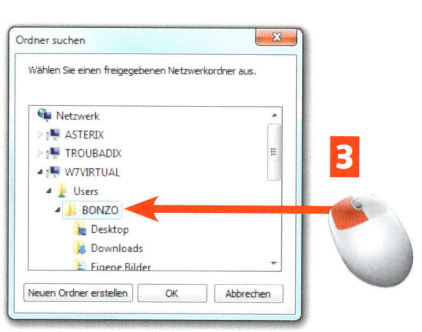

1 Öffnen Sie den Windows-Explorer, markieren Sie ein Laufwerk und wählen Sie *Netzlaufwerk verbinden*.

2 Bestimmen Sie einen freien Buchstaben für Ihr neues Laufwerk und klicken Sie auf *Durchsuchen* für den Ordner.

3 Markieren Sie den Zielordner auf einem der angezeigten Computer im Netzwerk.

Netzlaufwerke sind schnelle, temporäre Verbindungen zu Objekten auf Datenträgern. Sparen Sie sich die mühsame Suche nach Laufwerken und Ordnern auf anderen Computern im Netzwerk.
Das ist der Freigabename für ein ganzes Laufwerk (hier C:): *\\servername\C$*

WISSEN

10 Netzwerk einrichten

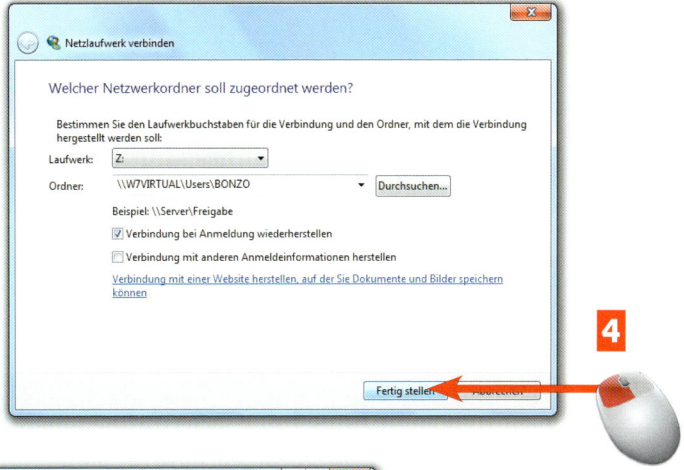

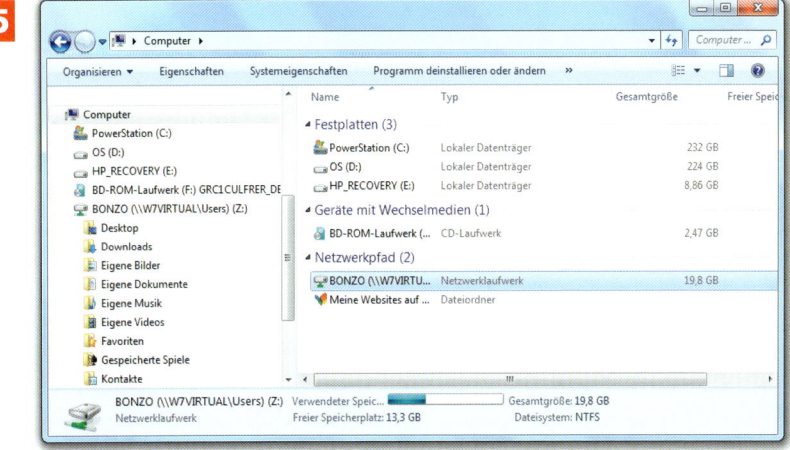

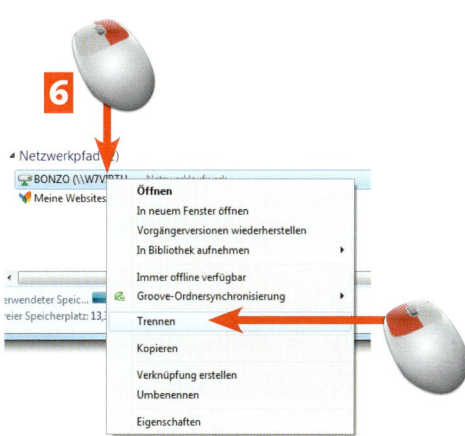

4 Klicken Sie auf *Fertig stellen*, um das Netzlaufwerk anzulegen.

5 In der Geräteliste im Windows-Explorer-Fenster finden Sie anschließend das neue Gerät in der Gruppe *Netzwerkpfad*.

6 Klicken Sie im Kontextmenü des Symbols auf *Trennen*, wenn Sie das Laufwerk wieder entfernen wollen.

HINWEIS	HINWEIS	TIPP
Zugriffsrechte, Ordnereinstellungen und ein anderes Ordnerbild finden Sie in den Eigenschaften des Symbols (rechte Maustaste).	Verwenden Sie alternativ zum Computernamen die IP-Adresse: \\192.168.2.1\Users\Username	Trennen Sie Netzlaufwerke wieder, wenn Sie nicht sicher sind, dass der Zielordner beim nächsten Start wieder verfügbar ist.

226 Ein Ad-hoc-Netzwerk

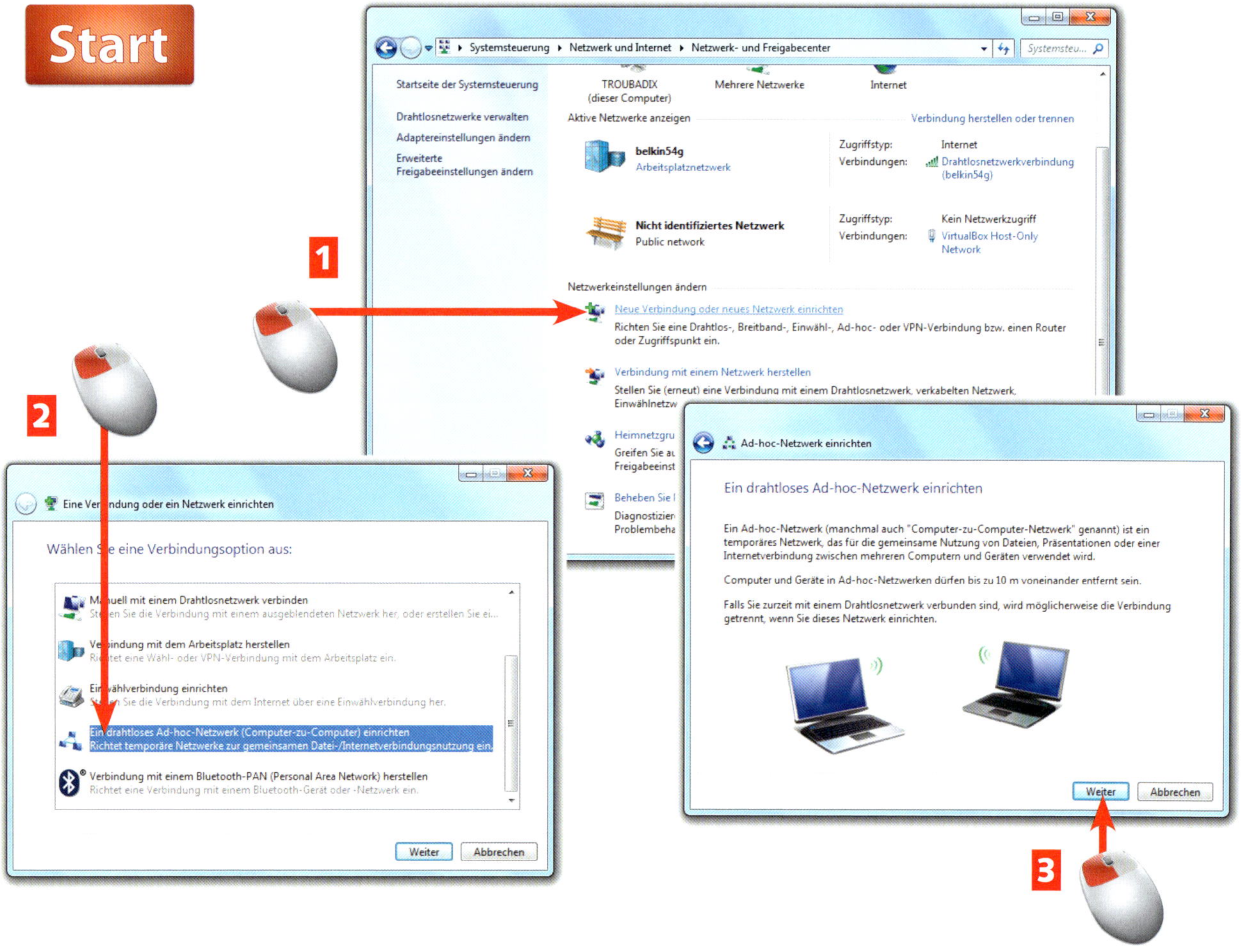

1 Öffnen Sie über die Systemsteuerung das Netzwerk- und Freigabecenter und wählen Sie *Neue Verbindung oder neues Netz einrichten*.

2 Klicken Sie auf *Ein drahtloses Ad-hoc-Netzwerk einrichten* und bestätigen Sie mit *Weiter*.

3 Eine Meldung informiert Sie darüber, dass das bisherige Netz deaktiviert wird, klicken Sie auf *Weiter*.

WISSEN

Für schnelle Datentransfers oder Präsentationen richten Sie ein Ad-hoc-Netzwerk ein, eine schnelle drahtlose Verbindung zwischen mehreren Computern. Sie wird automatisch gelöscht, wenn alle Computer sich verabschiedet haben.

10 Netzwerk einrichten

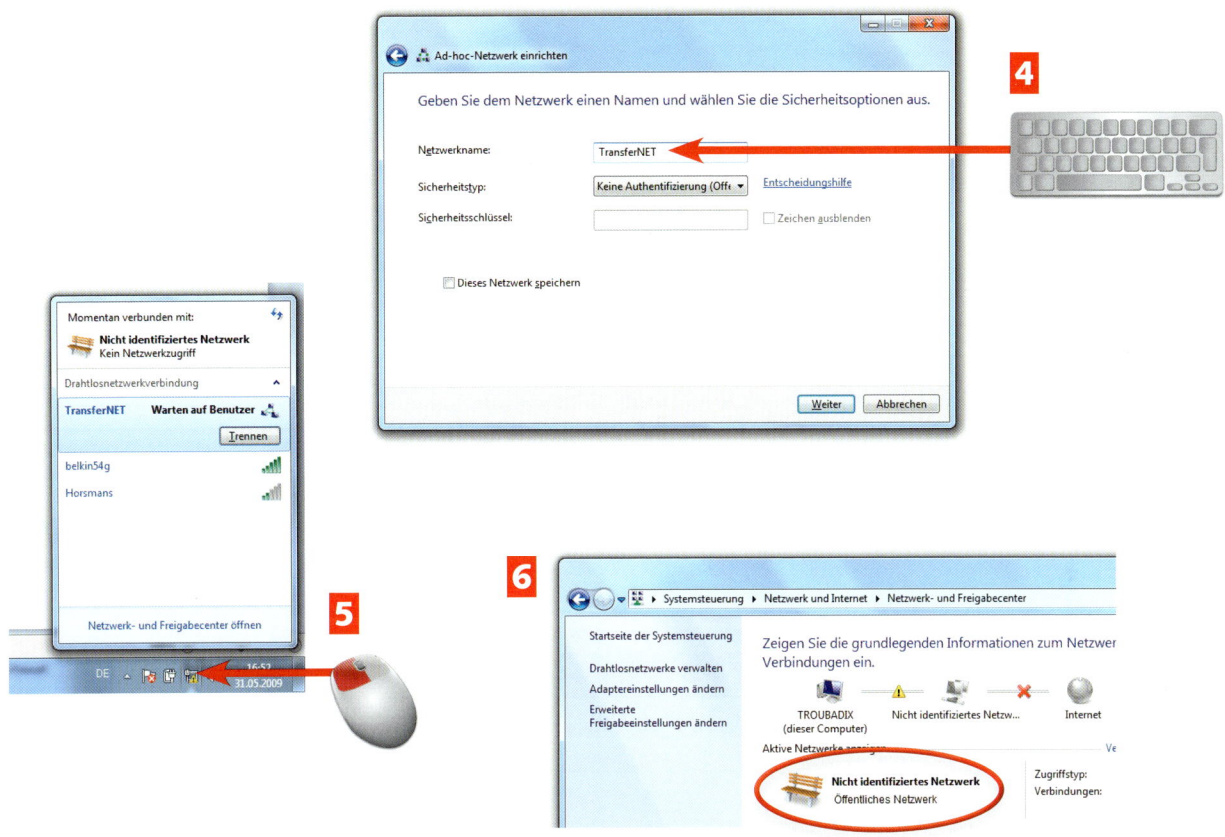

4 Tragen Sie einen Namen für das Ad-hoc-Netzwerk ein. Schalten Sie den Sicherheitsschlüssel aus.

5 Das neue Netz wird erstellt, öffnen Sie die Netzwerkliste im Infobereich, um sie zu überprüfen und ggf. zu aktivieren.

6 Überprüfen Sie das Netzwerk im Netzwerk- und Freigabecenter, es wird automatisch auf *Öffentliches Netzwerk* umgeschaltet.

Ende

Die Computer dürfen für dieses Netz maximal 10 Meter voneinander entfernt sein.

TIPP

Diese Schnellverbindung kappt eine bereits bestehende Verbindung, zum Beispiel den WLAN-Zugang. Stellen Sie ihn wieder her, wenn das temporäre Netz abgetrennt ist.

TIPP

228 Remoteverbindung mit dem Firmennetzwerk

Start

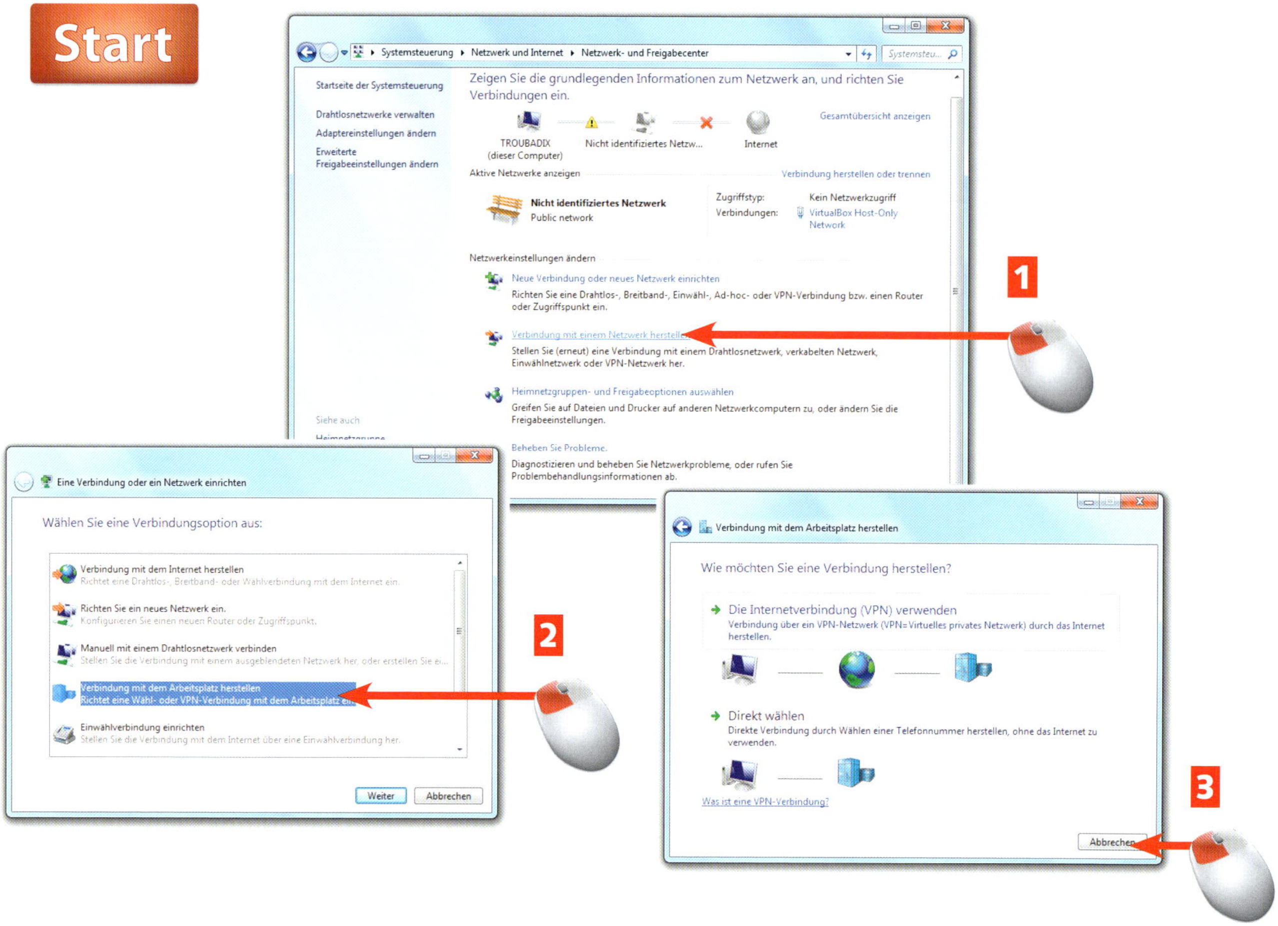

1. Aktivieren Sie das Netzwerk- und Freistellungscenter und wählen Sie *Verbindung mit einem Netzwerk herstellen*.

2. Klicken Sie auf *Verbindung mit dem Arbeitsplatz herstellen*.

3. Verwenden Sie eine bereits eingerichtete Internetverbindung oder eine Telefonnummer zum Einwählen in das Firmennetz.

Auf Geschäftsreise oder zu Hause am Heimcomputer können Sie sich mit Windows 7 auch in das Firmennetz einwählen, um mit den Daten an Ihrem Arbeitsplatz zu arbeiten. VPN macht's möglich, fragen Sie Ihren Admin nach den Zugangsdaten.

WISSEN

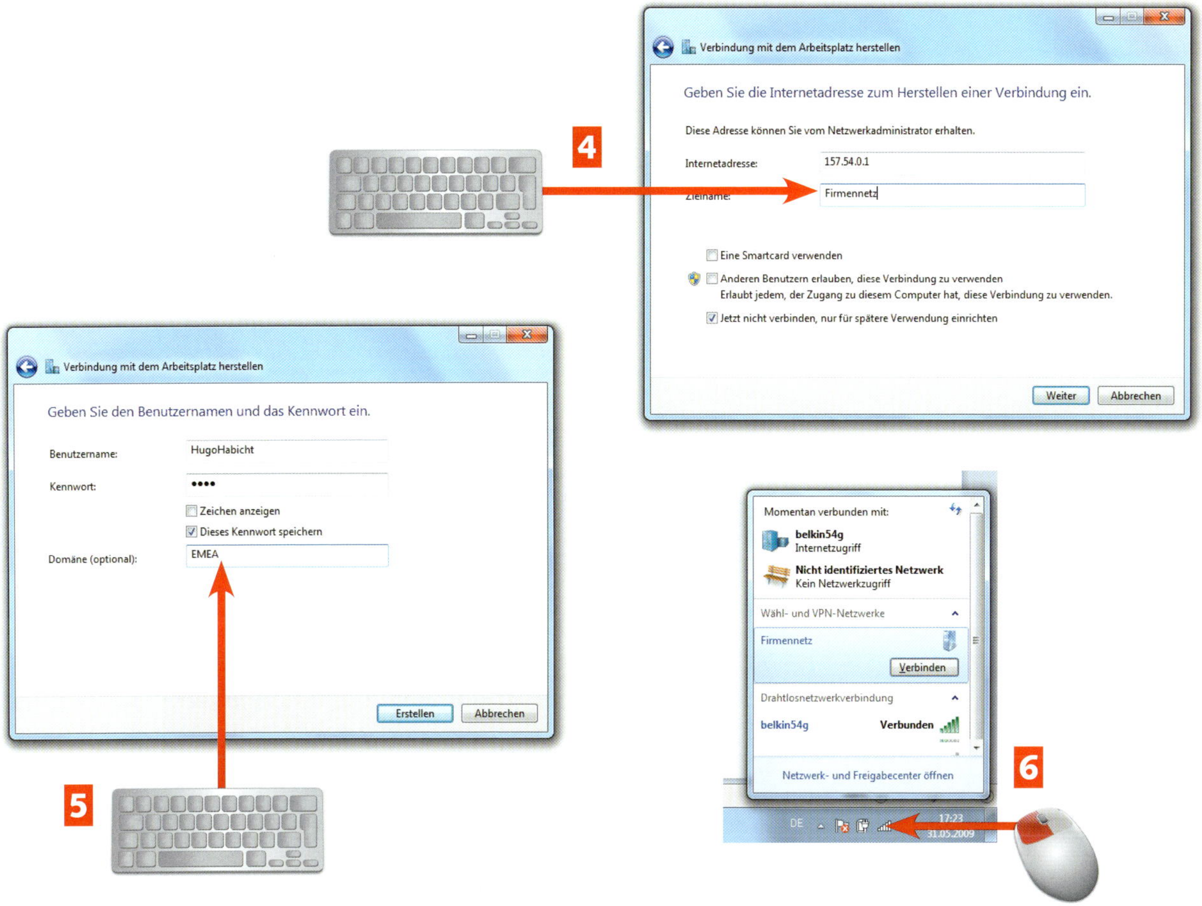

10 Netzwerk einrichten 229

4 Für die Internetverbindung tragen Sie die IP-Adresse ein, die Sie vom Administrator bekommen haben.

5 Benutzername und Kennwort sind für das Einwählen in das Firmennetz Pflicht, geben Sie auch die Domäne ein, falls erforderlich.

6 Im Infobereich finden Sie anschließend die neue Verbindung, klicken Sie auf *Verbinden für* den VPN-Zugang.

VPN (Virtual Private Network): Virtuelle Netzwerke sind eine Kombination aus Software und Hardware und in der Regel abhör- und manipulationssicher. Sehen Sie bei Wikipedia nach: *http://de.wikipedia.org/wiki/Virtual_Private_Network*

FACHWORT

Nützliche Testwerkzeuge für Networker

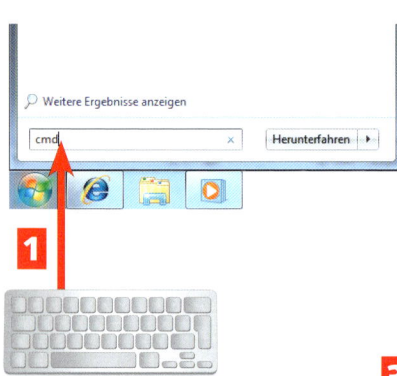

1 Für die Verbindungstests brauchen Sie ein Command-Fenster. Geben Sie in das Suchfenster des Startmenüs `cmd` ein.

2 Mit `ipconfig` erhalten Sie eine Übersicht über die IP-Konfiguration Ihres Systems.

3 Geben Sie `ipconfig /?` ein, zeigt der Bildschirm alle Optionen zu diesem Befehl an. `Ipconfig /all` listet alle Netzwerkadressen.

Der „alte" Command-Editor aus dem Steinzeit-Betriebssystem DOS leistet immer noch wertvolle Dienste. Nutzen Sie seine Befehle, um das Netzwerk zu überprüfen, IP-Adressen aufzuspüren und die Geschwindigkeit der Verbindung zu testen.

WISSEN

10 Netzwerk einrichten

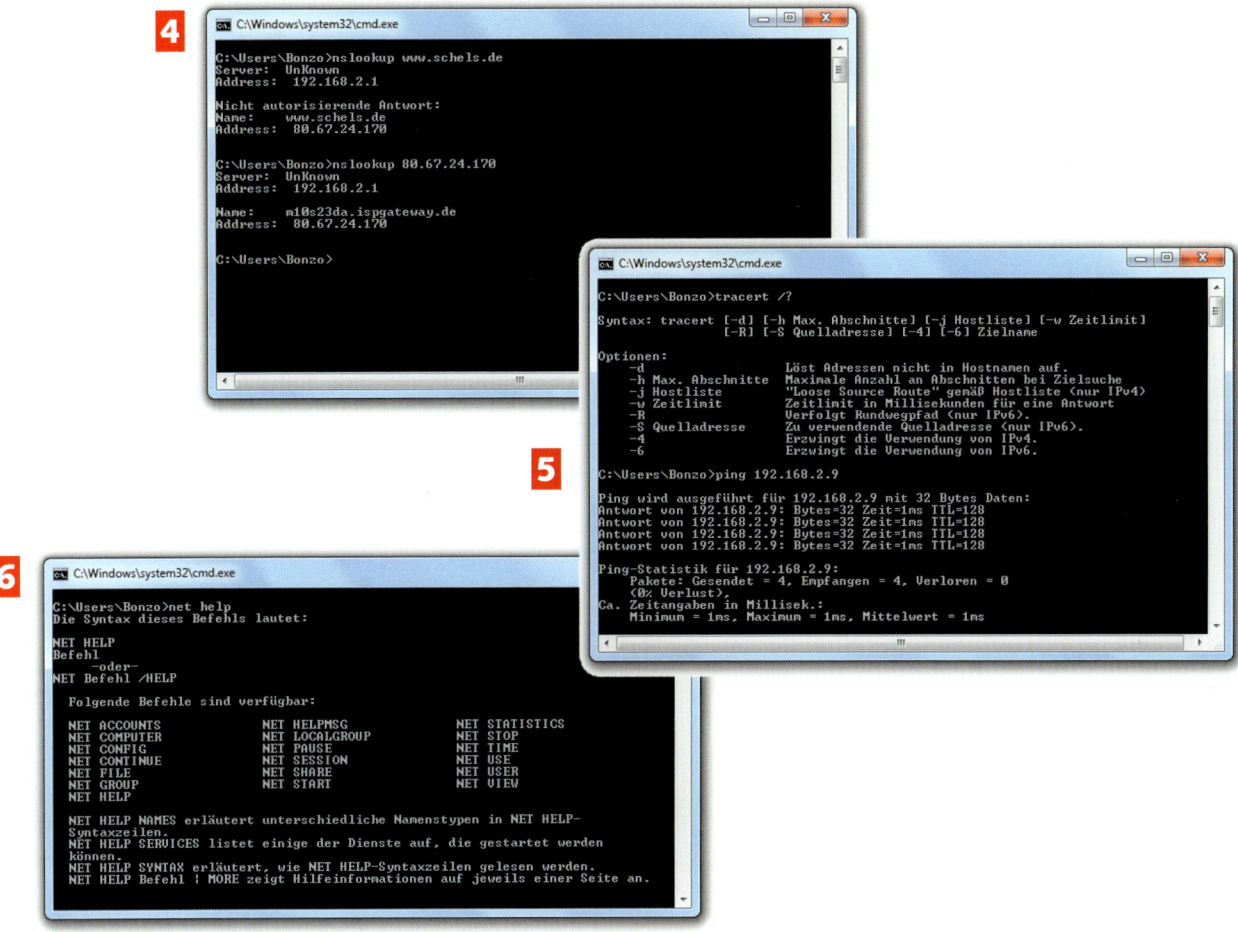

4 `Nslookup` sucht die www-Adresse zu einer IP-Adresse und umgekehrt.

5 Mit `tracert` und `ping` finden Sie Verbindungen und testen die Verbindungsgeschwindigkeit zu IP-Adressen.

6 `Net` bietet viele Informationen rund um das Netzwerk, zum Beispiel Benutzernamen, Gruppen und freigegebene Objekte.

TIPP

Mit „cls" löschen Sie das Command-Fenster. Geben Sie „exit" ein, um es wieder zu verlassen. „Pingen" Sie Adressen direkt an: `ping www.microsoft.de`

HINWEIS

„tracert" zeigt auch die Stationen an, die Datenpakete überwinden müssen, um zu einer Adresse zu gelangen.

TIPP

Der Nachrichtendienst im Netz: `msg username „Nachricht"`

11

Der Internet Explorer

234 Browser starten und Startseite einrichten

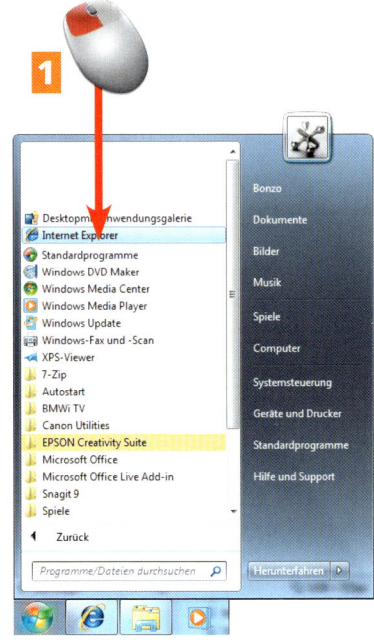
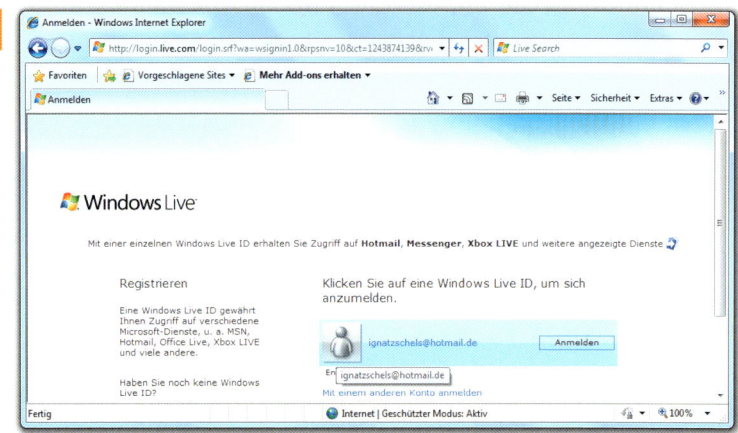

1 Starten Sie den Internet Explorer mit dem Symbol in der Taskleiste oder über das Startmenü.

2 Das Browser-Fenster wird aktiviert, die Startseite wird geladen (hier Windows Live).

3 Geben Sie eine andere Internet-Adresse in die Adresszeile ein, zum Beispiel *www.mut.de*.

Der Internet Explorer ist der Windows-Browser, er bringt sie ins Internet. Eine funktionierende Verbindung über DSL oder Wählverbindung istz Voraussetzung, dann steht Ihrem Ausflug ins Netz der Netze nichts mehr im Wege.

WISSEN

11 Der Internet Explorer   235

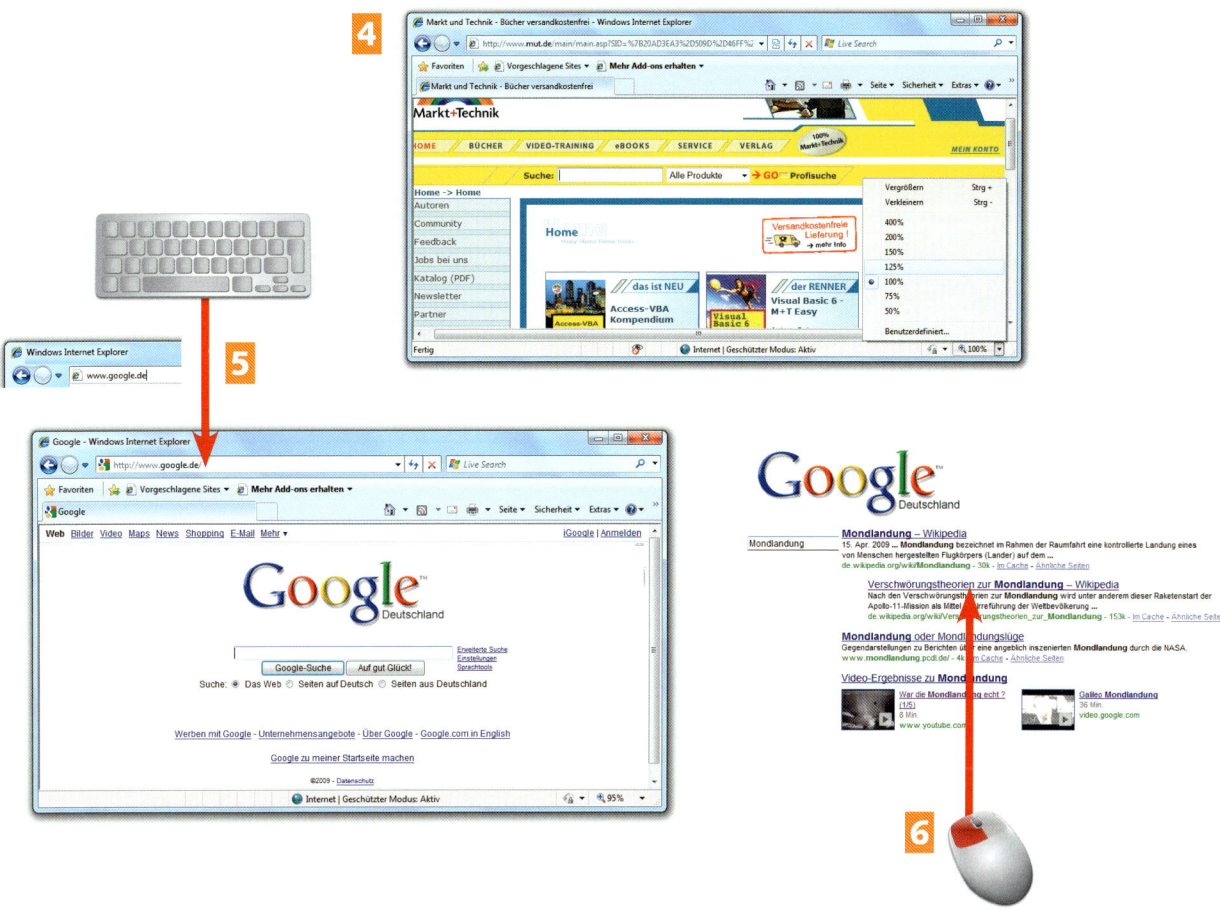

4 Klicken Sie auf angebotene Links oder Menüs, nutzen Sie das Zoom-Fenster rechts unten, um die Anzeige zu verkleinern oder zu vergrößern.

5 Google ist die bekannteste Suchmaschine, geben Sie den Link ein, ...

6 ... und suchen Sie nach einem Thema, das Sie interessiert. Die angebotenen Fundstellen klicken Sie einfach an.

Das World Wide Web (www) ist der größte Teil des Internets, er soll über 1 Milliarde Seiten enthalten.

Web: Abkürzung für world wide web (www).
Browser (engl. To browse = blättern), Programm zur Anzeige von Webseiten.

HINWEIS   **FACHWORT**

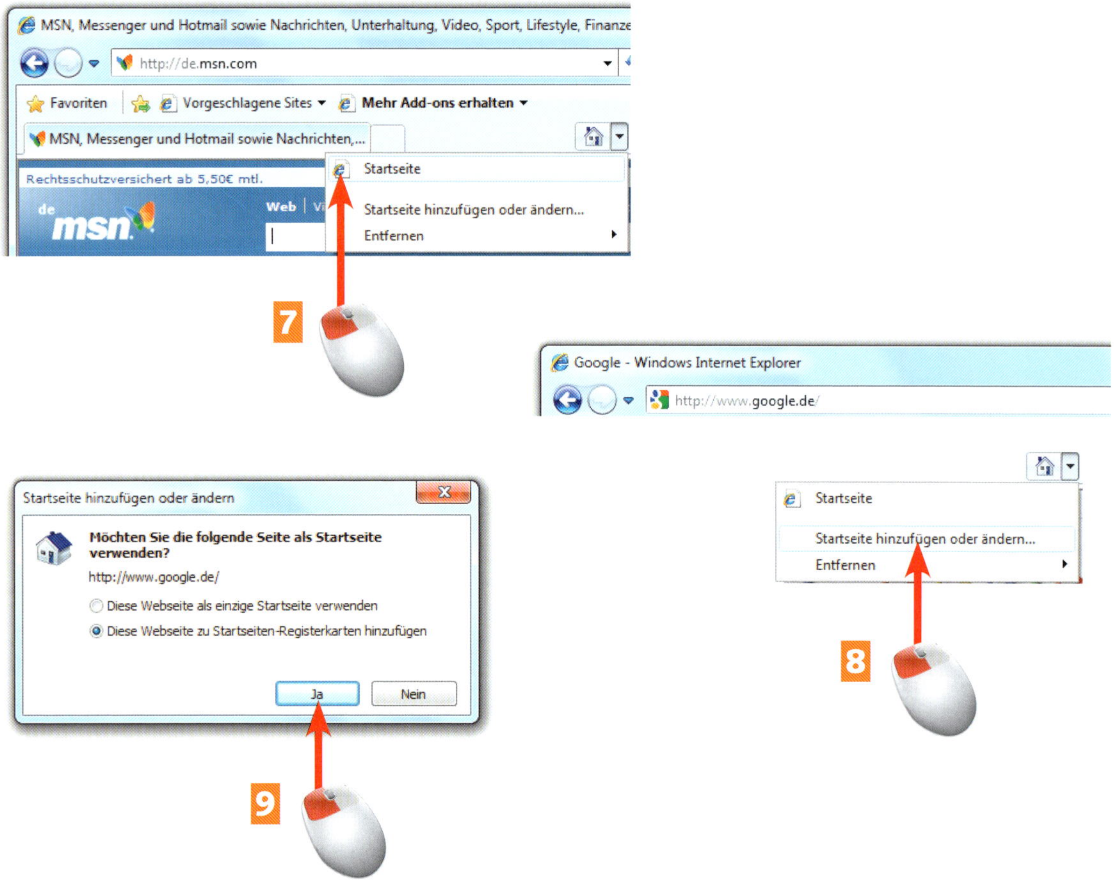

236 Browser starten und Startseite einrichten

7 Klicken Sie auf das Symbol mit dem Haus, um zur Startseite zu wechseln. Mit dem Pfeilsymbol öffnen Sie die Startseitenliste.

8 Wählen Sie *Startseite hinzufügen oder ändern*, …

9 … und fügen Sie die aktuelle Startseite als einzige oder als weitere Startseite hinzu.

Der Internet Explorer kann gleich mehrere Seiten auf Registerkarten aktivieren, nachdem er gestartet wurde. Tragen Sie die Seiten als Startseiten ein, die Sie sofort präsentiert bekommen wollen.

WISSEN

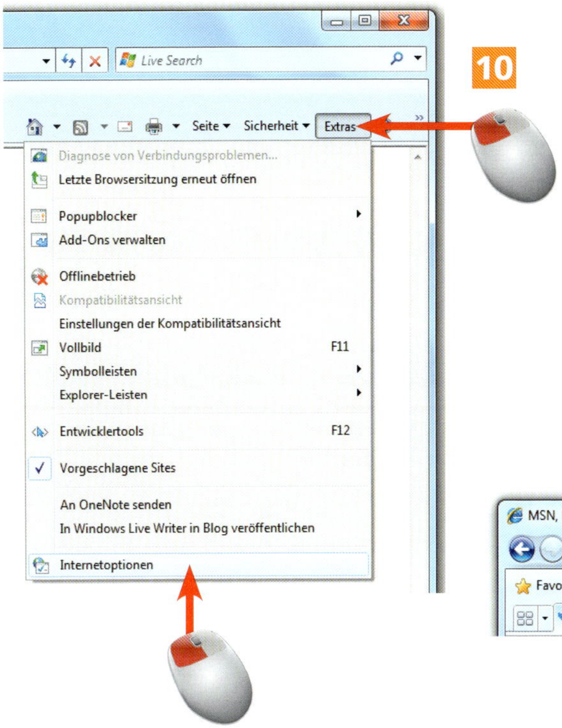

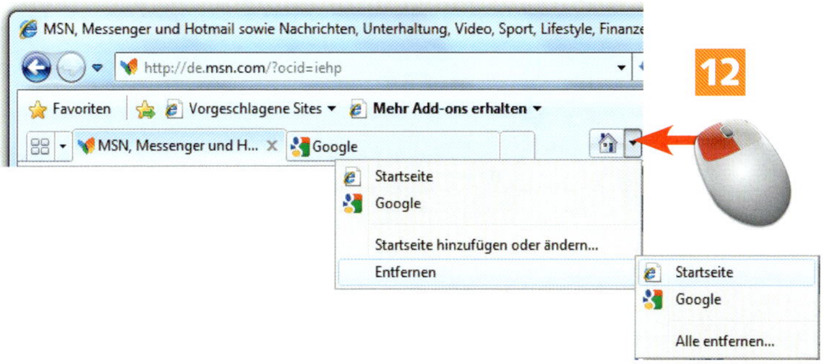

11 Der Internet Explorer 237

10 Klicken Sie auf *Extras* und wählen Sie *Internet-Optionen*.

11 Auf der Registerkarte *Allgemein* finden Sie die Startseiteneinträge. Sie können weitere Zeilen hinzufügen oder einzeln löschen.

12 Um eine Startseite zu entfernen, wählen Sie *Entfernen* in der Startseitenliste des Startseitensymbols.

Wenn Sie eine völlig leere Seite haben wollen, tragen Sie diesen Link ein: *about:blank*

Die Standardseite hat diesen Link zu Microsoft:
http://go.microsoft.com

TIPP **HINWEIS**

238 Seiten, Register, Adressen

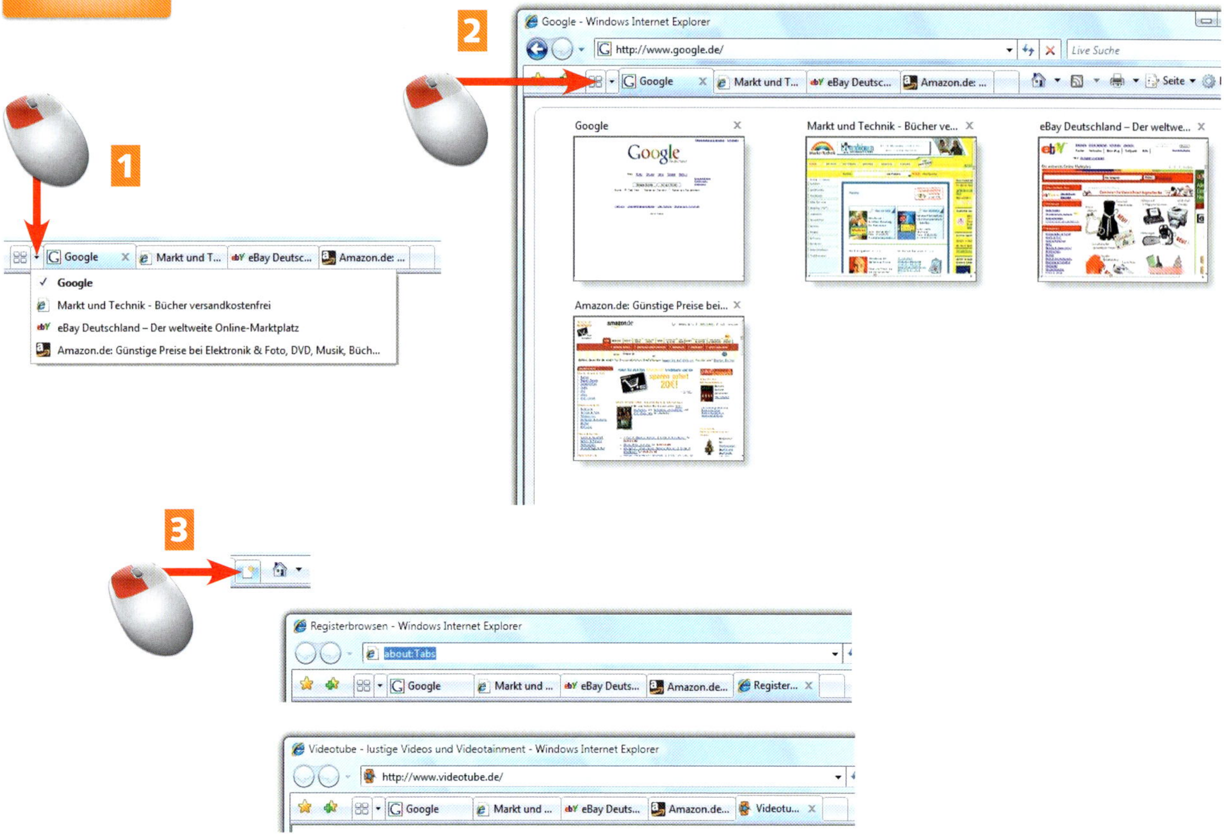

1. Klicken Sie auf das Pfeilsymbol links am ersten Register für eine Registerliste.
2. Mit dem Symbol daneben schalten Sie alle offenen Seiten als Mini-Vorschaubilder zum Anklicken ein.
3. Klicken Sie auf *Neues Register*, und tragen Sie die Adresse in die URL-Zeile ein. Das neue Register wird rechts angefügt..

Lernen Sie Ihr Browserfenster kennen, arbeiten Sie mit Registern, Linklisten und Adressen.

WISSEN

11 Der Internet Explorer

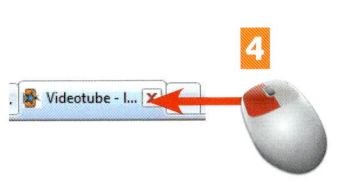
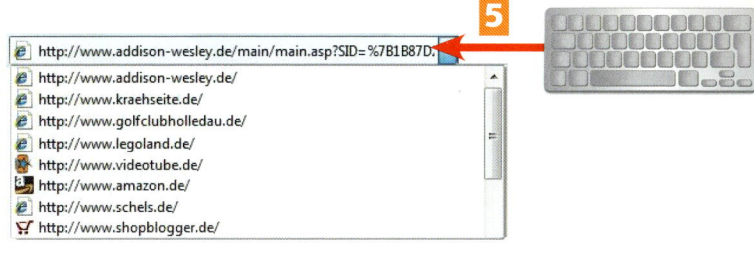
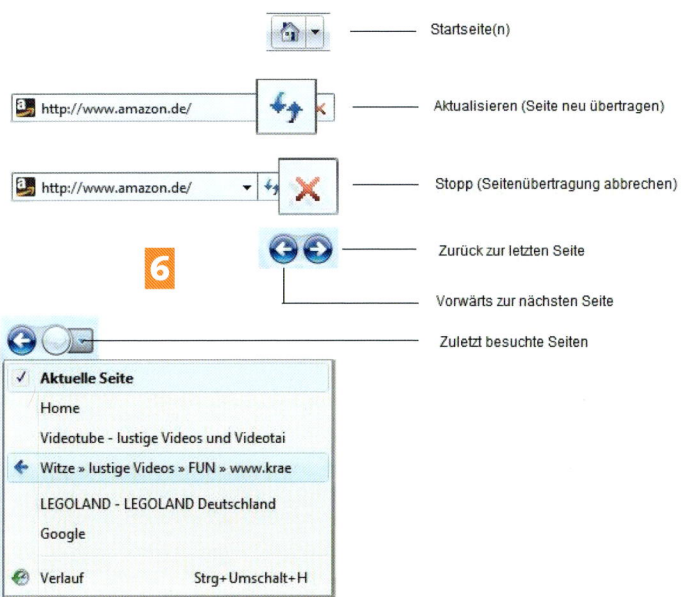

4 Mit dem Schließen-Symbol löschen Sie ein Register wieder.

5 Internet-Adressen (URLs) tragen Sie direkt in die Adresszeile ein. Die Linkliste zeigt die zuletzt benutzten Links an.

6 Mit diesen Symbolen steuern Sie die Seitenaufrufe Ihres Browsers.

Ende

Mit *Extras/Menüleiste* können Sie die von der Vorgängerversion gewohnten Menüs einblenden.

URL (Uniform Resource Locator): Die Webadresse. Das Standardprotokoll http:// muss nicht eingegeben werden.
Link: Verknüpfung auf eine URL.

Aktivieren Sie *Windows Update* im Startmenü und suchen Sie nach neuesten Updates für Ihren Browser.

TIPP **FACHWORT** **HINWEIS**

240 Symbolleisten und Favoriten

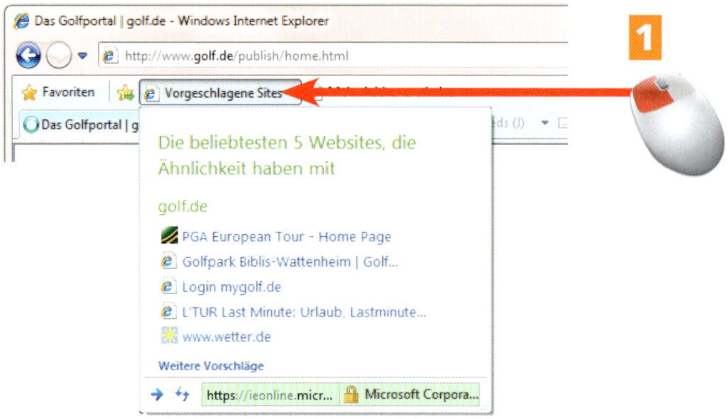

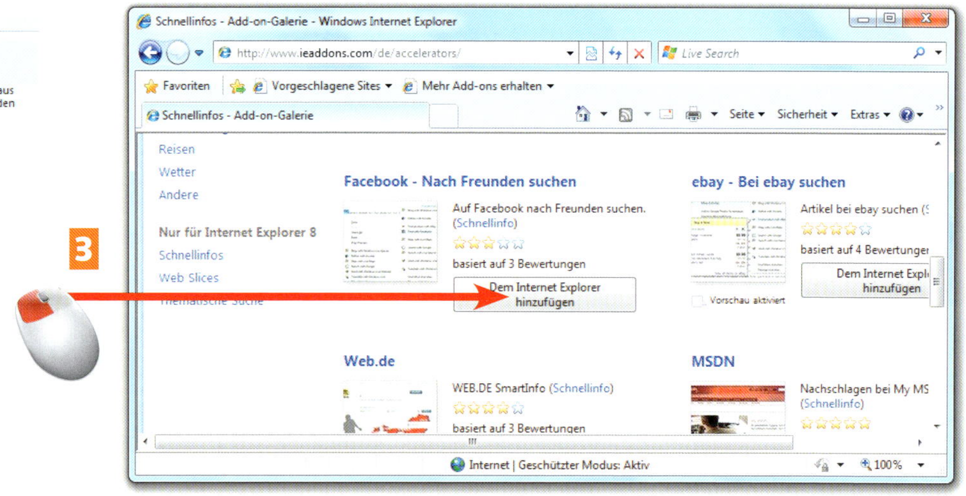

1. Klicken Sie auf *Vorgeschlagene Sites*, wenn Sie zur aktuellen Seite passende Angebote abrufen wollen.

2. Add-ons sind Zusatzprogramme, die im Internet Explorer installiert werden. Hier finden Sie viele Add-ons zum Downloaden.

3. Die Add-ons-Seite wird geladen, suchen Sie ein passendes Programm und klicken Sie auf *Dem Internet Explorer hinzufügen*.

Für die Steuerung von Internetaufrufen verwendet der Explorer Symbolleisten und Kontextmenüs. Das Angebot an Symbolleisten und Add-ons können Sie individuell zusammenstellen.

WISSEN

11 Der Internet Explorer 241

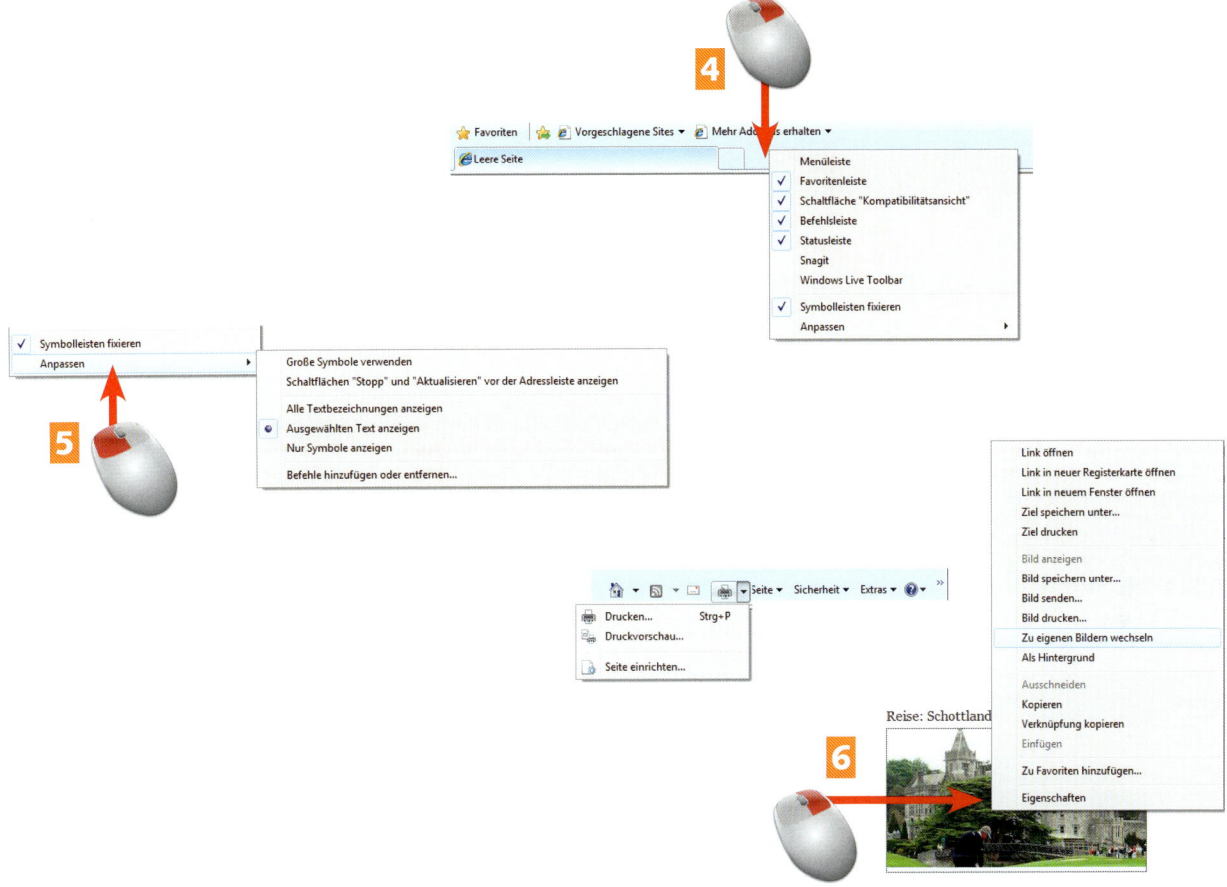

4 Ein Klick mit der rechten Maustaste in den Symbolleistenbereich aktiviert ein Kontextmenü mit allen verfügbaren Leisten.

5 Wählen Sie *Anpassen*, um die Anzeige der Symbole und der Befehlsleiste zu ändern.

6 In der Befehlsleiste finden Sie alle wichtigen Befehle. Holen Sie Befehle auch aus dem Kontextmenü auf der Internetseite.

Sie haben ein tolles Bild für Ihren Desktop gefunden? Ein Klick mit der rechten Maustaste, *Als Hintergrund* anklicken und schon gehört es Ihnen.

Die Schaltfläche *Kompatibilitätsansicht* ist für Internet-Seiten, die nicht für die neueste Version erstellt sind.

Im Fragezeichen-Menü in der Befehlsleiste finden Sie die Versionsnummer des Browsers.

TIPP **HINWEIS** **HINWEIS**

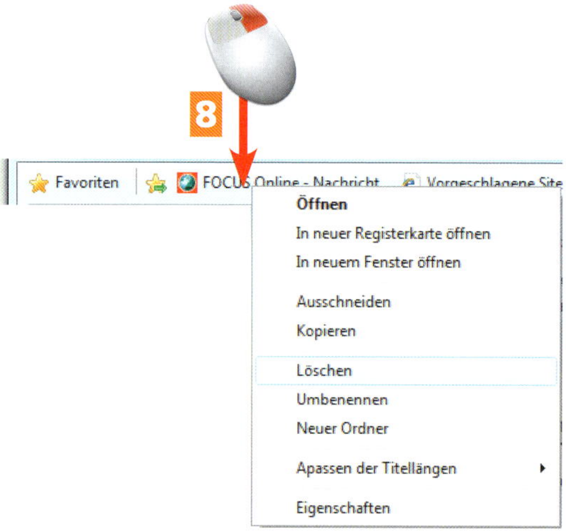

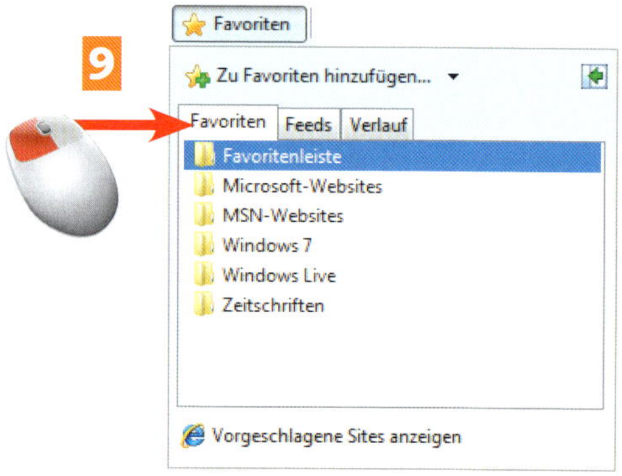

Symbolleisten und Favoriten

7 Klicken Sie auf das Symbol *Zu Favoritenleiste hinzufügen*, um einen Link in der Leiste anzulegen.

8 Mit *Löschen* im Konmtextmenü entfernen Sie einen Eintrag in der Favoritenleiste wieder.

9 Ein Klick auf *Favoriten* zeigt die gespeicherte Favoritenliste. Fügen Sie die aktuelle Adresse in die Liste ein.

Speichern Sie die Adressen Ihrer Lieblingsseiten und halten Sie wichtige Links als Favoriten fest. Der Favoritenordner lässt sich untergliedern, Favoriten können auch importiert und exportiert werden.

WISSEN

11 Der Internet Explorer 243

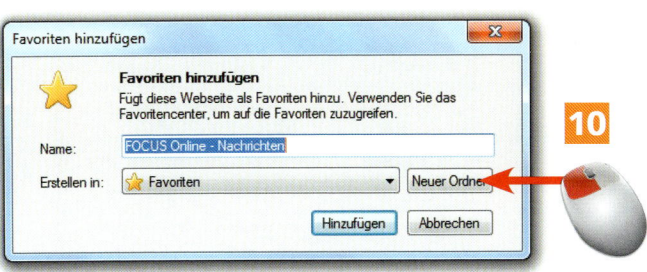

10 Klicken Sie auf *Neuer Ordner*, wenn Sie einen neuen Favoritenordner anlegen wollen.

11 Tragen Sie den Namen des neuen Ordners ein und wählen Sie einen Ordner, unter dem dieser angelegt wird.

12 Mit *Favoriten verwalten* können Sie Einträge verschieben, kopieren, löschen und neue Ordner anlegen.

Ende

Links auf der Webseite klicken Sie mit der rechten Maustaste an und wählen *Zu Favoriten hinzufügen* im Kontextmenü.

Im Favoritenordner können auch Dateien, Ordner und Laufwerke aus dem Windows-Explorersystem stehen.

HINWEIS **HINWEIS**

Sicherheit und Datenschutz

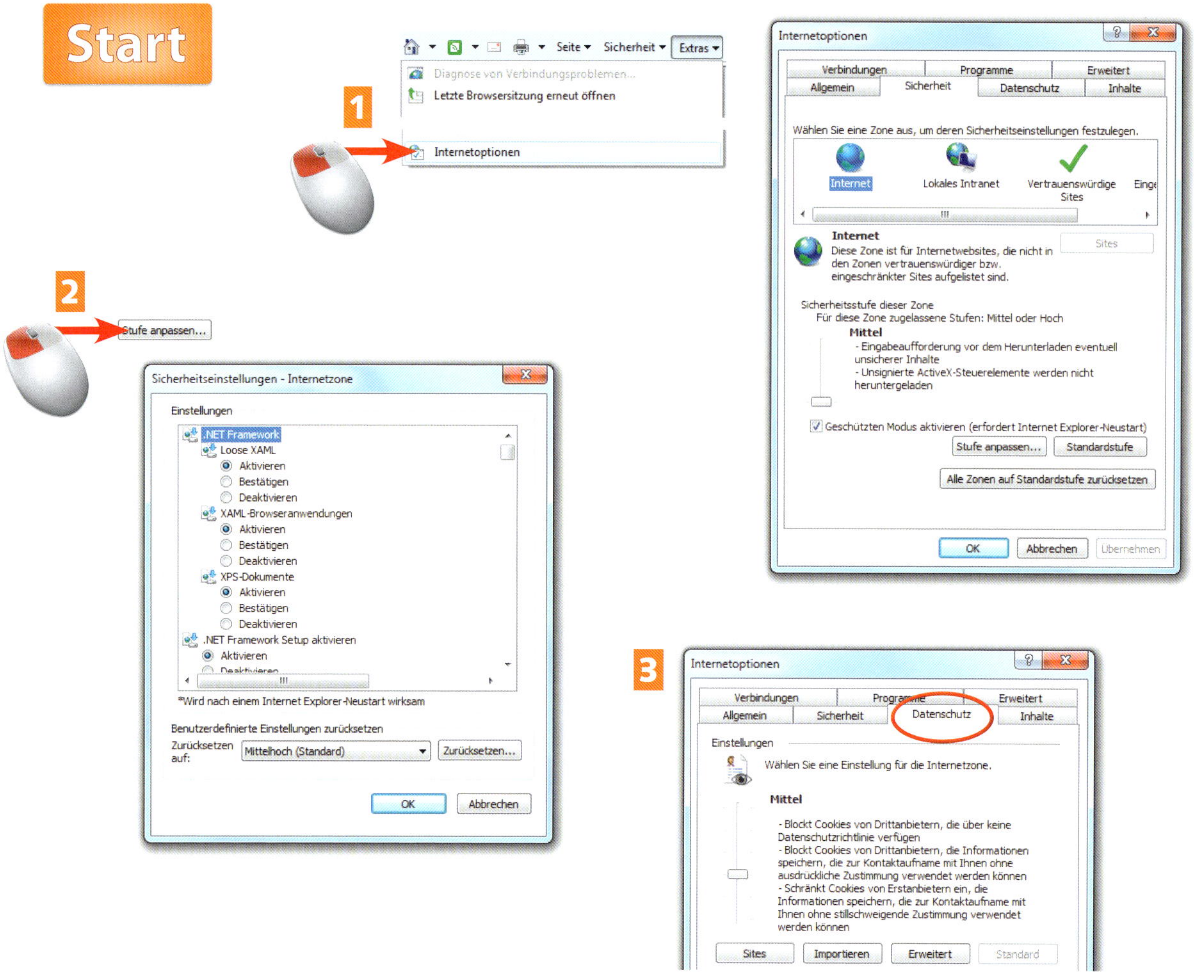

1. Wählen Sie *Extras/Internetoptionen*, und stellen Sie auf der Registerkarte *Sicherheit* die passende Sicherheitsstufe ein.

2. Klicken Sie auf *Stufe anpassen*, wenn Sie einzelne Sicherheitsrisiken (z.B. ActiveX) überprüfen oder ausschalten wollen.

3. Auf der Registerkarte *Datenschutz* bestimmen Sie, wie Cookies behandelt werden.

Sicherheit beim Surfen im weltweiten Netz sollte oberste Priorität haben. Unseriöse Anbieter von Dialern und Phishingsoftware versuchen, an Ihre Daten und an Ihr Geld zu kommen, kriminelle Hacker sind auf Zerstörung aus.

WISSEN

11 Der Internet Explorer 245

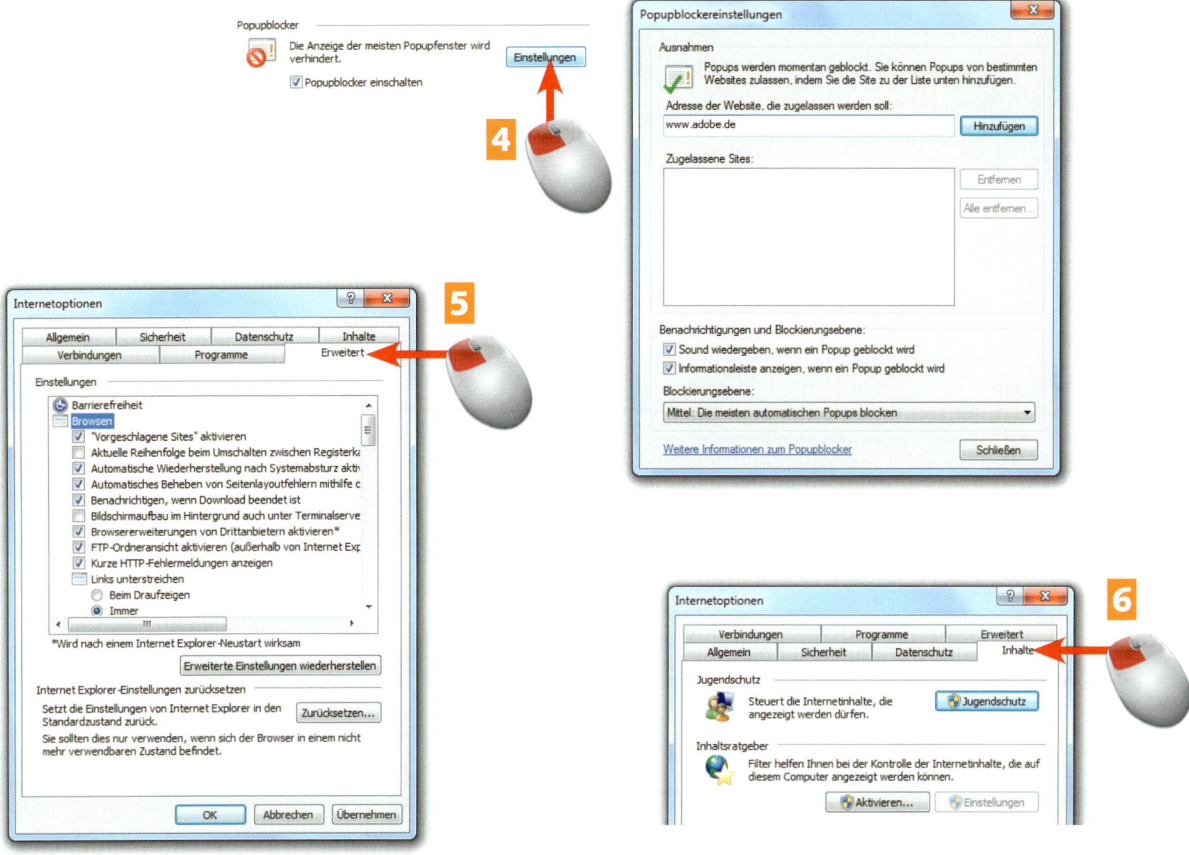

4 Schalten Sie den *Popup-Blocker* immer ein. Hier können einzelne Seiten zugelassen werden.

5 Auf der Registerkarte *Erweitert* finden Sie alle übrigen Einstellungen für den Browser.

6 Die Registerkarte *Inhalte* bietet Jugendschutz- und Filtereinstellungen.
Hier können Sie schlechte und gefährliche Seiten abblocken.

Cookies sind nicht gefährlich, sollten aber mit mittlerer Sicherheitsstufe behandelt werden.

Cookies: Kleine Textdateien, die der Anbieter auf der Festplatte ablegt.
Dialer: Einwahlprogramme mit hohen Gebühren.
Phishing: Ausspähen von Passwörtern für Bankkonten
Popup: Werbeseite, die ohne Aufforderung aktiv wird.

HINWEIS **FACHWORT**

Sicherheit und Datenschutz

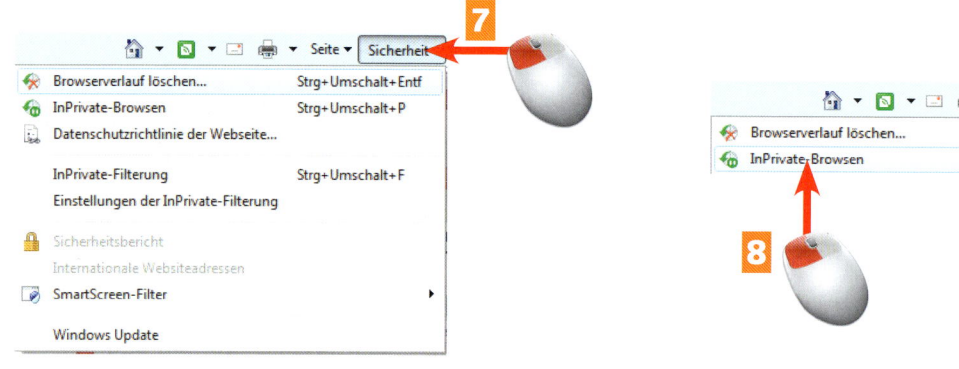

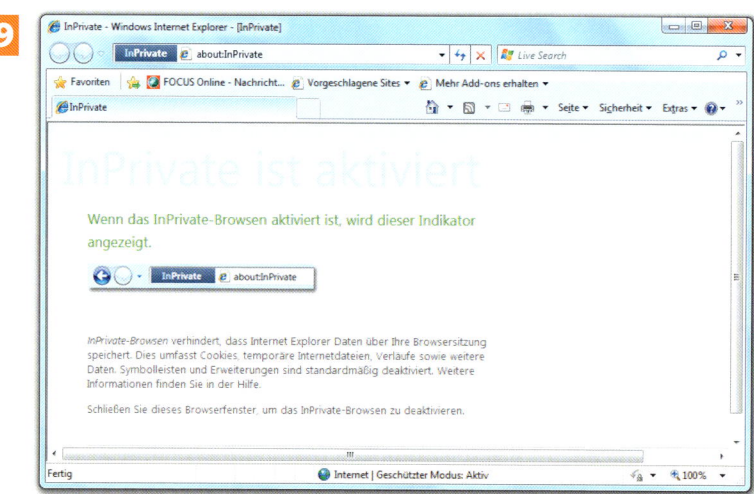

7 Unter dem Symbol *Sicherheit* entfernen Sie alle Objekte, die der Browser auf dem Computer gespeichert hat.

8 Wählen Sie *Sicherheit/Inprivate-Browsen*, wenn Sie an einem fremden Computer arbeiten.

9 Im Inprivate-Fenster speichert der Browser keine Adressen, Bilder, Links und andere Daten.

Wenn Sie im Internet-Cafe, im Hotel oder an einem öffentlichen Platz online gehen, sollten Sie sicherstellen, dass niemand anschließend Ihre persönlichen Daten abrufen kann. Melden Sie außerdem unsichere Seiten bei Microsoft.

WISSEN

11   Der Internet Explorer

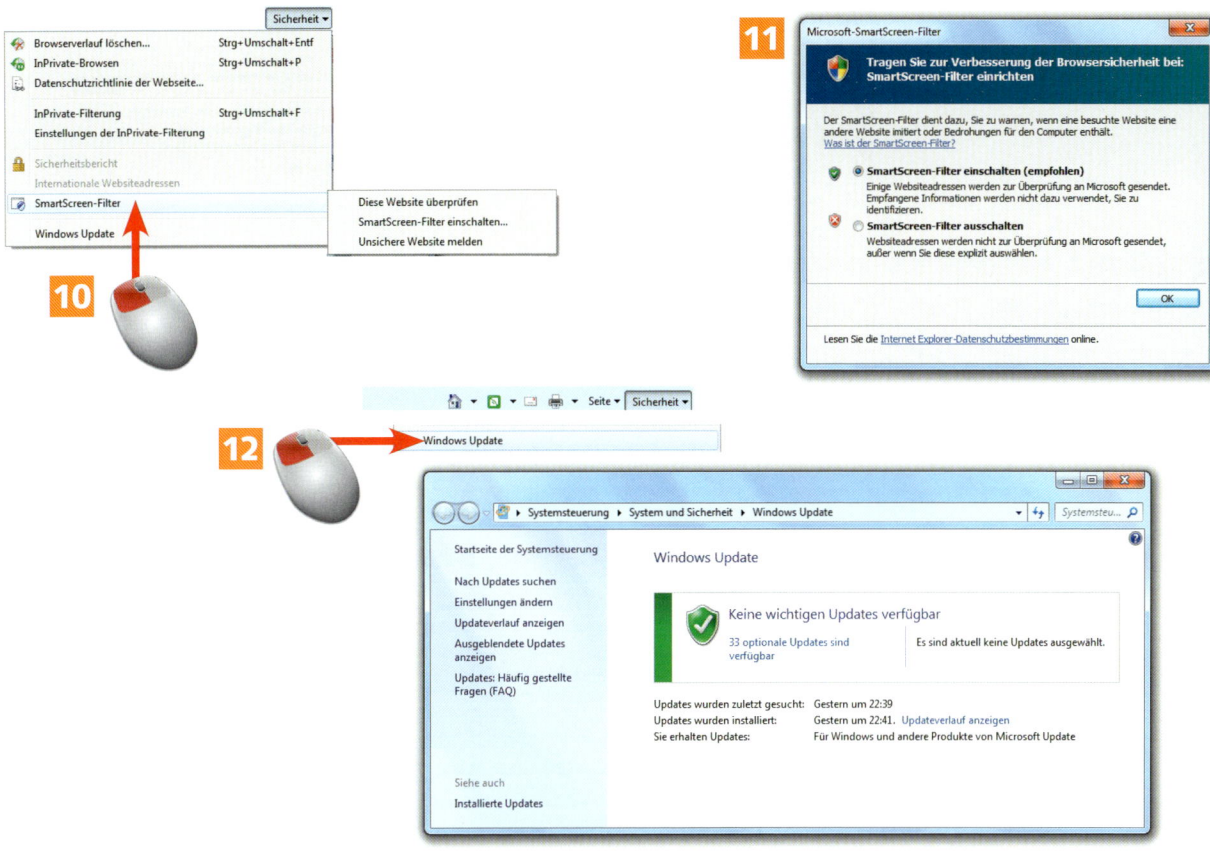

10 Schalten Sie den Smartscreen-Filter ein, wenn Sie unsichere Seiten bei Microsoft registrieren lassen möchten.

11 Der Smartscreen-Filter meldet Phishing-Seiten und Seiten mit gefährlichem Inhalt (Viren, Trojaner etc.).

12 Unter *Sicherheit/Windows Update* finden Sie die Liste der verfügbaren Sicherheitsupdates. Installieren Sie diese regelmäßig.

Ende

Sehen Sie sich unter *Sicherheit* auch die Datenschutzrichtlinien einzelner Seiten an.

Windows Update sollte so konfiguriert sein, dass Updates automatisch installiert werden (Systemsteuerung).

TIPP   HINWEIS

248 Cookies, Kennwörter und Datenmüll löschen

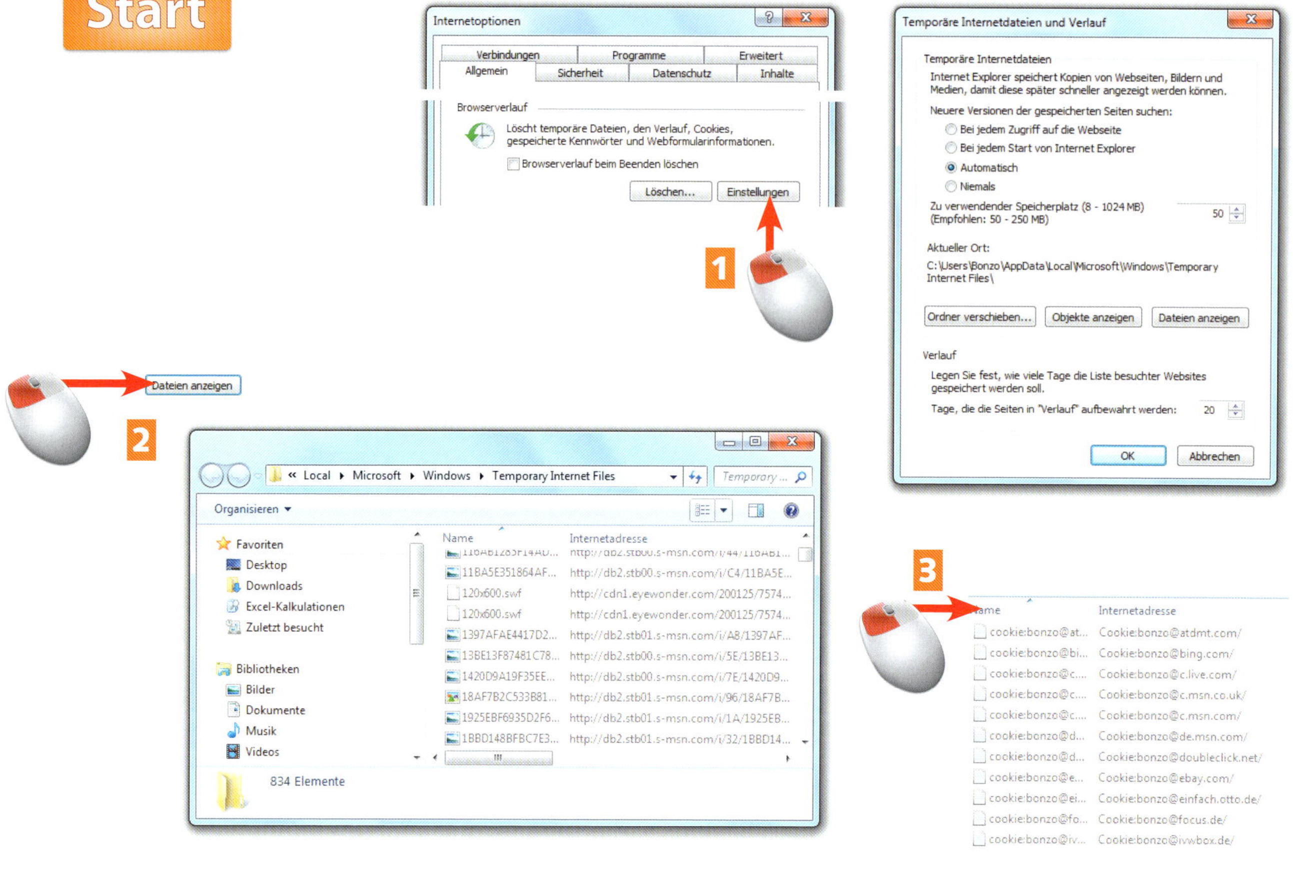

1 Unter *Extras/Internetoptionen* finden Sie auf der Registerkarte *Allgemein* die Einstellungen für den Browserverlauf.

2 Klicken Sie auf *Daten anzeigen*, wenn Sie die temporären Dateien sehen wollen, die Webseiten auf der Festplatte hinterlassen.

3 Sortieren Sie die erste Spalte, und sehen Sie sich an, welche Webadressen mit Cookies arbeiten.

Mit der Zeit sammelt sich viel Datenmüll auf Ihrem PC an, denn jede Webseite hinterlässt temporäre Dateien. Räumen Sie ab und zu auf, und entfernen Sie auch Cookies, Verlaufslisten mit alten Links und Kennwörter.

WISSEN

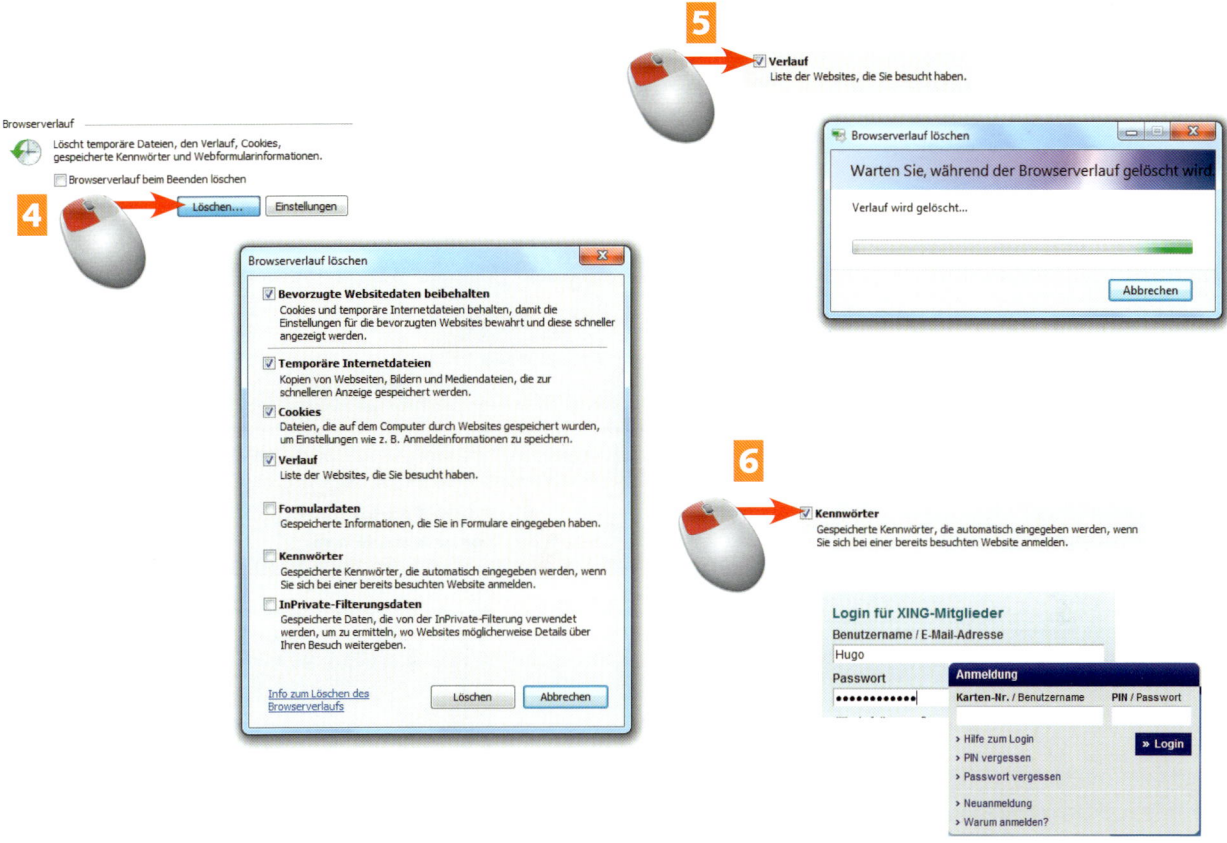

4 Klicken Sie im Browserverlauf auf *Löschen*, um den Datenmüll zu entfernen, und löschen Sie alle temporären Dateien.

5 Löschen Sie den *Verlauf*, wird die Linksliste in der Adresszeile nichts mehr anzeigen.

6 Löschen Sie auch die für einige Webseiten erforderlichen Kennwörter, die im System gespeichert sind.

Kennwörter, die von Webseiten angefordert werden, speichert Windows nur, wenn Sie die entsprechende Option gesetzt haben.

Für die temporären Dateien sind 50 MB auf der Festplatte reserviert. Sind diese voll, werden immer die ältesten Daten gelöscht.

HINWEIS

HINWEIS

250 Nützliche und wichtige Browser-Werkzeuge

1 Für Flash- oder Shockwave-Animationen brauchen Sie den Flash-Player. Falls dieser nicht aktiv wird, holen Sie ihn bei Adobe.

2 Gedruckte Daten werden meist im PDF-Format angeboten. Wenn die Datei nach dem Klick auf den Link nicht angezeigt wird, …

3 … laden Sie den Acrobat Reader von Adobe. Die einfache Version ist kostenlos.

Add-ons sind Zusatzprogramme, die Ihren Browser aufwerten. Sie spielen Videos ab, zeigen PDF-Texte und sorgen für schnelle Downloads und sicheren Datentransfer.

WISSEN

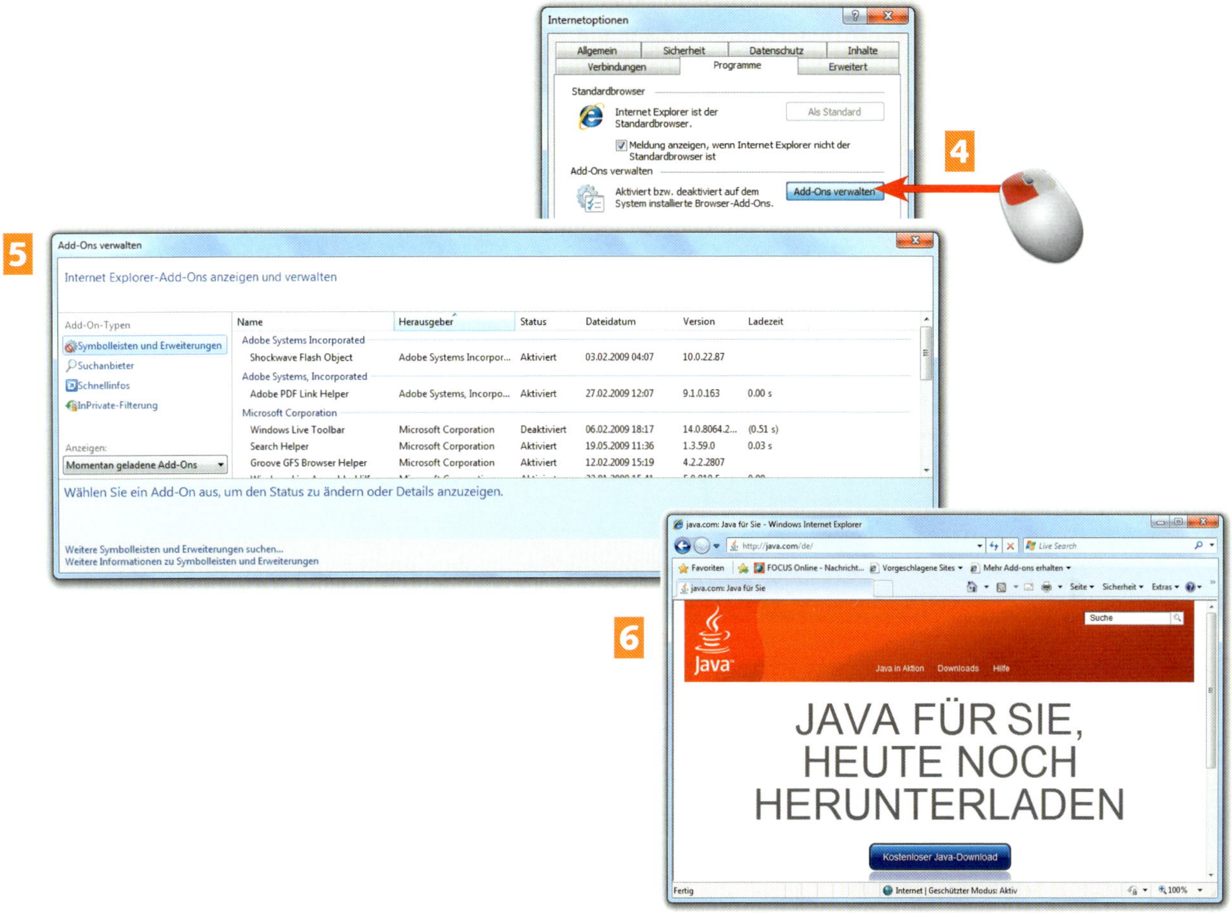

11 Der Internet Explorer 251

4 Wählen Sie *Extras/Internetoptionen*, und schalten Sie unter *Programme* auf *Add-Ons verwalten*.

5 Hier wird die Liste der verwendeten und installierten Add-ons angezeigt, neue Add-ons können von www.ieaddons.com geladen werden.

6 Viele Webseiten verwenden Java für die Anzeige von Inhalten. Auf der Webseite von Sun finden Sie die neuesten Java-Updates zum Download.

HINWEIS

Schalten Sie bei der Anzeige der Add-ons unter *Anzeigen* auf *Alle Add-Ons*, um auch die inaktiven Add-ons zu sehen.

FACHWORT

Flash: Datenformat für animierte Objekte auf Webseiten.
PDF (Portable Document Format): Von Adobe entwickeltes Dateiformat für gedruckte Textdokumente.

12

Sicherheit und Datenschutz

254 Sicherheitsmeldungen

Start

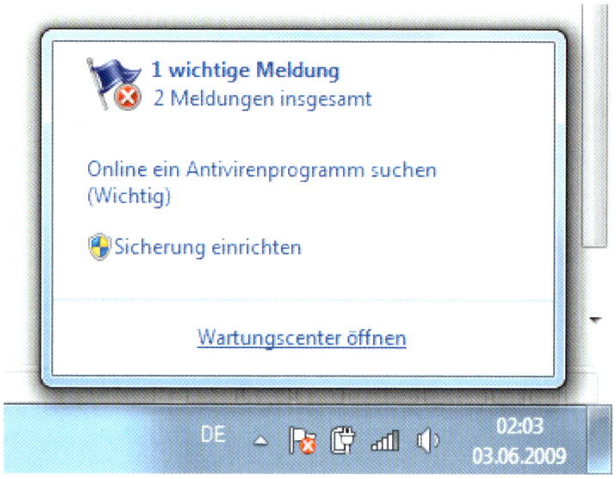

1. Achten Sie auf das Symbol im Infobereich. Der Mauszeiger zeigt auf, ob neue Meldungen des Wartungssystems anstehen.

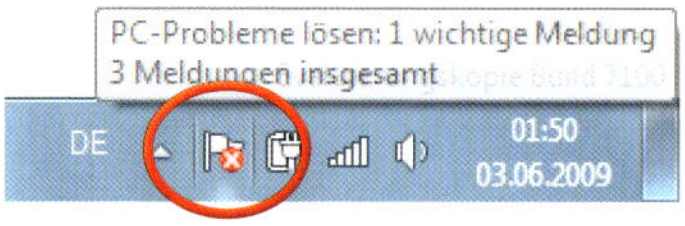

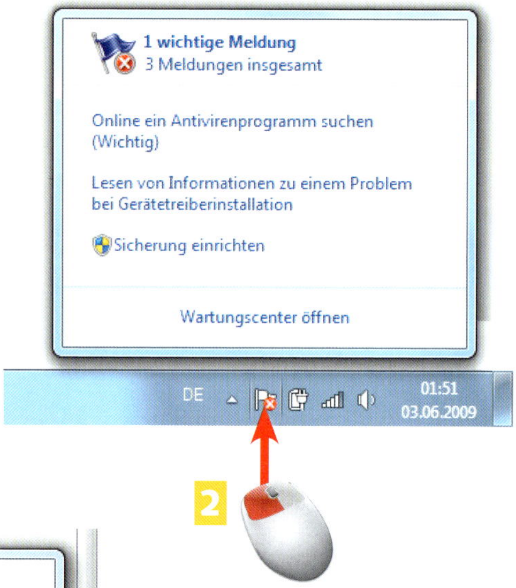

2. Klicken Sie das Symbol an und markieren Sie die einzelnen Meldungen.

3. Wenn das Problem gelöst ist, verschwindet die Meldung aus der Liste.

Probleme mit dem System, mit Geräten oder installierter Software zeigt Windows 7 sofort über den Infobereich an. Auch wichtige Meldungen über neue Updates und falsche oder fehlende Treiber finden Sie unter dem Problemlösungs-Symbol.

WISSEN

12 Sicherheit und Datenschutz 255

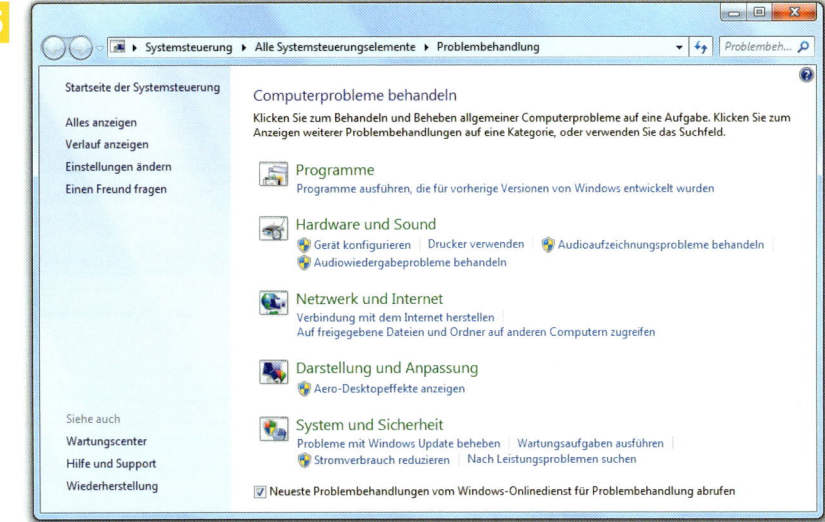

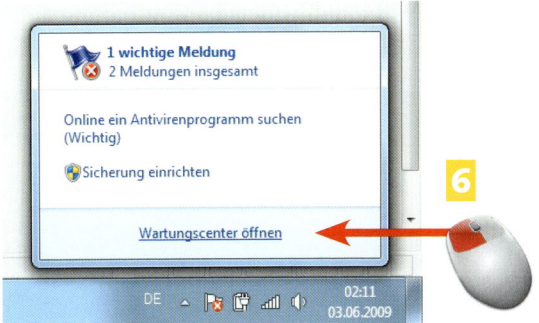

4 Klicken Sie mit der rechten Maustaste in das Symbol und wählen Sie *Problem behandeln*.

5 Das Fenster *Problembehandlung* fasst die Elemente der Systemsteuerung zusammen, die am häufigsten Probleme verursachen.

6 Nutzen Sie das Symbol im Infobereich auch, um das Wartungscenter direkt aufzurufen.

> Microsoft leitet gemeldete Probleme auch an Hersteller von Hardware weiter. Deshalb kann es passieren, dass Sie eine Nachricht oder ein Download-Angebot von Ihrem Computerhersteller erhalten.
>
> **HINWEIS**

Sicherheitsmeldungen

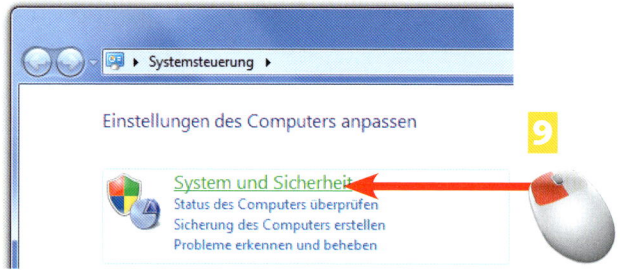

7 Das Sicherheitssymbol an einem Menübefehl oder einer Schaltfläche weist darauf hin, dass nach dem Aufruf eine Warnung erscheint.

8 Die Warnmeldung weist darauf hin, dass die Aktion Änderungen an Ihrem System durchführt. Sehen Sie sich die Details an.

9 Um diese Warnmeldung ein- oder abzuschalten, wählen Sie *System und Sicherheit* in der Systemsteuerung.

Sicherheitsmeldungen sind zwar lästig, schützen aber zuverlässig vor Angriffen durch Viren und andere Schadprogramme. Für die eigenen Aktionen können Sie die Meldungen ausschalten, für Programmzugriffe sollten sie aber bestehen bleiben.

WISSEN

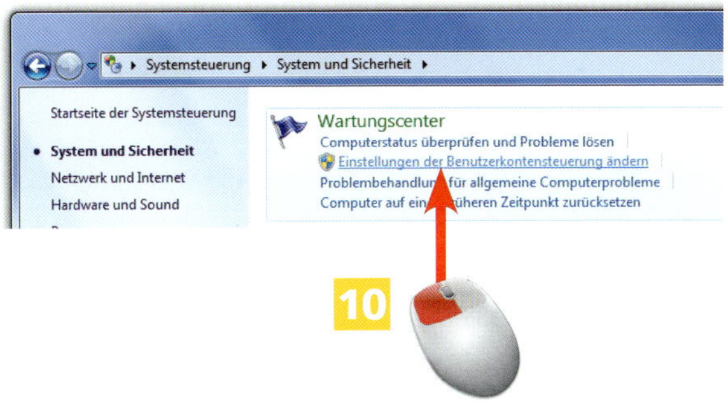

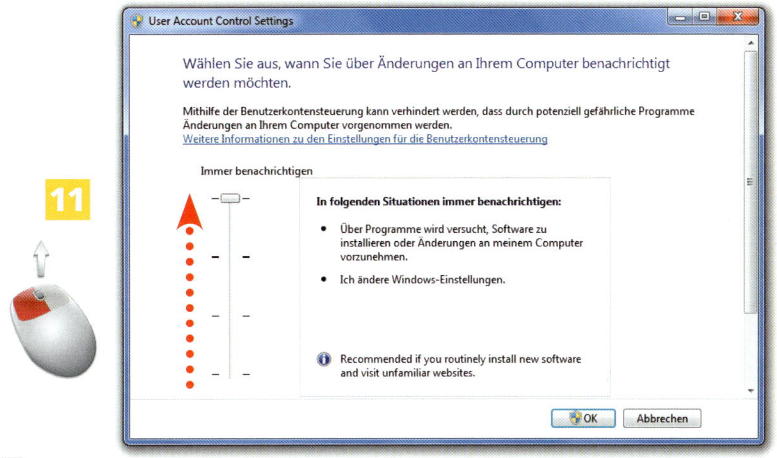

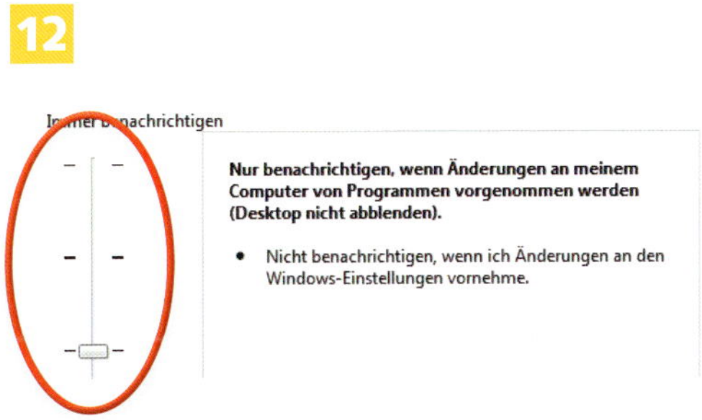

12 Sicherheit und Datenschutz 257

10 Klicken Sie unter *Wartungscenter* auf *Einstellungen der Benutzerkontensteuerung ändern*.

11 Schieben Sie den Regler ganz nach oben, müssen Sie jede Änderung am System bestätigen, auch die eigenen.

12 Mit dem Schieberegler in dieser Position werden Sie nur gewarnt, wenn Programme Änderungen durchführen.

Die Einstellung der Sicherheitsmeldungsstufe kann auch mit dem Link „Anzeigepunkt ändern" in der Sicherheitsmeldung abgeändert werden.

Diese Benutzerkontenanpassung dürfen nur Benutzer mit Administrationsrechten vornehmen.

TIPP

HINWEIS

258 Das Wartungscenter

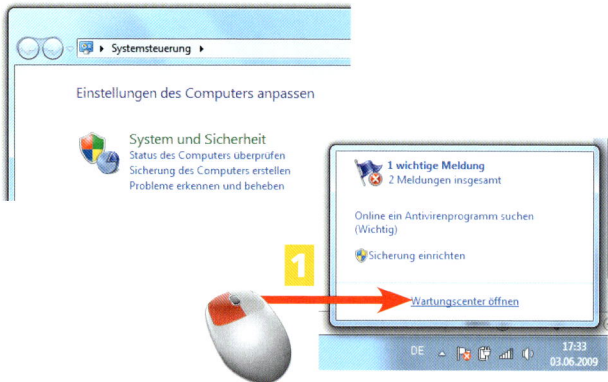

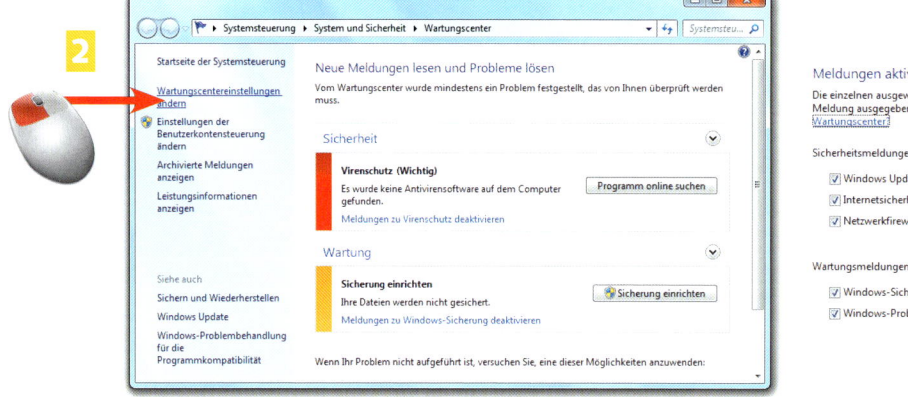

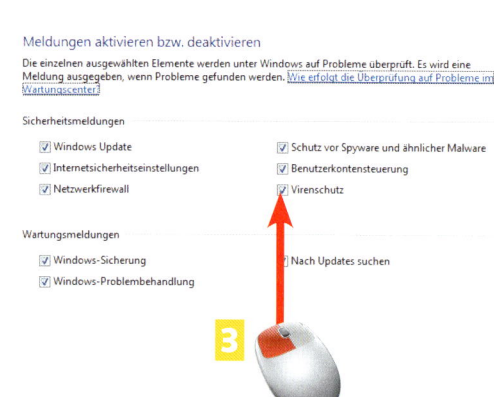

1. Wählen Sie in der Systemsteuerung *System und Sicherheit* oder aktivieren Sie das Wartungscenter über das Symbol im Infobereich.

2. Das Wartungscenter zeigt anstehende Probleme. Klicken Sie auf *Wartungscentereinstellungen ändern*.

3. Kreuzen Sie die Elemente an, für die das Wartungscenter automatisch Problemmeldungen erstellen soll.

Sicherheit ist das oberste Gebot. Schützen Sie Ihr System, Ihre Daten und Ihr Hab und Gut vor Schädlingen wie Viren, Würmer und Trojaner. Das Wartungscenter gibt einen Überblick über alle relevanten Bereiche.

WISSEN

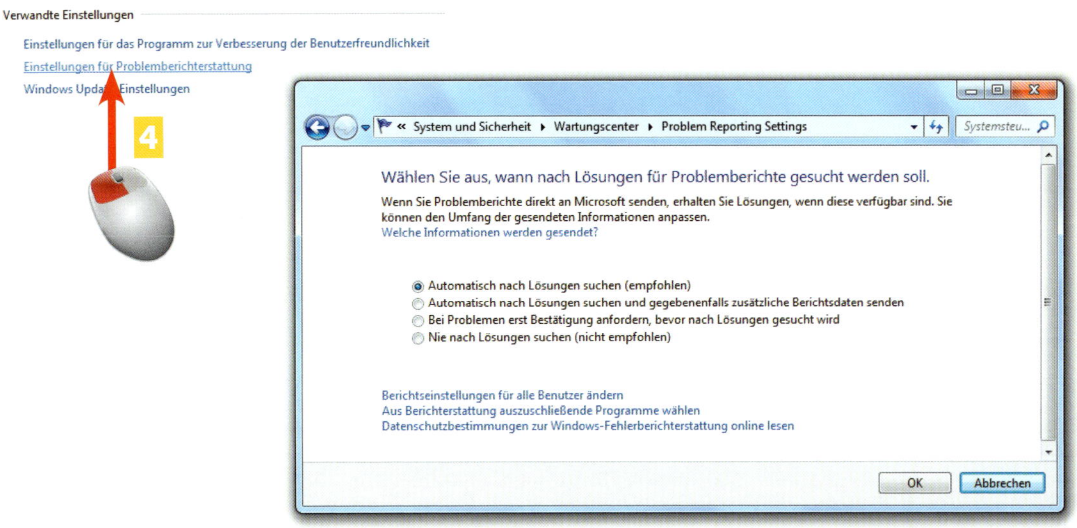

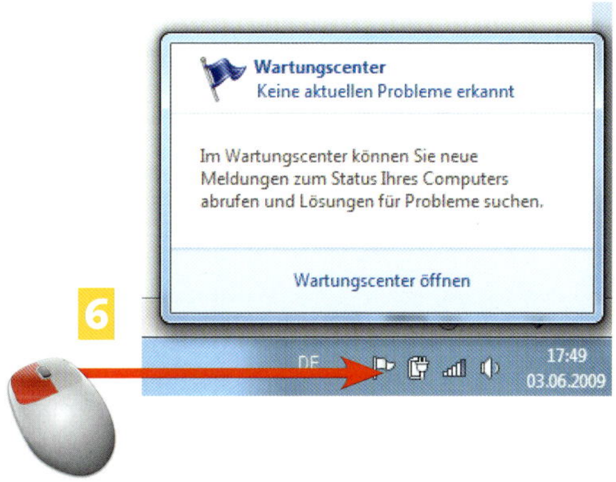

12 Sicherheit und Datenschutz 259

4 Die Einstellungen für die Problemberichterstattung lassen sich auf *Automatisch* stellen oder auch ausschalten.

5 Wenn Sie ein Problem nicht beheben wollen oder können, die Meldung aber aus dem Wartungscenter entfernen wollen, klicken Sie diese Option an.

6 Das Symbol im Infobereich enthält keine Warnungen, wenn alle Probleme beseitigt oder alle Meldungen deaktiviert wurden.

TIPP

Achten Sie auf die Farben im Symbol und an der Meldung:
Rot = Wichtig
Gelb = Vorschlag

HINWEIS

Klicken Sie auf das Pfeilsymbol neben Sicherheit oder Wartung, um alle Sicherheitsbereiche bzw. Wartungsbereiche aufzulisten.

260 Datensicherung

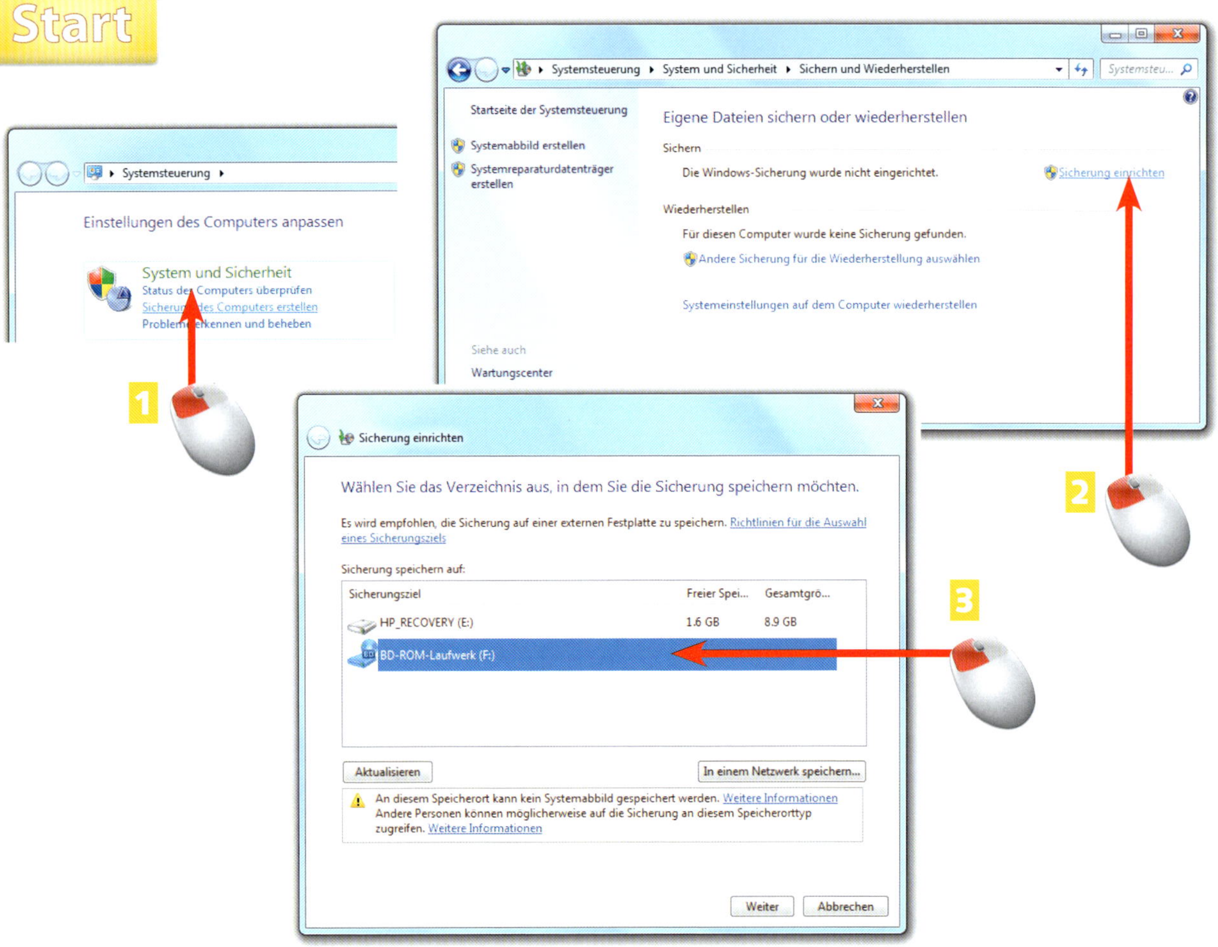

1. Wählen Sie in der Systemsteuerung *System und Sicherheit* und klicken Sie auf *Sicherung des Computers erstellen*.

2. Klicken Sie auf *Sicherung einrichten*.

3. Entscheiden Sie sich für eines der angebotenen Medien, z. B. eine Festplattenpartition oder das DVD/BD-ROM-Laufwerk.

Die 10 Gebote der EDV? Sichern, sichern, sichern … Datensicherung ist wichtig, Festplatten können kaputtgehen oder Lesefehler haben. Sichern Sie regelmäßig Ihre ganze Platte oder einzelne Dateien.

WISSEN

12 Sicherheit und Datenschutz

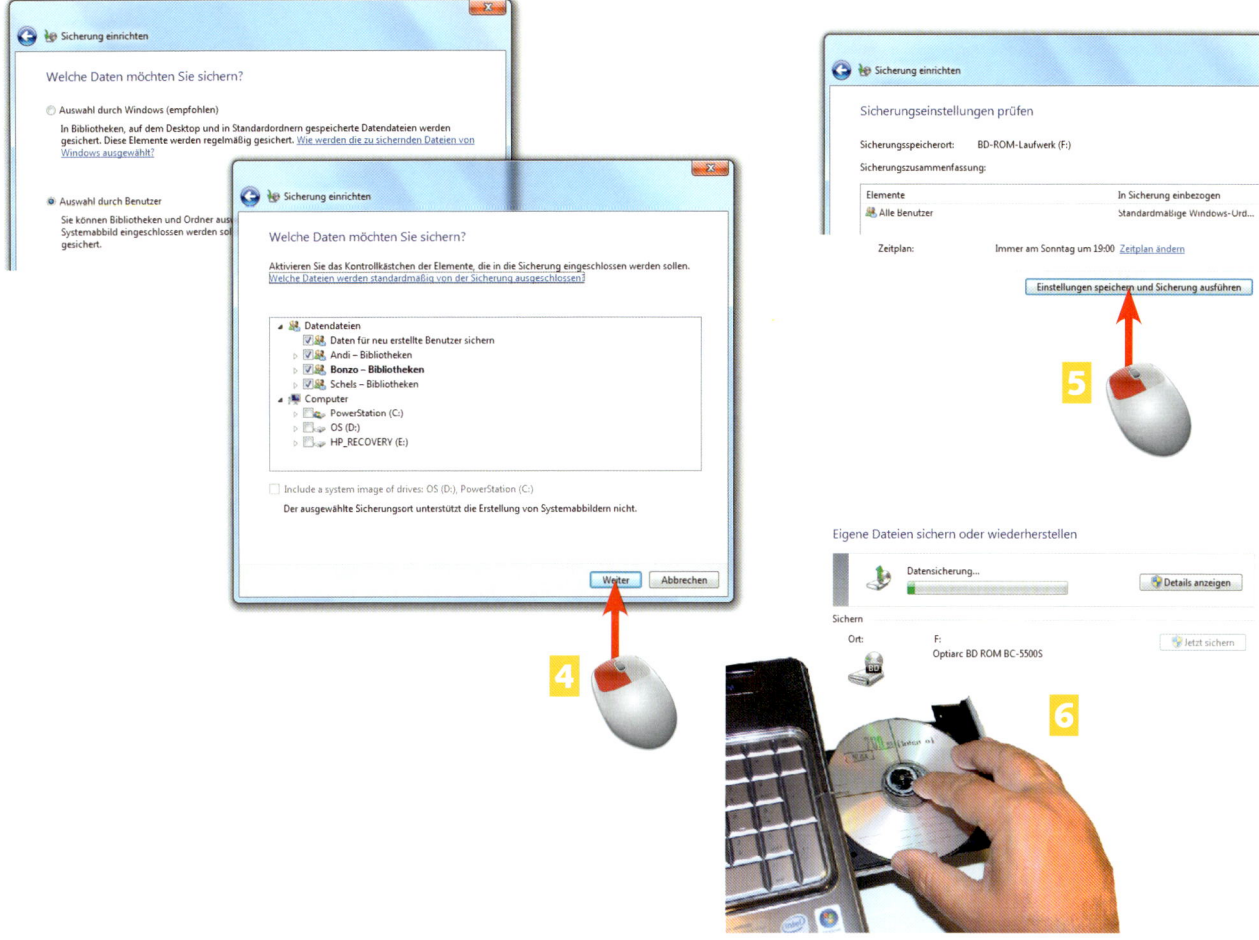

4 Die Auswahl der zu sichernden Daten können Sie Windows überlassen oder selbst bestimmen.

5 Speichern Sie die Einstellungen, ändern Sie den Zeitplan und starten Sie die erste Sicherung.

6 Stellen Sie das Medium bereit und sichern Sie Ihre Daten.

TIPP

Gelöschte Dateien oder Ordner können Sie auch mit dem Befehl *Vorherige Version wiederherstellen* aus dem Kontextmenü der rechten Maustaste zurückholen.

HINWEIS

Bei der Auswahl des Sicherungsverzeichnisses können Sie auch eine Netzwerkadresse eingeben, um Ihre Daten auf einem anderen Computer zu sichern.

HINWEIS

Externe Festplatten, die mit dem Datensystem NTFS formatiert sind, nehmen keine Computersicherung an.

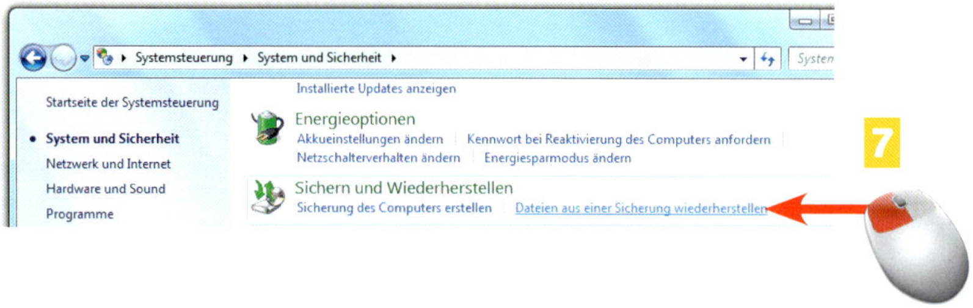

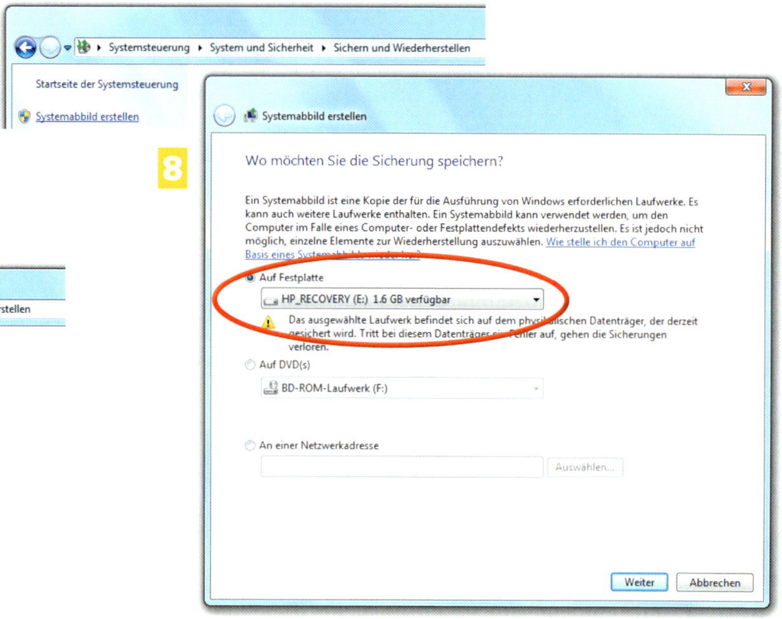

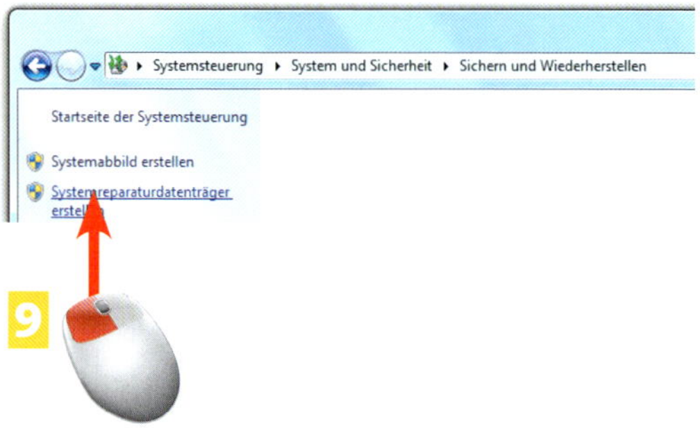

Datensicherung

7 Mit *Datensicherung wiederherstellen* in der Systemsteuerung (System und Sicherheit) holen Sie eine Sicherung wieder zurück.

8 Erstellen Sie ein Systemabbild, um das Laufwerk zu sichern, auf dem Windows 7 installiert ist.

9 Sie können auch einen Systemreparaturdatenträger erstellen, der ein defektes System von einer DVD oder BD-ROM regeneriert.

Ein Systemabbild ist die letzte Rettung, wenn fehlerhafte Treiber oder Software das System lahmlegen. Erstellen Sie es auf einer externen Festplatte oder in einer sicheren Partition. Für einfache Datenübertragungen gibt es Windows EasyTransfer.

WISSEN

12 Sicherheit und Datenschutz

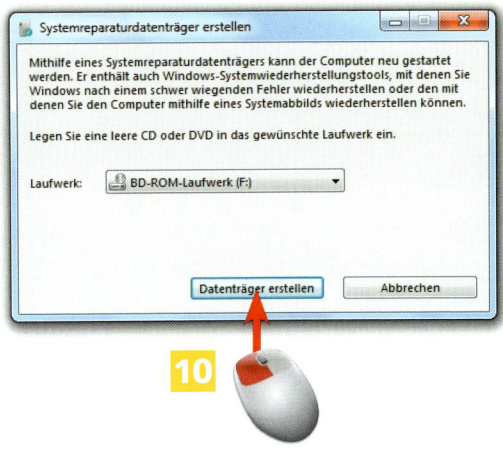

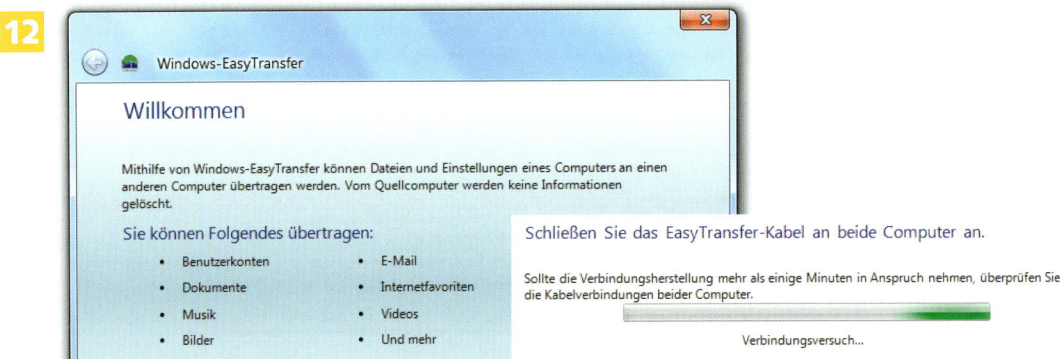

10 Legen Sie einen Datenträger ein und starten Sie die Herstellung des Reparaturdatenträgers.

11 Um schnell Daten von einem Computer auf einen anderen zu transferieren, nutzen Sie am besten Windows Easy Transfer.

12 Ein Assistent führt Sie durch die Konfiguration der Computer und installiert EasyTransfer für den Datenaustausch.

Der Systemreparaturdatenträger startet von DVD oder BD-ROM selbstständig, wenn das BIOS entsprechend eingestellt ist.

Für Windows EasyTransfer müssen alle offenen Windows-Programme geschlossen sein.

HINWEIS **HINWEIS**

Windows Update

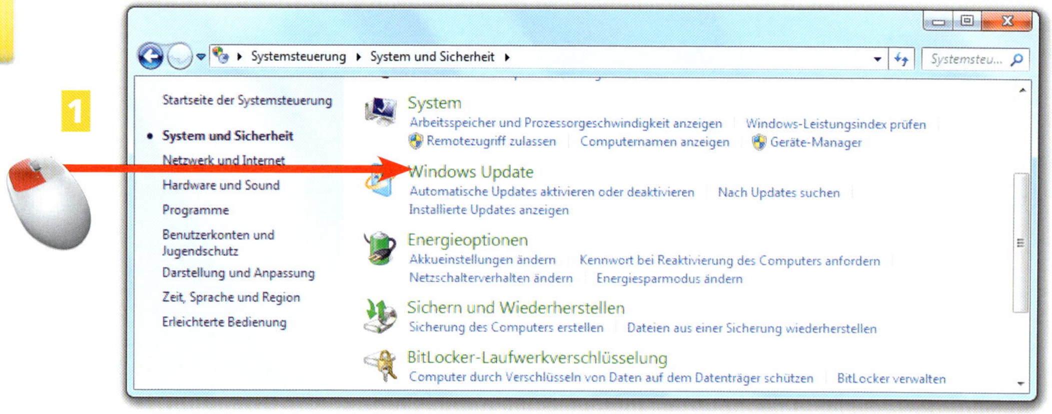

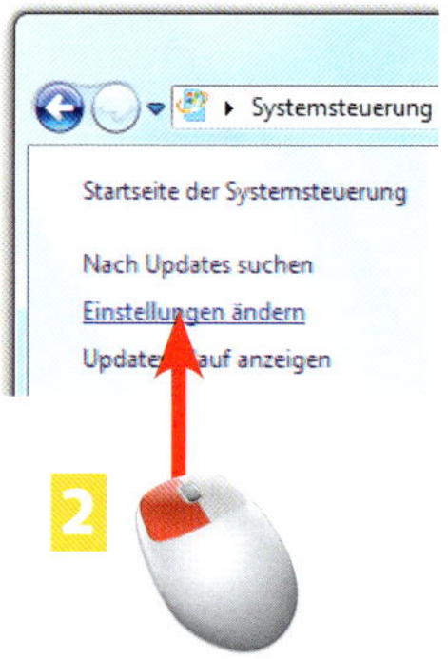

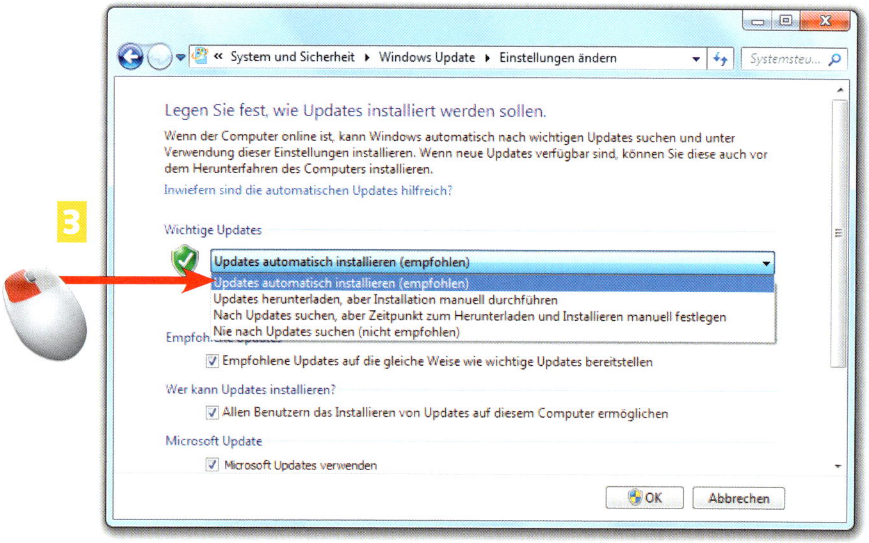

1. Klicken Sie in der Systemsteuerung unter *System und Sicherheit* auf *Windows Update*.
2. Ändern Sie die Einstellungen für Updates und passen Sie das Zeitintervall an.
3. Automatische Updates werden selbstständig von Windows installiert, geben Sie auch einen Zeitpunkt für die Installation an.

Mit automatischen Updates stellt Windows 7 sicher, dass Sie immer mit der neuesten und sichersten Version arbeiten. Überprüfen Sie die Updates und stellen Sie auf jeden Fall die automatische Installation ein.

WISSEN

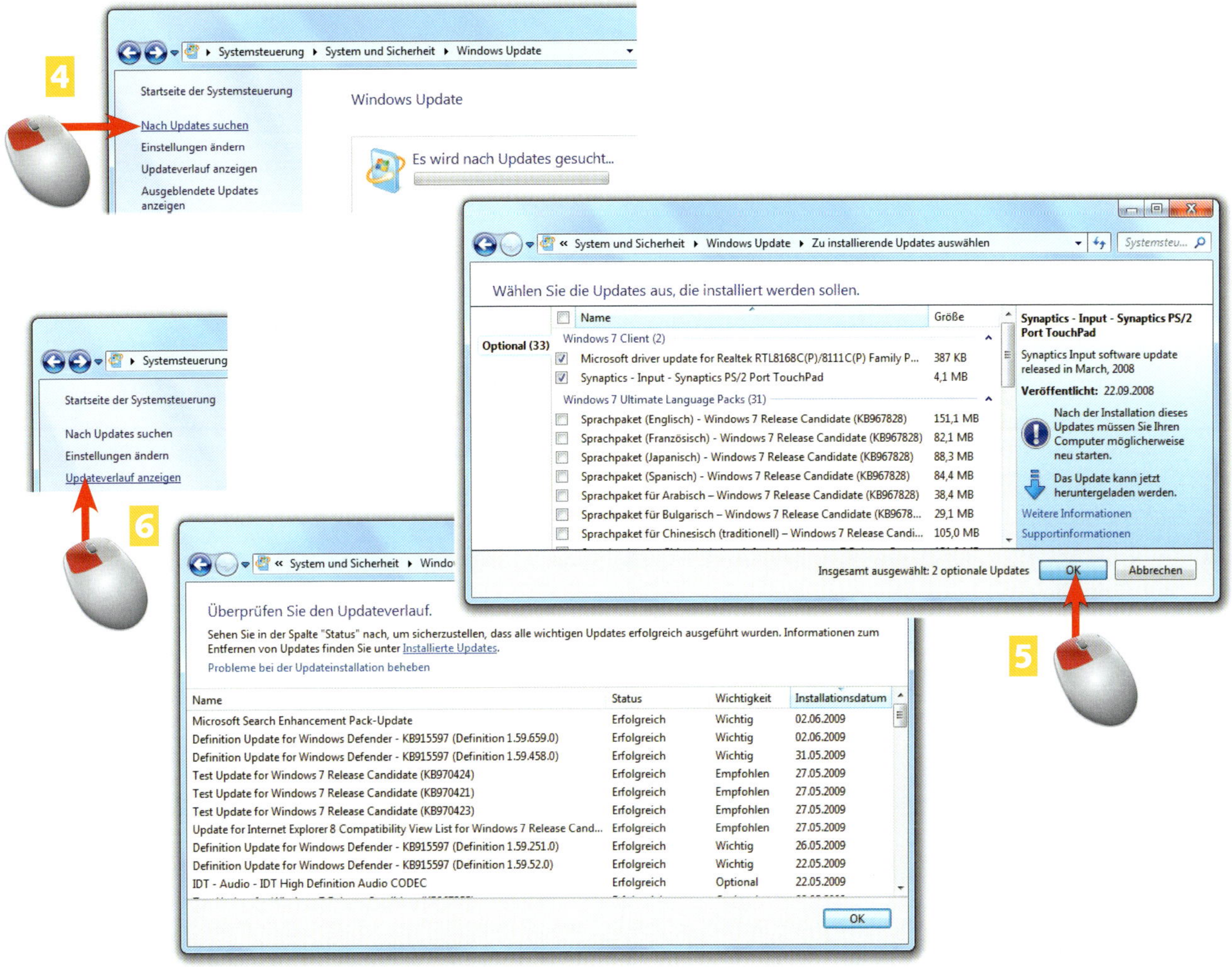

12 Sicherheit und Datenschutz

4 Ein Klick auf *Nach Updates suchen* startet die manuelle Suche nach Updates. Dazu wird die Internetseite von Microsoft aktiviert, ...

5 ... und falls Updates verfügbar sind, können Sie diese gleich installieren.

6 Im Updateverlauf sehen Sie, welche Updates bisher installiert wurden.

TIPP

Updates können auf den aktuellen Benutzer oder auf alle Benutzer erweitert werden, Administratorrechte vorausgesetzt.

HINWEIS

Wenn Sie ein Updateintervall einstellen, muss der Computer zu diesem Zeitpunkt aktiv sein (Energiesparmodus reicht aus).

TIPP

Windows Update unterscheidet zwischen wichtigen, empfohlenen und optionalen Updates.

266 Die Windows-Firewall

Start

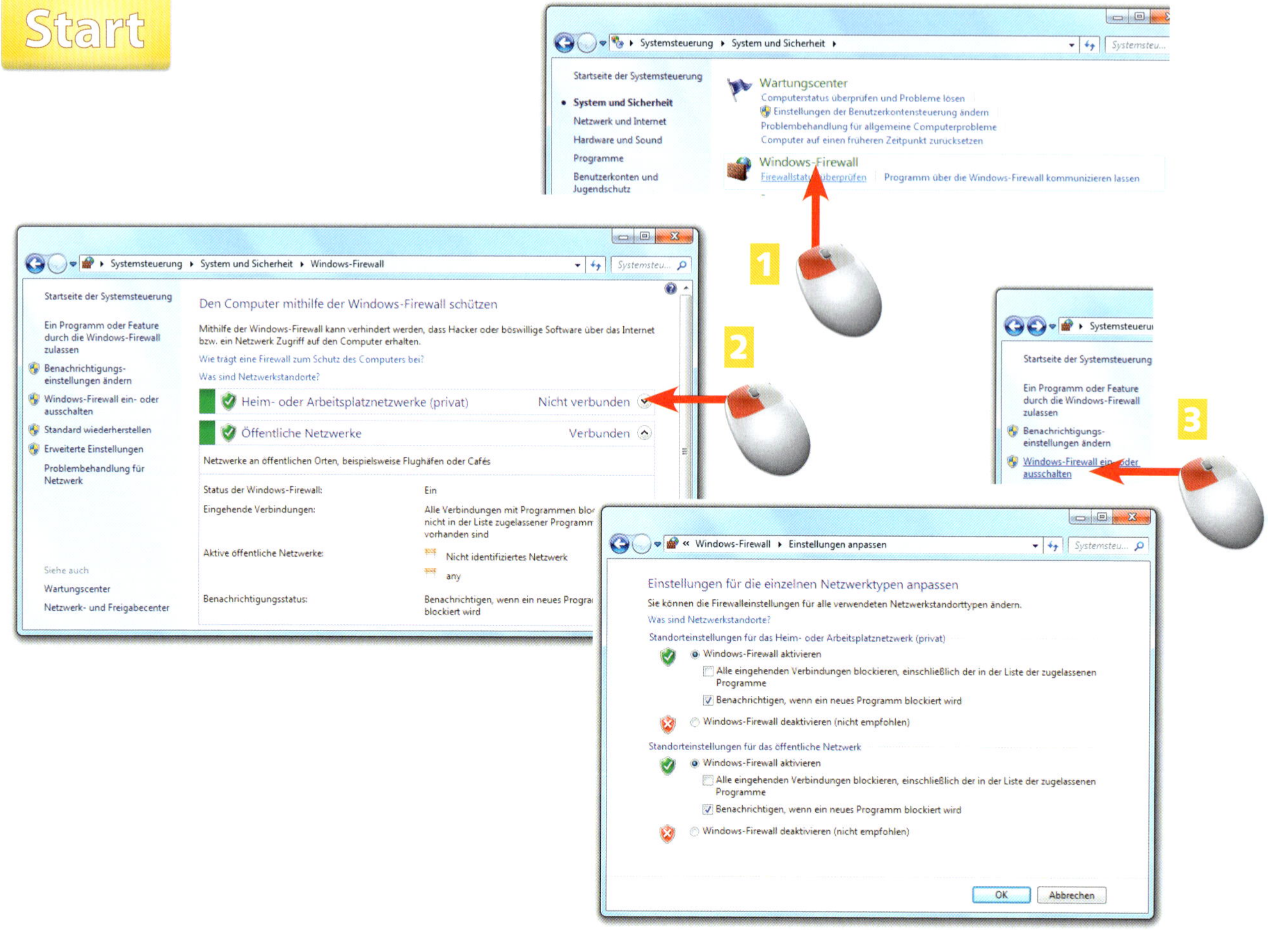

1. Unter *System und Sicherheit* finden Sie in der Systemsteuerung die Windows-Firewall.

2. Klicken Sie auf die Pfeilsymbole und überprüfen Sie die Einstellung der Firewall für die verschiedenen Netzwerke.

3. Klicken Sie auf *Windows-Firewall ein- oder ausschalten*, um die Firewall für die Netze zu aktivieren oder zu deaktivieren.

Wie eine Brandschutzmauer lässt die Firewall keine Angriffe von Hackern und Crackern durch und blockiert schadhafte Software. Schalten Sie die Firewall ein und prüfen Sie regelmäßig, ob die Ausnahmen und die Softwarezulassungen korrekt sind.

WISSEN

12 Sicherheit und Datenschutz   267

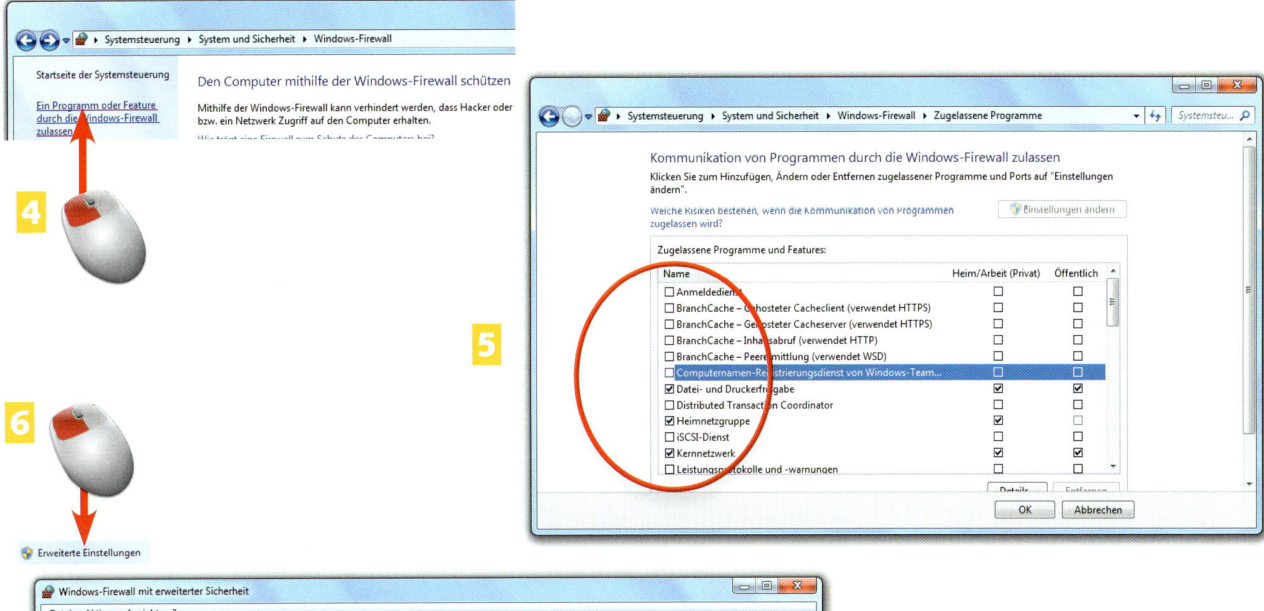

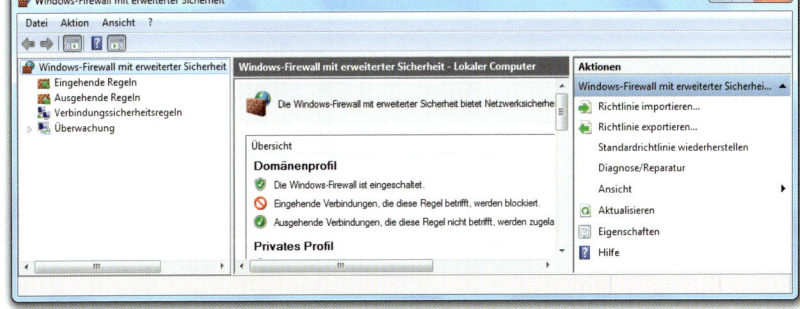

4 Klicken Sie auf diese Option für eine Übersicht über die Programme, die von der Firewall zugelassen oder blockiert werden.

5 Kreuzen Sie *Programme und Dienste* an, die Sie zulassen wollen, und markieren Sie die Netzwerke.

6 Unter *Erweiterte Einstellungen* definieren Sie *Eingehende* und *Ausgehende Regeln* für die Firewall.

TIPP	HINWEIS	HINWEIS
Achten Sie auf die Option *Benachrichtigen*, wenn ein neues Programm geblockt wird. Sie sollte aktiv sein.	Die meisten WLAN-Router sind ebenfalls durch eine Firewall geschützt, was zur Folge haben kann, dass gar nichts mehr durchs Netz geht.	Klicken Sie auf *Anderes Programm zulassen*, wenn die Software nicht aufgeführt ist.

Windows Defender

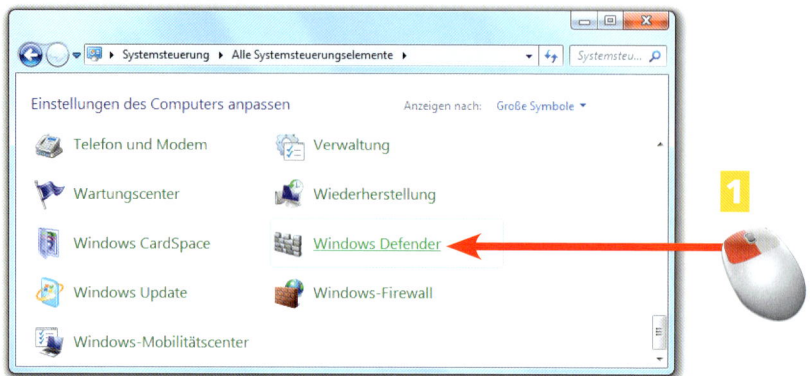

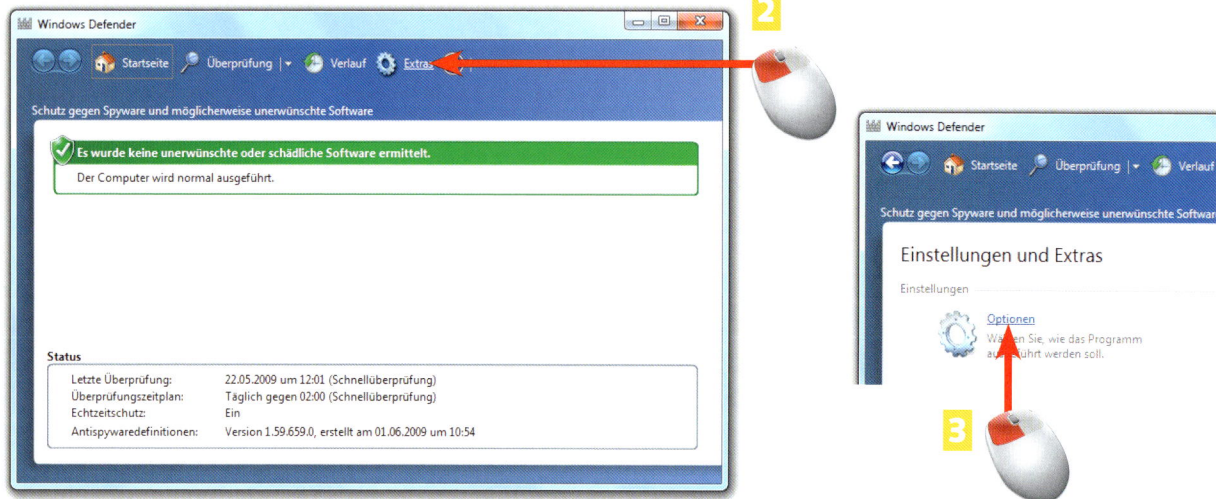

1. Starten Sie Windows Defender über die Systemsteuerung.
2. Das Defender-Fenster zeigt den Status der letzten Prüfung. Klicken Sie auf *Extras* ...
3. ... und stellen Sie unter *Optionen* ein, wann und wie der Defender Ihr System überprüfen soll.

Spyware ist zwar nicht so schädlich wie Virensoftware, installiert sich aber selbst, späht Ihre Daten aus und nervt fürchterlich mit Popup-Werbefenstern. Windows Defender schützt vor lästiger und unerwünschter Software.

WISSEN

12 Sicherheit und Datenschutz 269

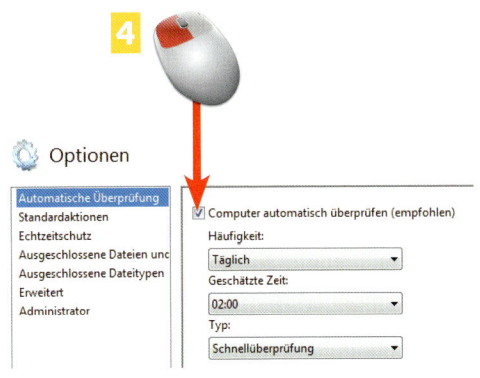

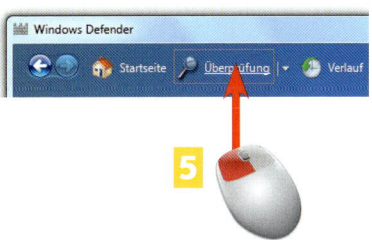

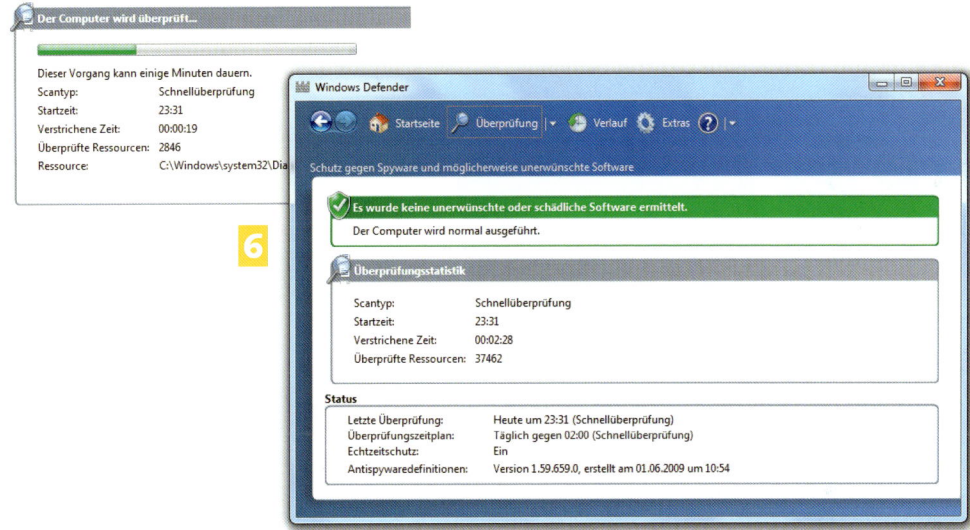

4 Richten Sie automatische Prüfzeiten ein und sehen Sie nach, was unter Quarantäne gestellt wurde.

5 Klicken Sie auf *Überprüfung*, wenn Sie Spyware auf Ihrem Computer vermuten.

6 Die Überprüfung dauert einige Minuten, dann meldet der Defender den Status. Schädliche Software wird unter Quarantäne gestellt.

Ende

Der Windows Defender steht nicht in den Basis-Versionen von Windows 7 zur Verfügung.	**Spyware:** Programme, die persönliche Daten des Benutzers ausspähen und für kriminelle Zwecke nutzen (z. B. Bankkonten, Passwörter).	Auf der Defender-Webseite von Microsoft erfahren Sie die letzten Neuigkeiten im Kampf gegen Popups und Spyware.
HINWEIS	**HINWEIS**	**TIPP**

BitLocker

Start

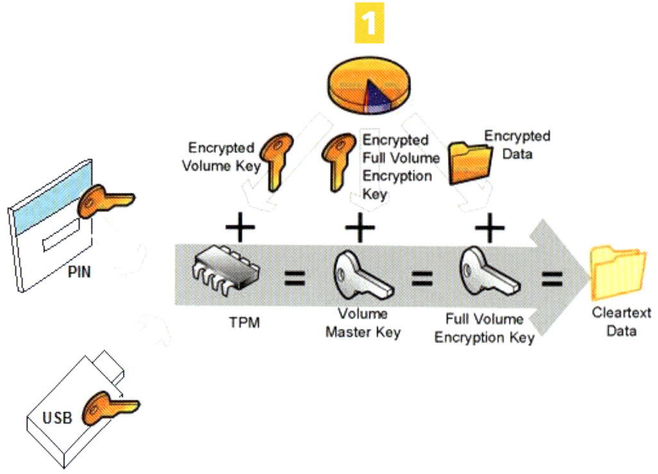

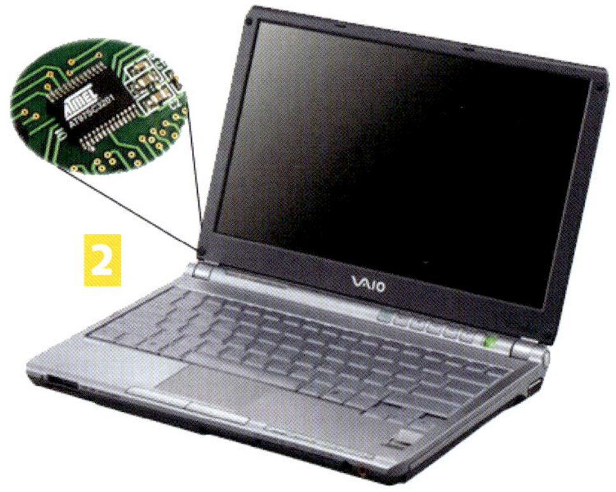

1 Das BitLocker-Prinzip: Die Festplatte wird mit Hardware und Software verschlüsselt und kann nur vom Anwender entschlüsselt werden.

2 Voraussetzung für BitLocker ist ein Computer mit TPM-Chip (trusted platform module) oder alternativ ein USB-Stick mit Schlüssel.

3 Beim Start (Booten) prüft BitLocker den Hashwert im TPM. Bootsektorviren haben damit keine Chancen.

BitLocker ist eine Laufwerksverschlüsselung auf Sektorebene. Das System schützt alle Daten auf dem Datenträger und lässt keinen Ausbau oder Booten mit Linux zu.

WISSEN

12 Sicherheit und Datenschutz

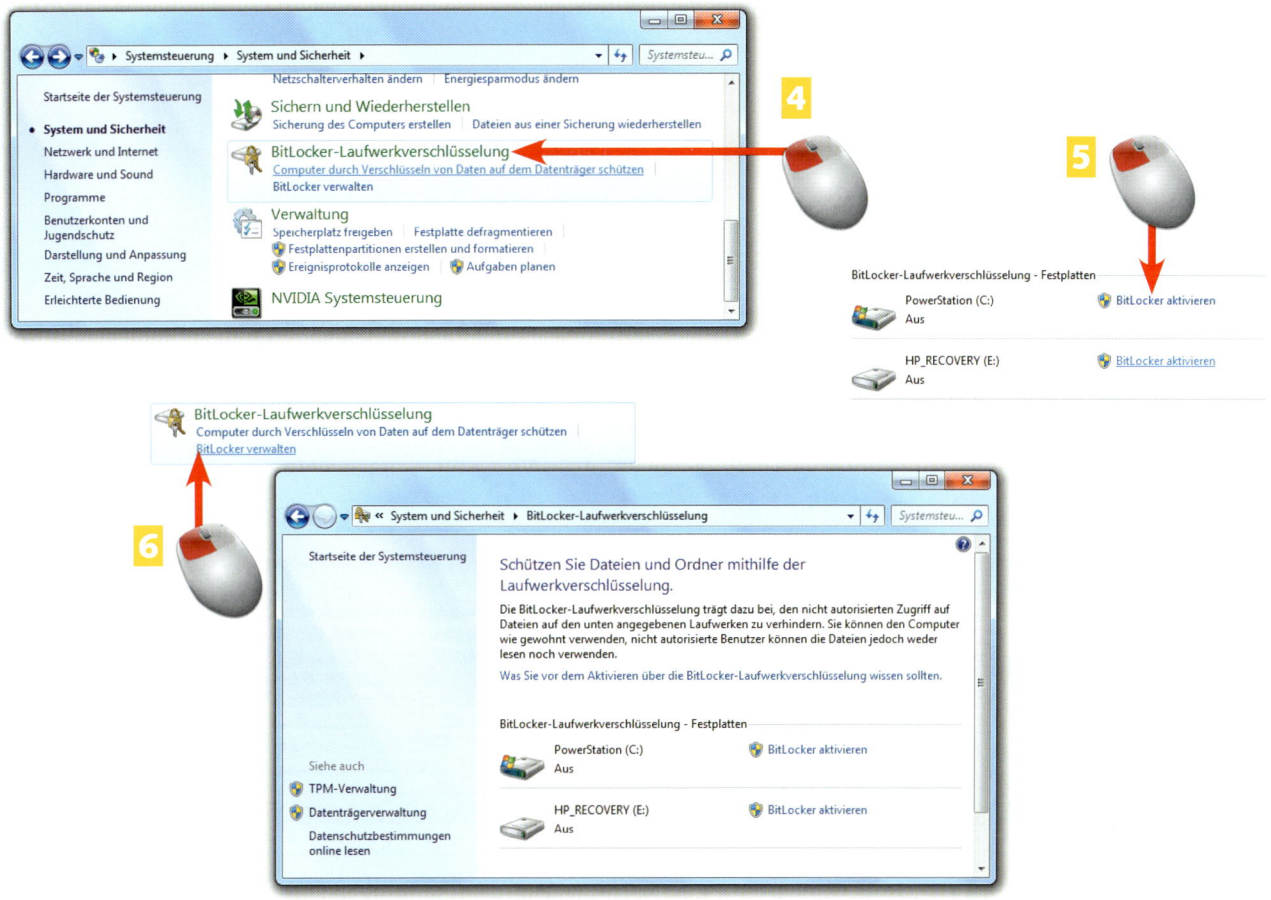

4 Aktivieren Sie Bitlocker unter *System und Sicherheit* in der Systemsteuerung.

5 Markieren Sie das Laufwerk, das Sie verschlüseln wollen, und tragen Sie ein Kennwort ein, bevor Sie es verschlüsseln.

6 Klicken Sie auf *Bitlocker verwalten*, um die einzelnen Datenträger zu überprüfen.

TPM (Trusted Platform Module) ist ein Chip, der Verschlüsselung ermöglicht. TPM ist für BitLocker Voraussetzung.

Weitere Voraussetzungen: TPM-Chip-Spezifikation: 1.2 BIOS: TCG 1.2-konform, USB-Support in der Pre-Boot-Phase.

Die Funktion ist nur in den größeren Windows 7-Versionen Enterprise und Ultimate verfügbar.

TIPP **HINWEIS** **HINWEIS**

272 Jugendschutz

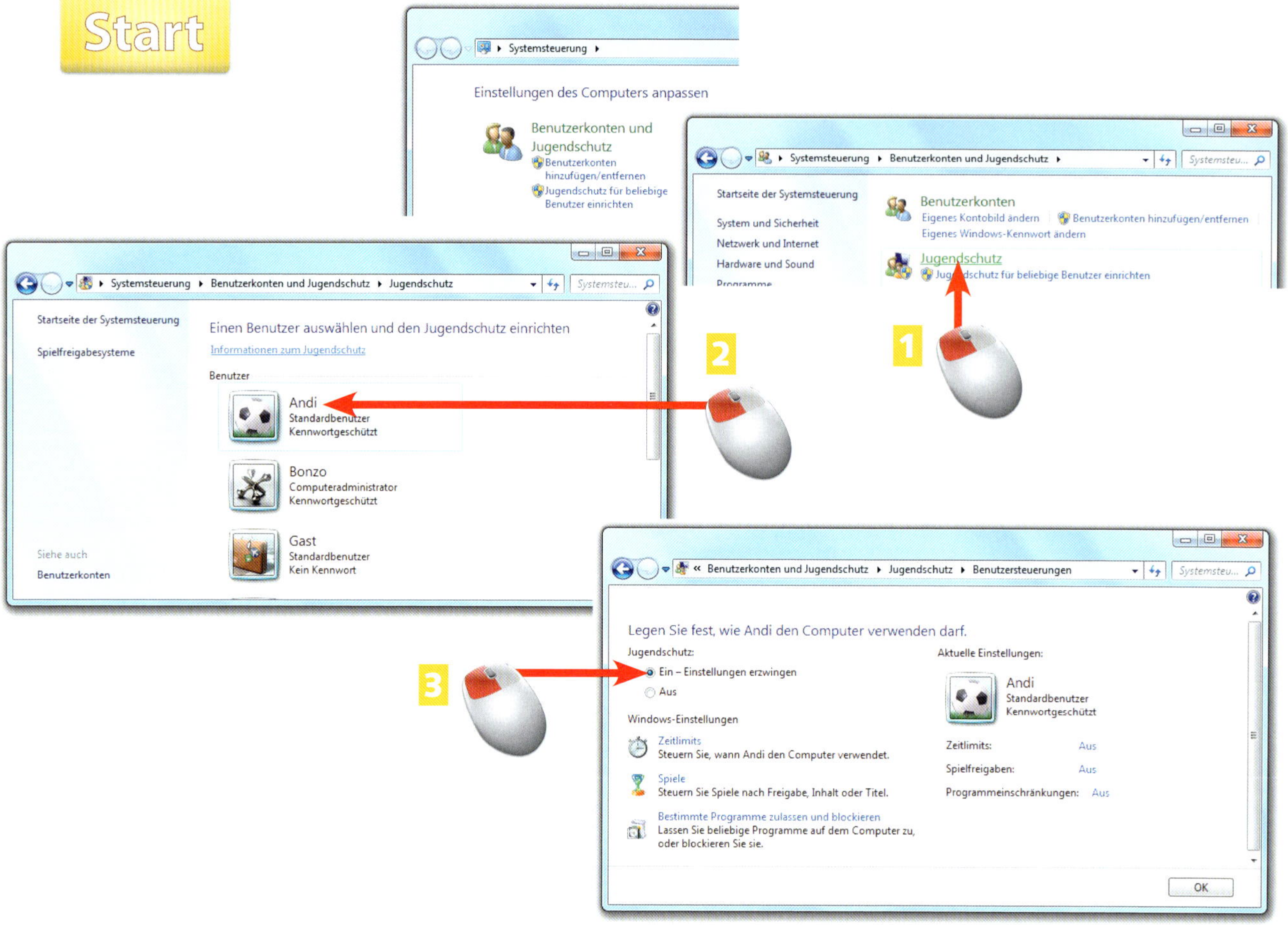

1. Wählen Sie in der Systemsteuerung *Benutzerkonten und Jugendschutz*.
2. Klicken Sie das Konto an, für das Sie den Jugendschutz einstellen möchten.
3. Schalten Sie den Jugendschutz ein.

Windows 7 unterstützt den Jugendschutz durch Einstellungen für Benutzerkonten. Sie können für Kinder und Jugendliche Nutzungszeiträume einrichten und Spiele oder Programme sperren.

WISSEN

12 Sicherheit und Datenschutz 273

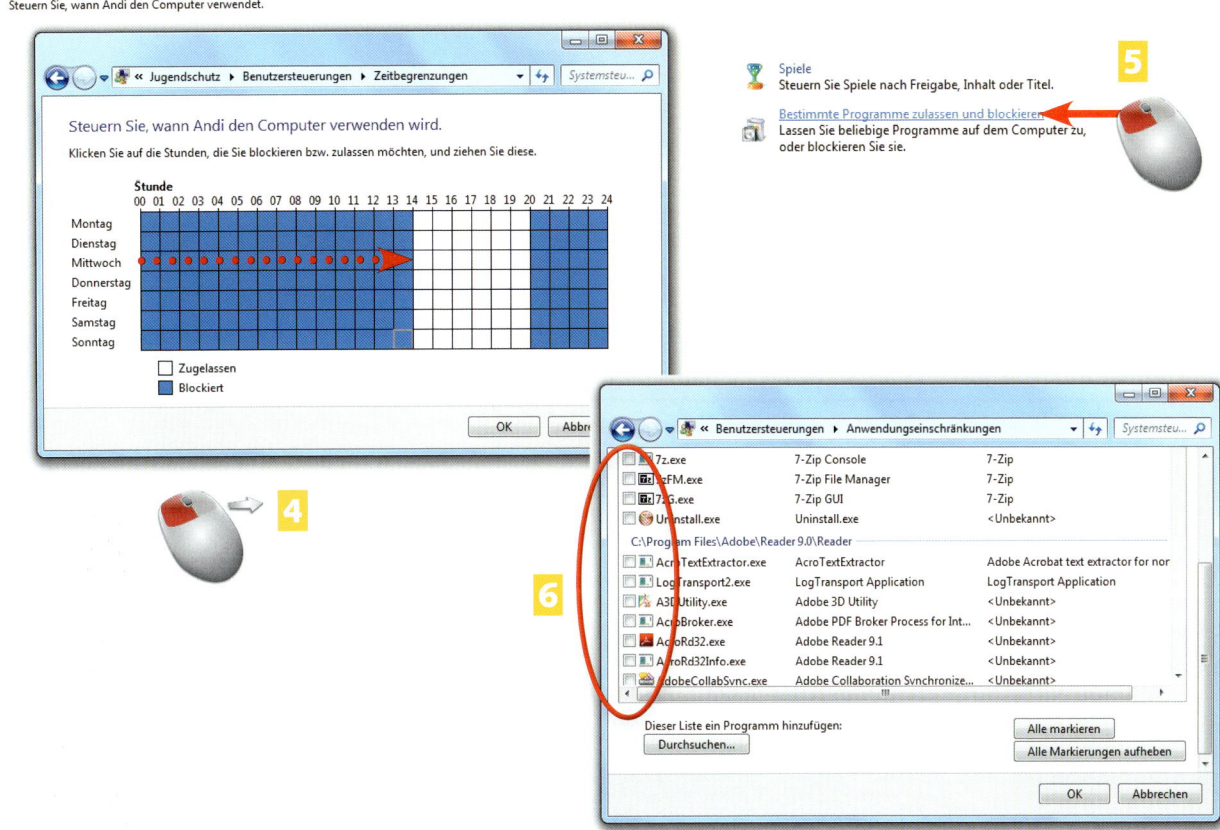

4 Stellen Sie unter Zeitlimits die Zeiträume ein, die Sie für den Benutzer zulassen bzw. blockieren.

5 Klicken Sie auf *Spiele* oder auf *Programme zulassen*, um einzelne Spiele oder Programme zu blockieren.

6 Kreuzen Sie die Programme an, die Sie blockieren wollen. Mit *Durchsuchen* können Sie weitere Programme in die Liste holen.

Ende

Der Jugendschutz kann nur Benutzerkonten zugewiesen werden, die keine Administratorrechte haben.

Webfilter und Aktivitätsberichte aus der Vorgängerversion Vista sind in Windows 7 nicht mehr enthalten.

HINWEIS   **HINWEIS**

Kennwortsicherheit

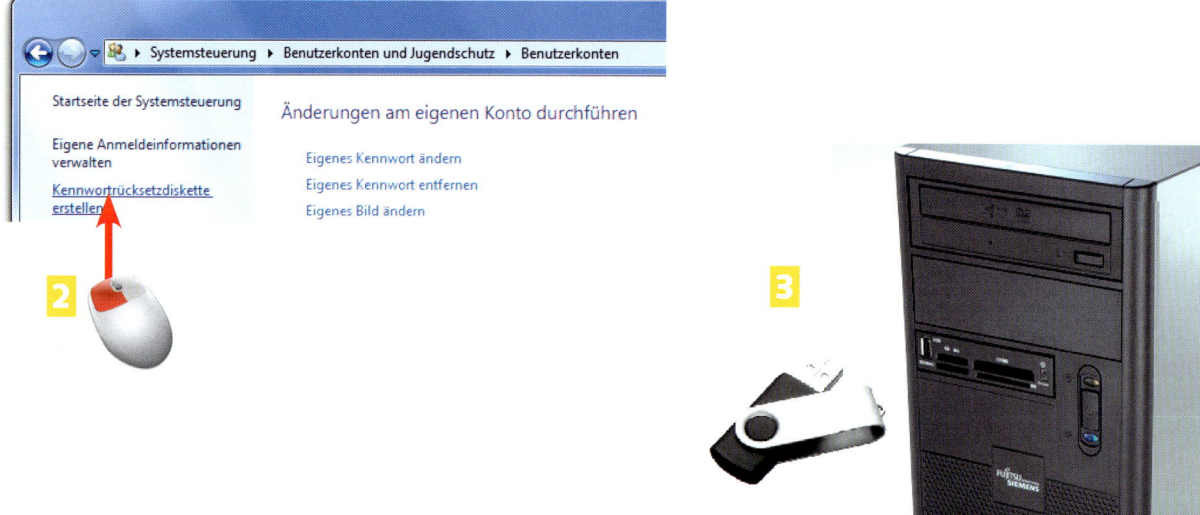

1 Klicken Sie auf das Benutzerlogo im Startmenü oder starten Sie die Benutzerkontensteuerung in der Systemsteuerung.

2 Legen Sie für jeden Benutzer eine Kennwortrücksetzdiskette an.

3 Ein USB-Stick eignet sich am besten als Sicherungsmedium für das Benutzerkennwort.

Eine Kennwortrücksetzdiskette sollte für keinen Benutzer fehlen, denn Kennwörter sind schnell vergessen. Ein kleiner USB-Stick genügt, bewahren Sie ihn an einem sicheren Ort auf.

WISSEN

12 Sicherheit und Datenschutz   275

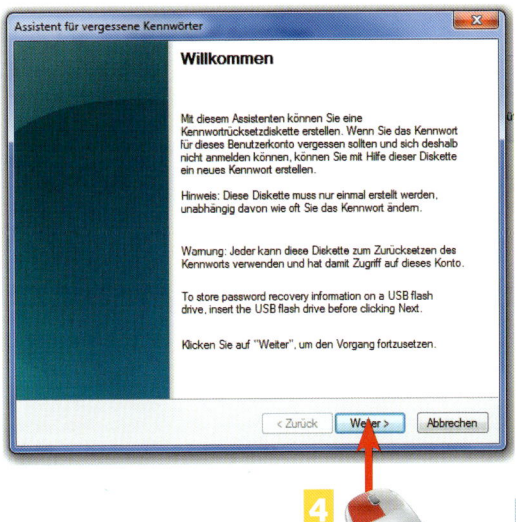

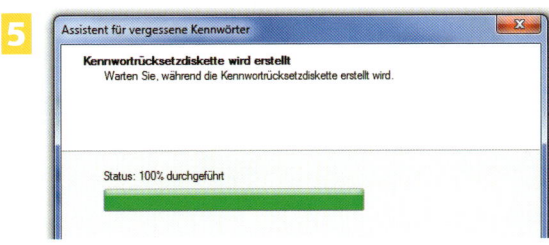

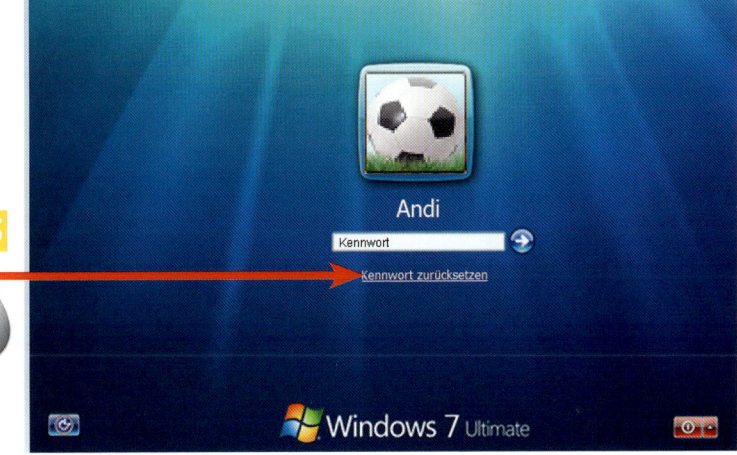

4 Folgen Sie dem Assistenten, er leitet Sie zur Erstellung einer Datei, die auf dem USB-Stick abgelegt wird.

5 Die Datei userkey.psw wird auf den Stick geschrieben, …

6 … falls der Benutzer sein Kennwort vergessen hat, kann er bei der Anmeldung mit Klick auf *Kennwort zurücksetzen* ein neues Kennwort zuweisen.

> Das vergessene Kennwort wird nicht wiederhergestellt, der Benutzer muss ein neues Kennwort erstellen, wenn er das Kennwort mithilfe des USB-Sticks zurücksetzt.
>
> **HINWEIS**

Kennwortsicherheit

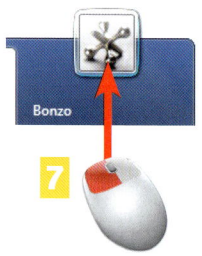

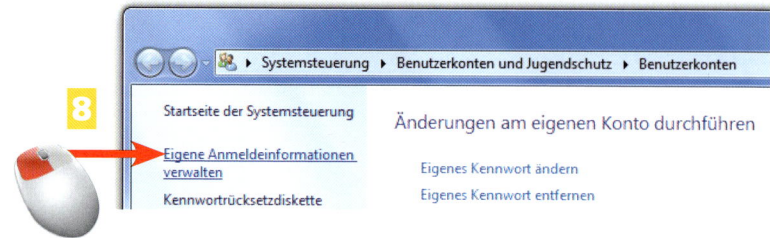

7 Aktivieren Sie das Benutzerkonto per Klick auf das Benutzerlogo im Startmenü.

8 Klicken Sie auf *Eigene Anmeldeinformationen verwalten*.

9 Der Windows-Tresor bietet die Möglichkeit, Anmeldeinformationen für Windows und Netzwerke zu speichern.

Ein Kennwort für die Anmeldung, ein weiteres für jedes Mailkonto, für Internetdienste und geschützte Bereiche – da geht der Überblick schnell verloren. Mit dem Windows-Tresor sichern Sie Ihre Anmeldeinformationen und Ihre Internetkennwörter.

WISSEN

12 Sicherheit und Datenschutz 277

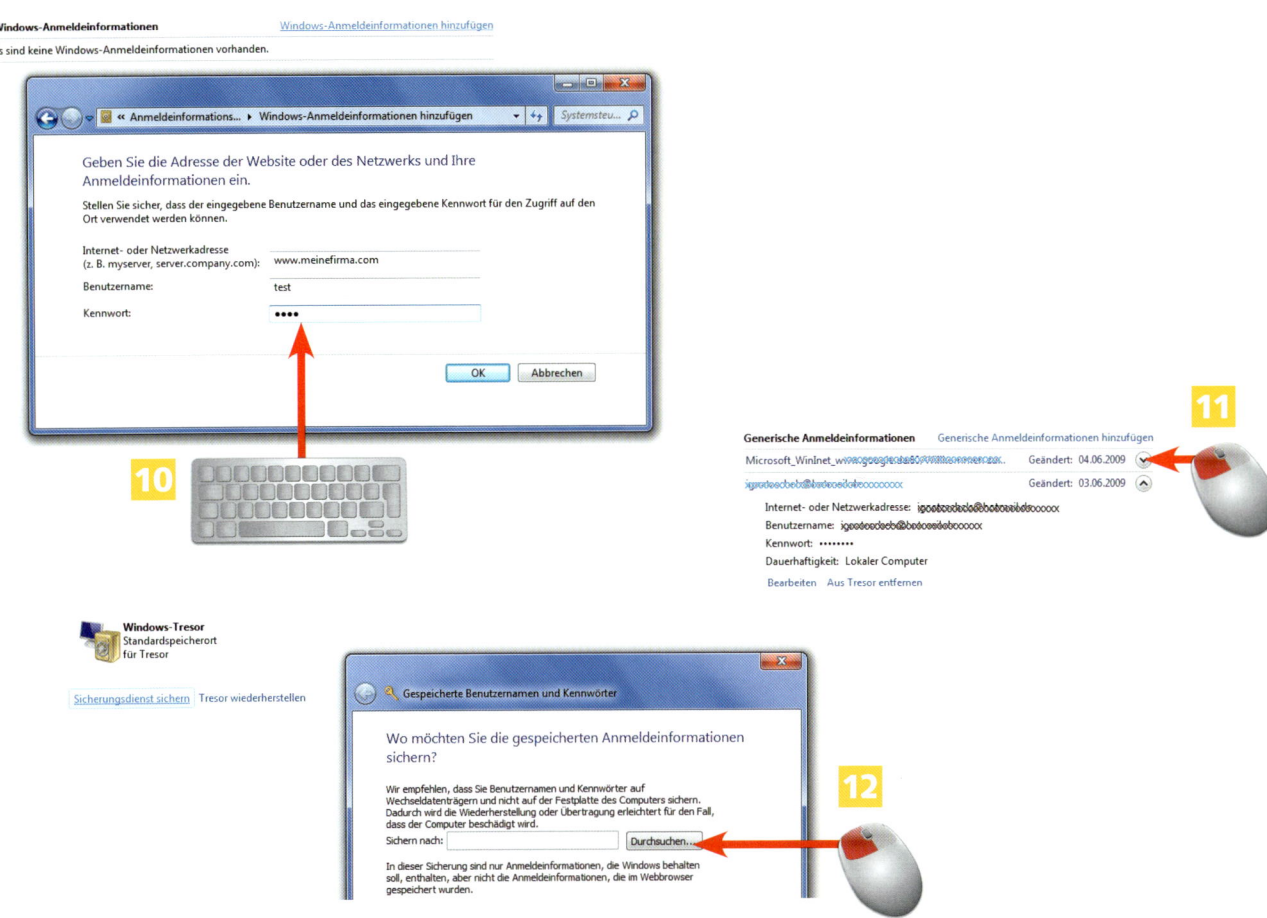

10 Geben Sie Servername, Benutzername und Kennwort ein, um die Anmeldeinformationen zu speichern.

11 In den generischen Anmeldeinformationen finden Sie Kennwörter, die Sie auf Internet-und Intranetseiten verwendet hatten.

12 Sichern Sie den Windows-Tresor am besten auf einen externen Datenträger, zum Beispiel einen USB-Stick.

Für die Sicherung auf USB-Stick wird eine kennwortgesicherte Datei mit der Endung crd (card) angelegt. Wählen Sie *Tresor wiederherstellen*, wenn Sie die Sicherung wieder einlesen wollen.

Mit dem Internet Explorer können unter *Internetoptionen* alle generischen Anmeldeinformationen enfernt werden (siehe Kapitel 11).

HINWEIS **TIPP**

13

Windows 7 Spezial

280 Erleichterte Bedienung

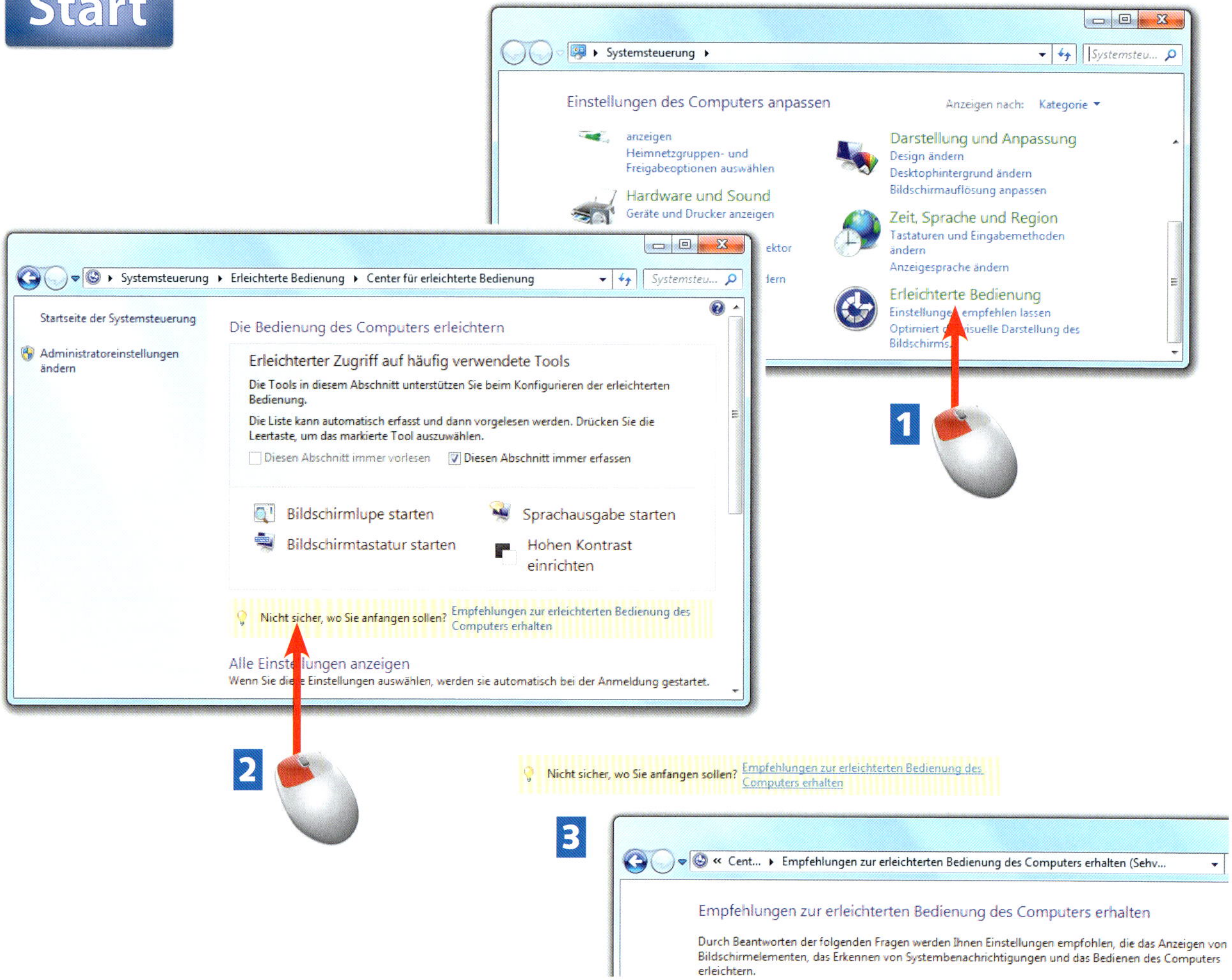

1. Aktivieren Sie die Systemsteuerung und wählen Sie *Erleichterte Bedienung*.
2. Das Center für erleichterte Bedienung zeigt alle verfügbaren Eingabehilfen an. Aktivieren Sie die Empfehlungen.
3. Der Assistent stellt insgesamt 5 Fragen, kreuzen Sie an, welche Behinderung vorliegt.

Das Center für erleichterte Bedienung bietet Hilfsprogramme für Menschen mit Seh- oder Hörbehinderung oder Bewegungseinschränkungen.

WISSEN

13 Windows 7 Spezial 281

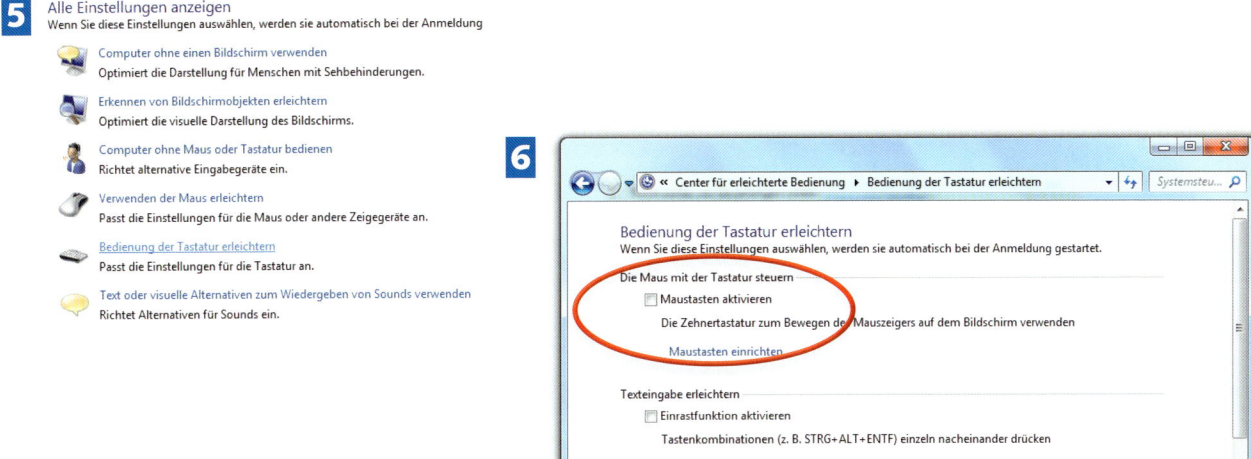

4 Starten Sie einzelne Programme wie die *Bildschirmtastatur*.

5 Im Center für erleichterte Bedienung finden Sie alle Hilfsmittel noch einmal aufgelistet.

6 Markieren Sie ein Hilfsmittel wie z. B. die Bildschirmlupe oder die Bildschirmtastatur.

Ende

Ein schneller Aufruf für das Center für erleichterte Bedienung: Drücken Sie ⊞+U.

TIPP

Drücken Sie fünf Mal die ⇧-Taste, erscheinen die Einrastfunktion und die Einstellungen für Tastaturhilfen.

TIPP

Spracherkennung

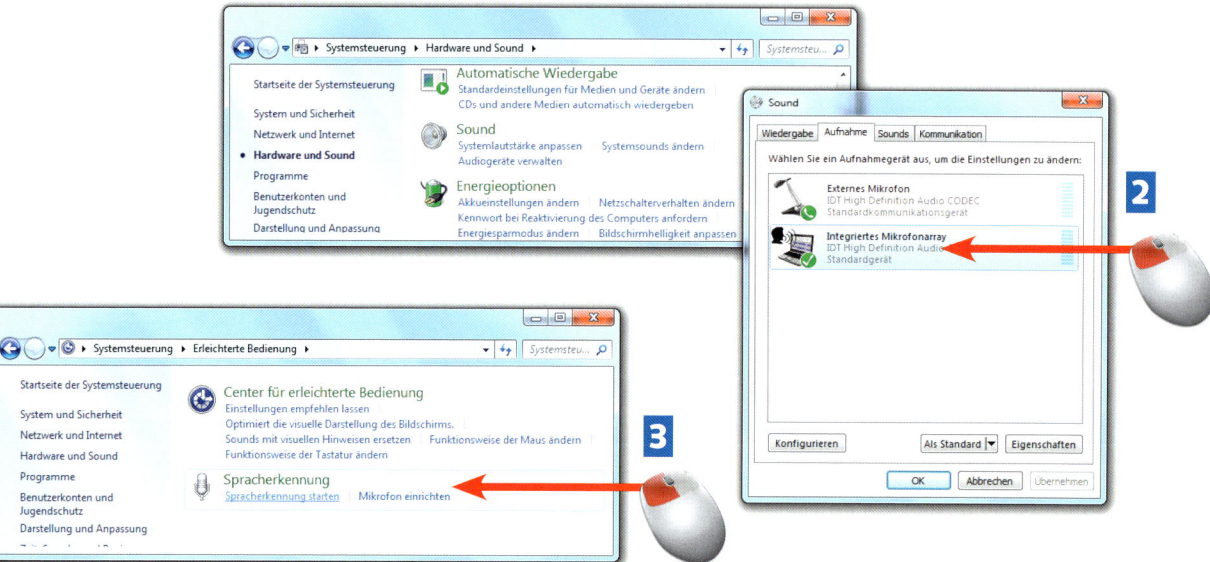

1. Für die Spracherkennung brauchen Sie einen Soundadapter und ein Mikrofon (Standmikro oder Headset).

2. Wählen Sie *Start/Systemsteuerung/Hardware und Sound* und richten Sie unter *Aufnahme* das Mikro ein.

3. Die Spracherkennung starten Sie in der Systemsteuerung, *Center für erleichterte Bedienung*.

Sagen Sie's mit Ihren Worten: Mit der Windows 7-Spracherkennung steuern Sie Betriebssystem und Programme einfach „auf Befehl".

WISSEN

13 Windows 7 Spezial

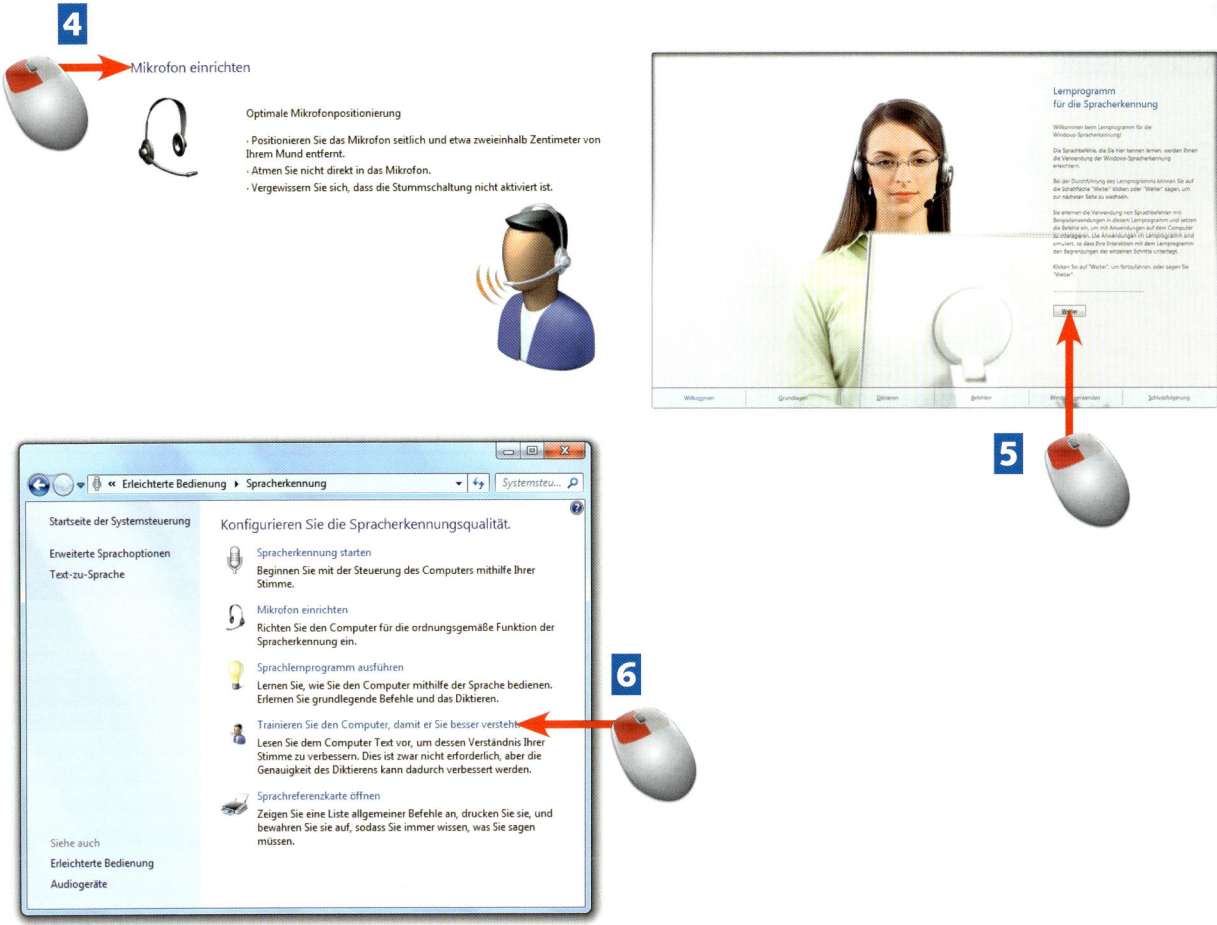

4 Richten Sie das Mikrofon ein ...

5 ... und starten Sie zuerst das Sprachlernprogramm, damit Ihr Computer Sie versteht.

6 Sie können Ihren Computer anschließend noch trainieren und dann die Spracherkennung starten.

HINWEIS

Sie können Deutsch reden mit der Windows 7-Spracherkennung, nach der Trainingsphase sollte Ihr Computer Sie gut verstehen.

HINWEIS

Umgekehrt geht's auch: Mit *Text in Sprache* liest eine Computerstimme Ihre Texte vor (leider nur in Englisch).

Software installieren und warten

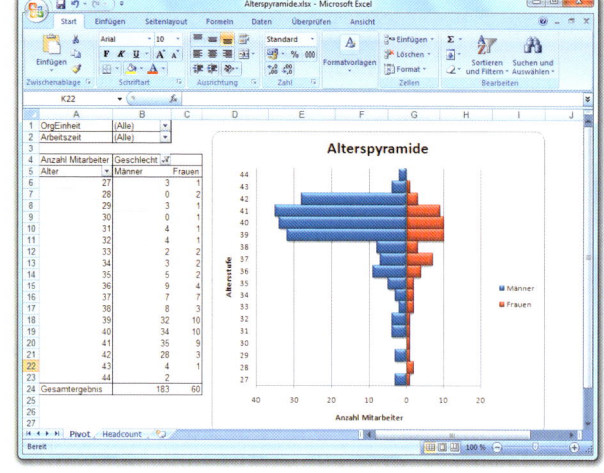

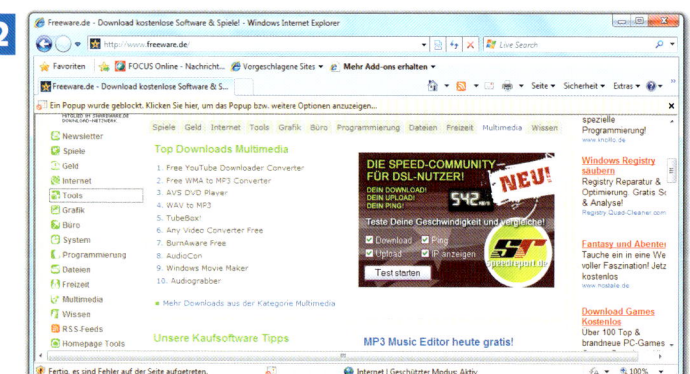

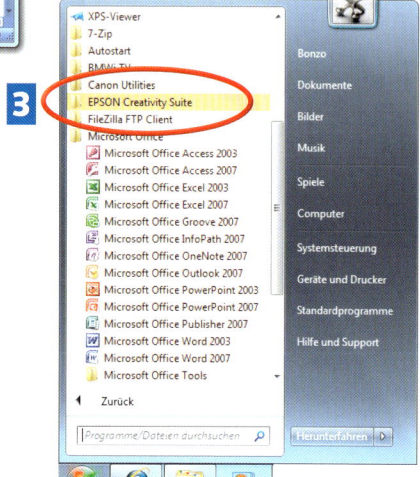

1 Windows-Software wie Microsoft Word oder Excel kaufen Sie im Fachhandel oder online bei Windows Marketplace.

2 Das Internet bietet viele Programme zum kostenlosen Download oder gegen geringe Gebühren an (Freeware, Shareware).

3 Die installierten Programme stehen anschließend im Startmenü unter *Alle Programme* und oft auch als Desktopsymbole zur Verfügung.

Zu den Hauptaufgaben des Betriebssystems Windows gehören die Integration von Programmen und die Bereitstellung seiner Ressourcen (Bildschirm, Grafik, Drucker etc.). Verwalten Sie Ihre Programmliste über die Systemsteuerung.

WISSEN

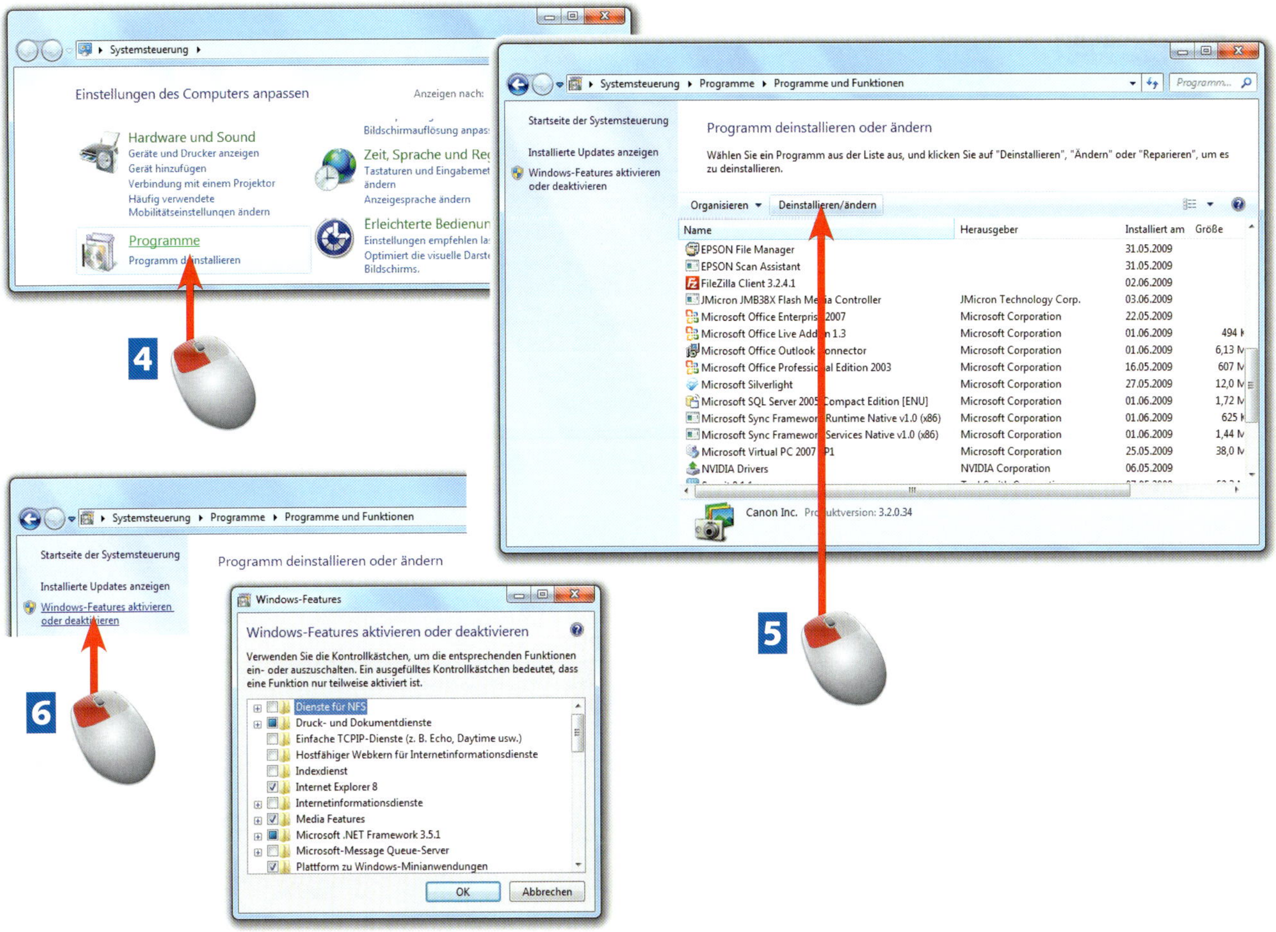

13 Windows 7 Spezial 285

4 In der Systemsteuerung finden Sie den Dienst für Programme, hier können Sie Software ändern oder deinstallieren.

5 Markieren Sie die gewünschte Software und klicken Sie auf *Deinstallieren/Ändern*.

6 Klicken Sie auf *Windows-Features aktivieren oder deaktivieren* und überprüfen Sie die installierte Windows-Software.

HINWEIS

Die meisten Programme hinterlassen auch ein Desktopsymbol für den Aufruf der Software. Über das Kontextmenü der rechten Maustaste holen Sie diese in die Taskleiste oder in das Startmenü.

HINWEIS

Neu installierte Software kennzeichnet das Startmenü farbig (bis zum ersten Aufruf).

HINWEIS

Löschen Sie keine Programmdateien über den Explorer, deinstallieren Sie Software immer über die Systemsteuerung.

286 Autostart

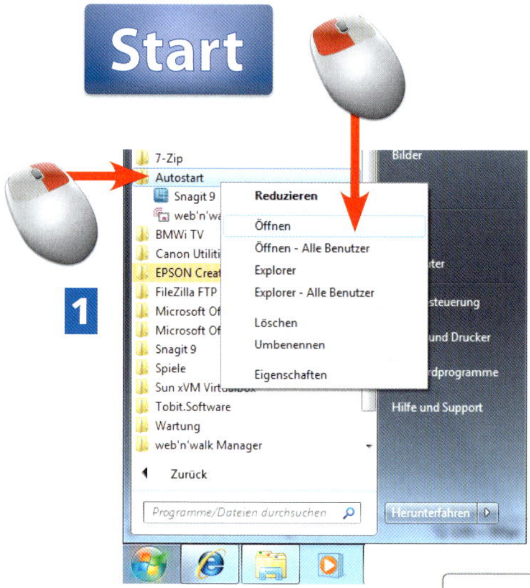

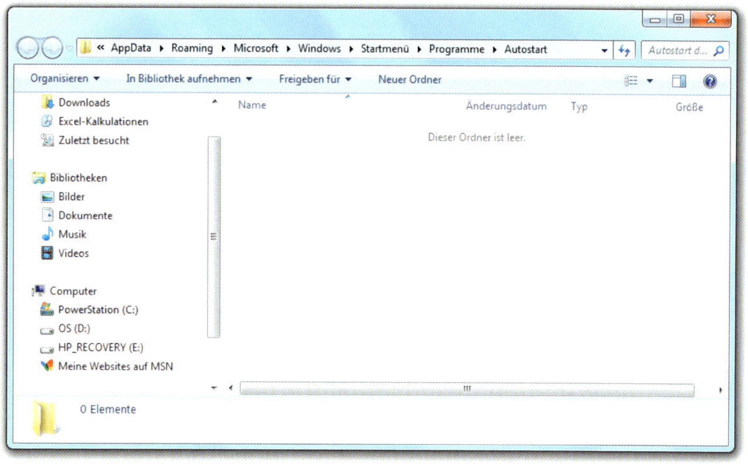

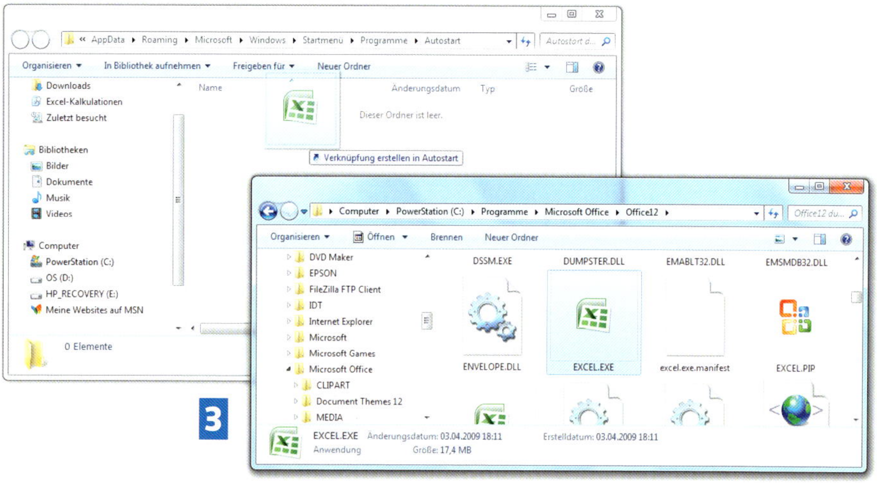

1 Wählen Sie *Start/Alle Programme*, klicken Sie mit der rechten Maustaste auf den Ordner *Autostart* und wählen Sie *Öffnen*.

2 Der Ordner wird im Explorer-Fenster angezeigt.

3 Ziehen Sie Programm- oder Dateisymbole aus Fenstern, vom Desktop oder vom Startmenü mit der rechten Maustaste in diesen Ordner.

Der Ordner *Autostart* enthält Verknüpfungen zu Programmen, die automatisch mit Windows 7 gestartet werden. Starten Sie mit Windows gleich Ihre Lieblingsprogramme.

WISSEN

13 Windows 7 Spezial 287

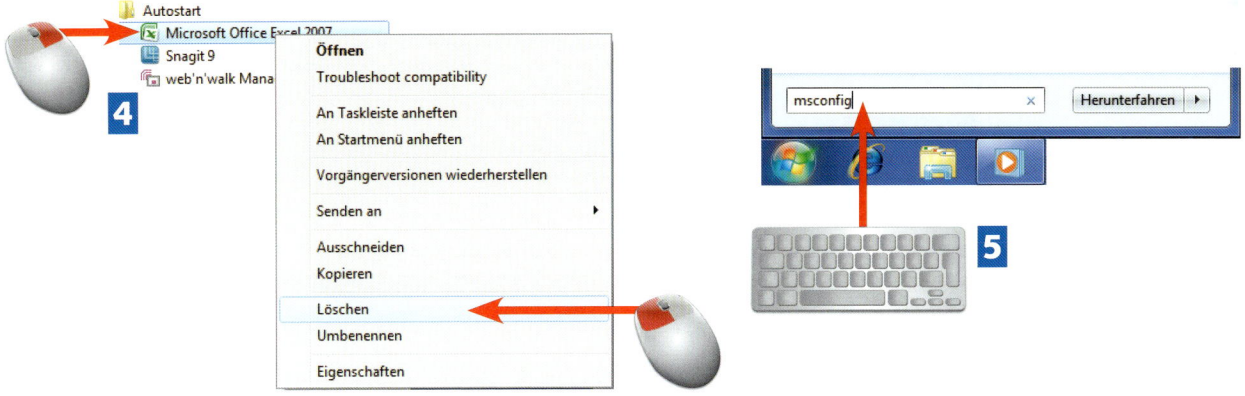

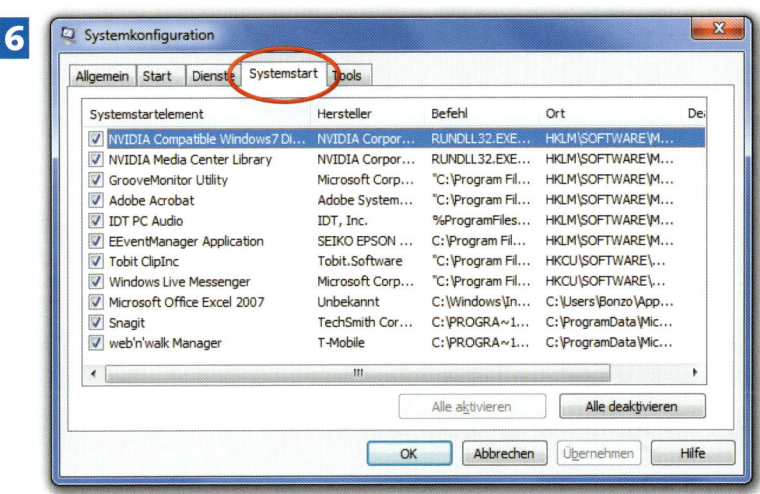

4 Um ein Programm wieder aus dem Startmenü zu entfernen, klicken Sie es mit der rechten Maustaste an und wählen *Löschen*.

5 Öffnen Sie das Startmenü und tragen Sie „msconfig" in das *Ausführen*-Feld ein.

6 Auf der Registerkarte *Systemstart* finden Sie eine Übersicht über alle Programme, die mit Windows gestartet werden.

Autostart-Einträge werden in der Windows-Registrierdatenbank registry hinterlegt, und zwar unter diesem Schlüssel:
HKEY_LOCAL_MACHINE\SOFTWARE\Microsoft\Windows\CurrentVersion\Run

HINWEIS

Entfernen Sie das Häkchen vor einem Eintrag in msconfig, wird das Programm nicht gestartet. Aber Vorsicht: keine Programme deaktivieren, die Windows beim Start benötigt!

HINWEIS

Schriftarten und ClearType

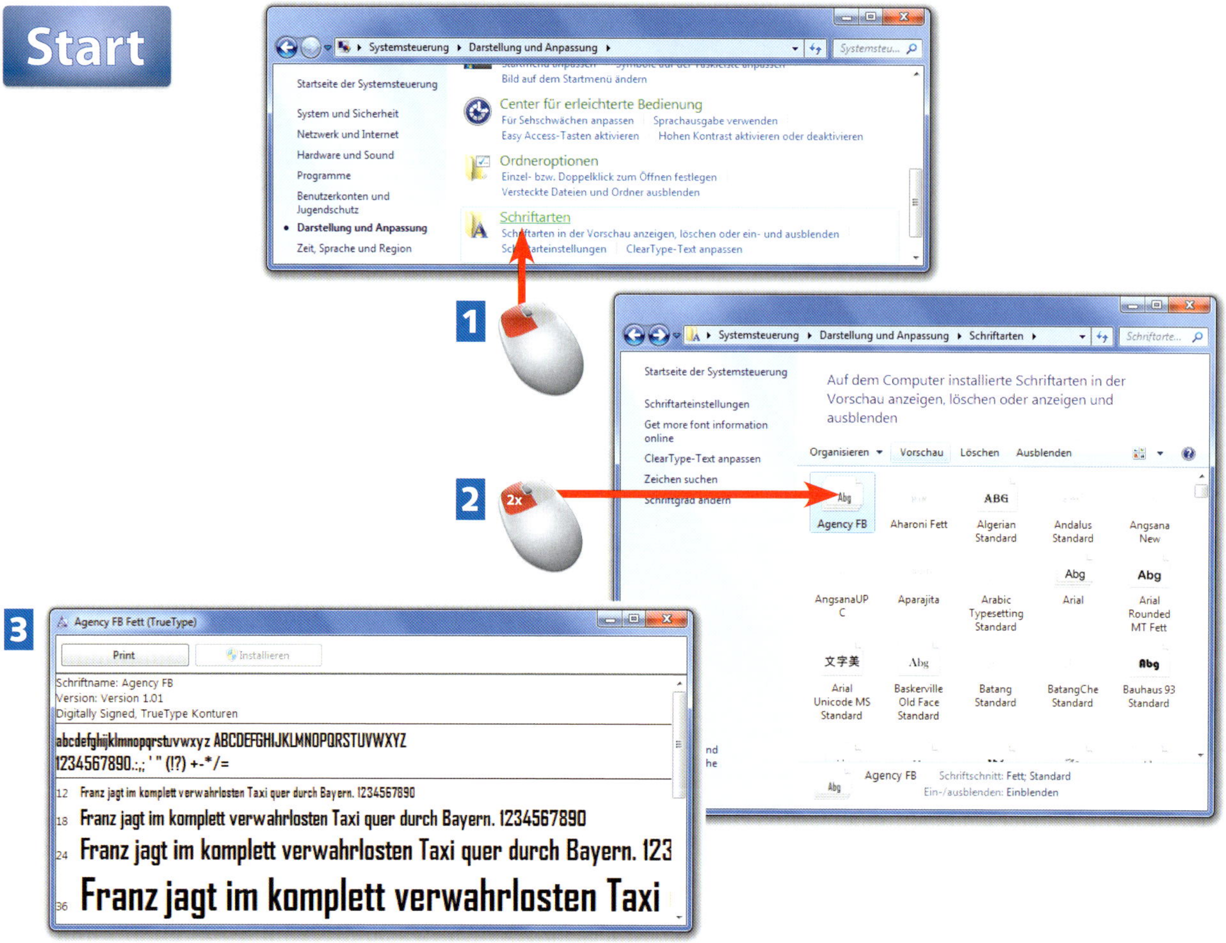

1 Wählen Sie unter *Darstellung und Anpassung* in der Systemsteuerung *Schriftarten*.

2 Die Liste zeigt alle unter Windows installierten Schriftarten. Klicken Sie doppelt auf einen Font für eine Vorschau.

3 Die Vorschau zeigt den Schriftschnitt in verschiedenen Schriftgrößen.

Windows 7 verwaltet auch die Schriftarten (Fonts) für Windows-Software. Sehen Sie sich das Angebot in der Systemsteuerung an und installieren Sie bei Bedarf neue Fonts.

WISSEN

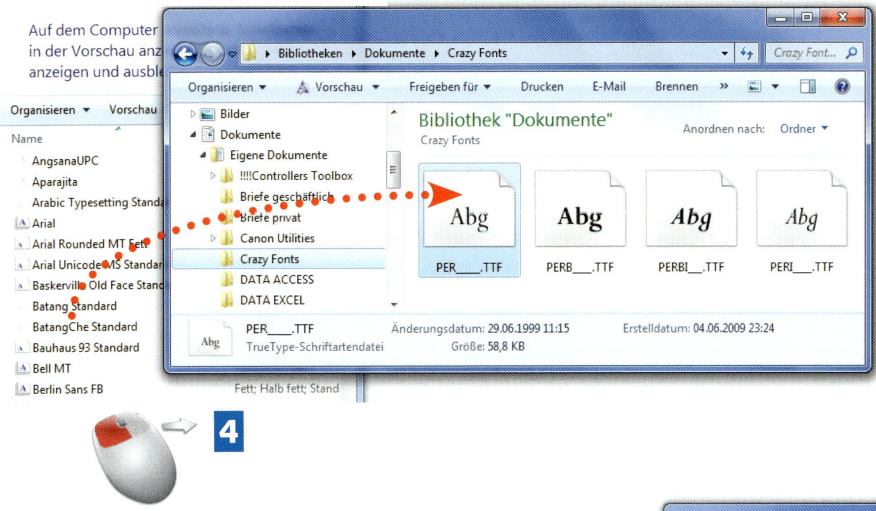

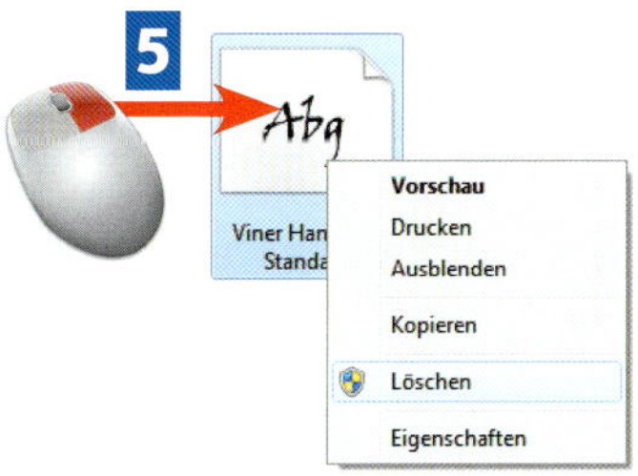

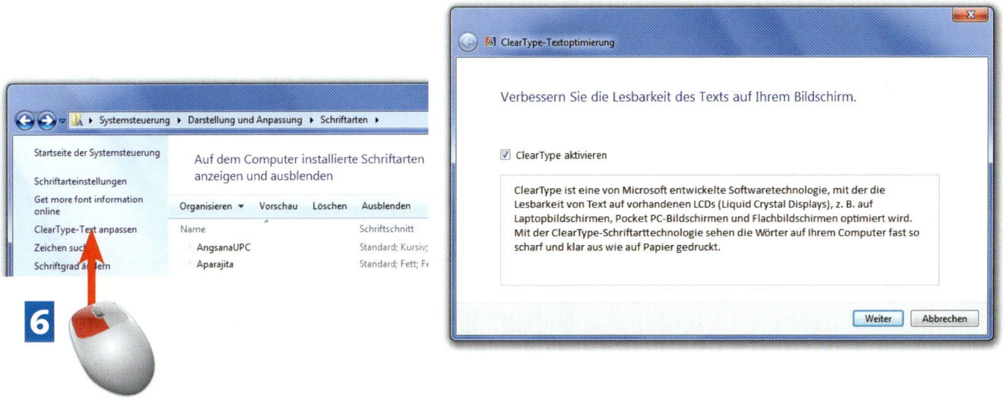

13 Windows 7 Spezial 289

4 Um neue Schriftarten zu installieren, ziehen Sie die Dateien (TTF) einfach in das Schriftartenfenster.

5 Klicken Sie mit der rechten Maustaste auf eine Schriftart und wählen Sie *Löschen*, wenn Sie diese entfernen wollen.

6 Wählen Sie ClearType-Text anpassen und folgen Sie dem Assistenten zur Einrichtung der besten *ClearType-Schriftartenanzeige*.

TIPP

Neue Schriftarten finden Sie im Fachhandel, auf Zeitschriften-CDs oder im Internet zum Download.

FACHWORT

ClearType: Glättet Schrift auf dem Monitor zur besseren Lesbarkeit.

HINWEIS

Was bedeutet der Satz „Franz jagt im komplett verwahrlosten Taxi …" in der Schriftartvorschau?
Das ist ein alter Testsatz aus dem Druckergewerbe, er enthält jeden Buchstaben des Alphabets.

Computerverwaltung

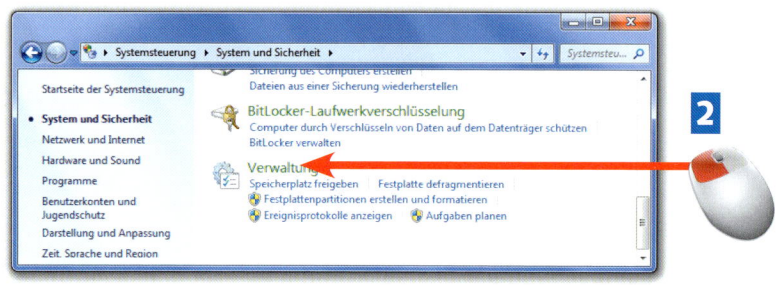

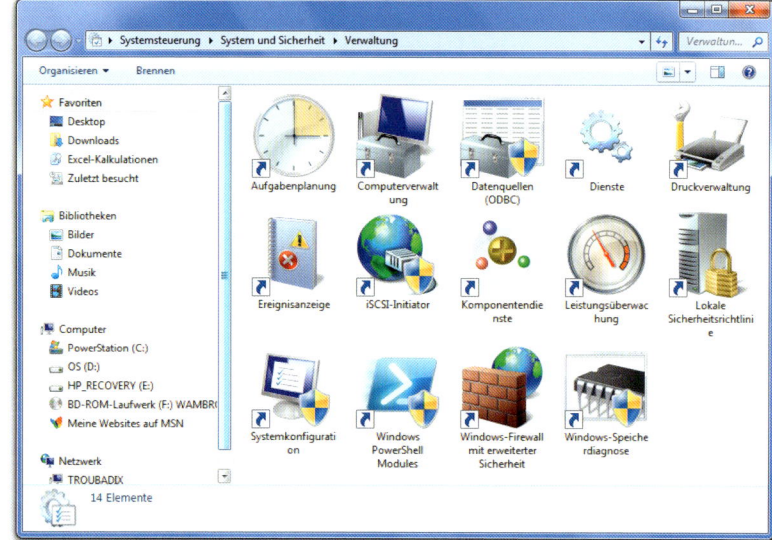

1 Wählen Sie *System und Sicherheit* in der Systemsteuerung.

2 Klicken Sie auf *Verwaltung*, um die Liste dieser Dienstprogramme anzuzeigen.

3 Die Verwaltungsprogramme werden angezeigt, neben der Computerverwaltung stehen auch einzelne „Snap-Ins" zur Auswahl.

Die Computerverwaltung in der Systemsteuerung ist das Profiwerkzeug zur Verwaltung aller Systemkomponenten. Änderungen setzen hier gutes und tiefes Fachwissen voraus.

WISSEN

13 Windows 7 Spezial 291

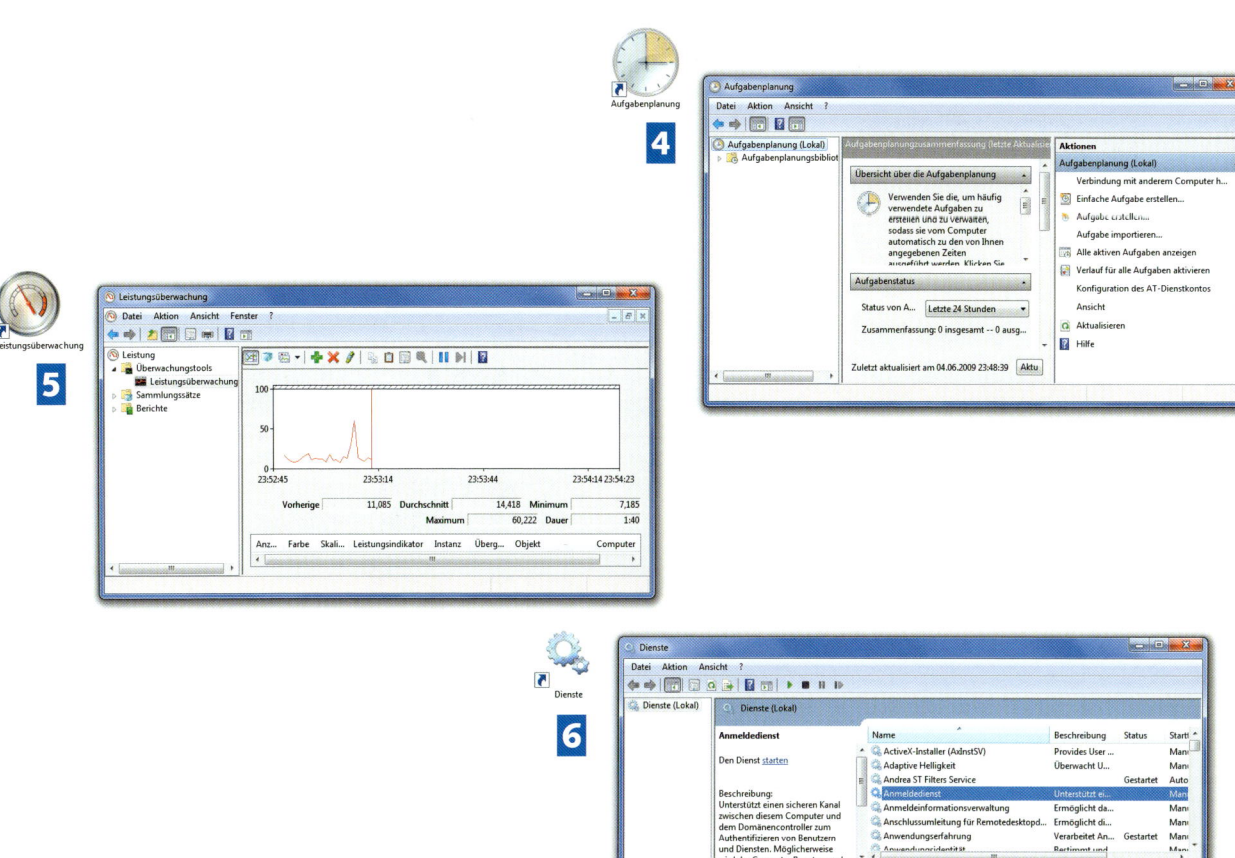

4 Die *Aufgabenplanung* lässt Windows 7 bestimmte Aufgaben zu festgelegten Zeiten durchführen. Klicken Sie auf *Einfache Aufgabe planen*.

5 Mit der *Leistungsüberwachung* erhalten Sie Auswertungen über die Performance von CPU, RAM und Netzwerk.

6 *Dienste* sind Aufgaben, die Windows automatisch im Hintergrund ausführt. Hier können Sie diese überprüfen und verwalten.

Nutzen Sie die Aufgabenplanung, um Programme zu starten, Daten abzugleichen und Mails zu versenden. Den Ressourcenmonitor finden Sie auch im Task-Manager (mit [Strg]+[Alt]+[Entf] aufrufen).

Snap-In: Einzelnes Tool aus der Computerverwaltung (management console).

Das Symbol *Computerverwaltung* fasst mehrere Snap-Ins zusammen, die meisten stehen auch einzeln zur Auswahl.

TIPP   **FACHWORT**   **HINWEIS**

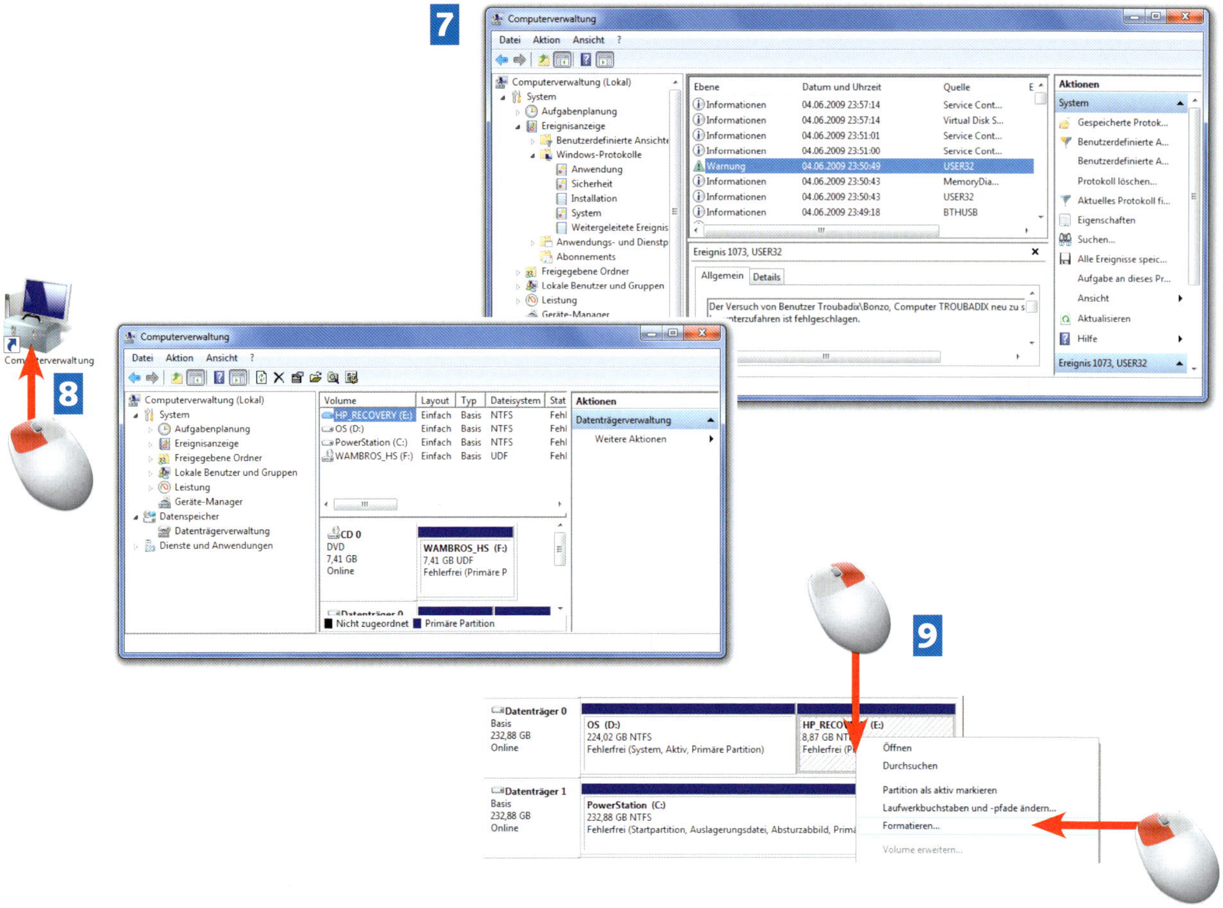

Computerverwaltung

7 Die *Ereignisanzeige* liefert Überwachungsprotokolle, in denen alle Systemaktivitäten aufgezeichnet sind.

8 In der *Datenträgerverwaltung* sehen Sie die Datenträger mit ihren Dateisystemen und Partitionen.

9 Hier können Sie Laufwerke umbenennen und Partitionen einteilen oder formatieren.

Datenträger zu partitionieren oder zu formatieren gehört zu den Aufgaben der Datenträgerverwaltung. Sehen Sie sich auch die Ereignisprotokolle, die Hintergrunddienste und die Leistungsauswertung an.

WISSEN

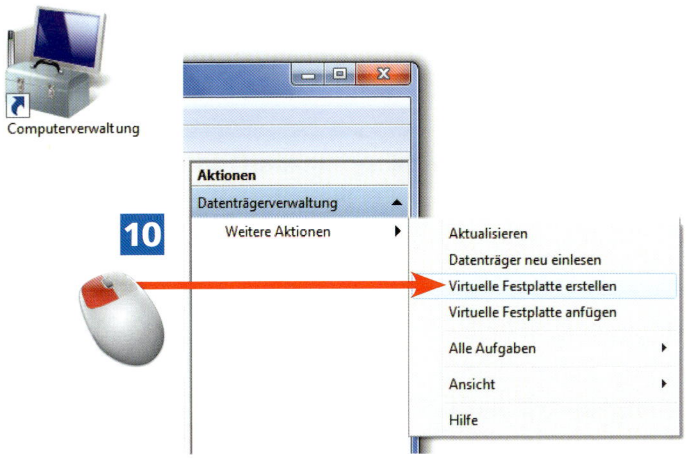

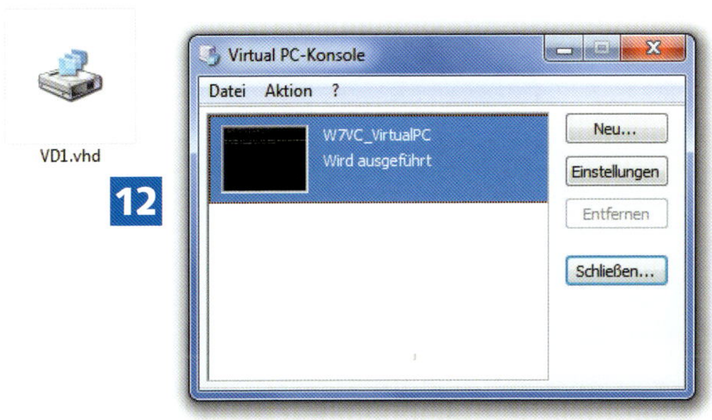

13 Windows 7 Spezial

10 Unter *Aktionen* finden Sie im rechten Fenster einen Menübefehl zur Erstellung einer virtuellen Festplatte.

11 Geben Sie einen Namen für die Datei mit der Endung vhd (virtual hard disc) ein und bestimmen Sie die Größe.

12 Mit Virtual PC erstellen Sie neue Computer auf dieser Festplatte. Das Programm können Sie kostenlos bei Microsoft downloaden.

TIPP

Die Systemkonfiguration, ein weiteres Snap-In, starten Sie auch mit „msconfig" in der Command-Zeile.

TIPP

Der Datenträger, auf dem Windows 7 läuft, kann nicht formatiert werden. Nutzen Sie dazu die Windows-Installation.

Bitmap		Grafiktyp, der aus Punkten zusammengesetzt ist – im Gegensatz zur Vektorgrafik, in der die Kurven mathematisch beschrieben sind.
Bluetooth		Datenschnittstelle für Funkübertragung, international standardisiert. Für Windows-Verbindung mit Drucker, Maus, Handy u. a.
Booten		Der Vorgang, den das BIOS auslöst: Windows 7 wird von der Festplatte, CD oder Diskette gestartet. Bootfehler entstehen, wenn kein Betriebssystem zu finden ist.
Browser		(von engl.: to browse = blättern). Das Programm für die Anzeige von Internetseiten. Windows 7 enthält den Internet Explorer, Mozilla Firefox gibt es u. a. als Alternative.

Lexikon

Lexikon

Acrobat Reader 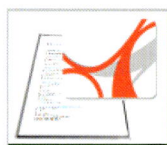 Software zum Anzeigen von PDF-Dateien. Gibt es bei Adobe (www.adobe.de) kostenlos als Download.

Aero  Der Glaseffekt, den Windows 7 seinen Fenstern verleiht, wenn über die Systemsteuerung der entsprechende Hintergrund eingestellt ist.

Arbeitsgruppe  Bezeichnung für eine Gruppe von Computern im Netzwerk. Der Computer wird über die Systemsteuerung einer Arbeitsgruppe zugewiesen.

Arbeitsspeicher  Flüchtiger Speicher im Computer, in dem Programme und Daten abgelegt werden. Wird nach Abschalten der Stromzufuhr gelöscht.

Audiorecorder  Programm aus der Systemsteuerung/Zubehör-Gruppe zum Aufnehmen von Sound über Mikrofon. Speichert Sound in Form von WAV-Dateien.

Auflösung  Die Größe des Bildschirms, gemessen in Punkten. Ein Standardmonitor hat ca. 1400 Punkte in der Breite und 800 in der Höhe, das nennt man eine Bildschirmauflösung von 1400 x 800.

Autostart  Ein Ordner im Startmenü. Alle Programme, die darin abgelegt werden, starten automatisch zusammen mit Windows 7.

Backslash  Das kryptische Zeichen, das in Pfadangaben Laufwerke, Ordner und Dateien voneinander trennt. Wird mit gedrückter [AltGr]-Taste und der [ß]-Taste oder mit [Strg]+[Alt]+[ß] erzeugt.

Lexikon 297

Backup  Die Sicherung und Archivierung von Daten, früher auf Magnetbändern, heute auf DVDs. Windows stellt auch Software für automatische Backups zur Verfügung.

BASIC 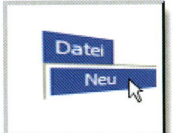 Abk. für Beginners All-purpose Symbolic Instruction Code. Eine der ersten und einfachsten Programmiersprachen für Personalcomputer.

Befehl  Eine Anweisung an den Computer, meist durch Anklicken eines Symbols oder eines Menüeintrags.

Benutzerkonto 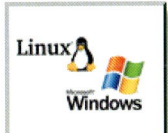 Wenn mehrere Benutzer an einem PC arbeiten, wird für jeden ein Benutzerkonto eingerichtet. Damit hat jeder seine eigenen Bibliotheken.

Betriebssystem  Oberbegriff für Software, die Computer steuert. Windows 7 ist das Standardbetriebssystem für Personalcomputer, Vista, XP und 95 sind Namen für Vorgängerversionen, Linux ist ein Konkurrenzprodukt.

Bibliotheken  Ordnerstruktur im Datenordner des Benutzerkontos und im Öffentlichen Ordner mit Bildern, Dokumenten, Musik und Videos.

Bildschirm-schoner Programm, das den Bildschirm nach kurzer Zeit der Nichtbenutzung abschaltet. Zur Reaktivierung genügt ein Tastendruck oder eine Mausbewegung, je nach Einstellung ist das Benutzerkennwort erforderlich.

BIOS  Abkürzung für Basic Input Output System. Software in einem Chip, die nach dem Einschalten des Rechners dessen Speicher und das System überprüft und Windows 7 von der Festplatte in den Hauptspeicher lädt.

Lexikon

Bitmap

Grafiktyp, der aus Punkten zusammengesetzt ist – im Gegensatz zur Vektorgrafik, in der die Kurven mathematisch beschrieben sind.

Bluetooth

Datenschnittstelle für Funkübertragung, international standardisiert. Für Windows-Verbindung mit Drucker, Maus, Handy u. a.

Booten

Der Vorgang, den das BIOS auslöst: Windows 7 wird von der Festplatte, CD oder Diskette gestartet. Bootfehler entstehen, wenn kein Betriebssystem zu finden ist.

Browser

(von engl.: to browse = blättern). Das Programm für die Anzeige von Internetseiten. Windows 7 enthält den Internet Explorer, Mozilla Firefox gibt es u. a. als Alternative.

Byte

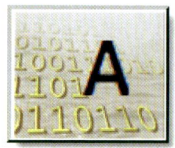

Die Informationseinheit für ein digitales Zeichen. Ein Byte besteht aus 8 Bit.

Chat

Aus dem Englischen: to chat = plaudern, schwätzen. Internetdienst, in dem sich Teilnehmer in virtuellen Chaträumen miteinander unterhalten können – digital, per Tastatureingaben.

Chip

Ein Baustein im Computer, der Geräte steuert oder Informationen speichert (Speicherchip). Der Arbeitsspeicher besteht z. B. aus Chips, auch die CPU, der Prozessor, ist ein Chip.

Cookies

Kleine Textdateien, die Anbieter von Webseiten auf die Festplatte des Besuchers schreiben, um Zeit und Zweck des Besuchs festzuhalten. Lassen sich im Internet Explorer entfernen oder sperren.

Lexikon

Datei  Alle Daten, die von einem Programm erzeugt und gespeichert werden, aber auch Programme, Treiber und Programmzusätze. Zur Anzeige und Bearbeitung wird der Windows-Explorer oder eine Bibliothek geöffnet.

Datenträger  Alles, was Daten speichern kann, ist ein Datenträger: Festplatte, Diskette, CD, DVD, USB-Stick, Speicherkarte u. a.

Datenträgerbereinigung  Ein Programm aus der Systemsteuerung, das nicht mehr benötigte Daten und überflüssige Programme von der Festplatte löscht und damit Speicherplatz freigibt.

Defragmentierung  Ein Programm aus der Systemsteuerung, das die Daten auf der Festplatte neu anordnet und für Zugriffe optimiert (nur sinnvoll, wenn die Festplatte sehr voll ist oder geringe Speicherkapazität hat).

Design  Profil mit Einstellungen für den Desktophintergrund, Sounds und Bildschirmschoner. Wird in der Systemsteuerung zugewiesen oder abgeändert.

Desktop  Die Systemoberfläche von Windows 7 mit Startmenü, Taskleiste und Symbolen.

Desktop-Minianwendungen  Kleine Windows-Programme wie Uhr, Kalender oder Notizblock, stehen in der Sidebar auf dem Desktop als Symbole bereit.

DFÜ  Datenfernübertragung. Alles, was digital über Telefon oder Internet übertragen wird.

Lexikon

Dialer  Ein Programm, das auf der Festplatte installiert wird und Verbindung mit teuren Telefondiensten aufnimmt. Wird oft von unseriösen Anbietern im Internet untergeschoben, kann sich aber nicht ohne Einwilligung durch den Anwender selbst installieren.

Dialogfenster 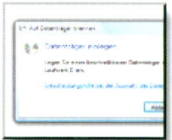 Mit dem Aufruf eines Menübefehls oder nach Klick auf ein Symbol erscheint meist ein Fenster, in dem der Anwender Informationen eingibt.

Domäne 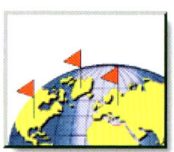 1. In großen Netzwerken eine Gruppe von Computern und Druckern.
2. Eine nationale oder internationale Internetadresse. Deutsche Domänen verwaltet DENIC (www.denic.de).
3. Teil der E-Mail-Adresse nach dem @-Zeichen.

Download  Der Vorgang, bei dem Dateien aus dem Internet auf die Festplatte kopiert und dort gespeichert werden.

Drag & Drop  (von engl.: to drag and drop = ziehen und ablegen). Bezeichnet die Möglichkeit, ein Symbol oder eine Grafik von einem Fenster in ein anderes zu ziehen und dort abzulegen.

DSL  Abk. für Digital Subscribe Line. Eine sehr schnelle Übertragungstechnik für digitale Daten. ADSL und HDSL sind Varianten, TDSL ist der Produktname der Telekom.

Easy Transfer  Windows 7-Systemprogramm zur Datenübertragung zwischen zwei Computern per Kabel, Netzwerk oder externen Datenträger.

Editor  Ein Textverarbeitungsprogramm in Windows 7, mit dem unformatierte Texte erstellt werden.

Lexikon 301

Eingabe-aufforderung

Damit wird ein Fenster geöffnet, das wie das Vorgängerbetriebssystem DOS aussieht. Für den Aufruf wird im Ausführen-Fenster des Startmenüs „cmd" eingetippt.

Energieoptionen

Programm aus der Systemsteuerung, das Stromverbraucher wie Festplatte oder Monitor automatisch abschaltet, wenn sie nicht in Gebrauch sind.

Erleichterte Bedienung

Programme zum Anpassen der Desktopoberfläche und der Eingabewerkzeuge für Menschen mit Behinderungen.

Ethernet

Die Bezeichnung für eine Form der Datenübertragung im Netzwerk, gleichzeitig ein Standard für Netzwerkkarten im PC.

Explorer

1. Windows-Explorer: Für Dateien und Ordner auf den Datenträgern (Festplatte, CD, DVD, Diskette).
2. Internet Explorer: Für die Anzeige von Internetseiten.

FAT

Abk. für File Allocation Table. Bezeichnet die Aufteilung von Datenträgern und die Anordnung der Daten.

Firewall

Die „Brandschutzmauer" für Windows überprüft alles, was in das System einzudringen versucht, schützt und warnt vor schädlicher Software und Hacker-Angriffen aus dem Internet.

Flip3D

Mit der Tastenkombination ⊞+⇆ werden die aktiven Fenster (Tasks) im 3D-Look gestapelt.

Lexikon

Fotogalerie

Programm zum Verwalten und Reparieren von Bild- und Fotodateien auf dem Computer. Wird unter Windows Live zum Download angeboten.

Freigabe

Damit ein Computer im Netzwerk Daten oder Geräte (z. B. Drucker) eines anderen benutzen kann, muss dieser sie freigegeben haben. Dabei kann er einen Kennwortschutz zuweisen oder dafür sorgen, dass Daten nur zu lesen und nicht zu ändern sind.

Gamecontroller

Eine Steckkarte oder ein Stecker am PC, an den ein Joystick oder ein ähnliches Spielgerät angeschlossen werden kann.

Geräte-Manager

Mit diesem Programm aus der Systemsteuerung wird die im PC installierte Hardware (Festplatte, CD-Laufwerk, Netzwerkkarten) überprüft und bei Bedarf neu eingerichtet.

GIF

Datenformat für kleine, wenig aufwendige Grafiken. Wird für Werbebanner und Logos auf Internetseiten verwendet.

Grafikkarte

(oder Grafikadapter). Die Steckkarte, die für die Grafikanzeige auf dem Monitor zuständig ist. Monitore sind an der Grafikkarte angeschlossen.

Homepage

Die Startseite eines Internetauftritts oder die Internetpräsenz einer Firma, Institution oder Person.

Hub

Gerät, das mehrere Geräte im Netzwerk sternförmig verbindet.

Lexikon

Hyperlink 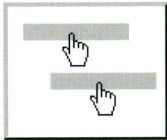 siehe Link

Infobereich  Der Bereich rechts unten in der Taskleiste, in dem Windows 7 Programmsymbole für Datum, Uhrzeit und Lautstärke, Netzwerkverbindungen und andere systemnahe Informationen bereitstellt.

IP-Adresse 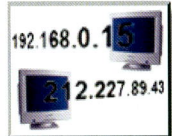 Abkürzung für Internet Protocol. Über die IP-Adresse, die Rechner eindeutig identifiziert, werden Daten im Netzwerk (Internet) versendet.

JPEG  Ein Bildkompressionsverfahren für grafische Dateien, gleichzeitig Standarddateiformat für Fotodateien im Internet.

Kilobyte, Megabyte, Gigabyte, Terabyte 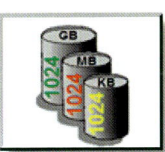 Die großen Maßeinheiten für Datenmengen:
1 Kilobyte = 1024 Byte
1 Megabyte = 1024 Kilobyte
1 Gigabyte = 1024 Megabyte
1 Terabyte = 1024 Gigabyte

Link 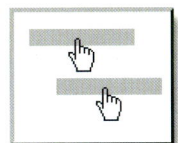 Internetseiten bieten Links an, die der Benutzer anklickt, um auf eine andere Seite zu schalten, eine Mailadresse abzurufen oder eine Datei auf seinen Computer zu laden.

Menü  Texteintrag am oberen Rand eines Windows-Fensters, der auf Klick eine Reihe von Befehlen freigibt (ähnlich einer Menükarte mit Speisenauswahl). Mit der [Alt]-Taste wird die Menüleiste eingeblendet.

Mixer  Das Programm zur Lautstärke- und Balance-Regelung der angeschlossenen Lautsprecher und Musikgeräte.

Lexikon

MP3  Ein Kompressionsverfahren und gleichzeitig das Standardformat für digitalisierte Sounds, vom Fraunhofer Institut entwickelt (www.iis.fraunhofer.de).

MPEG 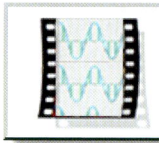 Abk. für Motion Pictures Expert Group. Ein Komprimierungs-/Dekomprimierungsverfahren und gleichzeitig das Standarddateiformat für Videodaten.

Multimedia  Bezeichnung für digitale Sounds, Videos und Grafik auf Computersystemen.

Netzwerk, lokales 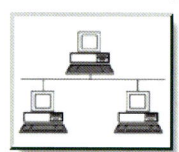 Computer werden miteinander vernetzt, damit sie Daten austauschen und Geräte gemeinsam nutzen können. Als lokales Netzwerk bezeichnet man alle verbundenen Computer und Drucker.

Newsgroups, Newsreader  Diskussionsforen im Internet, in denen Interessengruppen Beiträge zu bestimmten Themen verfassen. Windows Mail ist ein Newsreader.

OCR 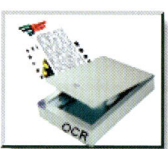 Abk. für Optical Character Recognizing. Das Umwandeln von geschriebener Information in digitale Daten, meist mit entsprechend ausgerüsteten Scannern.

Onlinedienst  Firmen, die kostenlose Mailadressen und Internetzugänge ermöglichen. Meist werden auch Nachrichten und andere Informationen angeboten.

Ordner  Alle Dateien auf der Festplatte werden in Ordnern abgelegt, ähnlich wie Schriftstücke im Büroschrank. Der Windows-Explorer ist das Programm, mit dem Dateien und Ordner verwaltet werden.

Lexikon 305

Papierkorb

Hier werden gelöschte Daten noch einmal zwischengespeichert, damit versehentlich Gelöschtes wieder zurückgeholt werden kann. Erst mit dem Leeren des Papierkorbs sind die Daten endgültig weg.

PDF

Ein Dateiformat, das für gedruckte Daten verwendet wird, ähnlich einem eingescannten Dokument. Mit dem Acrobat Reader von Adobe (kostenlos im Internet) können PDF-Dateien gelesen werden.

Pfad

So wird der Weg zu einem Ordner oder einer Datei bezeichnet. Der Pfad beginnt mit dem Laufwerksbuchstaben, dann werden alle Ordner aneinandergereiht (Beispiel: C:\Eigene Dateien\Brief.txt).

Phishing

Trojaner spähen Ihren Computer aus und suchen Passwörter, Webseiten oder gefälschte Mails fordern diese an. Der Internet Explorer schützt Sie mit einem Phishingfilter.

Plug & Play

Geräte (Drucker, Scanner etc.), die Windows automatisch erkennt und für die passende Treibersoftware ohne Zutun des Anwenders installiert wird, gehören zum Plug & Play-Standard.

Prozessor

Die Zentraleinheit, das Rechenwerk des Computers, auch CPU (Central Processing Unit) genannt. Ein Chip von Intel, Athlon oder anderen, dessen Leistungsstärke nach der Taktfrequenz (z. B. 3 Gigahertz) gemessen wird.

Punkt

Typografisches Maß für die Schriftgröße (1 Punkt = 0,352 mm). Wird in Windows-Programmen für das Messen und Zuweisen von Schriftgrößen verwendet.

RAM

Abk. für Random Access Memory, siehe Arbeitsspeicher

Lexikon

Rechner

Ein Taschenrechner aus der Zubehör-Gruppe im Startmenü. Wahlweise mit einfachen Funktionen oder als wissenschaftlich-statistischer Rechner.

Registerkarte

Im Internet Explorer werden die Webseiten auf einzelnen Registerkarten angezeigt.

Registrier-datenbank

Alle Konfigurationen von Windows und Windows-Programmen werden in einer internen Datenbank gespeichert. Diese „registry" kann mit dem Dienstprogramm Regedit bearbeitet werden.

Scandisk

Ein Programm aus der Systemsteuerung, mit dem die Oberfläche der Festplatte überprüft und bei Bedarf repariert wird.

Scanner

Ein Gerät, mit dem gedruckte Daten digitalisiert werden. Einfache Scanner können nur Grafiken einlesen, OCR-Scanner digitalisieren auch gedruckte Texte.

Scrollen

So nennt man das Rollen eines Fensters auf dem Bildschirm, wahlweise durch Anklicken des Pfeils einer Scrollleiste, mit dem Rad zwischen den Maustasten oder mit den Pfeiltasten.

Server

Der zentrale Computer in einem großen Netzwerk, der alle anderen Computer steuert. Im Internet ist ein Server auch der Computer, der Internetseiten speichert und Dateien zum Download bereitstellt.

Soundschema

Eine Sammlung von Sounddateien mit Zuweisung zu bestimmten Windows-Ereignissen (Start, Fehler etc.). Ein Schema wird in der Systemsteuerung konfiguriert und zugewiesen.

Lexikon 307

Spooler 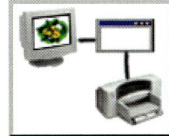 Der Zwischenspeicher für Druckausgaben. Speichert und sendet die gedruckten Daten an den Drucker, der Anwender kann im Hintergrund weiterarbeiten.

Spyware  Bösartiges Programm, das persönliche Daten (Kontonummern, Passwörter etc.) ausspäht und versendet.

Startmenü  Das Hauptsymbol links unten in der Taskleiste, enthält mehrere Menüs, über die Programme gestartet werden.

Systemsteuerung  Hier sind alle Programme zusammengefasst, die Windows für die Steuerung seiner Systembestandteile zur Verfügung stellt.

Taskleiste  Die Symbolleiste am unteren Bildschirmrand des Desktops. Sie enthält für jedes aktive Programm eine Verknüpfung.

Task-Manager 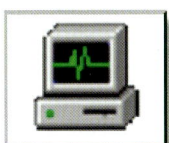 Ein Systemprogramm, das alle laufenden Programme (Tasks) anzeigt. Es kann mit [Strg]+[Alt]+[Entf] aufgerufen werden.

Tastatur  Das Eingabegerät, ohne das der PC nicht funktioniert. Windows 7 stellt in der Systemsteuerung ein Programm zur regionalen Einstellung der Tastatur bereit.

Treiber  Das ist die Software, die den Betrieb eines Geräts unter Windows ermöglicht. Sie wird aus der Windows-Treiberdatenbank oder von der Hersteller-CD installiert.

Lexikon

Trojaner

Ein bösartiges Programm, das sich über E-Mail-Anhänge auf der Festplatte installiert und von dieser aus, vom Benutzer unbemerkt, Daten zerstört, Mails versendet oder sonstigen Schaden anrichtet. Ein gutes Virenschutzprogramm verhindert Trojaner.

URL

Abk. für Uniform Resource Locator, bezeichnet eine Internetadresse oder einen Anbieter im Internet. Wird in die Adresszeile im Internet Explorer zum Aufruf einer Seite eingegeben.

USB

Abk. für Universal Serial Bus. Früher gab es die serielle Schnittstelle, heute ist USB der Standardstecker für Drucker, Scanner, externe Speicher, Digitalkameras und viele andere Geräte.

USB-Stick

Ein Speichermedium mit einer Kapazität von mehreren Gigabyte, das an die USB-Schnittstelle angesteckt wird.

Virus

Ein bösartiges Programm, das sich über E-Mail oder Internet verbreitet und programmiert ist, um sich zu vermehren und Schaden anzurichten. Virenschutzprogramme verhindern und vernichten Viren.

WAV

Älteres Dateiformat für Sounddateien, wird vom Audiorecorder und Windows Media Player unterstützt.

Windows Defender

Ein Programm zur Abwehr von Spyware, schädlicher Software, die nach Passwortdaten sucht und lästige Werbung im Internet Explorer installiert.

Wurm

Ein bösartiges Virenprogramm, das sich ein Programm als „Wirt" sucht, um sich zu vermehren und Schaden anzurichten.

Stichwortverzeichnis

3D-Flip 32

A

Abmelden, Benutzer 40
Ad-hoc-Netzwerk 226
Administrator 60
Akkubetrieb 84
Arbeitsgruppe 208
Arbeitsplatznetzwerk 214
Audiogeräte 97
Audiorecorder 164
Aufgabenplanung 291
Autostart 286

B

Basisinformationen 71
Batteriesymbol 63
Bedienung, erleichterte 280
Beenden, Windows 40
Benutzer hinzufügen 15
Benutzerkonto 12, 60, 104
  Sicherheitsmeldungen 257
Bibliothek 110
Bilddatenbanken 137
Bilder 128
  aus dem Internet 136
  einscannen 134
  von Kamera importieren 95
Bildschirmauflösung 52
Bildschirmfotos 171, 180
Bildschirmschoner 50
Bildschirmtastatur 281
BitLocker 270
Bluetooth 100, 152
Blu-ray 76
Breitband 200
Brennen, CD/DVD 80
Browser 234

C

CD 76
  Automatische Wiedergabe 78

CD
  brennen 80, 149, 154, 162
  kopieren 150
  Musik 143
ClearType 288
Client-Server-Netz 192
Computer 70, 105
Computer im Netzwerk 215
Computername 208
Computerverwaltung 290
CPU 36, 71

D

Dateieigenschaften 115
Dateien 71
  löschen 118
  suchen 122
  verschieben und kopieren 116
Dateierweiterung 113
Datenschutz 253
Datensicherung 75, 260
Datenträgerprüfung 75
Datenträgerverwaltung 292
Datenübertragung 204
Datum und Uhrzeit einstellen 23, 54
Defender 268
Defragmentierung 75
Desktop 13, 16
  Bild 48
  Design und Farben 46
  Kontextmenü 45
Desktop-Minianwendungen 17, 34
Diashow 138
Diashow auf dem Desktop 49
Digitalkamera 94
Digitalkamera, Fotos 130
Domäne 195
Druckaufträge, Infobereich 91
Drucken, WordPad-Text 178
Drucker
  im Netzwerk 222
  installieren 88
DSL-Modem 192
DSL-Router 193

Stichwortverzeichnis

DVD 76
DVD Maker 162

E

Editor 172
Energieschema 51
Energie sparen 84
Energiesparmodus 40, 41, 50, 63
Energiesparplan 84
Erleichterte Bedienung 280
Erste Schritte 14
Explorer 106, 108

F

Farben 47
Fax 93
Fehlersuche, Geräte 82
Fenster 28
Fenster, schließen 31
Fenstersymbole 30
Festplatte 72
      bereinigen 73
      prüfen 74
      sichern 261
Firewall 214, 266
Firmennetzwerk 192
Flash 250
Fotos 128
FreeCell 187
Freigabe im Netzwerk 219
Funkverbindung, Bluetooth 100

G

Gateway 193
Geräte-Manager 82, 195
Geräte und Drucker 66
Google 235
Grafikformate 128
Grafik und Text 177

H

Handyfotos 132
Heimnetzgruppe 210
Helligkeit 47
Hilfe 38
Hintergrundbild 46, 241

I

Infobereich 91
      Netzwerkverbindungen 196
Internet Explorer 17, 234
      Add-ons 240
      Adresszeile 239
      Favoriten 242
      Optionen 237
      Schutz und Sicherheit 244
      Startseite 236
Internetprotokoll 203
Internetspiele 189
IP-Adresse 202, 225
Ipconfig 203, 230

J

Java 251
JPG, JPEG 128
Jugendschutz 60, 272

K

Kartenleser 131
Kennwort 12
      Heimnetzgruppe 213
      WLAN 198
Kennwortrücksetzung 274
Kennwortsicherheit 274
Kinofilme 159
Komprimierter Ordner 124
Kopieren, CDs 150
Kurznotizen 182

L

LAN	193
Laptop-Einstellungen	62
Laufwerk C	70
Lautsprecher	96

M

Maus	66
Media Guide	147
Media Player	17
Medienbibliothek	150
Medienstreaming	221
Mikrofon	96, 164
Minifenster	29
Mixer	96
Mobilitätscenter	62
Mobiltelefon	132
Modem	200
Monitor	52
MP3-Player	152
MS-DOS	105
Multimedia	142
Musik, abspielen	143
Musikbibliothek	148, 158, 161

N

Netzlaufwerke	224
Netzwerk	194
einrichten	208
Testwerkzeuge	230
Netzwerkadapter	194
Netzwerkdrucker	222
Netzwerkhardware	192
Netzwerkkennung	220
Netzwerk- und Freigabecenter	197
Netzwerkverbindungen	196
Notebook-Einstellungen	62

O

Öffentliche Ordner	221
Onlinedienst	160
Onlinehilfe	38
Onlinespiele	189
Ordner	71, 106, 110
anlegen	110
im Netzwerk freigeben	218
komprimiert	124
öffentlich	221
Ordnereinstellungen	112

P

Paint	168
Papierkorb	17, 118
PDF	250
Problembehandlung	255
Programmsymbole	26
Prüfen, Festplatte	74

R

Radio	160
RAM	36, 71
Rechner	184
Regionale Einstellungen	56
Remoteverbindung	228
Router	193, 214

S

Scanner	92, 134
Schachspiel	189
Schriftarten	288
Schriftgröße Desktop	53
Senden an	81
Sicherheit	253
Internet Explorer	244
WLAN	199
Sicherheitsmeldungen	254, 256
Snipping Tool	180
Software	120
Software installieren	284
Solitär	187
Sound aufnehmen	164
Sounds	98
Speicherkarte	95

Stichwortverzeichnis

Spiele 161, 186
Sprache 56, 59
Spracherkennung..282
Spyware 268
Standarddrucker 89
Standardprogramme.................................... 120
Startmenü 13, 16, 287
Startsymbol..16, 20
Suchen, Dateien 122
Suchfenster.. 21
Suchfilter... 123
Symbole
    auf dem Desktop..26
    in die Taskleiste...25
Synchronisieren, MP3-Player....................... 152
Systemsteuerung 44
System und Sicherheit 208
Systemwiederherstellung 262

T

Taschenrechner... 184
Taskleiste...16, 22
Task-Manager 33, 36
Tastatur 68
Tastaturlayout...58
TCP/IP 203
Textdateien... 173
Textgröße Desktop..53
Textverarbeitung 174
Treiber
    Drucker 88
    Geräte 82
TV-Aufzeichnungen 159

U

Uhr..23, 55
Unicode...59
URL...239
USB-Kabel..204

V

Videos abspielen 146
Virtual PC...293
Visualisierung 143
VPN-Zugang 229

W

Währung..56
Wartungscenter.................................. 255, 258
WAV-Sounddatei 99
Windows
    Anmeldung.. 41
    beenden 40
    neu starten..40
    Sound beim Start 99
Windows Easy Transfer 204, 263
Windows-Explorer 17, 106
Windows-Firewall 266
Windows-Fotoanzeige 138
Windows-Fotogalerie.................................. 139
Windows Media Center 156
Windows Media Player 81, 142
Windows-Sounds 98
Windows-Tresor..277
Windows Update 264
Windows Vista, XP.......................................205
WLAN 193, 196
    Kennwort 198
    öffentlich..216
    Sicherheit 199
WMA 165
WordPad 91, 174
World Wide Web...235

Z

Zahlenformate...57
Zeichnen und Malen................................... 168
ZIP-Datei 124